二・二六事件

青年将校の意識と心理

須崎愼一

吉川弘文館

目　次

四 「解決」へのプロセス

二・二六事件とは——通説的理解と実際との間——

二・二六事件の現在的・歴史的意味

この本を開かれた読者の皆さんは、二・二六事件に、どのようなイメージをお持ちだろうか？　今もし我々のそばで、こんな事件が起こったとしたら……

二・二六事件は、一見平和な戦争状態にない時であっても、軍隊という存在が危険をはらむことを雄弁に物語っているのではないだろうか。一部の軍人たちが、部下の一四〇〇人余に及ぶ下士官・兵を率い、首相・蔵相、ならびに天皇の重臣である内大臣・侍従長《じじゅうちょう》、牧野伸顕《まきののぶあき》前内大臣らを襲う。そして斎藤《さいとう》実《まこと》内大臣・高橋是清《たかはしこれきよ》蔵相を殺害し、鈴木貫太郎《すずきかんたろう》侍従長に重傷を負わせた。以後、彼らは、渡辺錠太郎《わたなべじょうたろう》陸軍大将（教育総監）邸を襲撃・殺害し、また「反軍的新聞」であるとして朝日新聞社に押しかけ、多額の損害を与えた。「国民の安全」を守ることを建前とする軍隊が、たとえ「特権階級」であろうとも国民の生命を奪い、言論機関を武力で威圧したことの意味は重大であろう。

いやそれだけではない。彼らが占拠した三宅坂《みやけざか》一帯（首相官邸・現国会議事堂附近）の兵力が、それを包囲する側二万五〇〇〇の軍事力（二月二九日の段階）と、もし衝突したならば（当時「皇軍相撃《こうぐんそうげき》」といわれ、懸念されていた）、その被害が、皇居・皇族邸・在外公館のみならず、周辺住民に及んだことは間違いない。

とくに二月二六日の段階で、陸軍首脳が懸念したように、青年将校率いる軍事力が東京市内各地に入り込んだとしたら、東京市民の被害は、どれほどにのぼったことだろうか。彼らが、相当数の緑筒《みどりづつ》（毒ガス）を持ち出していることも重視されねばならないのではないか。

二・二六事件という事件は、現在においても、軍隊という存在について考える場合、どうしてもしっかり考えておかなければいけない事例だといえよう。

日本の近現代史においても、二・二六事件がもたらした結果は、とてつもなく重要だといってよい。それまである程度、軍部の行動を制約してきた陸海軍大臣の任用資格が、予備《よび》・後備役《こうびえき》の大将・中将から、現役の大将・中将に戻されたこと（陸海軍大臣現役武官制）は、その一例であろう。軍部の意向が、内閣の死命を制する事態が、以後生ずることになる。また二・二六事件後の広田弘毅《ひろたこうき》内閣の下で、軍部自体が「画期的ナル軍備ノ充実」と喜びをあらわにする大軍拡も、実現の途をたどっていく。その帰結が、日中全面戦争から、さらなる大戦争への道へとつながっていったことはいうまでもない。

若者の二・二六事件認識

ではこの二・二六事件は、現代の若者にどのように認識されているのであろうか。私が、自分の属する国際文化学部以外の神戸大学の文化系学部（文学部・法学部など）学生を対象として行っている一般教育の講義「近代日本の政治と社会」でのアンケート結果からみてみよう。二〇〇一・二年度後期、二・二六事件についてどれだけ知っているか、自由記述形式で、協力してもらった。アンケート対象人数が少ない点は問題ではあるが、一定の傾向を示していると考えられる。

記述を読んで、愕然《がくぜん》とした。三五四人のうち、全く知らないと答えたものは六七人（約一九％）、五・一五事件、血盟団《けつめいだん》事件などと明らかに混同しているものは一一七人（約三三％）に及んだ。そのうち青年将校による犬養毅《いぬかいつよし》首相殺害（中には「犬飼」が相当数あったが）といった記述が九一人にものぼったのである。具体的叙述がなく、「陸軍将校によるクーデター」といった程度の回答者は九二名（約二六％）、ある程度知っていると判断できる学生は七九人（約二二％）にとどまった。高校で日本史を選択しない学生が、圧倒的に多い理工系の学生にアンケートを実施したら、全く知らないという答えはさらに増えることだろう。若者の歴史認識のなさを、如実にみた思いがする。

ではある程度知っている学生の場合は、どうだろうか。彼らの事件の原因についての記述を仔細にみてみよう。事件の原因として、ほぼ半数近い学生が上げたのは、陸軍内の急進派（皇道派《こうどうは》）と穏健派（統制派《とうせいは》）の対立である。ついで「純真な青年将校」・「農村の窮乏」・「北一輝《きたいっき》」であり、「皇道派の、統制派に対するクーデター」といった記述も目立った。一学生の記述をかりれば「二・二六事件とは、北一輝の思想に影響をうけた皇道派の青年将校による、統制派に対するクーデターである」ということになろうか。

すでに一九八八年の拙著『二・二六事件』（岩波ブックレット）以来、二・二六事件は、皇道派と統制派の陸軍部内の派閥対立が原因ではないといい続けてきている筆者にとっては、学生諸君の回答が、依然として派閥対立史観に取りこまれていることは、残念な限りである。その原因は、はっきりしている。大学受験で大きな比重を占める山川出版社の教科書『詳説　日本史』が、二・二六事件を、「北一輝の思想的影響をうけていた皇道派の一部青年将校」が起こした事件と記述し、註で対立していた派閥（統制派・皇道派）の説明をしていることが大きいであろう。しかし以下でみていく通り、北一輝・西田税《にしだみつぎ》の思想的影響をうけた青年将校はそれほど多くないのである。

バラバラな青年将校たちの思想的原点

本書が、史料的に依拠する「二・二六事件裁判記録」（東京地検記録課で限定公開されている）に現れた青年将校や事件関係者の陳述・証言は、「北一輝の思想的影響をうけていた皇道派の一部青年将校」という見解が正しくないことを明らかにしている。

香椎浩平《かしいこうへい》戒厳司令官の下で、事実上スパイの役割を果たした柴有時《しばありとき》陸軍大尉（禁錮《きんこ》五年の求刑をうけたが無罪判決）は、一九三六年（昭和一一）三月一日付の陳述書で、二月二六日夜、陸相官邸に初めて行った際の印象として、「所謂《いわゆる》西田派ト称セラレテ居《い》タ者ノ外《ほか》ニ青年将校カ多イノニ驚キマシタ」と述べている。山口一太郎《やまぐちいちたろう》（青年将校たちの部隊で「編制」された麹町《こうじまち》地区警備隊隊長小藤恵《こふじさとし》大佐の副官を務め、「叛乱者を利す」として無期禁錮）と共に、後述するように「別格」として青年将校と深い接触を持ってきたこの人物が、青年将校たちの多くを知らず、北一輝・西田税の影響をうけた青年将校（当時の怪文書などの言い方では、「西田派」）*が相対的に少ないことに驚いた事実は、重要である。

西田自身も、一九三六年三月八日の「聴取書」で、「今回事件ヲ起シマシタ青年将校中私ガ面識アル方トシテハ　香田《こうだ》（清貞《きよさだ》）大尉　安藤《あんどう》（輝三《てるぞう》）大尉　栗原《くりはら》（安秀《やすひで》）中尉　坂井《さかい》（直《なおし》）中尉　中橋《なかはし》（基明《もとあき》）中尉　対馬《つしま》（勝雄《かつお》）中尉　村中《むらなか》（孝次《たかじ》）元《もと》大尉　磯部《いそべ》（浅一《あさいち》）元一等主計　渋川《しぶかわ》（善助《ぜんすけ》）元士官候補生　等カアリ他ノ大部分ハ名前モ知ラヌ方ガ多ク」と述べている。決起に直接参加した二二名の青年将校（前年免官となった村中孝次・磯部浅一を含む）中、西田が面識のあったのは、八人に過ぎないのである（身分的には常人である渋川善助を除く）。

とくに蹶起《けっき》趣意書の代表者である野中四郎《のなかしろう》大尉（二月二九日自決。ただし無期禁錮に処せられた清原康平《きよはらこうへい》少尉によれば、野中は、前聯隊長井出宣時《いでのぶとき》大佐に強制的に自決させられた可能性が高い）**は、西田にとっては、未知の人だったのである。***二月二〇日、安藤輝三大尉と話し合った西田は、安藤の苦衷《くちゅう》（後述）を聞き、その時の驚きを「私ハ未ダ一面識モナイ野中大尉ガソンナニ迄《まで》強イ決心ヲ持ツテ居ルト云フ事ヲ聞イテ何ト考ヘテモ驚クノ外ナカツタノデアリマス」（「西田税聴取書」）と述べるのであった。西田は、その「手記」（陳述補遺）でも「野中大尉ト云《い》フノハ未知未見デアリマシテ私ニハ何ノ知識モアリマセンガ、私カラ云ヘバ意外ナ激化シタ人物ガ出テ来テ安藤君ヲ絶対的ニ強要シテ了《しま》ツテ居ルコトヲ感ジ」たと記し、決起の重要な要因として、野中の存在を特筆している。一章でもみる通り、決起の実現に、野中が果たした役割は、極めて大きかったのである。西田が全く知らない重要人物がいるのに、彼らを一括して、北・西田の影響をうけた青年将校とみなすことは、二・二六事件像をミスリードする可能性が高い。

＊　なお西田は、その手記で、「『西田派』トハ女房ト女中ト犬一匹シカ居ナイデハナイカ——ト私ハ平生《へいぜい》誰ニデモヨク話シテ居タ位デ、私ハ派閥党派等ハ嫌デモアリ、作ツテモ居ナイノデアリマス」と述べている。

＊＊　無期禁錮に処せられる清原康平少尉は、「被告人訊問調書」で、以下の通り陳述している。

其処へ野中大尉、常盤《ときわ》（稔《みのる》）少尉、鈴木《すずき》（金次郎《きんじろう》）少尉等カ来マシテ自決スル要ハナイコツチヘ来イト云ハレテ別室ヘ行キマシタノテ私ハ皆カ生存シテ居タノカ夫レテハ自決スル必要ハナイト思ヒ野中大尉ニ従ツテ行キマシタ（中略）前聯隊長井出宣時大佐カ来ラレテ歩兵第三聯隊ノモノニ対シテ自決ヲ勧メ安藤大尉モ自決シタソト云

西田　税

ハレ野中大尉ハ遂ニ井出大佐ニ引キ出サレテ自決サレマシタ其時銃声カシテウント唸声《うなりごえ》カシタノテ皆ハ野中大尉カ井出大佐ニ強制的ニ自決サセラレタト感シマシタ　コレハ幕僚カ自己ノ非ヲ蔽《おお》フ為ニ野中大尉ニ自決サセタモノト思ヒマシタ

野中が、「自決スル要ハナイ」と言っている点は、重要である。なお中島莞爾《なかじまかんじ》も、同様な陳述をしている。

***

一九二九年から一九三五年一〇月まで戸山学校教官として長く東京にいた青年将校運動の先達の一人大蔵栄一《おおくらえいいち》は、ずっと東京にいた野中四郎について、二、三回会ったことはあるとしながら、次のように語っている。「沈着正義ノ士テアルト云フコトハ知ツテ居リマスカ旧知ノ間柄テハアリマセン」（「大蔵栄一被告人訊問調書」）。野中は、明らかに青年将校運動とは無関係の人物だったのである。

しかも西田が知っている人物でも、豊橋《とよはし》から事件に参加した対馬勝雄《つしまかつお》中尉は、その手記「事件参加ニ至レル原因動機ノ概要」で、次のように述べているのである。

満州事変出動間漸次《ぜんじ》国体ニ関シ研究ヲ深刻ナラシメ総《す》ヘテノ改造ハ国体ニ基《もと》ク要アルヲ痛感ス、思想ニ於《おい》テハ遠藤友四郎《えんどうともしろう》先生、長澤九一郎《ながさわくいちろう》氏中村義明《なかむらよしあき》氏*等ノ所説ニ感銘同感ス

十月事件にも参加しようとした彼の場合には、北一輝の影響はないといってよい。若い将校となれば、この傾向は、一層強まる。まさしく磯部浅一が、「公判調書**」で、「今回ノ蹶起将校中ノ若イモノハ日本改造法案大綱ニ付テハ知ラナイト思ヒマス」と陳述する通りだったのである。高橋太郎《たかはしたろう》少尉は、「西田税並《ならびに》北一輝等ヲ知ツテ居ルカ」との質問に対し、以下のように答えるのである。「陸士校、予科《よか》時代ニ中隊長カラ西田ハ右翼派ノ危険人物ナル故《ゆえ》出入シテハナラヌ旨注意サレタ時初メテ間接ニ同人ノ姓名

ノミ知ツタ位テ別ニ深クハ知リマセヌ」。そして「北ノ著書『日本改造法案大綱』ハ陸士時代ニ坂井中尉カラ借覧シマシタカ全部共鳴スルコトハ出来マセヌテシタ」と語るのである（「第二回被告人訊問調書」）。刑死することとなる高橋太郎を、決起へと突き動かしたものは、北の思想などではなかったのである。「西田税、北一輝等ノ所ニ出入シタコトアリヤ」との質問をうけた麦屋清済《むぎやきよすみ》少尉（無期禁錮）になると、「全然アリマセヌ姓名スラモ知ラナイノテアリマス」（「第二回被告人訊問調書」）と答えていたのである。名前すら知らない北から、思想的影響などうけるはずはない。

＊ 対馬が、影響をうけた人物は、遠藤友四郎（別名・無水）も、中村義明も、左翼からの転向者である。遠藤は、無政府主義から、国家社会主義、そして、一九二七年以降、皇道主義に転じ、錦旗会《きんきかい》結成、機関紙『日本思想』を発刊する（『右翼事典』一九七一年　社会問題研究会）。中村義明は、日本労働組合評議会の常任執行委員、三・一五事件で検挙され、一九三一年転向。三四年、皇魂社《こうこんしゃ》を起こし、機関誌『皇魂』・機関紙『皇民新聞』発行。二・二六事件で検挙（野口義明『無産運動総闘闘士伝』一九三一年六月、及び『読売新聞』一九三六年三月一一日）。長澤九一郎は、一九二九年、急進愛国党参加、三〇年、遠藤と、国粋労働同盟組織、三二年、皇民意識研究会会長。二・二六事件後、遠藤と、本学会を組織する。遠藤と近い立場の人物とみられる（『現代史資料』四巻　一九六三年　みすず書房、『近代日本社会運動史人物大事典』一九九七年　日外アソシエーツ）。

＊＊ なお「公判調書」については、筆者が筆記した分に加えて、池田俊彦編『二・二六事件裁判記録』蹶起将校公判廷（一九九八年　原書房）を利用させていただいた。

青年将校の心理――安藤輝三大尉の場合――

二・二六事件について、ある程度知っておられる方は、青年将校といわれて、真っ先に誰を思い出すだろうか。おそらく多くの方々の脳裡をすぐよぎるのは、栗原安秀《くりはらやすひで》中尉と、安藤輝三大尉なのではないか。とりわけ若い将校や、下士官・兵に深く慕われた安藤は、二・二六事件の青年将校像を具現化しているようである。実は、私自身もそう思い、前掲『二・二六事件』を執筆した。その際、やはり疑問だったのは、安藤が決起に極めて消極的で、ようやく二月二三日になって決断するのは、なぜかという問題であった。しかし「二・二六事件裁判記録」の中に、その謎を解く史料が残っている。一つは、ほかならぬ安藤自身の手記である。もう一つは、青年将校運動の「上長《じょうちょう》ヲ推進シ維新へ」（テロ・クーデターを避ける方向）であった。第二点は、本論で詳述するとして、安藤の手記＝「決行前後ノ事情並《ならびに》立場、心境等ニツキ陳述ノ補足」と題されたほぼ四〇〇字詰原稿用紙換算一〇枚余にのぼる一文をみていこう。安藤は、次のように述べている。

今回ノ蹶起ニ方《あた》リ私ガ極メテ不可解ナ態度ヲ取ツテ居《お》ル様ニ思ハレテヰ《い》マス、消極的、受動的、逃避的ニ終始シテヰルコトデアリマス、（中略）最后《さいご》ニ決行四日前始メテ「然《しか》ラバ同志ト共ニ殉《じゅん》ジヨウ、ドコヘデモ使ツテクレ」ト申シテ漸《よう》ク参加スルニ至ツテ居リマス、爾後《じご》ニ於キマシテモ、総《すべ》テ、隊ノ先任者野中大尉殿ノ指揮ヲ仰《あお》ギ其ノ命令、区署、指示ニ基イテ行動ヲナシ一局部ノ指揮官トシテノ他何等積極的ナ行動ヲシテ居リマセン、此ノ点、従来兎角《とかく》此ノ種問題（風説）ニ於テ主動的立場ニ立ツ人間カノ如ク誤解喧伝《けんでん》サレテ居リマシタ関係上、或《あ》ヒハ頗《すこぶ》ル腑《ふ》ニ落チナイ点デハナイカト存ジマスノデ以下申シ述べ度《た》イト思ヒマス＊

二・二六事件参加将校のうち、一九三一年の十月事件とも関わっていたのは、村中・香田清貞《こうだきよさだ》・栗原・中橋基明《なかはしもとあき》・対馬と安藤に過ぎない。しかも香田につぐ年長者であり、人望もある安藤が、二月二六日早朝の川島義之《かわしまよしゆき》陸軍大臣への面会強要の際も、二六日・二七日の軍事参議官との会見にも、なぜ表面に出ようとしなかったのか。結論的にいえば、青年将校運動を、従来のようなイメージ――テロ・クーデター本位――にとらえるならば、早い段階で安藤は、いわゆる「青年将校運動」とは異なる立場にあったのである。

そして安藤は、一九三五年（昭和一〇）一月、中隊長への昇進にあたって、前年一二月、「当時ノ聯隊長井出宣時大佐（現職参謀本部〈演習〉課長）殿ニ対シ『誓ツテ直接行動ハ致シマセン』トノ固イ誓約」をしていたのである。安藤の言によれば、「秩父宮《ちちぶのみや》殿下ヨリノ御力添エ」、「将校団ノ先輩、上官、同僚ト云フ様ナ方々」が、「安藤ハ決シテ直接行動ノ心配ハ無イト云フコト、五、一五当時トハ違ツタ心境ニ入ツテ居ル、信仰ノ生活ニ入ツテヰル、中隊長トシテ十二分ニ腕ヲ振ハセテヤリ度イ」と尽力してくれた結果であった。彼自身も「多クノ人達カラ、多大ノ同情ヲ受ケ、終生忘ル能《あた》ハサル感謝ノ念ヲ抱イテ居ル」と述べていたのである。さらに彼は言う。

殿下中隊トシテノ光栄ヲ担フ第六中隊長ヲ拝命シタト云フコトハ無上ノ感激ト感謝ノ念ヲ禁ジ得ズ此ノ期待ニ背カザランタメ、中隊ノ訓練ニ専念致シ全ク他ヲ顧ル余暇ヲ持チマセンデシタ、幸ニシテ私ノ中隊ハ隊内ニ於テ驚異ト羨望ノ目ヲ以テ迎ヘラレ、他ノ中隊ヲリードスル様ナ立場ヲ取リ得ル様ニナリ得タト信シテヰマス、

それゆえ彼は、第一師団の満州行が決まると、「此ノ精兵ヲ率ヰテ最後ノ御奉公ヲ北満ノ野ニ致シ度イト念願致シ」、「渡満ヲ楽ミニシテ居ツタ次第デアリマス」と述べることとなる。そこに決起参加をめぐって、栗原安秀・磯部浅一からの参加要請、さらに野中四郎大尉からの叱責をうけ（後述）、安藤が苦

悩を深めたのは当然であった。彼は手記で、以下のように、その苦衷を記している。

> 中隊長トシテ在職間ハイカナル理由アルモ今回ノ如キ直接行動ハ取ルコトノ出来ナイ立場ニアリマシテ（中略）前聯隊長殿トノ誓約ヲ破リ又私ヲ庇護シテ下サッタ方々ノ立場ヲ失ハシメ、又、平素ノ私ノ言行ガ全ク殊更ニ為ニセンカタメノ虚偽デアッタト云フ様ニ誤解ヲ受ケル破目ニナルモ（中略）弁解ノ余地ガナイカラデアリマス

しかも元々彼は、テロ・クーデターといった直接行動に反対の立場を貫き、直接行動の止め役を果たしてきていたのである（本論で詳述）。長らく同志として付き合ってきた青年将校たち皆が決起へと動く中、それに追随したとはいえ、安藤は、襲撃した鈴木貫太郎に対しても、「~~私ノ手デ~~（抹消線）何トカ危害ヲ加ヘルコトナシニ目的ヲ達スル即チ一時他ノ場所ニ抑留《よくりゅう》スルト云フ様ナ意味デ適切ナ方法ヲ講シ得ハシナイダロウカト云フ気持ガ潜在シテ居ツタ」という。

実は、思想的にも、安藤自身、五・一五事件前後から、北・西田とは異なる方向に踏み出しはじめていた。北一輝も、その「第五回聴取書」で、「私ハ安藤大尉トハ四、五年会ヒマセヌ」と語る通りなのである。「手記」の「国体精神ノ真髄把握ノタメノ修養研鑽ト其ノ動向」という一節で、安藤は、「昭和七年ヨリ日本青年協会主事青木常磐《あおきときわ》先生ノ紹介ノ下ニ同協会理事富永半次郎《とみながはんじろう》先生ヨリ御指導ヲ受ケ」ていると述べている。

ここでいわれる日本青年協会は、一九二八年暮れに誕生した組織で、一九三一年の報道によれば宇垣《うがき》一成《かずしげ》（朝鮮総督）を会長に、関屋龍吉《せきやりゅうきち》文部省社会教育局長を理事として、「中堅青年の修養」に力を注いできた組織だという（『読売新聞』一九三一年七月二四日）。安藤が指導を仰いだという富永半次郎は、仏教学

者で、『国体の信念』『正覚《しょうがく》に就《つ》いて』などの著書がある。その富永に、安藤は心酔したようで、次のように述べるのである。

　富永先生ノ深奥透徹セル国体精神ハ我々青年将校ノ是非共把握セネバナラヌ所デアルト信ジ昭和七年暮ヨリ富永先生ニ国体ニ関スル講義ヲ開イテ頂キ人々ヲ誘ヒ合セテ真髄把握ノタメ又、オ互ヒノ行動ニ誤ノナイ様ニ修養研鑽シテ居リ、之ハ昨十年五月頃迄断続的ニ実施サレテ居リマシタ、此ノ会ニツイテハ故永田《ながた》（鉄山《てつざん》）閣下モ大変御尽力下サレ、又当時ノ上司ノ方々ノ御諒解ノ下ニ行ハレテ居リマシテ、極メテ高所大局ヨリ深ク事象ヲ観察シ一局部ノ見解ニ囚《とら》ハレナイマコトニ適切ナル催《もよおし》デアツタト信シテ居リマス、陸軍省、教育総監部等ヨリモ此ノ講義ニ来ラレタ方々モ相当アル様ニ記憶シテ居リマス。

北のところに、安藤が顔を出さないのも、無理はなかった。永田鉄山も尽力した云々や、「一局部ノ見解ニ囚ハレナイマコトニ適切ナル催」という書き方に、俗説的な青年将校運動理解と全く異質なものを感ぜざるを得ない**。事実、安藤自身も、次のように証言している。

　私ハ此時代（昭和八・九年）ハ社会全般カラ見テモ日本精神ノ研究ヲ理論的ニヤル可キモノト考へ日本精神トハ何ソヤト云フ研究ヲシマシタ　ソシテ他ノ人カラ教化運動シヤナイカト云ハレマシタ
（「安藤輝三証人訊問調書」大蔵栄一関係）

青年将校仲間から「教化運動シヤナイカ《（じゃないか）》」とからかわれたり、批判されるような地平に、安藤は立っていたのである。実は、大岸頼好《おおぎしよりよし》や大蔵栄一らの青年将校運動の先輩格も、安藤に近い発想を持っており、本書で明らかにしていくように、それこそが青年将校運動の実際の構図だったのである。

しかもこの青木・富永同伴で安藤は、一九三三年（昭和八）暮れには鈴木貫太郎（当時、すでに侍従長）を訪問する。そして鈴木の話を聞き、「鈴木閣下ハマコトニ立派ナオ方デアルト尊敬ノ念ヲ抱イテ居リマス」と語ることとなるのである。ここから、前述の鈴木を助けたいという意識が生じたことはいうまでもない。安藤輝三の意識は、栗原や、磯部らとは相当異なっていたのである。

この安藤の手記の真偽を、あるいは疑われる方がおられるかもしれない。しかし以下の一文をみていただこう。

　此ノ期ニ及ンデ此ノ如キ心境ト立場トヲ申シ述ヘルコトハ心臆シタカノ如ク取ラレマコト《（誠）》ニ心苦シイコトデハアリマスガ（中略）「純真ニシテ生一本《きいっぽん》、単純ナ人間」トシテ迎ヘラレ信用サレテヰタ私が、腹ニ一物アツテ虚偽、欺瞞《ぎまん》、単純ヲ装フテ最後マデ瞞着《まんちゃく》シテヰタト云フ誤解ノ下ニ、三十年間正シキ道ヲ踏ンデ来タ私ノ人間トシテノ価値ガ失ハレテシマフ、此ノ点ガ最モ心残リナルガ故ニ、維新史上ニ於ケル自分ノ抹殺サレルコトモ忍ンデ此処ニ申シ述ベル次第デアリマス

とくに最後の部分の「維新史上ニ於ケル自分ノ抹殺サレルコトモ忍ンデ此処ニ申シ述ベル次第デアリマス」は、彼にとってのあるべき青年将校運動像、青年将校運動での「同志」との関係と、世間的制約などで葛藤した一人の人間安藤輝三の魂の叫びではなかろうか。このような一人一人の意識や心理を度外視して、二・二六事件を北・西田の影響をうけた皇道派の青年将校の行動と捉えてしまうようなステレオタイプの発想に、歴史学は縛られるべきではなかろう。

＊　この安藤の手記を取り上げた松本一郎氏は、安藤を「苦悩する中隊長」として描いている（『二・二六事件裁判の研究』一九九九年　緑蔭書房）が、それは、単に個人的な苦悩ではなく、本書で述べるような青年将校運動の構図に根

ざすものである。

＊＊　富永半次郎の講義は、香田清貞によれば、次のようなものだったという。

初メ青山ノ梅窓院《ばいそういん》テハ歩兵第三聯隊ノ安藤大尉カ主催トナツテ聯隊長ノ許可ヲ受ケテ開イタモノテアリマシテ日本青年協会ノ富永半次郎ト云フ人ノ国体ニ関スル講義ヲ聞ク会合ヲ開キマシタ此ノ会合ニハ歩兵第三聯隊ノ将校ヤ村中、磯部、大蔵栄一大尉、菅波三郎大尉モ出席シ、私モ三、四回其ノ会合ニ出席シマシタ、其ノ会合テハ主トシテ富永氏カラ国体ニ関スル講義ヲ受ケタト思ヒマス（「公判調書」）

聯隊長の許可をうけた、後述するような合法的な青年将校運動をめざしたものだったといえる。

本書の方法と限界

以上、若干ながら垣間みてきたように、一般的に抱かれている二・二六事件イメージ——創られた二・二六事件像といっていいであろう——と、「二・二六事件裁判記録」に現れる青年将校などの意識や発想は、著しく異なっている。本書は、青年将校などの意識・心理を重視し、彼らの発言や手記類の他、山口一太郎・柴有時・町田専蔵《まちだせんぞう》（巻末「主要人物紹介」参照）ら事件の「裏方」の証言をも用い、私なりに、二・二六事件像を、再構成していこうとする試みである。そのため、紙数の関係もあり、先行研究についての言及は最小限にとどめざるを得ない点、あらかじめお断りする。＊

もちろん本書は、二・二六事件のすべてについて明らかにしようとするものでもない。いや、それは、現時点では不可能である。「二・二六事件裁判記録」という史料に現われる陳述・証言が一部を除き、軍中央や宮中関係者——とくに最大の当事者・天皇——に及んでいないからである。その意味からいえば、二・二六事件の全体像は、『明治天皇紀』（吉川弘文館）と同様、史料価値が高い『昭和天皇紀』といったような昭和天皇関連史料が公けになる日を待たねばならないであろう。

＊　とくに本書は、二〇〇三年一月二一日脱稿したので、それ以後刊行された著書・論文には言及しえていない。また二〇〇二年九月からのあわただしい執筆となったため、新聞史料については、『昭和の読売新聞』（CD—ROM）を利用した。

一

青年将校運動とは何だったのか

帝都未曾有の

判明せる犯人

各方面襲撃の實相（詳報）

首相官邸、内府邸、警視廳、

日銀三菱銀行、政友會本部

三組の陸海軍將校

警視廳を二度襲撃、

書記と讀賣記者負傷

鈴木侍從長

聖上陛下に

緊張

岡山政友

色を

1　青年将校たちはなぜ「維新」を考えたのか

思想形成の諸相

磯部浅一《いそべあさいち》は、「公判調書」で、事件と、北一輝《きたいっき》・西田税《にしだみつぎ》の関わりを強く否定し、次のように述べた。

私ハ北及西田両氏ノ斯《かか》ル思想ニ依ツテ啓蒙サレタコトハアリマスカ夫《そ》レニ煽動《せんどう》サレタコトハアリマセン　他ノ青年将校モ亦《また》同様テアリマス　私ノ国体観ハ私自身カ持ツテ居ルモノテアリマシテ私ハ之ニ依ツテ行動シテ居リマス

磯部の言う通り、青年将校はそれぞれ独自に、一九二〇年代から三〇年代前半にかけて思想形成を遂げていたのである。だからこそ、西田がその手記に記すがごとく、二月一九日、決起へと突進する栗原《くりはら》安秀《やすひで》を翻意させようとする西田に、栗原は「貴方カラ色々ナコトヲ言ハレルノガ一番嫌ダ」と噛んで吐き捨てるような調子で言い放つこととなるのである。北や西田は、青年将校に指導的影響を与えたわけでは決してない。共通項はあれ、彼らの思想形成は、それぞれの家庭環境・社会環境、そして体験を通じてまちまちなものとなっていったのは当然であった。

しかし彼らが「維新」を考えだす契機は、少なくとも以下の四つの方向があったようにみえる。

①陸軍、及び陸軍士官学校内の腐った空気への反発

②対外意識
③庶民の窮状への反発と、共産主義への脅威感
④時流——政党政治・金権的風潮・日本人のあり方——への反感

もちろん一九三一年（昭和六）九月の満州事変《まんしゅうじへん》や、それに続く十月事件（橋本欣五郎《はしもときんごろう》中佐ら幕僚層がイニシアティブをとったクーデター未遂事件）の以前から青年将校運動と関わりを持っていた二・二六事件参加者は、極めて少なく、後述するように十月事件に参加することになっていたものでさえ、香田《こうだ》清貞《きよさだ》・安藤輝三《あんどうてるぞう》・村中孝次《むらなかたかじ》・対馬勝雄《つしまかつお》・栗原・中橋基明《なかはしもとあき》の六人に過ぎない。しかも村中の「公判調書」によれば、そのうち香田・安藤・栗原・中橋の四人は、菅波三郎《すがなみさぶろう》が、一九三一年八月、歩兵第三聯隊に転任し、「菅波大尉（当時中尉）ニ依ツテ啓蒙サレタモノ」だったという。* 一九二〇年代の意識が、ある程度分かるのは、村中（あまり語っていないが）・磯部・対馬、及び香田に過ぎないが、彼らの意識は、青年将校運動の原点をみる上では極めて重要だといえよう。まず彼らに大きな影響を与えた菅波三郎の思想形成を、一九三六年七月七日、新井賢太郎《あらいけんたろう》法務官に提出した「陳述補遺」——「回顧二十年（余が思想運動史）」（以下、「菅波手記」と略す）——からみていこう。

＊　後述するが、中橋の場合は、菅波の影響ではない。

菅波三郎の場合

菅波の出発点は、陸軍部内への反発にあった。恵まれた家庭環境に育った彼は、幼年学校時代、『陸軍の五大閥』（鵜崎《うざき》鷺城《ろじょう》著　隆文館図書　一九一五年）という本に出会ったという。長（州）閥・学閥・兵科閥・

門閥・閨閥《けいばつ》の「五大閥」について、陸軍の内情を相当厳しく批判した本である。彼は、この書物を通じて、「自ら討閥《とうばつ》粛軍《しゅくぐん》に当らんとの大望を抱くに至」ることとなる。菅波は、幼年学校を「努力勉励」の結果、「銀時計を拝受」し、一九二一年四月、陸軍士官学校予科《よか》へ入校する。この時期、彼は、すぐ上の兄が煩悶《はんもん》の中病死する体験を通して、思想的煩悶に陥った。煩悶は、かなりの期間に亙《わた》ったようである。ある日、彼は、一書の、煩悶というのは「個人的のものに非ずして社会的」なものだという一文（菅波は、書名を上げていない）で、解決への道を見出していく。その頃、士官学校の一下級生が、「是非熟読せよ」と北一輝著『日本改造法案大綱』を差し出すのであった。

一九二五年、北の著書を熟読した彼は、「幼年学校時代に抱きし討閥粛軍の全体的革新意識と予科時代に陥ゐりし懐疑煩悶を解決せんとする個人的求道心との自己内外両面への志向が矛盾より結合へ、対立より一致へ、漸《ようや》く円融一体化」へと進んだと語る。

その年一〇月少尉に任官した菅波は、歩兵第四五聯隊（鹿児島）附となり、「第二維新の必要」を感じたという。「軍隊亦《また》左翼運動に対し厳戒する所あり」と、彼は記す。事実、一九二六年一月、彼の中隊に「無政府主義思想を抱懐する者」が入隊してくる。彼は、この若者を転向させ、模範兵にしたという。この体験を通じて、「余か国体論が唯物史観に対して練磨せられた」と同時に、「軍隊教育に無限の興味」を彼は抱くこととなる。

一九二七年、天剣党《てんけんとう》事件（この年七月、西田税が国家改造をめざして「天剣党規約」を勝手に作り、青年将校らに配布）で、名前を上げられ、「吾人は所謂《いわゆる》軍内要注意人物」となった。彼の思想に大きな影響を与えたのが、初陣となった一九二八年の済南《さいなん》事件（中国山東省済南で、日本軍と中国国民革命軍が軍事衝突した事件）であった。彼は、以下のように述べている。

　師団幕僚の狼狽は我等第一線に勇奮健闘《ゆうふんけんとう》せる者の眼には実に慨歎痛憤《がいたんつうふん》に堪えざるものありき

　彼は、無能な幕僚を目の当たりにして、「天保銭《てんぽうせん》（陸軍大学出のエリート）の無価値」を実感するのである。そして彼は、一九三〇年のロンドン海軍軍縮条約問題――統帥権干犯《とうすいけんかんぱん》問題――を通して、海軍の藤《ふじ》井斉《いひとし》・陸軍の大岸頼好《おおぎしよりよし》と知りあい、「陸海青年将校の提携成る」と記した。そしておそらく藤井の影響で、権藤成卿《ごんどうせいきょう》の『自治民範《じちみんぱん》』を読み、『日本改造法案大綱』と対照しつつ、「理論の深化」を得たという。

　以上みてきたように、菅波の場合は、対外危機意識は前面に出ず、陸軍内のあり方への反発と、左翼への対抗が主であった。しかも一九二七年「過度の勉強の為《ため》健康を害す」と述べるように、幅広く思想関係の研究をしていたことが窺われる。菅波の場合も、海軍の藤井と同様、軍の改造を中心テーマとして、青年将校運動の草分けとなっていったとみられる。

陸軍士官学校内の腐った空気への反発

　従来あまり言われていないが、青年将校運動の大きな契機は、陸軍士官学校内ないしは陸軍内の腐った空気への反発であった。先にみた菅波や、海軍青年将校運動の草分けである藤井斉（一九三二年、上海事変で戦死）の原点も、この点にあった（拙著『日本ファシズムとその時代』大月書店　一九九八年　参照）。一九二四年、陸軍士官学校本科に入学した磯部浅一は、当時の陸軍士官学校内の雰囲気を、次のように述べている。

　当時思想方面ニ於《お》ケル学校ノ空気ハ社会主義共産主義ニカブレテ退校処分ヲ受ケタリ婦人問題ニ

真崎甚三郎

テ心中シタリ其他校規校則ヲ犯シテ放校其他ノ処分ヲ受ケタリスモ（ママ）ノカアリマシテ実ニ混沌タル空気テアリマシタカ其ノ中ニ在ツテ正義ヲ持シテ譲ラナカツタモノハ現在ノ同志テアリマス即チ菅波三郎大尉、小川三郎《おがわさぶろう》大尉、若松満則《わかまつみつのり》大尉、村中孝次元大尉等三十七八期生ノ中ノ同志テアリマシタ

此ノ人達カ士官学校内ノ腐ツタ空気ヲ刷新《さっしん》セネハナラヌト云《い》フノテ国家改造運動カ発展シテ来タノテアリマス（「磯部浅一公判調書」）

青年将校運動の出発点は、「士官学校内ノ腐ツタ空気」の刷新だったのである。この陸軍士官学校第三七・三八期生で、戦後も活躍するのは、井本熊男《いもとくまお》（三七期、元大本営参謀）、種村佐孝《たねむらすけたか》（三七期）、杉田一次《すぎたかずじ》（三七期、元大本営参謀、自衛隊陸上幕僚長）、松前未曾雄《まつまえみぞお》（三八期、自衛隊航空総隊司令官）などがおり、一期上には、辻政信《つじまさのぶ》（元大本営参謀、衆議院議員、参議院議員）がいた。

この時期の陸軍士官学校は、菅波三郎や、磯部らが憤るような凄まじい状況だったのである。当時の士官学校の雰囲気を、一九二三年八月から陸士本科長を務め、一九二六〜二七年陸士校長となる真崎甚三郎《まさきじんざぶろう》は、一九三六年四月二〇日の「聴取書」で、以下のように述べている。長いが、非常に興味深い回想なので引用してみよう。

私カ陸軍士官学校ニ赴任シマシテ当時ノ生徒ノ状態ニ非常ニ驚カサレタ事カ多々アリマスカ第一ニ職員モ生徒モ国体精神　皇室観念カ頗《すこぶ》ル薄ライテ居ルト痛感致シマシタ（中略）

第二ニ驚イタ事ハ

当時ノ青年ノ頭ノ中ニハ文化ト軍事トハ相容《あいい》レナイモノテアルトノ如ク考ヘテ居ツタ事テアリマス　従ツテ雨雪天ニ演習シタリ汗水タラシテ剣道ヲヤルカ如キ事ハ野蛮人ノヤル事テアツテソレハ下士官以下ノヤル事テアルト謂《い》フ様ナ気分カ漲《みなぎ》ツテ居リマシタ（中略）

第三ニ驚イタ事ハ

当時ノ社会状態ヲ顧《かえりみ》ルト新カント派ノ学説カ京都大学ヲ中心トシテ流行シテ居リマシタ其ノ内容カ如何ナルモノテアルカハ〔挿入　私ハ〕今日ニ至ルマテ不明テアリマスカ其ノ学説ノ道徳方面ニ現レタモノハ　人ノ道徳的行為ノ価値ハ自立ニアル他ヨリ強制サレテ行ツタ事ハ道徳上価値ナシト謂フ事テアリマシタ

当時ノ新聞ナトニ於テ何ヲヤツテモ価値価値ト云フ事カ非常ニ流行シテ此ノ気運カ非常ナル影響ヲ与ヘマシタ

之《これ》カ為《た》メ若イ将校ヤ生徒ノ間ニ他カラ強制サレテヤル事ハ不可（中略）上官ノ強制ニ依ツテ姿勢ヲ整ヘテ居ツテモ価値カナイト云フ風潮カアリマシテ当時優等生ナトテコノ様ナ考ヘ方ヲ実行ニ現シタモノカアリマシタノテ退校サセタ者カアリマス

第四ニ驚イタ事ハ

自立ノ自我ト団体ノ自治ト謂フ事テアリマス　凡《およ》ソ軍隊ノ精神ハ単独指揮官ノ指揮ニ服スル事ニアルノテアリマス　然《しか》ルニ当時生徒隊中ノ区隊内ニ労兵会ノ如キモノヲ作リ或ハ無記名投書ニヨリ或ハ中隊長ニ希望ヲ述ヘテ希望通リヤルト謂フ様ナ状態ニアリマシタノテ之《(矯正カ)》ヲ強制スルニハ自分一人ノ力テハ不可ト考ヘコノ様ナコトヲ為シ得ル職員ヲ整ヘテ実行シタノテアリマス

「雨雪天ニ演習シタリ汗水タラシテ剣道ヲヤルカ如キ事ハ野蛮人ノヤル事テアツテソレハ下士官以下ノヤル事テアルト謂フ様ナ気分カ漲ツテ居リマシタ」といった極度のエリート意識を持った連中がいたこと、そしてこの年代が、辻政信のように太平洋戦争の戦争指導にあたったことはどうも偶然の一致ではないようである。しかも、その下の年代には、さらに真崎もびっくりするようなエリート軍人の卵がいたのである。真崎の陳述をみていこう。

当時予科生徒ノ中ニハ化粧道具ヤ「スター」ノ写真ナトヲ持ツト謂フ状態テアリ休養室ノ者カ脱《だつ》柵《さく》シテ「カッフェー」ニ行クト云フ状態テアリマシテ（中略）当時ノ菊池《きくち》（慎之助《しんのすけ》）教育総監ハコノ状態ヲ見テ泣カレタ様ナ次第テアリマス

こんな士官学校生徒を目の当たりにしたら、明らかに「硬派」である磯部が怒るのも当然であった。彼は子供の頃から、「子供の世界にも貧富があり又正義と不義とがあることを知り、金持の子供の不義が貧乏人の子供の正義を負かすことを見、（中略）社会の不合理を感じ」、「今にみろ、偉くなつて悪い奴を皆やつつけて気の毒な人達を救つてやるのだ」と「義憤に燃え」ていたという（同手記「余の経歴と革命精神の発展」）。正義感に燃える一部の士官学校生徒たちの結集がはじまっていくのである。

しかし彼らは少数派だったようである。磯部が名前を上げた中には、香田清貞（三七期）・安藤輝三（三八期）の名はない。

安藤の一九二〇年代の意識形成については、今のところ陳述などがなく不明であるが、香田は、その慎重な性格からか迷っていたようである。彼は、当時の士官学校の教育に対して、「其ノ頃ハ教育方針ノ過渡期デ時ニ自由主義ニ依《よ》リ又時ニハ反動的ニ弾圧教育ニ依リ又元ノ自由主義ニ返ルト云フ様ニ学校ノ教育方針カ僅《わず》カナコトテ常ニ変ツテ居リマシタ」と強い不満をもらしていた。第一次大戦後の平和・軍縮の風潮の中で、生徒も揺らぎ、士官学校の教育自体も動揺を繰り返していたのであろう。だが香田は、菅波・磯部らとは異なっていた。彼は以下のように述べている。

私カ幼年学校ニ入ツタノハ大正七年テアリマシテ当時成金《なりきん》思想カ全般ニ漲ツテ居リマシタ　私カ同校二年ノ終リ頃カラ上官カラ受ケタ国体教育ト学内ニ出タトキノ一般社会ノ状勢ニ対スル観察トノ間ニ矛盾ノアルコトヲ知リマシタカ未タ之ト云フ纏《まとま》ツタ思想ハ出来マセンテシタ　夫《それ》カラ士官学校予科《よか》ニ入リマシタカ其ノ矛盾ヲ解決シ度《た》イト考ヘテ時々書籍店ニモ行キ種々ナ書物ヲ読ミマシタカ未タ確固タル信念ヲ持ツニ至リマセンテシタ　私ハ確固タル国体信念カナクテハ軍人トシテ御奉公カ出来ナイト考ヘ軍人トナルコトヲ止メ様ト思ツタコトモアリマシタ

磯部らと異なり、強い現状批判はみられない。彼が変わっていくのは、隊附将校としての、兵士とのふれあいと、菅波三郎との出会い、そして満州事変・十月事件を通してであった。安藤も、おそらく香田と共通した模索の中から青年将校運動と関わっていくこととなったことは間違いなかろう。

香田清貞

こうした陸軍部内への反感を鮮明に語っている人物がいる。若いが、磯部とよく似た感性を持った青年である。一九三四年六月、陸軍士官学校を卒業した安《やす》田優《だゆたか》（陸士四六期、陸軍少尉）が、その人であった。被告人訊問調書で、「何故ニ此ノ様ナ行動ヲスル様ナ理由ニナツタカ」という憲兵の訊問に対し、「私ハ小サイ時カラ不義ト不正トノ幾多ノ事ヲ見セツケラレ非常ニ無念ニ感シテ来タノテスカラ小サイ時ハ弁護士ニナツテ之レヲ打破シ様トシタカ之レモ達セラレナイト思ヒ（法律ハ金力ニ依ッテ左右サレルコトカ多イカラ）之レヲ断念シ中学校ニ入リ一番正シイノハ軍人ダロウト思ヒ軍人ヲ志願シタ」と答える。そして一九二三年六月の第一次共産党事件（日本共産党に対する最初の弾圧事件）の際、まだ一一歳の彼は、「共産主義ノ説明ヲ父親ニ聞キ大イニ共産主義ヲ憎ム様ニナリ」、中学卒業後、「実ニ軍人ノ社会ハ正シイモノト思ッテ志願シタ」という。そこで彼は強烈な幻滅を味わう。彼は言う。

　士官学校予科ニ入ッテ二日目ニ（「軍人ノ社会ハ正シイ」という期待は）全ク裏切ラレタノテアリマス第一ニ御賜（恩）ニテ幼年学校ヲ出ル様ナ人間ハ支給サレタ自分ノモノカ無イ時ニ他人ノモノヲ取リテ自分ノモノニシタ様ナ実例ヲ見其他他人金銭ヲ取ルモノ又ハ本科ノ生徒カ日曜ニ背広ヲ着シ「カフェー」ヤ遊郭《ゆうかく》ニ行ク様ナ点ハ全ク奮慨ニ堪エナカツタノテアリマス

磯部や真崎が感じた要領よく立ち回るエリート軍人の卵、浮ついた周辺への安田のこの怒りは、満州事変後、村中との接触を通じて、二・二六事件参加へとつながっていく。栗原・中橋も陸軍内の腐敗を糾弾しているが、それは、彼らが十月事件「体験」を通した後のこととなるので、節を改めて、彼らについては検討することとする。

対外危機意識と軍縮への反発

二章でみるように、対外危機感が、二・二六事件勃発の要因の一つとなる。その意味では、この対外危機意識は、二・二六事件の青年将校や、その周囲の人々の幅広い共通項であった。いや、言い換えるならば、対外危機感が強まっていく中で、青年将校たちの意識からは、軍自体に対する批判が後背に退いていく感が深いのである。軍批判が、陳述・手記ではほとんど現れない西田税から見ていこう。

青年将校の組織化と関わり、海軍の藤井斉らと一九二〇年代後半活動してきた西田税の出発点は、「第六回聴取書」によれば、大本教《おおもときょう》が宣伝する日米戦争の切迫という話にあったという。幼年学校時代のことである。彼は、漠然ながら「国家革新意識」を抱きはじめる。その「動機ハ大本教ノ日米戦争関係ヲ聞イテ大陸発展ノ必要ヲ感シ之カ為ニハ国内ヲ改造スル必要カアルト感スル様ニナツタ」からであるという。一九二二年、陸軍士官学校を卒業した彼は、「大陸発展」のため朝鮮の聯隊を志願することとなる。

西田とよく似た発想が、磯部浅一にもみられる。彼の場合は、先に述べた陸軍内の腐った空気への反発という契機が非常に強い。しかし同時に西田より四年遅く陸軍士官学校を卒業した彼は、前年一九二五年の宇垣一成《うがきかずしげ》陸相による四個師団廃止（宇垣「軍縮」）を目の当たりにしており、危機感は一層深かった。彼は、「公判調書」によれば、「欧州大戦関東大震災ノ後ヲ承《う》ケテ日本国内カガタ付キ（ががた付き）マシタ　宇垣、山《やま》梨《なし》（半造《はんぞう》）両大将ノ　陸軍大臣ノ時代ニ二回ニ亙《わた》ル軍備縮　少（ママ）アリ私共ハ非常ニ自身ヲ狭ク感シマシタ　此ノ時ニ世相ノ頽廃《たいはい》人心ノ軽佻《けいちょう》ヲ概シテ国家ノ前途ヲ憂ヘコレテハ不可ト云フノテ国家改造運動ニ向ツテ進ンテ行ツタノテアリマス　私モ其ノ一人テアリマシタ」と陳述する。

またその手記「余の経歴と革命精神の発展」でも、「赤色露国の魔手のびて思想国難ワシントン条約の結果より来る海防危険、陸軍軍備縮少（小）の結果より来る満州に於ける帝国権益の侵害」を極めて深刻にうけ止めるのであった。彼は、軍を去って「志を天下に伸べん」としたという。文脈からいえば、「大陸発展の鴻図《こうと》を画《はか》」ったと考えられる。しかしそれが果たされないまま一九三二年、朝鮮八〇聯隊から陸軍経理学校に入学し、国家改造運動へと直進していくこととなる。

庶民の窮状への反発と、共産主義への脅威感

庶民の窮状を、初年兵教官として最もリアルに記しているのは、やはり磯部である。一九二五～二七年の朝鮮での体験と思われるが、彼は、三人の初年兵との体験を綴《つづ》っている。一例のみ上げよう。彼が佐本と仮名で呼んだ、いつも彼の前に出るとオドオドしている兵からやっと話を聞き出し、次のように記すのである。

　更にやさしく色々と彼にきいてみると私生児であること、母親に早く死別した事、父親だと云ふのは居るけれども始末におへぬ極道者であること、小さい時から奉公ばかりして他人の手塩にかゝつて苦労したこと、貧乏人に生まれると一生頭があがらぬこと、社会より少年刑務所の方が楽であったこと等を咄々《とつとつ》と話した、無学な咄弁な兵士であるが人並ならぬ世間の苦労と戦つて来てゐるのでその実感を聞いて私は肺腑《はいふ》を刺さるる思ひがした。

そして彼は、「余が数年間の軍隊教育に於て接したる入営兵士の家庭の大半は貧困であつた」とし、その現状に不安を募らすと共に、貧困に苦しむ民衆に共産主義思想が広まることへの警戒を強めていくこととなる。

香田清貞も、一九二五年からの隊附経験を通して、非常に強い変革志向を抱きはじめる。被告人訊問調書で、兵たちが「誠心誠意頭ノ先カラ足ノ先迄《まで》御奉公ノ誠ニ燃エテ居ル事」を実感すると共に、兵の実情に「思想悪化」への懸念を強めていく。彼は言う。

　然ルニ兵ノ中ニハ赤貧《せきひん》洗フカ如キ家庭ノ者カアリマシテ之等ニ対スル処置トシテハ高々軍事救護ヲ受ケシムル位カ関ノ山テアリマシテ而《しか》モ軍事救護ヲ要スヘキ者トシテ初年兵入隊当時関係市町村

長ニ請求致シマシテモ三分ノ一位シカ此ノ恩典ニ預ル事カ出来マセヌ斯《か》クテハ奉公ノ誠ヲ致ス兵ノ思想ノ中ニ共産主義的ナ萌芽ノ発生ヲ促シ国軍ノ戦闘力ニモ悪影響ヲ及ホス許《ばか》リテナク国体ヲ破壊スル様ナ者ヲ発生セシムル事トナリ陛下ノ兵ヲ預ツテ居ル者トシテハ真ニ申訳ノナイ事ニナルト思ヒマシテ此ノ貧富ノ懸隔《けんかく》ニ対シテハ何トカシナケレハナラヌト考ヘル様ニナリマシタ

「兵ノ思想ノ中ニ共産主義的ナ萌芽ノ発生」を憂慮した彼は、「国民全般カ上下ヲ通シテ私有ト云フ観念ヲ捨テル事」の必要性を痛感したという。もちろん「茲《ここ》ニ私有ト申シマスノハ決シテ私有財産制度ヲ否認スルト云フ意味テハナク倫理的ニ自分ノ物テアルト云フ観念ヲ捨テテ　陛下カラ御預リ致シテ居ル物ヲ運用サセテ頂イテ居ルト云フ観念ニナラナケレハナラヌト云フ意味テアリマス」という注釈はついていたが……。貧富の差が意識されれば、否応なく資本主義、そして政党政治が問題視されるのは当然な成り行きであった。

時流への反感――政党政治・金権的風潮への反発・日本人のあり方――

早い時期から、政党政治・金権的風潮への反発を抱いていたのは、対馬勝雄である。彼は、その手記「事件参加ニ至レル原因動機ノ概要」で、以下のように述べるのである。

大正十一年仙台陸軍幼年学校ニ入校セシカ当時ハ軍縮ノ時代ニシテ軍人ヲ志望スル者ハ少ク余ノ父母モ敢《あえ》テ希望セシニハアラス当時ハ「地獄ノ沙汰モ金次第」ト称セラレ、又政党政治ノ弊《へい》漸《ようや》ク著シカラントスル頃ナリシカ（中略）時流ニ対シ無意識的ニ反感ヲ抱キアリタリ

そして「陸軍士官学校時代ノ情況（大正十四年ヨリ昭和四年マテ）」として、「特ニ士官学校本科ニ於テ余

ハ力《つと》メテ諸上官ヲ訪問シ其薫陶《くんとう》ニ浴シ」、「郷里青森ニ於テハ歩兵第五聯隊ノ将校ノ大半ヲ訪問」したという（当時、歩兵第五聯隊には、やはり青年将校運動の草分けの一人末松太平《すえまつたへい》がいた）。対馬は言う。「其結果社会問題思想問題ニ就《つ》キ注意ヲ喚起セラレ当時政党財閥其他皆腐敗シ健全ナルモノハ軍人ト司法官ノミナリトノ概念ヲ得タリ」と。さらに士官学校における大川周明《おおかわしゅうめい》の講演を通して、「所謂《いわゆる》二大政党対立ノ憲政常《けんせいじょう》道《どう》ノ矛盾、外来経済機構ノ我国情ニ合セサル事例、又特ニ民政党代議士ノ張学良《ちょうがくりょう》ニ対スル売国的言動ノ如キヲ聞」いて、「内心ノ憤激絶大ナルモノアリキ」と記すのであった。

少尉任官と共に、弘前歩兵第三一聯隊附となった彼は、「一般社会ハ漸次《ぜんじ》不況ニ陥リ左傾思想ハ益々跳梁《ちょうりょう》ヲ逞《たくまし》クス　余ノ郷里一般ノ貧困ハ益々甚シク又特ニ入営壮丁《そうてい》（岩手県下）ノ家庭ノ情況ヲ調査シ制度機構ノ矛盾ヲ痛感シ漸次之カ改造ノ必要ヲ感スルニ至ル」。そして後述する、一九三一年八月の日本青年館での会合に、民間（西田税・井上日召《いのうえにっしょう》）、海軍（藤井斉ら）に、菅波三郎と共に数少ない陸軍側出席者として参加するのであった。

大恐慌下、少なからぬ青年将校がこのような思いを強めていく。磯部浅一が、その手記に「農山漁村疲弊、ロンドン条約に於ける再度の国際的譲歩、並びに上層為政者群、一連の結託による兵馬大権の干犯、政党、財閥、国政ロウ断より来れる民意圧迫、国威失墜、等内外の国難澎湃《ほうはい》として来る」と述べるのは、文脈から、明らかに一九三〇・三一年、満州事変前夜のことであった。

一方、一九二〇年代の意識形成について、村中は寡黙であった。磯部が語る陸軍士官学校内の雰囲気への反発について、村中は、管見の限りでは述べていない。ただ村中に非常にショックを与え、何とかしなければいけないのではないかと考えさせたのが、天津《てんしん》駐屯中の見聞であった。

一九二八年五月～二九年六月の天津駐屯の期間に、彼は、「塘沽《タンクー》、泰皇島《チンホワンドオ》ニ出張シテ日本人ノ生活状態ヲ詳《つぶ》サニ見」たという。そこで、密輸などを生業としている日本人のあり方に、彼は強烈な衝撃をうけたという。彼は語る。

日本人カ無理想無方針テ密輸等ヲシテ生活シテ居ルト云フ様ナ誠ニ情ナイ状態ニアルコトヲ知リマシタ　私ハ従来日本人ニ対シテハモット高イ理想ヲ持ツテ居タノテアリマスカコノ状態ヲ見テ人心ノ頽廃《たいはい》ヲ思ヒ国家ノ前途ヲ憂ヘ国民ノ精神ヲ振作《しんさく》シ日本人ノ理想ヲ高メル必要アルコトヲ知リマシタ（「村中孝次公判調書」）

日本人は、もっと気高くあってほしいと思う彼の情念は、そのような状況に日本人が陥っている要因としての政党政治・金権的風潮への敵意を募らせていったのではないか。

以上みてきたように、一九二〇年代、青年将校の一部が抱いた、共産主義への反感を前提とする現状変革志向は、一九三〇年の大恐慌の襲来と、ロンドン海軍軍縮条約問題――それは、陸軍軍縮への恐怖にもつながった――を契機に、細い流れが、集まり、せせらぎとなり、さらに一本の流れとなっていくのである。一九三〇年九月、橋本欣五郎ら陸軍幕僚層を中心にひそかに誕生した陸軍桜会《さくらかい》が、「過日海軍を志向せし政党者流の毒刃が他日陸軍に向ふ」と語る中で、三月事件計*画・満州事変計画・十月事件計画が練られ、青年将校たちは十月事件に参加しようとした体験を通して、自らの青年将校運動を自己認識していくこととなる。

村中孝次

＊　三月事件とは、事件の中心人物大川周明らの証言によれば、次のようなものだったという。一九三〇年一一月浜口雄幸首相がテロで重傷を負った後、三一年二月三日、幣原喜重郎臨時首相代理の失言による議会の混乱の中で、二宮治重参謀次長・小磯国昭軍務局長・建川美次第二部長・重藤千秋支那班長・橋本欣五郎露西亜班長らが、「議会政治政党政治ヲ改革」しようと動き出す。宇垣一成陸相をかつごうとした彼らは、大川を通じて宇垣の意向を打診する。大川に対して、宇垣は「国家ノ為メニナルコトナラ何時テモ命ヲ差上ケル覚悟ヲ持ツテ居ル」と答え、杉山元《はじめ》陸軍次官・小磯・二宮・建川も、宇垣と会見し、その意向を確認する。そして三月二〇日を期して、国民のデモで議会を包囲し、「各所ニ擬砲弾ヲ投シテ民心ヲ激昂セシメ」、戒厳令をしき、宇垣をかつごうという計画を、小磯・建川・橋本・大川で立案する。ところが小磯宅で大川と共に永田鉄山軍事課長・岡村寧次補任課長と打ち合わせをした際、永田・岡村は、この計画に反対する。ここで計画は陸軍省・参謀本部のメンバーには、表面上取り止めにしたこととし、小磯・大川で進められていく。しかし三月中旬頃、小磯から大川に、宇垣が陣頭に立たないから計画を放棄する旨連絡が入る。大川は頭山満を通して、宇垣の翻意を促すが無効に終わる。大川らは激昂し、自分たちだけで強行しようとする。陸軍首脳らはあわてて、三月一八日徳川義親侯爵が二〇万円出して大川らの動きを差し止めることに成功する（石原広一郎関係の大川周明・徳川義親の証言、石原の陳述による）。

2　陸軍青年将校運動発足へのプロセス

青年将校運動の発足――一九三一年八月二六日、日本青年館の会合――

青年将校運動が本格的に出発したのは、一九三一年（昭和六）八月二六日の日本青年館での会合であった（前掲『日本ファシズムとその時代』参照）。それに先だって、宇垣一成《うがきかずしげ》陸相をかつぐクーデターが計画される。三月事件である。当時、まだ鹿児島にいた菅波三郎は、この三月事件計画を耳にはさむ。彼は、荒木貞夫《あらきさだお》第六師団長を訪い、「許し難き叛逆」だと迫る。これに対して荒木は、「永田鉄山《ながたてつざん》迄之《までこれ》に加つてゐるのだが間違つて呉《く》れなければよいが」と答えたという（「菅波手記」）。さらに菅波は、「時に大陸満蒙の風雲急を告げ、国内上下物情騒然たり、九州同志時々会合し国事を談ず」と述べるのである。それは、藤井斉日記とも符合する。

一九三一年八月、荒木貞夫は、教育総監部本部長として東京に戻る。菅波も東京の歩兵第三聯隊に移った。

そして八月二六日の、日本青年館での会合となるのである。菅波は「手記」で、この会合自体にふれていない。「手記」は、藤井と大岸頼好が休暇をとって上京し、「共に国事を談じ、意気投合、同志一体感の盟約を交は

宇垣一成

せり」と記すのみである。九月一八日の満州事変勃発の二十数日前のことであった。陸軍側から大岸頼好・菅波三郎・東　昇《あずまのぼる》（陸士三七期、菅波・香田の同期。藤井斉の相談相手）・対馬勝雄、海軍側からは、藤井・三上卓《みかみたかし》・古賀清志《こがきよし》ら、民間からは西田税・井上日召・橘　孝三郎《たちばなこうざぶろう》・渋川善助《しぶかわぜんすけ》ら、総計三十数名が集まり、藤井斉の「日記」（『検察秘録五・一五事件』Ⅲ　匂坂資料3所収　一九九〇年　角川書店）によれば「他地方組織の促進*、これとの連絡——代表を交換すること——中央機関の確立、これとの連絡、部下の身辺より勢力の拡大、之を引提《ひっさ》げて中央に進出すべく常に準備し置くこと」という方向が打ち出されたという。

藤井・井上と共にこの会合の中心人物の一人であった西田税は、「第六回聴取書」で、以下のように述べている。

　同年八月頃橋本（欣五郎）中佐カラ所謂十月事件ノ大体ノ計画内容ヲ聞カサレ海軍ニ参加サセル様ニ努力ヲシテ呉レル様ニトノ依頼ヲ受ケマシタ**（中略）然シ当日ノ会合ハ大シタ纏《まとま》ツタ話モアリマセンテシタ

西田によれば、この橋本の依頼が八月二六日の日本青年館の会合につながったという。それは同時に、藤井を通じて、八月二五日、西田も知った陸軍の満州事変計画に備えるものだったのである（須崎前掲書参照）。しかし前述の藤井日記からみても、西田の「大シタ纏ツタ話モアリマセンテシタ」という陳述を考えても、顔合わせに終わったとみてよい。

結果的には、血盟団《けつめいだん》事件や五・一五事件に関係するメンバーが、ずらっと顔を揃えたこの会合で、二・二六事件に参加することとなるのは、民間人の渋川と、陸士四一期の対馬だけだったことは注目をひく。対馬の先輩の香田・村中・安藤らの名はないのである（磯部は在朝鮮）。

実は、香田・村中・栗原らは、この会合での「部下の身辺より勢力の拡大」という申し合わせに沿い、菅波によって急速に組織されていった人々だったと考えられる。以下、二・二六事件に関わる青年将校たちの、この満州事変直前の時期の意識をみていこう。

＊　藤井がいた九州では、青年将校の組織化が進んでいた（須崎『日本ファシズムとその時代』）。

＊＊　「菅波手記」でも、藤井斉の「日記」でも、菅波・藤井が、いつ十月事件計画を知ったか明らかではない。なお大川周明の証言によれば、満州問題解決のため、満州事変前から重藤千秋支那班長・橋本欣五郎露西亜班長と関東軍の板垣征四郎・土肥原賢二両大佐が協議を繰り返していたという。そして関東軍が満州事変を起こすや、「満洲問題ノ解決」のため、「国内改造ヲ断行」する必要があるとして、橋本・長勇少佐と大川の三人で事件の計画に取りかかる。そして三月事件の体験から、主体は「軍部ノ中堅層」に置かれた。かくて事件計画が、橋本・長・大川に加えて、根本博中佐・田中弥大尉で練られていく。大川は、次のように述べている。

其計画案ノ内容ハ私モ全部見マシタカ大体ニ於テ其ノ計画ハ橋本中佐カ中心トナリ陸地測量部ニ錦旗維新本部ヲ置キ其橋本中佐ノ命令ノ下ニ東京市内二十数ヶ所ヲ襲撃シ其ノ大動乱ニ乗シテ戒厳ヲ布告シ戒厳令下ニ於テ時局ヲ収拾セントスルノテアリマシテ政治ノ中心ニ東郷元帥ヲ擁立セントスルモノテアリマシテ小林省三郎海軍少将カ其任務ヲ分担スルコトニナツテ居リマシタ

そして大川によれば、彼自身も八〇名の兵力で、大新聞社占領を分担していた。この証言からみると、十月事件計画は、満州事変勃発後、急速に具体化されたものということになろう（石原広一郎関係「大川周明証人尋問調書」）。

対馬勝雄の場合

当時弘前の歩兵第三一聯隊附であった対馬勝雄は、その手記「事件参加ニ至レル原因動機ノ概要」で、

対馬勝雄

「少尉任官ヨリ満州事変ニ出動スルマテノ情況（昭和四年乃至《ないし》六年）」と題して、「此頃ヨリ単ナル憤激ヨリ漸次《ぜんじ》研究的態度トナリ雑誌『日本』『日本思想』新聞『日本』其他ヲ閲読シ初メタリ」と、怒りを「理論化」しようと試みていた。しかし彼の危機感は、一層深まらざるを得なかった。大恐慌の影響である。彼は、以下のように述べている。

一般社会ハ漸次不況ニ陥《おちい》リ左傾思想ハ益々跳梁《ちょうりょう》ヲ逞《たくまし》クス　余ノ郷里一般ノ貧困ハ益々甚シク又特ニ入営壮丁（岩手県下）ノ家庭ノ情況ヲ調査シ制度機構ノ矛盾ヲ痛感シ漸次之カ改造ノ必要ヲ感スルニ至ル

そして彼は、既成政党や官僚への反発を強め、とくにロンドン海軍軍縮条約をめぐって、統帥権干犯《とうすいけんかんぱん》をはじめ、「外交官、政党員、言論機関ノ売国的言動」に怒りをあらわにしていく。キャッスル事件（一九三〇年一月、駐日アメリカ大使として着任したキャッスルが、日本政府高官を買収したとして右翼団体などの攻撃をうけた）や、「国民負担軽減テフ《トイフ》浜口内閣ノ国民欺瞞《ぎまん》策」を憤り、彼は、「身国家ノ保護ニ任スル軍人トシテ蹶起シテ之等ノ害悪ヲ除去セサルヘカラサルヲ痛感セリ」と、他の青年将校たちに比して、非常に早い時点で、「蹶起」を考えはじめるのであった。

その彼を、さらに積極的にしたのは、一九三一年建川美次《たてかわよしつぐ》少将が、弘前で、歩兵第三一聯隊の将校に対して行なった講話だったという。一九三一年七月までは、建川は、参謀本部の第二部長、八月から同第一部長となるが、おそらく前者の時期であろう。この講話を通して、対馬は「政党、外交官等ノ腐敗軟弱ヲ一層痛感」したという。そして彼は、前述の日本青年館の会合に参加し、「之等志ヲ同クスル者ト共ニ〳〵（ママ）蹶起セントスル念ヲ抱クニ至」ったのである。

村中孝次・中橋基明の場合

一方、在京の青年将校たちは、満州事変前夜、どのような想いを抱いていたのであろうか。二・二六事件の中心人物となる村中が、具体的に青年将校運動と関わるのは、この年七月以降だったと考えられる。たとえば、「村中孝次手記」には、「青年将校ヲ中心トスル維新運動ノ概要」として、こんな風に記される。

陸軍ニ於テハ西田税、大岸大尉、菅波大尉等ヲ中心トシ海軍ニ於テハ故藤井少佐ヲ中心トシテ古クカラ熱烈ナ改造運動ヲ続ケテ来テ倫敦《ロンドン》条約当時ノ統帥権干犯問題ヲ繞《めぐ》ツテ大イニ国論ヲ動カシテ来タノテアリマスカ私ノ周知シナイ所テアリマス

彼が、軍内の「国家改造運動」と関わりを持つのは、一九三一年七月のことだったようである。村中は、「昭和六年夏ニ第二十五期生以下各同期生有志十名位宛《ずつ》ヲ偕行社《かいこうしや》ニ集合シテ同会ノ決議トシテ檄文《げきぶん》ヲ全軍将校ニ配布シテ気勢ヲ挙ケ」と語る。この檄文は、一九三一年半ばの時点で「国家革新運動ニ関シテハ大ナル関心ヲ抱クコトナク任官以来約十年ヲ経過セリ」と上申書で述べた柴有時《しばありとき》歩兵大尉（一九三一年八月、大尉に昇進）によれば、以下のようなものだったという。

昭和六年七月ニ到リ、二十八期乃至四十二期生発起ニ掛ル激（檄）文ナルモノヲ知リ、又中少尉カ此処彼処ニ会合シテ事（時）局問題ヲ論議シツヽアリヤノ風説ヲ耳ニシ国内外ノ諸問題ニ余リニモ無頓着ナル自己ヲ発見セリ

中橋基明

期数などが二五期（「村中手記」、佐藤幸徳《こうとく》（のち中将・第三一師団長）などの期）と二八期（「柴上申書」、長勇《ちょういさむ》（のち中将）などの期）と、記憶に違いがあるが、二人の言う檄文はおそらく同じものだったのではないか。そうだとすれば村中は、この時点で、軍内の「国家改造運動」と関わりを持ちはじめたと考えるべきであろう。

「公判調書」によれば、村中は次のように陳述している。

夫レカラ昭和六年八月頃九州カラ菅波三郎大尉カ歩兵第三聯隊ニ転任シテ来マシテ同大尉ニ会ヒ所謂《いわゆる》十月事件ノ計画ヲ知リマシタ

村中は、明らかに、同期の菅波が東京に転任してきたことによって、青年将校運動に加わっていくのである。村中によれば「同大尉（菅波）ハ私ト同期生テ士官学校以来同大尉ノ識見ニ傾倒シテ居タノテ同大尉ト行動ヲ共ニスルコトヲ披瀝《ひれき》」することになったという。菅波との個人的つながりが、村中の運動への参加に際して、大きな契機だったのである。彼が「之等同志ノ会合ニハ余リ出席シテ居リマセンテシタ」と述べるのも当然であった。

これに対して、中橋基明の場合は少し違っていた。彼は、村中らのように、一九二〇年代、様々な矛盾を肌で感じてはいない。たとえば「私カ幼年学校士官学校ニ在校中ニ特別ナコトハアリマセンテシタ」という彼の公判での陳述は、この点を示していよう。一九二九年一〇月、少尉任官と共に近衛歩兵第三聯隊附となった彼は、初年兵教育を通じて、社会矛盾に目覚めはじめる。彼は語る。

近衛兵ハ全国カラ優秀ナ家庭ニ育ツタモノヲ選フコトニシテ居リマス依テ兵ノ身上ニ付テ特ニ考

慮ヲ要スルモノハアリマセンテシタカ日夜兵ニ接シテ居リマストコノ中上流家庭ニ於テモ亦資産ニ応シテ借金カアルト云フ様ナコトヲ知リマシタ中ニハ幹部候補生兵ニモナル資産カナイト云フ様ナモノモアリマシタ　元来近衛ハ主トシテ農村ヨリ徴集スルコトニナツテ居リマスノテ斯《かか》ル兵ノ身上状態ハ結局農村ノ窮状ヲ反映スルモノテアルト思ヒマシタ　ソレテ何ントカシナケレハナラヌ国防ノ第一線ニ立ツ兵ニ後顧《こうこ》ノ憂《うれい》カ多イト考ヘ薄イ国家改造ノ意見ヲ持ツニ至リマシタ

ロンドン海軍軍縮条約問題については、目立った言及はない。彼が「国家改造」に強い関心を抱くのは、以下のきっかけであった。

昭和六年頃長勇大尉、小原《おはら》（重孝《しげたか》）大尉等カ主催テ尉官級ノ国家改造ニ関スル研究会ヲ開キマシタノテ私ハ夫レニ出席シマシタ　特ニ其会合ニ於テハ満州問題国家改造問題ニ付テ所謂煽動的ナ講話ヲ聞キ大イニ感動サセラレマシタ其後偕行社ニ於テ小サナ会合カ屡々《しばしば》アリマシタカ夫レニ出席シテ私ハ満州問題国体問題ニ付テハツキリシタモノヲ掴《つか》ミマシタ

そして「其ノ矢先ニ満州事変カ勃発」したというのである。中橋の場合は、菅波の影響は全くなく、橋本欣五郎・長勇らの影響の下に「国家改造運動」に関わりを持ちはじめたのである。中橋が、橋本らの影響を受けたのも無理はなかった。村中のような青年将校運動の中心となるような人物でさえ、橋本欣五郎の講演を二度にわたり聞いている時期、それが満州事変前後だったのである。

栗原安秀・香田清貞の場合——満州事変勃発の中で——

ほんの少しであるが村中・中橋に遅れて、「国家改造」——この時点では、十月事件への参加が焦点で

あるが——への具体的運動を開始するのが、栗原・香田である。

栗原安秀は、その手記「国家改造運動ニ参加セル事情」で、以下のように語る。

所謂十月事件ニ際会セシハ聯隊旗手ノ時ナリ、恰《あたか》モ満州事変突発時ニシテ全軍ヲ挙ツテ軟弱外交ヲ打破セントスルノ声起リ、コノ雰囲気中ニ十月事件計画サレタリ余ハ偶々《たまたま》同期生会ヨリ加入ヲ勧誘セラレ日頃ノ研究及信念ヨリ之ヲ諾シ始メテ実行運動ニ入レリ。

栗原は、満州事変の「雰囲気」の中で、十月事件が計画されていたと信じていた節がある。彼の発端も同期生会の動きだった。栗原は、「コノ前後、当時歩兵第三聯隊附ナリシ菅波中尉ト相知リ逐次大岸、大蔵（栄二）、末松、小川、村中、渋川、或ハ北、西田等諸氏ヲ知レリ」と述べるのである。「逐次大岸、大蔵、末松、小川、村中、渋川、或ハ北、西田等諸氏ヲ知レリ」というのは、十月事件暴露の前か後かがはっきりしないが、ともあれ彼が、菅波に深く傾倒したことは間違いない。まだ二一歳の栗原が、「余ハ当時若輩《じゃくはい》ニシテ経験ナク自信十分ナラサリシモ深ク前記諸先輩特ニ菅波中尉ニ私淑《ししゅく》指導セラレ行動ヲ共ニセリ」というのは、ごく当然のことであろう。「コノ時初テ青年将校運動ノ存在シ且《かつ》余ノ同期生中ニモ多数コレニ加ハレルヲ知リ雀躍《じゃくやく》セリ」と述べる栗原手記は、自分は一人でない、仲間がいるのだと知った若者の喜びを率直に語っているといえよう。こうして栗原は、青年将校運動の一中心となっていくことになる。

問題は、香田清貞の意識である。彼は、公判での陳述によれば、大恐慌下の農村の窮乏に対しても、一九三〇年の時点では、「コノ社会ノ矛盾ヲ如何《いか》ニシテ救フヘキカ判リマセンテシタカラ只上官ニ事情ヲ話シテオ願スル丈《だけ》テアリマシタ」と述べていたという。対馬のような強い怒りは、彼にはなかったとみてよかろう。それは、おそらく香田の、次のような発想と無関係ではあるまい。

私共ハ生活カ困難テアルカラトカ飯カ食ヘナイカラトカ云フ様ナコトテハ不可テアル私共ハ大御心ニ依ルナラハ餓死《がし》モ亦《また》喜フモノテアリマス＊

このような強い天皇信仰からは、現状を打破しようとするエネルギーは出てこない。その彼を青年将校運動へと突き動かしたのは、別の事情であった。

香田は以下のように述べている。

昭和六年ニ入リ十月事件カ起ル前頃ニナツテ当時聯隊ノ将校室テ時局ニ付テ昼食ノ際聯隊ノ中少尉ノ間テ研究シ様ト云フノテ会合シマシタ其時国家革新ト云フ様ナ問題カ出テ栗原ヨリ或ル案カ提出サレマシタ　当時一般ノ空気ハ軍人カ其ノ様ナコトヲシテハ不可ト云フノテ先輩将校カ栗原中尉ヲ圧迫シ様トスル態度ヲ執ツテ居タノテ私ハコレヲ知リ事情如何ニ不拘《かかわらず》先輩カ之ヲ圧迫スルト云フノハ不可ト思ヒマシタ

この陳述は、以下の二点で注目される。第一は、この満州事変という時期にあっても、軍人勅諭《ぐんじんちょくゆ》の、政治不関与規定が、多くの軍人の心をとらえていたことである。第二には、香田と栗原の距離を接近させたものが、「国家革新」論そのものではなく、「先輩将校カ栗原中尉ヲ圧迫シ様トスル態度」への香田の反発だった点である。天皇の下での「平等」を希求する香田の思いが、こうした態度を取らせたのであろう。「私ハ当時国家革新ト云フコトニ付テ結論的ナ頭カ未タ出来テ居ナカツタノテアリマス」という香田の発言は、彼の青年将校運動への接近が、現状打破というより、心情的なものからはじまったことを示している。

そして彼は、栗原から、菅波と会ってくれと言われ、栗原と一緒に、菅波を訪ねた。その話の内容を、香田は次のように語る。

菅波大尉ハ私ノ考ヘテ居タ様ナコトヲ実行シ様トシテ居ルト云フノテ所謂十月事件ノ計画内容ヲ話シテ呉《く》レマシタ　ソシテ尚《なお》色々話ヲ聞キ又栗原中尉カラ北一輝著日本改造法案大綱ヲモ見セラレマシタ　私ハ菅波大尉ヲ信頼シテ居リマシタノテ同人ト行動ヲ共ニスル決意ヲシタノテアリマス其当時ノ同志ハ村中孝次、安藤大尉、栗原中尉、私等テアリマシタ

二・二六事件の中核メンバーの結集がはじまったのである。このようにみてくると青年将校運動のスタートに、いかに菅波三郎が大きな役割を果たしたかが、浮かび上がってくる。藤井斉も絶賛していたこの人物は、当時何を思っていたのであろうか。十月事件計画を追う中で考えていこう。

＊　香田は、陣述の中で、留保付きながら財産奉還論を展開する。

十月事件計画の進行

「二・二六事件裁判記録」の中で、十月事件についての情報を伝えているのは、西田税・柴有時・村中孝次・中橋基明、そして菅波三郎などにとどまる。計画の比較的初期から、関わりを持っていた西田税の「第六回聴取書」から検討しよう。西田は以下のように語る。

当時参謀本部ノ作戦部長建川（美次）少将ハ騎兵第五聯隊時代ノ聯隊長テアリマシタ関係上時々訪問シテ居リマシタ又橋本欣五郎中佐ニハ友人カラ紹介サレ訪問シ満蒙問題等ニ就イテ話ヲ聞イテ居リマシタカ同年八月頃橋本中佐カラ所謂十月事件ノ大体ノ計画内容ヲ聞カサレ海軍ニ参加サセル

様ニ努力ヲシテ呉レル様ニトノ依頼ヲ受ケマシタ

西田と、橋本を引き合わせた「友人」が誰であるか確認できない。* だが西田が、「人格的ニ亦性格的ニ全然相反スル」、「遊里ニ出入シ大言壮語スルコトニ不快ノ念ヲ抱イテ居」たと強い反感を持っていた大川周明（「西田税第六回聴取書」）に近い橋本欣五郎から「海軍ニ参加サセル様ニ」依頼をうけたとすれば興味深い。つまりこの時点では、西田の影響力は、陸軍の青年将校だけではなく、藤井斉ら海軍の青年将校に及んでいたとみなされていたといえよう。そして八月二六日の日本青年館の会合を機に、西田の立場は飛躍的にアップする。藤井が、その日記に記すように、「こゝに組織を造り中央本部は代々木におき、西田氏之に当り」ということとなる（須崎前掲書）。西田自身も、「十月事件ニ於テハ陸海軍両側カラノ依頼ニ依リ橋本中佐ヲ中心トスル幹部将校ヘノ連絡折渉ノ役目ヲシテ居ツタノテアリマス」と語るのである。

* 菅波の「手記」によれば、満州事変勃発後、末松太平と共に、北の「国家改造法案」の研究者として、橋本のところに同道して引き合わせたと述べ、西田の陳述と異なっている。また末松太平の「第二回訊問調書」によれば後述する野田又雄《またお》大尉が「桜会一派ト西田一派ヲ合同セシムル目的ヲ以テ斡旋シ橋本欣五郎殿ト西田税トカ会見シ」と述べている。

村中孝次は、その「手記」で、「十月事件参加将校ノ主体ハ桜会ヲ中心トシタモノテアリマシタカ部隊ニ居ツテ直接兵力ヲ握ツテヰ《い》タノハ八月以降菅波大尉ニヨツテ啓蒙サレ指導サレテヰタモンテ其ノ多クカ菅波大尉ト共ニ同事件ニ参加スル決意ヲ持ツタ」のだと述べている。橋本ら幕僚は直接兵力を持っていないのに対し、菅波らは兵力を握っていたのである。* その青年将校との連絡にあたったとすれば、西田の立場は強まっていたといえよう。

　これに対して、橋本を中心とする陸軍桜会の幕僚層は、同期生会（超同期生会）の会合・檄文、橋本らの講話（村中によれば、「スターリンニヨッテ主宰サレテヰル蘇国ノ政治形態ヲ謳歌シタモノ」だったという）、「青年将校ヲ盛ンニ料亭ニ招シテ煽動」（「村中手記」）し、組織化を図っていたとみられる。村中によれば、橋本らの計画は、「在京部隊ヲ中心トシタ武力ヲ以テ要路ノ大官巨頭ヲ仆《たお》シ時ノ教育総監部本部長荒木中将ヲ推シテクーデターヲ断行」しようとしたもので、主謀者は、「橋本欣五郎、長勇、和知鷹二《わちたかじ》、小原重孝、田中弥《たなかわたる》等参謀本部露西亜《ロシア》班、支那《シナ》班ノ人カ重テ」であり、「陸軍省、参謀本部ノ上層部トモ暗黙ノ了解カアツタ由テアリマス」と伝える。村中とは立場が異なる柴有時も、その「第二回聴取書」で「当時十月事件ノ幹部ニ某方面カラ多額ノ金カ出テ盛ンニ遊興シテヲツタト云フコトヲ聞イテヲリマシタ」と語り、橋本らが潤沢な資金で「青年将校ヲ盛ンニ料亭ニ招シテ煽動」していたことは、事実であったと考えられる。柴有時は「上申書」で、その模様を以下のように語っている。

　小官ハ同期生田中弥大尉ニ乞ハレテ神楽坂《かぐらざか》ナル料亭梅林ニ赴キ、同所ニテ意外ナル陰謀ヲ莫（漠）然ト聞カサレ到底組ス可キニ非ストナシ、断乎《だんこ》席ヲ蹴リ「斯ノ如キ馬鹿ナコトカ出来ルカ」ノ数語ヲ残シテ小官ノミ唯《ただ》一人帰路ニ就ケリ、

　こんな将校は稀であったようであり、**柴は、「梅林」を「第二会場」と言い（なお「田中弥被告人訊問調書」によれば、第一会場は白山閣であったという）、「梅林」にも、同僚の戸山《とやま》学校教官二名が出席していたとも語っており、かなり大規模な「接待攻勢」であったことは確かである。

　菅波三郎は、以上みてきた十月事件準備に、藤井斉ともども強い疑念を抱く。一九三一年八月末より

九月初旬のことであった。彼は、「時宛《あた》かも満州事変の勃発直前にして中央部佐官幕僚を主体とする桜会は盛んに気勢を挙げつゝあり、然れども一般に軽燥の感ありて其実体奈辺《なへん》に存するや未だ不明」としつつ、「三月事件」との関係を疑った。藤井は、大川周明に接触する。藤井が、飛行機に乗れるとして「この時節何か御役に立つことなきや」と尋ねると、大川は、膝を乗り出し「是非頼む実は斯々《かくかく》」と「陰謀の一端を洩」らしたという。菅波は、桜会に出席した。樋口季一郎《ひぐちきいちろう》（中佐・東京警備参謀）を司会者にはじまった会合で、橋本は、「土耳古《トルコ》革命」について演説する。桜会の模様をみた菅波は、藤井と密談した。内容は以下の通り。

一、大川周明が又例のクーデター計画をなしあるは事実なり
二、三月事件の延長が混入しありとは判断し得るも桜会と大川一派との関係は尚一切不明なり
三、我陣営は尚秘匿《ひとく》し桜会善導主義をとり可能なれば大同団結を計るべし（以上、「菅波手記」による）

日付は不明だが、菅波・藤井は、橋本欣五郎を訪問する。二人は、橋本が「桜会の急進的指導者」であることを知ると同時に、「その思想は大したる程度なく唯頻《しき》りに満蒙問題の急を説き青年将校の奮起を促す程度」と判断した（同前）。

＊　幕僚は、陸軍省・参謀本部など中央部や、師団司令部附・大隊長などを務め、キャリアを積み中枢管理者・部門管理者となっていくエリートであり、その多くが、陸軍大学を出ている。これに対し、青年将校は、下士官・兵に直接接する将校の中での非エリートであり、多くの場合、現場にとどまる。出世も、うまくいって、やめる直前に少将になるのが最高である。両者を分けるものは、幼年学校や陸軍士官学校の成績や、要領のよしあし、場合によれば閥や「コネ」などもあったことが想定される。

＊＊　柴は「第二回聴取書」で、「西田ト時局問題ニ就テ語ル様ニナリマシタノハ野田又雄大尉（十月事件ノ立役者）カ彼ヲ介シテ面会ヲ求メ来リシニ始マリマス何故ニ野田大尉カ私ニ面会ヲ求メタカト申マスト私カ第二会場タル梅林ヲ鮮カニ其ノ場ヲ蹴テ立ツタ其ノ度胸ニ惚レタア、云フ人ヲ此ノ運動カラ逃シテハナラナイト云フノテ私ニ面会ヲ求メテ来タノテアリマス」と述べ、この退席という行動がよほど珍しかったことを伝えている。

未発に終わった「二・二六事件」——十月事件計画の「変貌」——

満州事変は、国民の排外主義的熱狂の中で、「成功」していく。菅波の「手記」は、満州事変勃発後の状況を以下のように述べている。

満州に於ける皇軍破竹の勢に伴ひ国内に迸発《へいはつ》せる革新機運は層々醸成せられて昭和維新宿志遂行の機会今や眼前に刻迫せるを覚《おぼ》ゆ、佐官幕僚は国難と共に吾々青年将校亦一意皇軍の使命遂行に向ひ邁進《まいしん》せざるべからずと為し先輩野田（又雄）中尉（ノモンハン事件で戦傷死）はその熱血と硬骨とを以て近衛聯隊を、余は主として歩一歩三及其他の要点を歴訪説得し正論の喚起に努め、末松中尉は特にその重厚の性格を以て往々ともすれば幕僚等の煽動により軽燥詭激に趨《はし》らんとする戸山学校及砲工学校方面を善導す＊

しかし菅波らは、橋本らのクーデター計画の全貌を把握できず、次第に不信感を深めていく。菅波・末松、そして西田は、橋本と偕行社の一室で会談する。そして翌日、橋本中佐の名で中野の某料亭での集会が伝えられる。当日、橋本は、人払いして、菅波に「挙兵の決意」を述べたという。菅波らは、橋本が「吾人に挙兵の指令的態度をとるを怪し」む。しかも次のような情報も入ってくる。「大川周明既に勅語を書き之を決行直後某々二重橋前に於て勅語降れりと偽称し奉読する計画あり」（天野勇《あまのいさむ》〔当時、参謀本部付〕中尉の自白及橋本中佐の口外）。ここにいたって、菅波は、東北の大岸頼好に、「最早《もは》や幕僚善導を断念す、危機刻々迫る、最後的決意を以て準備を急ぐを要す」と連絡し、末松にも、煽動に乗らないように注意する。

破局は目前だった。神楽坂の料亭で、菅波は橋本と格闘寸前となり、野田中尉がそれを制する。さらに別室で、菅波は、口封じを狙った小原重孝大尉に組討《くみうち》され、危ういところを橋本の子分の田中弥に助けられたという。幕僚層と、菅波らの対立は、抜き差しならない局面を迎える。一〇月初旬のある日、渋谷の料亭で、長勇は各人に襲撃目標を指令する。ついに菅波は、「幕僚ファッショの首魁橋本欣五郎中佐愈々《いよいよ》クーデター決行の指令を発せば之に和するが如くして、歩一、歩三の蹶起部隊を直ちに参謀本部に集中」して、「橋本以下妄動幕僚を捕捉」する決心をするにいたった（以上、「菅波手記」による）。**

外部にいた西田の陳述も、ほぼ同様である。十月に入ると、十月事件計画は大きく変身を遂げていたという。西田は以下のように述べている。

> 最初ノ方針ト異リ近歩二ノ田中信男《たなかのぶお》（当時、少佐、大隊長。一九四四年、中将、第三三師団長）大隊カ参加スルトカ近歩四ノ森一郎大尉カ機関銃隊ヲ引率シテ出動スルトカ聯隊旗ヲ出ストカ申シマシタノテソレ迄ハ私ハ青年将校一同ノ直接行動ノミテアルト考ヘテ居リマシタノニ部隊ヲ引率シテ出動スルト申シマシタ

西田は、びっくりした。「聯隊旗ヲ出ス」といった橋本の考えに、***彼は食い下がる。

> 陛下ノ命ナクシテ皇軍ヲ動カスコト　私上（ママ）ノ事ニ聯隊旗ヲ持チ出ス事ニハ反対テアルト争論致シ

マシタ　然シ橋本中佐ハ私ノ意見ニ賛成シテ呉レマセンテシタ（「西田税第六回聴取書」）

「陛下ノ命ナクシテ皇軍ヲ動カスコト」といった後の二・二六事件の際と同様な問題が起こりかねない事態となってきたのである。

中橋基明は、自らの属する近衛部隊の決起に疑問は抱かなかったようである。その「公判調書」によれば、彼は次のように述べている。

　同年十月聯隊カ習志野《ならしの》野営ニ行ツタトキ大隊副官室ニテ野田中尉カ若イ将校ヲ集メテ国家改造意見ヲ述ヘ時局実力ヲ以テ君側《くんそく》ノ奸《かん》テアル之等特権階級ヲ攘《はら》フ為東京ノ各部隊カ同時ニ蹶起シ近歩三モ起《た》ツノタト云ハレマシタ其時私モ同席シ之ニ共鳴シテ皆ト一緒ニ起ツコトニナツタノテアリマス

村中も、部隊の動員には、それほど違和感はなかったようである。その手記には、「参加兵力ハ二十二中隊ト号セラレテヰマシタカ果シテ十分検討サレタ兵数テアルカハ疑ノ余地カアリマス」と記し、また「建設案ニ就イテハ大部ノ計画書カアツタト云ヒマスカドノ程度ノ準備テアツタカハ不明テアリマスカ大川周明カ詔勅案ヲ準備シテヰタトイフコトテアリマスカラ大川周明ヲ中心トシテ相当ノ計画準備ハアツタモノト思ハレマス」と冷静に述べるにとどまる。

＊＊＊＊

二・二六事件は、九中隊の動員であるから、十月事件はかなり大規模な計画であったといえよう。こうした方向に、強い疑念を感じたのは香田であった。彼は、「十月事件ノ計画ニ付テハ或ル疑問ヲ持ツテ居リマシタノテ菅波大尉ニ何カ不純ナ点ヲ感スルカ貴様ハヤル気カト云ツテ聞」いたという。菅波も、「確ニサウタ俺モ同シ様ニ考ヘテ居（カ）ルカ物事ニハ勢ト云フモノカアルカラ斯クナツテハ止《やむ》ヲ得《え》ナイ若《も》シモ不純ナ点カアレハ外部ニアツテ傍観セス之ニ飛込ンテ行キ其ノ不純ナ点ヲ取除カネハナラヌ」と答え、彼を深く信頼する香田は、「私モ同感テアリマシタカラ参加ノ決心ヲシタノテアリマス」と、「公判調書」で述べるのであった。菅波が疑問としていたのは、村中手記によれば、「橋本大佐カ『血刀ヲ携《さ》ケテ参内《さんだい》シ大命降下ヲ願フ』トイフ様ナ大権強要ニ亙ル言辞カアツタノテ野田大尉、菅波大尉（共ニ当時中尉）カ反省ヲ促シ訂正ヲ求メタトイフコトテアリマス」という点であった。十月事件は、「二十二中隊」の動員、「大権強要」といった四年ほど後の二・二六事件と、類似の問題をはらんでいたのである。さらに西田によれば、「其ノ当時ニモ皇軍相撃《こうぐんそうげき》ト云フ事カ問題トナリマシタ」という。ただ十月事件の際は、「皇軍相撃」が起こりそうになったら、「吾々幕僚カ両軍ノ間ニ入ツテ其ノ様ナ事ノナイ様ニ奔走スルト謂フ事ヲ盛ニ言ツテ居リマシタ」という。十月事件は、主導権の問題を除いては、「未発の二・二六事件」といっていいほどの二・二六と相似の構造を持った計画だったのである。

＊　末松太平は、「林（銑十郎）朝鮮軍司令官カ独断越境シタコトカ閣議ノ問題トナラントシタトキ（林の越境は九月二一日）之ヲ掣肘スル為有志将校カ三長官ニ血書ノ意見書ヲ出シタトキ私モ之カ指導者ノ一人トナリマシタ」と述べている（「被告人訊問調書」）。

＊＊　「菅波三郎被告人訊問調書」によれば、この十月事件での、幕僚襲撃計画の体験から、菅波は、二・二六事件勃発の報を聞いた時、「幕僚連ノ間ニ陰謀テモアツテ其機先ヲ制スル為メ東京ノ同志カ蹶起シテ之ヲ押ヘ付ケタノテハ無イカト判断シタ」という。

＊＊＊　二・二六事件の際にも、青年将校側は、聯隊旗を持ち出さなかった。天皇から「親授」される連隊旗は極めて重い存在だったのである。

＊＊＊＊　村中は、「公判調書」によれば、「所謂十月事件カ未然ニ押ヘラレタコトハ甚タ残念テアリマシタ　当時ノ空気カラ観テコノ計画ハ成就スル可能性カ十分アツタノテアリマシタ　然シナカラ又一面当時同事件ニ関係シテ居ル一部

ノモノ等ノ言動カラ察シテ動モスレハ大権強要国体破壊ニ陥リ或ハ明治維新ノ理想ニ悖《もと》ル独裁政治ノ形式ニ依ル危険カ十分ニアッタノテアリマスカラ之カ未然ニ防止出来タノハ天佑テアルト考ヘマシタ」と二面的評価をしている。

十月事件「暴露責任」をめぐって

一九三一年一〇月一七日、一〇月二〇日過ぎの決起を目前にして、十月事件計画は未然に発覚した。菅波によれば、一〇月一五日荒木貞夫から会いたいとの連絡が入る。菅波は、荒木邸に駆けつける。しかし荒木は陸軍中央部の会議から戻ってこない。菅波が後日知ったところでは、一六日、「荒木中将は軍首脳部の面前に於て青年将校煽動の無実の罪を負はされんとしたること及《および》橋本等の決行制止を説得に赴かれしも彼等肯ぜざりしこと」があったという。一七日朝七時過ぎ、荒木邸に赴いた菅波は、一時間余り待って、帰ってきた荒木と会うことができた。幕僚「ファッショ断滅」を主張する菅波に、荒木は「断じて軽挙すべからず」と説いたという（「菅波手記」）。橋本ら幕僚層と、菅波ら青年将校側の対立は、十月事件未発の中で深刻化するのであった。

十月事件発覚の原因をめぐって、「或ハ西田税カ裏切ツタト云ヒ或ハ大川周明カ牧野伸顕《まきののぶあき》ニ通シタト云フコトテ後述スル如ク本事件参加者カ分裂スル一因」（村中孝次手記の表現）となった。大川周明は、事件計画を熟知している五人（橋本・根本・長・田中・大川）の「同志ノ重要人物ノ一人カ其計画ノ実行カ日本ノ為メ不利タト考ヘ嘗ツテ恩顧ヲ受ケタ上官ニ其意中ヲ打明ケタノテ軍上層部ノ知ル処トナ」ったと述べ（前掲「大川周明証人訊問調書」）、田中弥も「橋本大佐ハ極力私共ノ軽挙ヲ戒メテ居リマシタ」（「被告人訊問調書」）と述べているので、橋本自身が暴露した可能性がきわめて高い。しかし村中が、続けて以下のように述べているごとく、発覚するのもあたり前だったといえよう。*

私ノ考ヘル所テハ全般的ニ狂奔狂騒ノ有様テ行動極メテ禁慎（ママ）ヲ缺《か》イテヰタ為メニ陸軍部内ニ何等カノ企図アル位ノコトハ以前カラ世間ニ知レ亙ツテ居タコトテ弾圧ヲ受ケル余程以前ニ関屋《せきや》（貞三《ていざぶ》郎《ろう》）宮内次官カラ憲兵司令官ニ対シ陸軍部内ニ荒木中将ヲ大将トシテクーデターヲ画策シテヰル風評カアルカ如何《いかん》トテ真否ヲ確メテ来タ由テアリマスカラ軍当局ハ勿論《もちろん》遙カ以前カラ知ツテヰタト思ヒマス　当局カ弾圧ノ方針ニ出タ時機ハ寧《むし》ロ遅キニ失シタト思フ位テアリマシタ

しかしこの事件の「暴露責任」をめぐって、陸軍部内は揺れた。菅波の「手記」によれば、一一月、菅波らが秋季演習で不在の機会に乗じて、幕僚は「宣伝戦」に出、北一輝・西田税を「撹乱者《かくらんしゃ》」、菅波はその「配下」だとして、攻撃しはじめたという。**

西田への攻撃が具体化する。柴有時は、自分がなぜ「西田派」とされるのかの理由説明として、興味深い催しがあったことを陳述している。一九三一年一一月頃、「十月事件ノ時ニツマリ大川周明カ暴露シタカ西田税カ暴露シタカ其ノ対決ヲ三十五期生主催キモ入リテ偕行社《かいこうしゃ》テ行ハレ」たというのである。

大川周明

陸士三五期の主催者（鈴木京《すずきたかし》（大佐。敗戦時、第六航空軍参謀）・権藤正威《ごんどうまさたけ》（一九四三年、イベリア半島沖で戦死、少将進級）・木下秀明《きのしたひであき》（大佐。敗戦時、機動第一旅団長））の下で対決させ、その結果、「暴露シタ者ニ詰腹《つめばら》ヲ切ラセル」というものであったという。大蔵栄一から出席しろといわれた柴は、「下《く》タラヌ会合」に出る必要はないとして、西田の出席も、止めてしまう。その理由を彼は、次のように述べている。

　其ノ当時ノ私ノ知識ニハ橋本中佐カ大川周明カガ上司ニ暴露シタカノ如ク聞キ及ンテヲリマシタノテ結局オ互ノ泥シアイニ終タロウコンナ下タラヌ会合ハ叩キ潰シテ仕舞ヘト云フ気持ト当時十月事件ノ幹部ニ某方面カラ多額ノ金カ出テ盛ンニ遊興シテヲツタト云フコトヲ聞イテヲリマシタノテソンナコトマテ若イ将校達ニ聞カセル必要ナシト云フ持前ノ正義観ト一ツハ橋本中佐殿ニ対スル任《にん》侠《きょう》カラ此ノ会合ヲ破壊スヘク戸山学生並ニ西田ノ出場ヲ止メタノテアリマス

どうも柴は、橋本自身がバラシタと確信していたようである。すると三五期の天野勇中尉（中佐。敗戦時、関東軍情報部ハイラル支部長）がやってきて、「何故止ルカ出タラヨイテナイカ」と詰問する。柴が、本当は「誰ノ主催カ」と聞くと、天野は、橋本の主催だと答えたという。そこで、柴は「橋本中佐ニ止メテヤルト言ツテ私ハ参謀本部ニ行キマシタカ結局橋本中佐ニナダメラレソノ趣旨ガモツト有意義ノ様ニ話サレ出タラトウカト云ハレタノテ出ル気ニナリマシタ」と、見事に橋本に言いくるめられてしまったというのである。この会合の中身について、柴は一言も述べていないので不明であるが、いわば欠席裁判で、西田が事件暴露の張本人にされてしまったことは想像に難くない。単純な柴の行動で割を食ったのは、西田であった。さらに柴自身も、「三十五期ノ主催者（鈴木京・権藤正威・木下秀明）等カ私カ西田ヲ庇護スルモノト疑ツテ来タノテアリマス」ということになったというのである。[***]

ここに、青年将校側は、幕僚連が「置酒宴会シテ悲歌放談シタリ又大言壮語シテ志士ヲ気取」るとして、「橋本大佐一派ノ思想行動ニ対スル批判」を行なえば、幕僚たちも、「十月事件ノ裏切者ハ西田税テアルトカ菅波ハ財閥カラ五万円受領シタ等ノ中傷カ行ハレ」ることとなったという（「村中手記」）。その結果、村中によれば、「橋本大佐ヲ中心トスル十月事件主謀者側ト西田税、菅波大尉ヲ中心トスル青年将校トノ一団トノ間ニ深イ溝カ出来テコレ以来両者カ分裂対立スルコトニナツタ」のである。栗原安秀が、その手記に「コノ当時余ハ菅波中尉ト常ニ行動ヲ共ニセルヲ以テ幕僚派ヨリハ深ク憎悪セラル、ニ至レリ」と記すように、軍ファシズム陣営内部に、対立が深刻化していくのである。

十月事件を総括して、栗原安秀は、手記「国家改造運動ニ参加セル事情」で以下のように述べている。

本来ノ青年将校運動ニ非スシテ三月事件ニ引続ケル幕僚（幹部級）トコレラニ指導セラレ且ソノ当時ノ空気ニ醸成セラレタル青年将校（多ク落伍シソノ優秀ナルモノハ余等ニ合流セリ）ト既述ノ先輩ニヨリ指導サレ来リシ青年将校トノ合一セルモノナリ、

栗原のいう「優秀ナルモノ（青年将校）ハ余等ニ合流セリ」と、やや手前味噌気味ではあるが、坂井直《さかいなおし》が、その手記で、「同憂ノ士ト相近接スルニ至リタル経緯」として、「安藤大尉ノ人ト為リヲ知リ種々薫陶ヲ受ケ尚当時歩三ノ聯隊付タラレシ菅波大尉ノ高潔ナル人格ニ接シテ其ノ高説ヲ拝聴シ憂国ノ義憤ニ肝銘シアリ」と語るのも、この十月事件前後のことと考えられる。また野田又雄の下で、十月事件決起を考えていた中橋基明も、同期の栗原から、「昭和六年末カ七年初頭」、「十月事件ノ内容ヲ聞カサレテコノ事件カ所謂フアツシヨ的ノモノノテ一種ノクーデターヲ目論見タモノノテアリマシテ我国体ト全ク相容レナイ間違ツタモノノテアルコトヲ知リ」、以後栗原を通じて、「大蔵栄一大尉、菅波三郎大尉等トモ交渉ヲ持チ同志トシテ交ハル様ニナツタ」という（「公判調書」）。

はるかに若い安田優が、「被告人訊問調書」で、十月事件について「参謀本部ノ幕僚ノ中ニ　錦旗共産党　カアル」と聞き愕然とした、と述べるのも、こうした軍内対立の一所産であったといえよう。そして彼は、「若シ之等ノ者カ起ツテ我々ニ命令ヲ下ス場合ニ我々ハ如何ナル態度ニ出ツヘキカト云フ事ヲ考ヘサルヲ得ナクナリ、国体研究ノ要ヲ痛感スルニ至」ったという。そして五・一五事件後のこととなるが、彼は、村中に接近していくこととなる。

＊　天皇・宮中に圧力をかけるために意図的に暴露した可能性が高いが。

＊＊　なお菅波は、「幕僚派は十二月二十日を期し再挙を企図したり、然れ共青年将校の大半は既に動かず」と記し、この結果、菅波は、長勇・小原重孝・田中隆吉《たなかりゅうきち》・馬奈木敬信《まなきたかのぶ》・天野勇らに恨まれることとなったと述べている。

＊＊＊　末松太平の「第二回被告人訊問調書」によれば、末松は、「橋本派」と「西田派」が中傷合戦になったので、橋本の同郷の後輩である彼は、「両派ヲ一堂ニ会同対セシメ」、「暴露シタ一派ヲ殲滅シ」、「維新運動ノ統一ヲ計ラウトシ」て、一九三一年一一月五・六日、長勇の「北支派遣送別会」の席上、両派を合同させようと、橋本・西田を説いたが、西田が当日出席を断ってきたと述べ、柴の証言と異なっている。しかし田中弥も、柴が当日の会合をぶち壊したと述べているので、柴証言が正しいと考えられる。

陸軍青年将校運動の発足――「抜かない宝刀」として――

十月事件は未発に終わり、一九三二年二・三月の血盟団事件、そして五・一五事件を経る中で、陸軍青年将校運動は陸軍部内で「抜かない宝刀」としての位置を定着させていく。つまり陸軍が、天皇・宮中、政府、政党・財閥などに、自己の要求を認めさせようとする時、「何をしでかすか分からない」青年将校の存在が、「脅《おど》し」の切札の一枚となっていったのである。

どうしてそのようになっていったのであろうか。「二・二六事件裁判記録」の陳述・手記などから考えていこう。最大の条件は、青年将校が信頼する荒木貞夫陸相の誕生であった。一九三一年一二月一三日の第二次若槻礼次郎《わかつきれいじろう》民政党内閣の倒壊により犬養毅《いぬかいつよし》政友会内閣が成立した結果である。菅波三郎は、荒木陸相の就任と共に「茲《ここ》に青年将校は明朗なる国体顕現運動に向ひ展開前進を開始したり」と述べ、青年将校運動のスローガンとして、以下の三点を上げるのである。

「至誠上長《じょうちょう》を説け」

「上下一貫左右一体」

「荒木陸相の支持推進」

これが青年将校運動の基本的なあり方となったことは、以下でも述べるが、菅波は、「斯《か》くして陸軍は維新運動に有利なる環境に恵まれたり」*と、その「手記」で特筆するのであった。

しかし菅波と異なり、十月事件後から三二年二月にかけての情況について他の青年将校たちの発言は少なく、あっても何か奥歯にものがはさまったような感じさえする。村中孝次は、その手記で、「直接行動ニ関シテハ十月事件直後ニ於テ即行スヘシトイフ急進論」もあったと述べているが、重要な問題であるにもかかわらず、まことに素っ気ない記述である。背後に語りたくない事情が隠されていたのではないか。この間のことを語っているのは西田税である。

西田は、その「第六回聴取書」で、海軍の青年将校や、井上日召の焦りが強まったのだとし、以下のように述べている。

私カ度々注意ヲ致シタノヲ悪意ニ解釈シ私達トハ別ニ計画ヲ始メマシタ　ソシテ年末カラ昭和七年ノ初メニカケ陸軍側ノ青年将校ヲ引入レ様ト努力致シマシタ　昭和七年ノ一月下旬カラ彼等ト私等トノ連絡ハ全ク絶タレタノテアリマス**

荒木陸相誕生という有利な状況を政治的に生かそうという西田や陸軍青年将校に対して、井上や海軍側の反発が強まったとみることができよう。古くからつながりが深い藤井の戦死についての西田の陳述は、痛切である。二・二六事件直前の二月二〇日頃、安藤輝三に、西田は次のように語ったという。

以前海軍ノ藤井少佐ガ（戦死して少佐進級）所謂十月事件ノ后《あと》近ク上海ニ出征スルノヲ控ヘテ御維新御奉公ノ犠牲ヲ覚悟シテ蹶起シタイト云フ手紙ヲ昭和七年一月中旬頃自分ニ寄来《ママ》シタノデアリマシタガ　私ハ当時ノ状勢等カラ絶対反対ノ返事ヲヤッタ為メ　同少佐ハ非常ニ落胆シテ其後一月下旬ニハ上海ニ出征シ二月五日上海附近デ名誉ノ戦死ヲ遂ゲタノデシタ　私カラ言ヘバ単ニ勇敢ニ空中戦ヲ決行シテ戦死シタトノミ考ヘル事ノ出来ナイ節々ガアリマス

＊＊＊

そして藤井戦死の四日後、血盟団の小沼正《おぬましょう》が、井上準之助《いのうえじゅんのすけ》前蔵相を殺害する。その拳銃《けんじゅう》の出所をめぐって、捜査の手が海軍側に伸びそうになる。三月五日には、三井合名理事長団琢磨《だんたくま》が殺害される。その翌日、西田も警視庁に三週間ほど留置される（前掲西田聴取書）。西田もおらず、菅波・栗原も上海事変に出動している中で、海軍青年将校は、陸軍青年将校と訣別し、決起へと突進していく。

一九三二年（昭和七）三月二〇日、五・一五事件の中心人物中村義雄《なかむらよしお》海軍中尉は、大蔵栄一・村中孝次・安藤輝三と会見する。陸軍側は、海軍青年将校側の共同決起の要望を拒絶した。海軍側は、「我々の革命には陸軍の軍服を著《き》た者が参加して欲しい」と、陸軍士官候補生の抱きこみに躍起になる。翌二一日、陸軍士官候補生一同との会見で、海軍青年将校と士官候補生側の意見は一致をみた。さらに海軍側の古《こ》賀清志《がきよし》・中村の両中尉は、民間の愛郷塾《あいきょうじゅく》（橘孝三郎《たちばなこうざぶろう》）の決起を促す。橘も、愛郷塾の農民側が決起せず、軍部側だけの単独行動では「軍部独裁政治実現の目的」だと「誤解」されるとして、参加を決意していく。

かくて五月一五日、川崎長光《かわさきながみつ》が西田税を射つのを皮切りに、五・一五事件が勃発する。犬養首相は殺害され、政党の党首が首相となる慣行「憲政常道」は崩れ去っていく。一見テロとみられがちなこの事件は、警視庁襲撃により、警察力との「決戦」を行ない、首都中央で混乱を起こすと共に、愛郷塾生により変電所襲撃を行ない、「帝都暗黒化」を実現し、同時に一部の海軍青年将校が、東郷平八郎《とうごうへいはちろう》元帥を推戴《すいたい》して宮中へ参内し、戒厳《かいげん》令を実現し、平沼騏一郎《ひらぬまきいちろう》・荒木貞夫らによる内閣の実現をめざすものであった。しかしすべてその筋書きは、実現できず、犬養首相殺害だけに終わるのである（この間の記述は、須崎前掲書参照）。

この五・一五事件によって、「憲政常道」が崩壊すると共に、海軍青年将校運動も壊滅していく。ここに、十月事件による幕僚層との対立、決起をめぐる井上日召一統や海軍青年将校らとの訣別、そして五・一五事件を通じて、前年、日本青年館の会合で実現した「最も急進的革命家の一団三十余名の団結」（「藤井斉日記」八月二六日）は、完全に崩壊したのである。

この中で、陸軍青年将校運動は、「抜かない宝刀」としての性格を顕著にしていく。村中孝次は「手記」で、以下のように総括する。

此頃カラ今回ノ蹶起ニ至ル迄ノ経過ヲ見マスニ私共ノ維新運動ノ方針ハ大様次ノ様テアツタト云フコトカ出来マス

（イ）昭和維新ノ理想ヲ国体ノ真姿顕現ニ眼目ヲ置キ其ノ実現ノ方策トシテ

一、大御心ノ御発動ヲ仰《あお》ク国民運動

維新ヲ阻碍《そがい》スル特権階級ノ打倒

ニ主眼ヲ置イタコト

（ロ）青年将校ノ啓蒙ニ重点ヲ置キコレヲ通シテ下士官、兵ヲ啓蒙シタコト

（ハ）国家問題軍内問題ヲ提《たずさ》ヘテ維新気運ノ促進ニ努メ特ニ軍当局及軍上層部ヲ鞭撻《べんたつ》推進シテ国論ヲ維新的ニ導クコトニ努メタコト

（ニ）直接行動ニヨリ特権階級打倒ヲ期シタルモ其時機ニ関シテハ大義名分確立シ且一挙ニ維新ノ緒ニ就キ得ルコトヲ目標トセルコト　等テアリマス

ここに、陸軍青年将校運動は「軍当局及軍上層部ヲ鞭撻推進」し、軍上層部もこの青年将校の動きを利用し、「青年将校が何をしでかすか分からない」と、他の政治勢力に圧力をかける陸軍の「いつ抜かれるか分からない宝刀」と化していくのである（後述）。「直接行動ニヨリ特権階級打倒ヲ期シタルモ」と語りつつ、実際は、村中が「其後ニ於テモ急進的意見ハ屢々《しばしば》出マシタカ大体前述ノ趣旨テ自重シテ来タノテアリマス」と語るのは、青年将校運動の本質を示していよう。彼らが決起を決断するのは、別の条件がそこに附加されたからにほかならない。

＊　菅波はその「手記」で、陸軍青年将校の恵まれた環境に比して「海軍同志は依然として苦境に立てり即ち倫敦条約派なる首脳部の為に常に圧迫せられ（中略）憤激は極度に昂じたり」と述べる。事実、藤井斉らの直接行動志向は強かった。藤井の日記は、菅波の「手記」と異なる菅波像を示している。荒木陸相の実現を藤井も、「来春は大望成るの時来たらんか」と歓喜する。そして三一年一二月二一日、菅波三郎が、九州の藤井を訪問し、藤井に対し、「近歩一、三、及一、三聯、戸山、士官学校等に結盟を堅くし」て、一、三月を狙っていると伝える。菅波から、この際、大岸頼好の「国家総動員大綱」をもらった藤井は、「改造案」の検討に入り、翌年一月七日、菅波にクーデター計画を書き送

るのであった（なおこの内容については、須崎前掲『日本ファシズムとその時代』を参照されたい）。この藤井日記からみると、菅波らが「上下一貫左右一体」を主張するのは、血盟団事件以後と考えられるが、今のところ不明である。菅波と荒木との関係からみて、荒木から、直接行動を制止する働きかけがあったことも想定できるが……。

＊＊　この西田と井上の対立の原因については、須崎前掲書も参照されたい。

＊＊＊　西田は、さらに続けて「此ノ思出ハ私一生ニ最モ感ジ深イモノデ今ノ諸君ノ立場ニ対シテモ私自身ノ立場ヤ理屈以外ノ色々ナ点ヲ考ヘサセラレマス」と述べ、決起に反対であるが、反対しきれない自らの苦悩を安藤に語っている。

＊＊＊＊　西田によれば、「北一輝ト私トカ親子ノ様ナ関係ニ至リマシタノハコノ事件ニ依ツテ私カ病院ニ入院中北カラ親身モ及ハヌ介抱ヲ受ケタカラテアリマス」と述べている。西田が、ここまで一部からにせよ嫌われた理由ははっきりしないが、彼と親しい山口一太郎によれば「西田ハ露骨ナ話カ嫌ヒテ謎ノ様ナ言ヒ廻シヲスル」と述べ、西田との対話では「禅問答」のような会話をするのが常だったという（「山口一太郎被告人訊問調書」）。このような話し方をすれば、焦っている海軍青年将校の反発を高めたことも予想できる。

3　青年将校運動の構図

「青年将校運動」への誤解

青年将校というと、テロ・クーデターを連想する方々が多いのではないか。それでは、なぜ五・一五事件の際、海軍青年将校側の同時決起の要請を、陸軍青年将校側は頑《かたく》なに拒んで決起しなかったのだろうか。村中孝次は、「公判調書」で、その理由を以下のように説明する。

当時陸軍側ハ
一、個人的ニハ蹶起セス兵力ヲ以テ起チ度イコト
二、蹶起ノ名分カ立タヌコト
等ヲ考慮シテ自重論ヲ唱ヘマシタノテ海軍側ハ陸軍側ト離レテ只陸軍側カラ士官候補生カ参加シタ丈《だ》ケテアリマシタ

「個人的ニハ蹶起セス兵力ヲ以テ起チ度イ」という一節は、重要である。青年将校個人が、「斬奸《ざんかん》」に起つのではなく、下士官・兵を部隊ごと率いて決起したいというのである。だが彼らは、十月事件の際には、橋本らが部隊を動員するのに違和感を抱いていたはずである。「逃げ口上」的印象さえ感じるのは、私だけであろうか。事実、大蔵栄一関係の「安藤輝三証人訊問調書」は、青年将校たちが、村中の

言のようなことを考えていなかったことを伝えている。安藤は、「十月事件以後ヨリ五・一五事件ノ頃迄ハ荒木陸相ヲ信用シ期待シ此人ナラ国家改新ニ進ミ得ルト云ツタ希望ノ下ニ進ミマシタ」と述べているのであった。

陸軍の青年将校は、荒木陸相誕生という有利な情勢の中で、どうも、冒険はしたくなかったと考えるべきではないか。事実、大蔵栄一は、「第九回被告人訊問調書」で、「陸軍将校方面テハ云ハバ陸軍カ好ク政党ヲ引連ツテ居ル状態ダカラ今直接行動ニ出テハイケナイト云フ考ヘテ海軍側ト連携ノ疑ヒアル陸軍ノ士官候補生を押ヘテ居タ状況テ自重して居タ時期テアリマス」と陳述する。村中がぼかした点について、大蔵は、陸軍にとって有利な情勢が、海軍側に同調しなかった理由だとするのである。*青年将校運動が、陸軍中央の「応援団」的要素を強く持った運動であったことが窺われる。

もちろん陸軍の青年将校の中にも、栗原安秀のように「明ケテモ暮レテモ『テロ』ノ事以外ハ口ニセヌト言ツテモ宜《よ》イ位」といわれた人物もあった（「山口一太郎被告人訊問調書」）。しかし、満州事変期から運動に関わっていた青年将校の大半は、必ずしもそうではなかったのである。

五・一五事件から、一九三四年（昭和九）の十一月事件（本書九六頁参照）までの二年半ほどの間に、彼らの取った、あるいは取ろうとした行動は、①軍中央の「鞭撻」、②青年将校などへの啓蒙活動、③宇垣朝鮮総督上京阻止運動（一九三四年五月）、④極東オリンピック大会への「満洲」国選手参加問題（一九三四年四月）、⑤陸軍パンフレット支持運動（一九三四年一〇月）、⑥「同志間ノ連絡会合ヲ重ネ直接行動ノ目標実行方策等ニ関シテ意見ノ交換ヲシタリ同志ノ醵金《きょきん》、不穏文書ノ配布」等の活動（「中橋基明公判調書」のみ）。⑥を除いては、合法的活動であるといってよい。まず、五・一五事件勃発時の行動（①の軍中央の

「鞭撻」）からみていこう（②〜⑥は、次章で取り上げる）。

＊一九三二年（昭和七）四月、大日本生産党に入党した町田専蔵によれば、五・一五事件当時、彼らの間では、安藤輝三らが裏切ったという話があったという（「被告人訊問調書」）。

五・一五事件勃発と陸軍青年将校

上海事変に出征した菅波三郎は、五月上旬歩兵第三聯隊に戻った。しかし隊内で擬似コレラが発生したため、ようやく五月一四日、足止めが解けたという。菅波は、自分が影響を与えた陸軍士官候補生たちが「陸軍同志《（青年将校）》と一切の連絡を断」ったことを知り、話を聞こうとする。そして同志の朝山小二郎《あさやまこじろう》中尉が、池松武志《いけまつたけし》士官候補生を捜しだし、事件当日の五月一五日当日、池松・坂元兼一《さかもとけんいち》両士官候補生（共に五・一五事件参加者）が、菅波を訪問するのであった。菅波は、彼らへの誘導訊問で、日付は分からなかったが決起計画を知る（「菅波手記」）。その日、事件が勃発し、犬養首相が殺害されることとなった。

その中で、青年将校運動の最も特徴的行動がなされた。前頁①の軍中央の「鞭撻《べんたつ》」である。菅波三郎は、「僚友数人と計り速やかに荒木陸相を訪問」する。「事件発生の真相を伝へ、陸軍青年将校は独断蹶起するが如きことなき事、陸相は辞職せられず飽迄《あくまで》挙軍一体の実を以て維新に直進せられ度《たき》旨の進言を為さんと急き到着」と、菅波の「手記」は、緊張した筆致をみせる。荒木陸相は閣議のため不在であった。真崎甚三郎参謀次長に右の趣旨を伝え、さらに陸相官邸の大広間で、陸軍省・参謀本部の課長以上の集合している席に取り次がれたという（「菅波手記」）。明らかに陸軍の青年将校運動は、陸軍の重要な一つの歯車になっていたことが窺われる。なお菅波の「手記」によれば、この省部課長以上の席で、永田鉄山軍事課長から菅波は、「士官候補生を使嗾《しそう》してやらしたのはお前達だらう、何故お前達も一緒にやらぬか、お前達は卑怯だ」と「訊問」されたというが、*一介の青年将校が、省部課長以上の席に呼ばれること自体、青年将校運動が、陸軍にとって不可欠な要素となったことを意味している。

栗原も、その手記に、「五・一五事件突発スルヤ余ハ菅波、大蔵、朝山《あさやま》（小二郎《こじろう》）、安藤、藤野《ふじの》（毅一《きいち》）ノ諸友ト陸相官邸ニ至リ　大ニ軍首脳部ヲ推進シ『戒厳令《かいげんれい》ヲ布《し》キ軍政府ヲ樹立シ国家ノ改造ヲナス』ヘク主張」したと記す。これに対して「軍首脳部ハ『未タ準備研究不十分ニシテ自信ナシ但シソノ方針ハ同意ナリ』」と述べたという。

村中も、手記で、「五・一五事件ノ発生ヲ知ツテ其ノ直前ニ凱旋《がいせん》シテヰタ菅波大尉、栗原中尉ヤ其他大蔵大尉、朝山大尉等カコレヲ契機トシテ維新転入ノ緒ニ就ク様ニト陸軍上層部ニ対シテ懸命ニ工作シタ」と語っているので、この「上部工作」は、事実であったと考えられる。青年将校側が、犬養首相殺害という機会を利用して、戒厳令による一種のカウンタークーデターを狙っていたことは興味深い。

先に引用した「村中孝次手記」が言う四目標のうち、実際に行なわれたのは、「(ロ) 青年将校ノ啓蒙ニ重点ヲ置キコレヲ通シテ下士官、兵ヲ啓蒙シタコト」、「(ハ) 国家問題軍内問題ヲ提ヘテ維新気運ノ促進ニ努メ特ニ軍当局及軍上層部ヲ鞭撻推進シテ国論ヲ維新的ニ導クコトニ努メタコト」の二つだったのである。

しかもさらに注意すべきは、軍首脳部の態度である。栗原が語るがごとく、「未タ準備研究不十分ニシテ自信ナシ但シソノ方針ハ同意ナリ」と答えたとすれば、陸軍中央と、青年将校の発想は、ほぼ一致していたといってよい。時の陸軍省軍務局長は、陸軍少将山岡重厚《やまおかしげあつ》であった。二・二六事件勃発直前、山口一太郎（本庄《ほんじよう》繁《しげる》侍従《じじゆう》武官《ぶかん》長《ちよう》の娘婿で、陸軍部内のことについてくわしい）が、栗原について述べているところ（「山口一太郎被告人訊問調書」）によれば、山岡は、一九三二年八月から荒木陸相の下で陸軍次官を務めることとなる柳川平助《やながわへいすけ》と並んで、栗原の面倒をよくみてくれた将軍だったという。そうした関係が、いつできたか定かではないが、こうした五・一五事件直後の青年将校からの突き上げをはじめとする関わり合いの中で、陸軍首脳と青年将校との親しい関係ができていったと考えるべきであろう。

香田清貞も、「被告人訊問調書」で、「荒木大将ハ昭和七年頃カラ今日迄　二回程其ノ私宅ヲ訪問致シマシタ」と、時の陸軍大臣私邸に行っていたと述べている。郷里の大先輩であり、士官候補生の時の旅団長である真崎甚三郎宅を六、七回訪れたというのは、それなりに分からないでもない。しかし一介の青年将校が、「雲の上の人」である陸軍大将・陸軍大臣を気楽に訪問するというのは、彼らの関係が極めて近く、何らかのつながりがあったことを窺わせる。具体的運動の中身は、永田軍務局長に代わってからの「弾圧」の問題で検討することとして、五・一五事件後の菅波三郎の左遷問題からみていくことにしよう。

＊　菅波の手記によれば、この永田鉄山軍事課長からの「訊問」に対し、菅波は激怒したという。彼は、「何たる罵言《ばげん》ぞ、何たる侮辱ぞ、彼は自ら三月事件黒幕参謀たり乍《なが》ら何たる自己欺瞞《ぎまん》ぞ、その冷酷なる表情、誠意なき叱責、余等憤然として席を蹴《け》つて帰る」と述べるのである。まるで後でみる十一月事件でっちあげのような構図を、永田は述べていたのである。さらに南次郎《みなみじろう》前陸相は、荒木をやめさせ、自分が後釜に座ろうと策動しはじめたと、菅波は述べる。おそらくこの出来事が、青年将校たちの敵イメージ＝永田・南を形成させる発端となったのであろう。

菅波三郎の左遷

一九三二年八月、故藤井斉とも親しく、五・一五事件に「士官候補生カ参加シタノハ菅波三郎大尉ノ影響ニ依ル処カ多カツタ様ニ思ヒマス」（「村中孝次公判調書」）と言われた菅波三郎が、満州に左遷された。「菅波手記」によれば、その原因は、「昭和七年七月　安藤栗原等と計り『在営兵家庭の困窮を救はん』との一文を草し五千枚を印刷して之を全軍に配布す」という菅波の行動にあった。

菅波は、その主旨を「兵は国防の人的要素」、「兵に後顧《こうこ》の憂《うれい》なからしむるは国防完備」に「不可欠」だとし、次のように述べていた。

　今や農村の疲弊甚しく特に東北の惨状は黙視することを得ず、この非常時に鑑み吾人将校は私生活を極度に節約し在営兵家庭の困窮を救ふべく醵金《きょきん》して之を陸軍省恤《じゅっ》兵《ぺい》部に納め東北農村救援の資に充当せられんことを要請すべし

当時、東北地方出身者で構成される第八師団が、「満州」に出動しており、「此義挙か全軍の上下に拡充し全国民の前に其神聖なる意義を展開するとき非常時困難打開の為財閥の猛省を促し財権返上、昭和維新眼目達成の動機」としようと企図したという。ところがこれが、陸軍中央により「不可」とされ、撤回を命ぜられた上、菅波は「重謹慎」に処せられ、満州の独立守備歩兵第一大隊附に左遷されるのである。*菅波によれば、当時の恤兵部長が、「大阪方面の財閥を説き愛国義勇財団設置の準備中なりし所同一企図（但し精神的意義は同日の論に非ず）の機先を制せられたるかの如き誤解より怒りて問題化せるもの」だったという。しかし前述した永田鉄山の菅波への叱責などからみて、十月事件での菅波の行動が、陸軍中央の幕僚層から憎まれていたことがその背景にあったことは間違いない。

＊この左遷に対して、菅波は退職を決意し、辞表を三度提出したが、却下され、上司・同志より翻意を迫られ、八月二二日渡満したという。

疎外される大岸頼好と多様な青年将校意識

菅波は、満州へ去った。菅波によれば、その後、東京の青年将校「同志は稍々《やや》もすれば大岸を除外せんとする傾向あり」という状況が現れたという。青年将校運動を考える際、興味深い指摘である。なぜ菅波と共に、陸軍青年将校運動の草分けである大岸頼好が、東京の青年将校たちから疎《うと》まれたのであろうか。そこにも、青年将校の意識の多様性をみてとることができる。大岸の、第四師団軍法会議での「証人訊問聴取書」によれば、大岸の見解は菅波とも異なっていたようである。菅波が「国家革新ヲ進化論的ニ見テ居ル」のに対し、大岸は自らの立場を「維新即チ復古、復古即チ維新ニシテ只各人カ聖訓《せいくん》ヲ本体ニシテ居レハヨイ」という思想だとし、「国家革新運動ニ関シテモ必スシモ意見カ一致シテ居リマセヌ」と述べるのであった。さらに大岸は、菅波を「左程《さほど》」「直接行動的ナ人物」ではないとし、「軍人トシテ非常ニ立派ナ人物ダト思ツテ感心シテ居リマスカ思想的ニハ左程共鳴シテ居リマセヌ」と、菅波との違いを強調する。

大岸の保身のためかとも考えられないことはないが、さらに彼は、西田・村中・安藤・栗原らと「非合法的直接行動ニ依リ国家革新ヲ企図シタルコトハナイカ」という問に対して、以下のように答えるのである。

私ハ今申サレタ人々ト個人的ニ面接シテ国家革新ニ付テ語リ合ツタコトハアリマス　国家革新ニ

付テハ或ル者ハ国民運動ヲ起スヘキダト云ヒ又或者ハクーデターニ依ラネハナラヌト云ヒ其ノ他各人各様ノ意見ヲ唱ヘテ何等帰一《きいつ》スル処カアリマセヌテシタ

青年将校たちの意識は、バラバラだったといってよい。その中で、有能なリーダー菅波三郎は満州に追われ、大岸は東京の青年将校たちと比して「復古」的色彩が強く、末松太平は三一年一一月戸山学校を去り弘前の歩兵第五聯隊に戻る。

一方、栗原安秀は、「青年将校ノ改新運動ハ三十七期三十八期（菅波・村中・香田・安藤・磯部ら）カ恰《あたか》モ潜航艇ノ『テレスコープ』ノヤウナ役割ヲ為シ其ノ下ニ潜航艇ノ実体カアルヤウニ其ノ下ニ四十一期（栗原・対馬・中橋）以下ノ青年将校カ活動力ノ実体トシテ存在シテ居」たと豪語する（「栗原安秀証人訊問調書」大蔵栄一関係）。しかし大蔵栄一や、後でみる山口一太郎が観察するごとく、「如何ニ磯部栗原等カ急進的ナ事ヲ云ツテモ彼等ノ周囲ニハ穏健ナル考ヘヲ持ツテ居ル香田、安藤等カ居リマスカラ之等ノ者カ動カナケレハ磯部栗原等ガドウスル事モ出来ナイ」状況があった（「大蔵栄一第三回被告人訊問調書」）。だからこそ一九三五年一一月、朝鮮羅南《ナナム》（現在、清津市）の聯隊に去る大蔵が、村中の「第一師団渡満前ニ蹶起」の意思に対して、「君等ハヤルヤルト云フカマタ五年ヤ六年ハ出来ヤシナイヨ」と嘲笑気味に語る（「村中孝次証人訊問調書」北一輝関係。なお村中は、この会話を一二月中旬としている）事態も生じるのである。

有能なオルガナイザー菅波を失い、東京の青年将校運動は、多様な意識を持った「個」に分解する可能性を持っていたといえよう（実際、二月二六日の決起後、三・四章で述べる通り、そうした事態が起こる）。大蔵栄一関係の証人訊問で、「大蔵ノ如キ直接行動ニヨル蹶起ヲ最後ノモノト主張スル人ト栗原ノ如キ暴力行為ニヨル蹶起ヲ主張スル人ト一所ニナツテ居ル理由」を問われた西田税は、以下のように答える。

同志ト雖モ終始一致スル訳ニハユキマセヌ　又相互ノ意見ノ異ナル場合モアリマスカ共同ノ敵カアレハ勢ヒ対抗スルコトモアルト思ヒマス

しかし日本の左翼運動はもとより、右翼・ファシズム運動も、一致・統一より分裂が常態である中で、西田の説明は不十分というしかない。三四年三月以降は、永田鉄山らによる圧迫（後述）があったとはいえ、少なくとも荒木陸相時代の青年将校運動を取り巻く環境は良好であった。その時代に分裂が起こらなかったのは、西田が口を噤《つぐ》んだ陸軍中央による援助が大きかったのではないか。以下、陸軍中央と青年将校運動の隠された関係を明らかにしていこう。菅波のように左遷される場合はあれ、青年将校は、陸軍中央から極めて優遇されていたのである。

機密費の供与

五・一五事件後、陸軍青年将校運動（五・一五事件で、海軍の急進的青年将校はほぼ根絶やしになるので、以後、単に青年将校運動ということにする）は、陸軍中央との癒着を強めていく。一九三二年六月、朝鮮から陸軍経理学校に入学し、東京にやってきた磯部浅一の証言で、その点をみて行こう。

真崎甚三郎の、二・二六事件への関与について取り調べた「昭一一　二・二六　反乱事件訴訟記録（三二冊ノ内第二九号）」の中に、証人として磯部浅一が証言した史料がある（「磯部浅一聴取書」）。一九三六年五月二二日の証言で、磯部は次のように述べている。

「私ハ　（一）所謂維新運動ニ付テ青年将校ト軍上層部トノ関係　（二）今次ノ事件ト軍上層部トノ関

係ニ付テ申上ケタイト思ヒマス」と前置きした彼は、「一、青年将校ト軍上層部トノ関係ハ荒木大将ノ陸軍大臣時代カラ相当深クアリマシテ色々ナコトカアリマスカ金銭関係ニ付テノミ申上ケマス」として、以下のように具体的暴露を行なった。

　荒木陸相時代恐ラク陸軍省ノ金テアルト思ヒマスカ運動ニ携ハル青年将校ニ当時荒木大将ノ私設秘書官トモ思ハルル故黒《くろ》木《き》親慶《しんけい》少佐ヲ通シテ相当多額ノ金カ出テ居リマシタ現ニ私ハ黒木少佐ノ宅ニ於テ同人ヨリ五百円ノ交付ヲ受ケタ事カアリマス　此金ハ青山南町五丁目番地不詳ノ場所ニ設ケタ青年将校ノ集会所ノ費用ニ充テ一部ハ通信連絡ノ費ニ支出シマシタ

つまり青年将校側に五〇〇〇円（現在の貨幣価値でいえば、おそらく一〇〇〇万円以上）という多額の資金供与がなされ、「青年将校ノ集会所」を借り維持する費用や、通信費などに使われたというのである。陸軍機密費の支出は、陸軍次官と軍務局長があたっており、当時、前者は柳川平助、後者は山岡重厚であったことは、前述した通りである。

　しかもここに名前が出てくる黒木親慶（退役陸軍歩兵少佐）は、荒木陸相と極めて親密な人物であった。黒木が一九三三年（昭和八）一二月入院中の慶応病院で危篤に陥ると、「かねて親交ある荒木陸相はじめ陸軍の諸将星は同病院に馳せ付け病床を見舞つた」と報じられる（『読売新聞』一九三三年一二月二六日付夕刊）。訃報記事でも、「シベリア時代から晩年にいたるまで前陸相荒木大将（後述）をはじめロシア畑の陸軍諸将と親交を結び極めて豪傑肌の人であつた」（同前、一九三四年三月一五日付）であったと紹介される。

　事実、黒木と荒木との関係は深い。荒木は、一九一五年（大正四）六月から一九一八年までロシア軍に従軍し、一九一五年八月ハルピン特務機関（中佐）、ロシア革命が勃発し、日本がシベリア出兵を行なうと、一九一八年一一月、浦塩《ウラジオ》派遣軍参謀となる。一方黒木は一九一五年三月からハルピンに駐在し（大尉、参謀本部部員）、一九一六年五月からロシア軍に従軍し、一九一八年二月一度帰国するが、同六月から、ロシア革命に反発し日本の傀儡《かいらい》的役割を果たすセミョーノフ将軍附（参謀本部附）となったという。五歳の差で、ロシア軍従軍・シベリア出兵で二人の経歴は重なり、この時期に親密な関係になったことは確かである。そして黒木はセミョーノフ政権の崩壊前夜の七月に予備役に編入され、九月には退役するのである。シベリアに派遣された日本軍と、セミョーノフ政権とをめぐり、様々なうわさがささやかれた「セミョーノフの金塊」問題といった「醜関係」を闇に葬るかのように。

このような黒木を、親密な荒木が、陸軍機密費の青年将校への給与の窓口に使ったとしても不思議はない。つまり「何をしでかすか分からない」青年将校に、陸軍中央が金を出していることがもし暴露されるようなことがあれば、天皇や元老西園寺公望《さいおんじきんもち》、政友会・民政党などの既成政党の反発は必至であった。後述する五・一五事件被告減刑運動で大打撃をうけたとはいえ、一九三四年二月の時点（第六五帝国議会における鳩山一郎《はとやまいちろう》文部大臣の綱紀問題での辞職、中島久万吉《なかじまくまきち》商相の足利尊氏問題での辞職）まで、既成政党はなお軍部を恐れさせる力を持っていたのである（須崎前掲『日本ファシズムとその時代』参照）。それゆえ宮中や既成政党などへの威圧のために、青年将校の動きが必要である――だから資金を供与する――と同時に、もしそのような不都合なことがばれた場合に備えて、親密な黒木に依頼したと考えるべきであろう。いやこのような資金の供与がばれたら、青年将校たちに反感を抱く陸軍幕僚層も反発する可能性がある以上、なおさら黒木のような存在が必要だったのであろう。

磯部の証言に戻ろう。彼は、さらに「其他私以外ノ人々ニモ相当ノ金額カ渡ツテ居ル筈テアリマス」

とも述べる。栗原安秀も、一九三三年（昭和八）一〇月以降、石原広一郎《いしはらこういちろう》（石原産業海運社長）から斎藤瀏《さいとうりゅう》陸軍少将の仲介で運動資金として一万円もらっていたとした上で、「吾々ハ荒木陸軍大臣ニハ故黒木親慶少佐ノ手ヲ経テ相当ニ機密費ヲ運動費トシテ渡サレテ居タヨウナ関係」があったことを証言しており、磯部陳述は裏づけられる（なおこの石原からの資金について、栗原は同志にも話していない。「石原広一郎聴取書」・「斎藤瀏聴取書」・「栗原安秀聴取書」）。磯部はさらに言う。

　此金ノ点カラ見テモ維新運動ハ軍上層部ニ依ツテ認メ且育成サレタモノテアルト私ハ信シテ居リマス

　事実、この時期、その資金の出所が不明な活動を青年将校運動側が活発に展開している。磯部・安藤・大蔵らが証言する「上下一貫左右一体挙軍一致」の標語の配布である。証言によって、一九三三年一月（「磯部浅一証人訊問調書」大蔵栄一関係）と、三三年一二月（「安藤輝三証人訊問調書」大蔵栄一関係・「大蔵栄一第十回被告人訊問調書」）の二説あるが、どちらにせよ標語の郵送費など含めれば相当の費用がかかることは間違いなかろう。

　軍上層部が、資金――おそらく陸軍の潤沢な機密費（これについては、須崎前掲書参照）――を提供し、他の政治勢力を陸軍の言い分を通す「宝刀」として、「育成」したのが、青年将校運動だったと考えるべきであろう。そしてこの金銭関係は、おそらく一九三三年後半、黒木が慶応病院に入院するまで続いたと考えられる。そして黒木が重態に陥る中、三四年一月二三日、軍部内の幕僚層の反発（後述）、天皇・宮中グループや既成政党の猛反発の中で、荒木陸相も病気を理由に辞職していく。そしてこれ以後は、機密費の投入を窺わせる陳述は磯部にもない。

人事上の便宜

青年将校運動と、陸軍中央との関係は、金銭面にとどまらない。人事上の優遇である。磯部は、端的に「林《はやし》（銑十郎《せんじゅうろう》）陸相ニナツテカラハ資金関係ハアリマセヌテシタカ人事関係ニ付テハ相当便宜ナ取扱ヲ受ケテ居マシタ夫レハ松浦《まつうら》（淳六郎《じゅんろくろう》）人事局長カ林陸相時代迄残ツテ居マシタ為便宜ヲ計ツテ呉レタノテアリマス」と述べている。この点についての、磯部の証言は、資金関係よりも、さらに具体的である。先の真崎甚三郎関係の聴取書で、大谷敬二郎《おおたにけいじろう》憲兵大尉の「前回陳述セシ荒木、林時代ニ於テ青年将校ノ人事干係《かんけい》ヲ運動ニ都合ノヨイ様ニセラレタト云フカ猶ホ具体的ニ述ヘヨ」という問に対して、以下のように答えている。

前回申述ヘマシタ歩十二聯隊ノ江藤《えとう》（五郎《ごろう》）中尉ノ満州行中止ハ昭和九年ノ事テスカコレハ直接私カ江藤ヲ連レテ松浦閣下ヲオ尋ネシテオ願シタノテス　松浦閣下ハ　コウ云フ運動ヲヤツテオル将校ハ荒木時代ヨリ遠クヤラナイ方針テアリコノ事ハ林大臣モ踏襲サレテオルノタカラトテ私ノ願出ヲ承諾サレテ后《のち》ニ松浦少将ト当時ノ第十一師団参謀長重藤《しげとう》（千秋《ちあき》）大佐トノ間ニ於テ既ニ内命ヲ発セラレタ江藤ノ満州行カ中止サレマシタ

丸亀の歩兵一二聯隊にいた江藤五郎中尉が、満州に転任が決まっていたのを、磯部が、江藤本人を連れ、松浦淳六郎人事局長にお願いに行き、人事「局長ヨリ第十一師団（善通寺《ぜんつうじ》）参謀長重藤大佐ニ連絡シ取り止メニシテ貰ツタコトカアリマシタ」というのである。* さらに重要なのは、松浦の「コウ云フ運動ヲヤツテオル将校ハ荒木時代ヨリ遠クヤラナイ方針テアリコノ事ハ林大臣モ踏襲サレテオル」という発言である。前述の菅波のようなとくに目立つ存在は転任させられるケースがあったとはいえ、「宝刀」

となりうる青年将校が、荒木陸相時代に端的にみられたいわゆる皇道派《こうどうは》人事の中で、極めて優遇されていたことは間違いない。

さらに磯部は、「其他大蔵大尉カ昨年（一九三五年）三月他ニ転出スル様ニナツテ居タノカ出ナイ様ニナツタ事又片岡（太郎）大尉其他四、五人ノ者ハ陸軍士官学校区隊長ニトツテ頂キマシタ」といった具体例も上げている。もちろん「豊橋ノ対馬勝雄、板垣《いたがき》（徹《とおる》）ノ如キモ陸士区隊長ニト願ツテオリマシタカ共ニ豊橋ノ教導学校ニトラレタノテアリマス」といった失敗例も紹介しながらのことであるが……。松浦からも、直接か、間接か、磯部も記憶が曖昧ながら「兎《と》ニ角《かく》東京方面ニ招ヒタイ同志ノ名前ヲ書イテ出ス事ヲ要求サレ確カニ其名前ヲ書イタ事ヲ記憶シテオリマス」という重要な事実を証言している。そして彼は、「コノ事ハ昭和八年以降ノ事」だと明言するのである。

そして磯部は、結論的に、以下のように述べている。

　要スルニ松浦閣下ノ時代ハ補任課長カ小藤《こふじ》（恵《さとし》）大佐テアリ大蔵ノ如キモ小藤大佐ニモ連絡シテオリ此時代ニハ私共ノ都合ノヨイ様ニ人事干係《かんけい》カ塩梅《あんばい》セラレタノテアリマシタ

林 銑十郎

すなわち荒木陸相の下で、一九三二年（昭和七）二月二九日就任した松浦人事局長、翌三三年三月一八日、補任課長となった小藤恵（二・二六事件時の第一聯隊長・麹町地区警備隊長）といういわゆる皇道派人脈が、人事をリードしていたのである。松浦は一九三五年三月まで、小藤も同年八月まで、その職にあり、少なくとも三年余、青年将校を優遇する人事が行なわれていたことは間違いない。

＊江藤五郎自身も、この満州派遣の取り消し運動の事実を認め、「貴官等ハ大権私議ヲ云々スルカ自ラカ大権ヲ無視シテヰルト思ハヌカ」という問に対して、「自ラノ人事ヲ運動致シマシタコトハ全ク悪イコトタト思ヒマス」と答えざるを得なかった（「江藤五郎第三回聴取書」）。

「別格」という存在

資金の供与・人事面での優遇といった表面に出ない陸軍上層部と青年将校との深い関係を側面からサポートする存在もあった。「別格」と青年将校から呼ばれていた山口一太郎・柴有時らの存在である。「被告人訊問調書」で、山口一太郎は、この「別格」の役割を、次のように陳述している。

私カ上層部ノ意図ヲ聞キ之ヲ西田、大蔵ニ伝ヘ、西田、大蔵ヨリ栗原、安藤、香田、磯部、村中等ニ伝ヘ、之等ノ者ヨリ更ニ青年将校ヘ伝達スルトイフ一系統ニナツテ居リマス

先にみた磯部・香田の発言から、青年将校が、荒木・真崎・松浦淳六郎らと直接交渉を持っていたことは確かである。しかしそれ以外に、このようなルートも作られていたのである。第一〇師団長・一六師団長を歴任した山口勝《やまぐちかつ》陸軍中将を父に持ち、荒木・真崎と陸軍士官学校同期の本庄繁《ほんじょうしげる》（満州事変の際の関東軍司令官。三三年四月から侍従武官長）の娘婿である山口一太郎は、人脈的にこのような役割を担う適任者であったといえよう。

「別格」が生まれる発端は、十月事件である。柴有時は、弟が、西田税の影響で「熱烈ナル国家革新論者」を「自任」（柴「上申書」の表現）したという個人的体験もあり、青年将校（中・少尉）のいわば「善導」を志すのである。彼は、十月事件の体験に基づく自己の関心として、「上申書」で、以下のように述べ

ている。

斯ル（十月事件のような）事態ヲ青年将校カ惹起《じやっき》セシトキ、或ヒハ企図スルヲ偵知《ていち》シタル場合ハ先輩将校トシテ如何ニ処ス可キカトノ関心ナリキ

十月事件の体験を通じて、「中少尉ヲ誤ラシムルモノハ無責任ナル覇道的革新意識ヲ有スル者ノ横断的誘惑、乃至ハ軍隊内ノ上官部下ノ関係ヲ放レタル親分的結足（束）ニ基クモノナリ」と柴は考えた。そして彼は、陸軍士官学校同期の親友山口一太郎に、中・少尉をテロなどに駆り立てるものが、橋本欣五郎のような「無責任ナル覇道的革新意識ヲ有スル者ノ横断的誘惑」だとみなし、相談したのだという。「覇道的革新意識ヲ有スル者」の誘惑や、上官と部下といった正規の関係に基づかない「親分的結足」により中・少尉が組織化されないためには、中隊長がしっかりしていることが必要だと、彼らは認識する。そのため、中隊長の「奮起結足ヲ企画シ其ノ実行ニ着手」することとなる。しかし中隊長たちの「意外ナル反対ト、中隊長ノ大部ハ隊務多忙ニ藉口《しやっこう》シテ斯ル重大ナル問題ニ興味スラ有セサル実情」に直面してしまい、当初のもくろみは頓挫する。

そこで、「微力乍《なが》ラモ山口大尉ト二人ニテ、彼等矯激《きょうげき》ナル青年将校ノ指導的立場タラムコトヲ期シ」、「菅波（三郎）一統」と接触を深めていく。その結果「当時彼等ハ小官等ヲ称シテ別格ト称セリ」ということとなるのである（柴「上申書」。なお山口によれば、「別格」というネーミングをしたのは大蔵栄一だったという）。柴は、一九三二年四月、高知の歩兵第四四聯隊中隊長として東京を離れるので、「別格」の誕生は十月事件後から三二年一、二月の頃と考えられる。栗原もその「手記」で、五・一五事件後のこととしながら、「此頃ヨリ山口、柴大尉等ト相会シ磯部主計（三二年六月、陸軍経理学校入学）亦来リ投シタリ」と記し

ている。以後、山口が、大蔵のほか栗原・安藤・香田・磯部・村中らとつきあうこととなるのである。彼らと「厚意ヲ有スル第三者」の立場で接触したという山口の陳述をみておこう。

昭和七年中ハ屡々《しばしば》（概《おおむ》ネ月一回程度）会合ノ機会カアリマシタ、夫レハ彼等カ国家革新ニ付テ相当急激ナ思想ヲ持ツテ居ルニモ拘《かかわ》ラス上層部ノ人ハ之ヲ知ラナイ、之テハ陸軍トシテ危険テアル、他ニ人カ無イナラハ私自ラ一役買ツテ上層部ノ情勢ヤ国内ノ大勢ヲ彼等ニ告ケルト共ニ彼等ノ考ヲ上層部ノ人ニ具申シ以テ血ヲ見スシテ革新カ行ヘル様ニシナケレハナラヌト感シ進ンテ接触ヲ保ツ事テアリマス（「山口一太郎被告人訊問調書」）

山口は口を閉ざすが、柴によれば、この会合場所は山口の自宅だったという（「上申書」）。そして山口自体も、「被告人訊問調書」では、日本の現状を以下のように批判していたのである。

世界ノ悪ヲ懲《こら》ス等思ヒモヨラス、世界ヨリ四十二対一ニテ排サレ（三三年の国際連盟脱退のこと）国防ハロシア一国ニ対シ勝算ナシ　外交ハ屈辱追随ノ一途ヲ辿ル

富ノ偏在著シク株式会社払込金、銀行預金共ニ一五〇億ヲ示スニ農民ノ負債ハ六〇億ニ達ス　岩手県下ノ軍救（軍事救護）ハ二分ノ一ニ及ヒ東京テモ一割ヲ算ス

つまり山口は、青年将校と同様の感性を持っており、違う点は、青年将校が非合法手段に訴える可能性を持っているのに対し、山口は合法手段により「国家革新ヲ企図」していたのである。「私ハ彼等カラ相当信用サレ或程度ノ事迄ハ聞テ居リマシタ」というのも、当然といえば当然であった。

しかし三三年四月、義父の本庄繁が、天皇の側近くに仕える侍従武官長に就任する。七月、戸山学校教官として帰京した柴は、本庄の立場に言及し、「山口大尉ト青年将校トノ間ヲ極力割《さ》クコトニ努力」

したという（柴「上申書」）。柴は、「目黒忠衛《めぐろちゅうべい》大尉」が東京憲兵隊に着任したから、「別格」を目黒に譲れと迫ったという。* そして以後、山口は、三五年三月歩兵第一聯隊附となるまで、青年将校との関係を絶ち、** 青年将校側も「初メハ目黒ヲ信用シナカツタ彼等モ逐次目黒ノ人物カ判リ私同様ニ何テモ話ス様ニナリマシタ」という。いかに皇道派の秦真次《はたしんじ》が憲兵司令官の時期とはいえ、取り締まる立場の東京憲兵隊附の目黒と、青年将校との関係は注目されねばならない。

「別格」が、青年将校のどのような言い分を陸軍上層部に取り次ぎ、上層部からのどのような意向を青年将校側に伝えたか、山口も、柴も何も語らない。取り調べ側も突っ込まないので、「別格」が果たした役割は確定できない。だがこのような潤滑油的存在が、青年将校運動の「合法性」を担保することになる。栗原に「追随」し、テロに傾斜することがあると、西田から評される磯部浅一でも、「私共ハ『青年将校ノ合法運動』ニ依リ之（岡田啓介《おかだけいすけ》内閣）ヲ倒サネハナラヌト思ツテ居リマシタ」（傍線は引用者）と考えていたのである（「公判調書」）。

機密費の提供といい、人事での便宜といい、そして本庄繁などとのルートを予想させる「別格」の存在といい、軍中央と青年将校は一体的関係にあったといえよう。単純化していえば、この関係が崩れた時、彼らは決起していく。

＊　目黒忠衛ではなく、おそらく柴・山口と同期の目黒茂臣《しげおみ》憲兵大尉だと考えられる。彼なら三五年三月福岡憲兵分隊長として転出するので、「昭和十年春目黒カ福岡へ転出シ」という山口の陳述と符合する。

＊＊　山口は、「従ツテ昭和八年、同九年ハ私ハ殆ト彼等ト会ツテ居リマセヌ」と陳述する。ただし三三年九月、満井《みつい》佐《さ》吉《きち》中佐らと、三井財閥の池田成彬《いけだしげあき》と会見し、三井財閥に圧力をかけるような行動はしている（須崎前掲書参照）。

五・一五事件の陸軍軍法会議法廷

一九三二・三三年の青年将校運動

荒木陸相時代の青年将校運動は、前述の有利な条件の中で、基本的には合法的色彩が強いものであった。一九三二年八月、事実上の指導者であった菅波三郎が東京を去り（前述）、「菅波中尉去リテヨリ若干期間余等ハ沈黙」せざるを得なかった（「栗原安秀手記」）が、三二年末頃より運動は活発化しはじめる。磯部浅一は、「公判調書」で以下のように陳述している。

昭和八年頃三十七期（香田・村中の期）以降ノ各期毎ニ同志ノ会合ヲ開キ維新運動ノ合法的発展ニ努メ遂ニ総合同期生ノ会合ヲ開キマシタ　而シテ其ノ会合ヲ佐官級ニマテ及ホシテ茲《ここ》ニ軍ノ大同団結ヲ図リマシタ

十月事件の組織化と同じ手法である。だが香田清貞によれば、こうした青年将校の会合の中身は、次のような啓蒙的色彩が強いものであった。

具体的ノ問題ヲ離レ国体問題、社会問題等ニ付テ一般的抽象的ノ話ヲ致スノカ普通テアリマシタ　之ハ左様ナ会合ニハ未ダ維新精神ニ目醒《めざ》メナイ者ヲ集メテ之ヲ啓蒙スルト云フ主催者ノ意味モ大分加ヘラレテ居タカラテアリマス　左様ナ会合ハ私ノ知ツテ居ル限リテハ昭和八、九年ニ亙リ東京市赤坂区青山ノ梅窓院《ばいそういん》ト云フ寺ヤ軍人会館偕行社《かいこうしゃ》等ニ於テ約十回位催サレタト思ヒマス（「被告人訊問調書」）

しかもこの時期、相当数の中・少尉が、政治・経済・社会に強い関心を抱く状況があった。五・一五事件の記事解禁（三三年五月）と、とりわけ陸軍軍法会議での被告（士官候補生）の熱烈な陳述である。士官候補生たちは、交々《こもごも》立って国民生活の窮乏を痛論し、「現代の行き詰まれる日本の社会の禍根を作ったのは腐敗堕落せる政党、財閥、特権階級であります」と、「政党、財閥、特権階級」を攻撃し、「青年将校の多数も国家革新を熱望」しているといった陳述を繰り返す（たとえば八木春雄《やぎはるお》の陳述、『読売新聞』一九三三年七月三〇日夕刊）。陸軍側による煽動もあり、五・一五事件被告減刑運動が多くの国民の心をとらえ、五・一五事件後もなお強い影響力を持っていた政友会・民政党（既成政党）の地盤に大動揺を与えた（須崎前掲書参照）。

二・二六事件に参加することとなる青年将校の中にも、五・一五事件（公判を含めて）の影響を語っている人物が、管見のかぎりで三人いる。

一人は、五・一五事件に同期の士官候補生一一名が参加した坂井直である。すでに菅波・安藤らの影響をうけていた彼は、「公判廷ニ於テ後藤映範《ごとうてるのり》ヲ始メ十一名ノ志士カ堂々ト述ヘ立テタル答弁ハ実ニ透徹セル論述ニシテ一々妥当タラサルハナシ」と、五・一五事件被告の陸軍軍法会議での陳述に深く同感し、次のように記すのである。

正ニ予ノ平素ノ義憤ト全々合致セルモノニシテ而《しか》モ幼年学校時代ヨリ親交厚キ朋友多ク之等親友

ノ而モ同憂ノ士ノ精神ヲ生カスハ我等在京部隊ニ身ヲ置ク者ノ責任ナラスシテ他ニ何者カ之ヲ為サンヤトノ確固タル信念ヲ把握スルヲ得タリ（以上、「坂井直手記」）

彼は、この公判を通して「同憂ノ士ノ精神ヲ生カスハ我等在京部隊ニ身ヲ置ク者ノ責任」と、「昭和維新」への決意を強めていく。そこまでいかなくても、五・一五事件は若い中・少尉、士官候補生らに影響を与え、青年将校運動の裾野を広げていた。

五・一五事件の翌年三月、歩兵第三聯隊に配属された常盤稔《ときわみのる》も、「被告カ本件反乱ニ参加スルニ至ツタ事情ハ如何」という問に対して、以下のように答えている。

其ノ時中隊長テアツタノカ平川（睦之）少佐（当時大尉）テアリマシテ同少佐ハ五・一五事件ノ判士ヲシタ人テアリマシタ　又当時中隊付トシテ安藤大尉（当時中尉）カ居リマシテ二人カラ五・一五事件被告人等ノ話ヲ聞キ又当時ノ国内状勢ヲモ聞キマシテ当時政党財閥ノ腐敗堕落ノ状態ニ憤慨致シマシタ（「被告人訊問調書」）

安藤らの啓蒙を通して、五・一五事件公判は、常盤稔が決起に参加していく原点となったのである。清原康平《きよはらこうへい》も、常盤への問と同様な質問に対して、「昭和維新ニ関心ヲ持ツニ至ツタ次第」として、「五・一五事件ニ依リ現下ノ状勢カ日本ノ国体ニ副《そ》ハサルモノナルコトヲ知リマシタ」と答えている。そして士官候補生になってからは、安藤・平川から、五・一五事件公判の模様を聞き、とくに安藤からは、「現下ノ状勢ハ君側ニ奸臣カアツテ真ノ大御心ヲ国民ニ達シナイ我国内外ノ状勢ハ寧《むし》ロ外交方面ヨリモ之等対内的欠陥ヲ正シクスルコトニ非常時ノ危機カアル」と言われたという。そしてこうした指摘をうけて、清原は、「私ノ非常時ニ対スル認識カ幾分変リ」、さらに「尚其際三月事件、十月事件等ニハ多数ノ上官モ関係サレタコトヲ聞キ国軍全部カ逐次ソウシタ気風ニナリツツアルト云フコトヲ知」り、陸軍自体が、「昭和維新」をめざしているのではないかと考えるにいたる（「被告人訊問調書」）。

栗原安秀が、その手記「国家改造運動ニ参加セル事情」で、一九三三年一一月発覚した吉田豊隆《よしだとよたか》らによる鈴木喜三郎《すずききさぶろう》政友会総裁暗殺計画＝「埼玉挺身隊《ていしんたい》事件前後」*の項で、三三年、「余等自身活躍セサルヲ得スシテカヘツテ拡大強化サレ在京、地方、満州ヲ通シテ確乎不抜《かっこふばつ》ノ基礎ヲ確立スルニ至レリ」と語るのである。ここまではいえないにせよ、青年将校運動の基盤が拡大しつつあったことは、事実として認めねばならない。

青年将校運動の広がりを想定させるような新聞記事も出てくる。一九三四年度予算編成をめぐって、国防・外交・財政調整のための五相会議が開かれ（三三年一〇月三日）、一一月七日には、農村問題を中心とする閣僚会議（内政会議）の第一回会合が開催される情勢の中でのことである。満州事変が一九三三年半ばに一段落し、軍部を後押ししてきた国民の排外熱が鎮静したこの時期、さらなる軍備拡充を求める陸海軍に、財政と、農村の窮状が立ち塞がろうとしていた。実は、その最中に、磯部が述べる「総合同期生」会が計画されていたとみられる。

一一月一九日の『読売新聞』は小さな記事であるが、「陸軍同期生会　中止声明　懇談会に止む」と報じた。これが、磯部の言う「総合同期生」会であった公算は極めて高い。長文であるが、引用してみよう。

統帥権確立、兵器充実、士気振興の三項目を目ざして計画された既報陸軍将校聯合同期生会は十八日午後六時から九段偕行社に開かれることになつてゐたが陸軍中央部及主催若手将校側では世間一般から真意を誤解さる、惧《おそ》れありとして会同将校一同に左の如き声明書を口達し全陸軍将校に伝達を約して会議の性質を変更、単なる時局研究懇談に止めて午後九時散会（傍線は引用者）

声明書の内容とあわせて考えると、とくに傍線部は注目される。最初の傍線の部分は、「兵器充実」という陸軍中央の財政側への主要な要求である。声明書はこの点について、「時下同胞の苦艱《くかん》を救ひ皇道を擁護して内外に国体の真髄を顕現《けんげん》せんがために其の率先者たる皇軍は精神的洗練と鉄壁の実力とを養成実現するを要す」とした上で、以下のように主張するのである。

　而《しか》して兵器資材の充実具足は刻下《こっか》の時局に於て其最重要素にして絶対の急務たり

「兵器の充実」──軍事費の増大──こそが、陸軍中央のみならず、青年将校側の主要な要求だったのである**。

第二の傍線部は、陸軍中央から、青年将校（刺激をさけるためか、若手将校と表現しているが）へ聯合同期生会を懇談会にするように指示（ないし懇談）したことを示している。声明書は、「吾人は現下の時局に於ては宝刀の柄を撫《ぶ》し断乎として覇道を抑へ以て堂々以上の目的（「兵器充実」など）達成に邁進せんことを期す」と述べた上で、次のように語るのであった。

　然る処現首脳部は吾人の初志を諒とせられ特にこの際会同の必要なきを諭《さと》されたり吾人は欣然《きんぜん》として此意に従ひ今日の会合は之を中止し各々自重宜《よろ》しく全皇軍一体の実を確立し粛々《しゅくしゅく》として時艱克《じかんこく》服《ふく》御維新の大号令を欽仰《きんぎょう》し奉らん

「皇道」・「御維新の大号令」などの用語は明らかに二・二六事件に関わることとなる青年将校たちを連想させる。この新聞記事が、磯部が言う「総合同期生」会であったことは、ほぼ間違いない。そうだとすれば、陸軍首脳部が「諭」することによって、青年将校たちは「欣然として」会合を中止したことの意味は重要である。これまでみてきた陸軍中央と青年将校の一体性を示唆しているといっても過言ではない。なお陸軍首脳が、おそらく一度は認めたこの陸軍同期生会の中止を「諭」すのは、一一月一三日埼玉挺身隊事件が発覚したことと関連ありそうであるが、確認できない。一九三三年段階の青年将校運動は、軍中央と一体化した、合法性が極めて強いものだったのである。

＊　この埼玉挺身隊事件では、二・二六事件で処刑される水上源一《みずかみげんいち》ら九名検挙、吉田豊隆他六名に懲役一〜二年の判決が下る。なお吉田は、第一回公判の際、「栗原中尉（現在千葉戦車隊）を中心とするいはゆる栗原運動が予審終結決定《けつじょう》書《しょ》及公訴事実の陳述にも全然抹殺されてゐることは遺憾である吾々の運動はこの栗原運動より説明しなければ説明出来るものではない」と陳述している（『読売新聞』一九三四年五月二九日夕刊、同七月一二日夕刊）。なお水上源一の「被告人訊問調書」によると、栗原は、この吉田らの動きを、「一、此ノ事件ハ大義名分カ明瞭テナイコト　一、国内ノ諸情勢カラ見テ未タ一般的ニ其ノ機運カ熟シテ居ナイコト」を上げて批判していたという。なお栗原安秀は、手記「国家改造運動ニ参加セル事情」で、「爾来《じらい》余等ハ『挙軍一体上長ヲ推進シ維新ヘ』ヲ以テ軍上層部ヲ推シタルモ遺憾乍ラ兎角《とかく》軽視サレタリ」と述べており、合法的にやろうとしたのに、無視ないしは軽視されたので決起という方向を取ったのだと述べており、何が何でもテロというわけでは決してない。

＊＊　すでに私自身『二・二六事件』（岩波ブックレット）で、二・二六事件の最大原因が、軍事費増大要求であることを指摘している。

反皇道派勢力の台頭と荒木陸相の退陣

一九三二・三三年、陸軍部内は、荒木貞夫・真崎甚三郎を中心とするいわゆる皇道派の天下であった。

荒木貞夫

満州事変の勃発による国民の排外熱の爆発は、事変以前、政党側の軍縮要求に恐れさえ抱いていた陸軍の立場を一挙に躍進させた。とくに犬養内閣の誕生と共に陸軍大臣に就任した荒木は、その風貌・弁舌などから国民的人気を博し、軍部支持のムードを高め、陸軍の行動への宮中・政党・財閥などのチェック能力を弱める役割を果たした。その中で皇道派の力は強まり、一九三三年一月の時点では、陸相（荒木）・陸軍次官（柳川平助）・軍務局長（山岡重厚）・軍事課長（山下奉文《やましたともゆき》）・人事局長（松浦淳六郎）・参謀次長（真崎）・憲兵司令官（秦真次）などのポストを押えた。とくに満州事変を機に、大幅に増えた潤沢な機密費を扱う陸軍次官・軍務局長を押えたことは大きい。また本章でみた通り、青年将校への資金・人事面の配慮を通じて、他の政治勢力を威圧する「宝刀」を手にいれていた。

その中で、新聞記事などの表面に現れたものでも、青年将校優遇的な方向が目につくようになる。たとえば、よく読めば、「隊付尉官は極度に不足して居るので一年志願（幹部候補生）出身の予備役将校を採用して隊付に充当すべく研究中」というだけの内容が、「荒木陸相就任以来最初の重大改革」、「老朽上長官（佐官）階級の大淘汰《だいとうた》を断行し之に代ふるに精鋭な青年将校を充実し」と、おおげさに報じられる。その見出しにいたっては、大活字で「老朽佐官を淘汰し　中堅に青年将校充実　陸軍、画期的大改革案」ということになる（『読売新聞』一九三二年一二月二五日）。あるいは、一九三三年五月一〇日の『読売新聞』は、「青年将校に　新しい登龍門　『天保銭組』と同資格を与ふ　新設の陸大専科」として、「陸軍の従来のしきたりとしては陸軍大学校といふ登龍門をくゞらぬ者いはゆる『無天組《むてんぐみ》』は大学卒業者にくらべると進級も遅く（中略）大体に於いて大佐どまり或ひは少将に進級と同時に退役といふ不文律の不遇に置かれてゐる」現状を「改善」しようという動きを伝えるのである。

当時、卒業生が五〇人程度だった陸軍大学に、一〇人の選科を設けようとするものに過ぎない。しかし多くの陸軍大学出身者や、陸軍大学に在校しているエリートたちにとっては、自らの既得権が脅かされかねないとして反発したとしても不思議ではない。しかもこの年一二月には、村中孝次も陸軍大学に入学する。磯部浅一がその手記で「上級者が下級者に対して『下士の分際で云々』『中少尉の癖に生意気だ』『無天だから頭はない』等云ふ如き軽侮驕傲《けいぶきょうごう》の振舞は挙けて数ふるにいとまがない」と痛憤するような態度を取ってきたエリート幕僚層は、こうした措置を取ろうとする荒木らへの反感を強めはじめたとしても不思議ではない。

青年將校に
新しい登龍門
『天保錢組』と同資格を與ふ
新設の陸大選科

『読売新聞』1933年5月10日

さらに陸軍軍事官僚の出世――ことによれば一生――を左右しかねない人事を皇道派が握り、さらに機密費まで掌握しているとすれば、荒木らに対する反発が顕在化してくるのも必然的成り行きであった。とくに一九三三年半ば、満州事変も一段落し、国際連盟を脱退しても制裁がなされない中、危機感と、戦場での戦闘報道に多く由来する国民の排外熱も衰えていく。いわば強力な世論という陸軍の「応援団」が消滅するのである。今まで荒木・真崎らの脅しを不承不承聞いていた支配層に対しても、陸軍の主張が通りにくくなっていく（この点は、須崎『日本ファシズムとその時代』及び『二・二六事件』参照）。

九州で大日本護国軍というファッショ団体を作り、三井財閥排撃運動を行なった満井佐吉中佐は、一九三三年八月東京に呼び戻され、陸軍省調査班で、陸軍パンフレットの執筆にあたることとなった。その満井は、二・二六事件後の取り調べの際、「当時調査部長東条《とうじょう》（英機《ひでき》）少将ハ私ニ将校ノ動静ニ注意シテ居ル様ニ申サレタコトモアリマス」と陳述している。

東条らは、青年将校への監視を強めはじめようとしていたのである。さらに満井は、「東条少将、池《いけ》田《だ》純久《すみひさ》中佐、田中清《たなかきよし》少佐、片倉《かたくら》（衷《ただし》）少佐等ノ軍中央部幕僚亦反荒木的気勢ヲ示シ」、「当時陸相ヲ更迭《こうてつ》セン」とする態度を取り出していたという。満井は幕僚でありながらこれら「軍中央幕僚ノ政治的態度」に「同意シ難ク」、幕僚たちの憎しみを買うこととなるのである（「満井佐吉聴取書」、ならびに須崎『日本ファシズムとその時代』参照）。しかし荒木が、陸軍の予算の一部を海軍にまわして一九三四年度予算案成立に協力したことは、陸軍内の反発を一挙に高めた。三三年一一月三日付の『読売新聞』に、「絶対陸相支持　陸軍省及び参謀本部　中堅将校申合」という見出しの記事がある。この「中堅将校申合」は、「陸軍の政治的代表である陸相の政治的言動に対しては依然絶対に支持する」と述べると共に、「外部の一部よりなされつゝある陸軍内部に対する分裂攪乱工作」を指摘していた。

荒木陸相をめぐって、陸軍部内の対立は深刻化の様相をみせるかにみえた。だが荒木陸相に庇護されていたはずの青年将校たちですら、荒木を見限りだしていたようである。西田税は、「第六回聴取書」

で、「最初青年将校達ハ荒木大将ニ対シテ非常ナ信頼ヲ持ツテ居リマシタカ其ノ大臣間ニ於ケル実行力カ試験済ミ」となったと陳述する。口では言うが、実行力がないとされた荒木は、病気を理由に（実際かなりひどかったようだが）、一九三四年一月二三日、第六五議会再開後間もなく辞任するのであった。

この荒木陸相の辞任と、林銑十郎陸相の誕生は、その後の青年将校運動に大きな影響を及ぼすこととなる。そして三月四日には山岡重厚に替わって永田鉄山が軍務局長に就任し、同年七月三一日には柳川陸軍次官・山下奉文軍事課長・秦真次憲兵司令官がそれぞれその職を去る。三三年六月、参謀次長を大将昇進のために辞任した真崎が、三四年一月、陸相・参謀総長と並ぶ陸軍三長官の一・陸軍教育総監の職についたとはいえ、中央部に三四年八月の時点で残ったのは、真崎と松浦人事局長・小藤補任課長らとなるのである。青年将校と陸軍上層部との関係は大きく変わり、二・二六事件への道が次第に敷かれはじめていく。

二 青年将校はなぜ決起したのか

1　「上長ヲ推進シ維新へ」路線の崩壊

永田軍務局長の登場――極東オリンピック参加反対運動への圧力――

一九三四年（昭和九）一月、荒木貞夫《あらきさだお》陸相は退陣し、林銑十郎《はやしせんじゅうろう》陸相が誕生する。ついで三月五日永田《ながた》鉄山《てつざん》が軍務局長に就任し、青年将校を取り巻く環境は大きく変わることとなった。

「別格」柴有時《しばありとき》の例からみてみよう。彼は、三二年七月、戸山学校教官として東京に戻り、青年将校と接することとなる。第二回聴取書で、「二・二六事件前被告将校ト会合等シタルコトアリヤ」と問われた彼は、「昭和八年富士見軒ノ会合ト其後偕行社《かいこうしゃ》ニ於《おい》テ一回会合アリマシタ時出席」したとし、さらに次のように述べる。

昭和九年春軍人会館ニ於テ青年将校ノ会合カアリ大倉（蔵）（栄二《えいいち》）大尉（当時戸山学校教官）ニ誘ハレテ列席シタトキ当校幹事ノ長岡《ながおか》（寿吉《じゅきち》カ）大佐モ列席シテ居ラレマシテ　其ノ二、三日後長岡大佐ヨリカヽル青年将校ノ会合ニハ爾後《じご》絶対ニ出席シナイト云フ誓言ヲ為シ若《も》シ出席スルコトカアレハ学校教官トシテ不適任テアルカラ転任サセルカラトノ注意ヲ受ケマシタ　此時以来絶対ニ会合ニ出席シタコトハアリマセン

前年の段階では、お咎《とが》めなしだった会合への参加が、上官からの転任の脅しを伴ったものとなってい

た可能性が高い。そうなれば、青年将校側の「啓蒙」活動に参加する中・少尉も、二の足を踏み出していくこととなろう。

中橋基明《なかはしもとあき》が満州に転任させられたケースも、陸軍中央の雰囲気の変化が反映していた。「埼玉挺身隊《ていしんたい》事件カ起リ証人トシテ取調ヘラレ」た彼は、三月二〇日付で、「歩兵第十八聯隊附ヲ仰セ附ケラレ満洲《まんしゅう》ニ派遣サレタ」という（「公判調書」）。そこには、「将来近歩三ノ鞏固《きょうこ》ナル団結ノ為殊《ためこと》ニ禁闕《きんけつ》守衛ヲ担当スヘキ近衛将校トシテノ重責ニ鑑《かんが》ミ不純分子ヲ除外スルノ必要」（「二・二六事件ニ参加セル中橋元《もと》中尉ニ関スル調書」）を感じた近衛《このえ》師団当局の強い意図があった。上級者の思考により、多少異なるとはいえ、青年将校への軍当局の姿勢は厳しさを増しつつあった。

磯部浅一《いそべあさいち》は「公判調書」で以下のように述べている。

> 林大将カ陸軍大臣トナリ軍務局長故永田鉄山中将カ就任シマシテカラ私共青年将校ノ合法運動ハ頓《とみ》ニ圧迫サレル様ニナリマシタ（中略）極東オリンピック大会ニ満州国ノ選手ヲ参加サセルカトウカ云フノテ体育協会ニ問題カ起ツタノテアリマスカ夫《そ》レハ支那《シナ》ノ王正廷《おうせいてい》（元中国国民政府外交部長）テアツタカ満州国トハ何処《いずこ》ノ国カ何処ニアルカト云ツタノテ地図ヲ示シタ処《ところ》夫レハ支那ノ東三省《ドンサンシャン》テアルト公言シタト云フノテアリマシタ　夫レテ私共ハ之ヲ大変怒リマシテ当時大蔵大尉、小川三郎《おがわさぶろう》大尉、江藤五郎《えとうごろう》中尉ト私カ戸山学校長ヲ経テ戸山学校ハ陸軍ノ体育ノ中心テアルカラ陸軍ニ於テ本問題ヲ解決シテ呉《く》レト意見具申ヲシタ処軍務局長ハ斯様《このよう》ナコトハ大キナオ世話テアル青年将校カ斯《かか》ル運動ニ関係シテハ不可テアルト云ツテ私共ヲ弾圧シマシタ

極東オリンピック参加問題とは、磯部が言う通り、「満州国」の参加に中国が反発し、開催地フィリ

永田鉄山

ピンも日本に自制を求めたことにはじまる。日本国内では大会参加をめぐって、一九三四年四月世論が沸騰し、新聞紙上は関連記事で賑わう。磯部陳述による青年将校の働きかけとの前後関係がはっきりしないが、四月二二日の新聞は「陸軍戸山学校も　反対に起《た》つ」として、体操科・撃剣《げきけん》科の全教官が協議した結果、次の決議を上げたという。

今回の極東オリンピック問題は満州問題を中心とする日本の国際聯盟《こくさいれんめい》脱退問題と全く本質と客観性を同じうするものであるから、われわれは満州国を除外する極東オリンピックに日本選手を送ることは絶対反対であるわれわれはいかなる手段を尽くしても日本選手の参加を阻止すべきである（『読売新聞』三四年四月二二日朝刊）

さらに翌日の同紙は、磯部らの動きと想定されるが、「現役少壮将校団　某会も起つ　極東大会参加反対」と報じた。*しかし磯部が陳述しているような永田軍務局長の「青年将校カ斯ル運動ニ関係シテハ不可テアル」という姿勢があったのであろう。四月二七日付の『読売新聞』夕刊によれば、強硬姿勢をみせていた陸軍戸山学校も、「精神は参加反対」だが「具体的運動はせず」と、軟化するのである。こうした永田の態度に、磯部は「私ハ何故《なぜ》為政者カ支那ノ王正廷ノ不遜《ふそん》ナ言葉ニ対シテ怒ラナカツタカ不審ニ堪ヘヌノテアリマス」と反発を強めることとなる（「公判調書」）。

＊こうした極東オリンピックボイコットの動きにただちに反応したのが、西田修平《にしだしゅうへい》選手である。ベルリンオリンピック棒高飛びの大江（秀雄）選手との「友情のメダル」の主人公である彼は、参加辞退を声明し、そうした雰囲気の中、参加予定選手を暴漢が襲撃する事件なども起こった。

宇垣一成排撃（平沼騏一郎擁立）運動と聯合同期生会の禁止

極東オリンピック参加反対運動が展開されていた一九三四年四月、荒木・真崎と提携していた平沼騏《ひらぬまき》一郎《いちろう》枢密院《すうみついん》副議長擁立を狙って、斎藤実《さいとうまこと》内閣倒壊を図るため、帝人《ていじん》事件という大疑獄事件の捜査がはじまっていた。斎藤内閣総辞職の時期が迫る。そしてこの三四年五～六月の時期、皇道派《こうどうは》系将官・平沼系と共に、青年将校の中枢部は、斎藤内閣の「其後ニ維新的内閣カ成立スルコトニ依ツテ維新ノ合法的運動カ発展」することを期待していた（「磯部公判調書」）。その中で、彼ら青年将校も、斎藤内閣の後継首相をめぐって、運動を強化しようとするのである。疑獄事件で、天皇や元老西園寺《げんろうさいおんじ》公望《きんもち》、牧野伸顕《まきののぶあき》内大臣が信頼する斎藤実を辞職に追い込み、宮中勢力が嫌悪する平沼騏一郎の内閣を樹立しようとする戦略だったとみられる。だからこそ平沼の対抗馬となり得る宇垣一成《うがきかずしげ》朝鮮総督らを叩く必要があった。

平沼騏一郎

青年将校側は、宇垣排撃へと動く。磯部は、「公判調書」で、「昭和九年五月末宇垣朝鮮総督上京ノ報ニ政変来カ伝ヘラレマシタトキ同人カ倫敦《ロンドン》条約派テアルカラ不可ナリトシテ私共青年将校ハ同期生ノ会合ヲ以テ宇垣総督ノ入京ヲ阻止シタイト云フ考ヘテ偕行社ニ会合」しよう

岡田啓介

としたと述べるのは、こうした脈絡である。しかしこれが、永田軍務局長から弾圧されたというのである。磯部が「圧迫事実」として上げるこの件が、村中手記（「蹶起ノ目的ニ就テ」）で、三四年六月永田の弾圧により、開催しようとした聯合同期生会が阻止された事例と同一であった可能性が高い。

一九三三年後半からの青年将校運動の経過を、安藤輝三《あんどうてるぞう》・磯部浅一の「証人訊問調書」（大蔵栄一関係）から整理しておこう。安藤は、「昭和七年ノ暮頃カラ佐官級ノ人達乗出シ来リ吾々ハ上ノ人トノ中間ニ立タウト云フコトテアリマシタ」と証言する。磯部は、「此ノ頃満井《みつい》（佐吉《さきち》）中佐ヤ早渕《はやぶち》（四郎《しろう》）中佐カ上層部ト我々トノ中間ニ入リ両者ノ連絡ニ努ムルコトトナリ上下一貫ノ方針ハ爾来《じらい》気勢上リ同期生間ニ左右一体ノ実ヲ拡充シ聯合同期生会将校団ノ順序ニ発展セシメ上下一貫ノ精神ヲモ貫カシメル計画ニ漸次《ぜんじ》進行シツツアリ」と述べるのであった。こうした合法的動きが、先にみた永田鉄山軍務局長の下で、一九三四年五月ないし六月、禁止されるのである。なお大蔵栄一によれば、こうした聯合同期生会などに、「我々ハ陸軍省ヤ参謀本部カラモ出席シテ欲シイト思ツテ居」たという（「大蔵栄一第十回被告人訊問調書」）。しかしそうした動きは、禁止された。その結果、青年将校たちが目標としてきた「上下一貫」は陸軍中央から拒絶され、同期生に手を伸ばす「左右一体」も事実上不可能となるのであった。磯部が、その「証人訊問調書」で語るように、青年将校の運動は、「自然小範囲ノ者相寄リ打合ヲ為スノ状態」となり、「弾圧ニヨリ潜行的」となっていかざるを得なかった。青年将校運動が、永田軍務局長の弾圧で、宮中などにプレッシャーを与えられない中、三四年七月四日、牧野内大臣が高く評価していた岡田啓介《おかだけいすけ》海軍大将に、組閣の大命が降下するのである。帝人事件を利用し、政治の主導権掌握をめざした平沼・皇道派系の思惑は、失敗に終わった。

　真崎らが考えていた平沼騏一郎内閣樹立のもくろみは、宮中グループなどに先手を打たれたのである。磯部は、「斎藤内閣ノ延長ノ如キ岡田内閣カ組閣サレマシタノテ私ハ少カラス失望」したとその思いを語り、「如斯《かくのごとく》私共青年将校ノ合法的運動ハ種々ナ圧迫ヲ受ケマシタ　夫レテ何ンダカ変タ之テハ血ヲ流サネハ済マヌ様ニナルト思」いはじめたという。

斎藤　実

　しかしこの永田軍務局長らの「圧迫」は、テロ一辺倒と思われがちな栗原安秀《くりはらやすひで》でさえ考えていた「『挙軍一体上長《じょうちょう》ヲ推進シ維新へ』ヲ以テ軍上層部ヲ推」そうとする青年将校運動の基本的スタンスの有効性に疑問を抱かせた。一生懸命、陸軍のためにやろうとしているのに、「遺憾乍《なが》ラ兎角《とかく》軽視サレ」たという体験を通して、「コ、ニ今日ノ如キ幾多ノ突出事件ノ因ヲ胚胎」（栗原安秀手記「国家改造運動ニ参加セル事情」）させる第一歩となったのである。「圧迫」は、この時期、青年将校運動を担っていた人々が直接知らない、荒木陸相以前の体験、「其ノ頃ハ菅波《すがなみ》（三郎《さぶろう》）大岸《おおぎし》（頼好《よりよし》）等カ主ナル運動者テアリマシタカ当時ハ相当弾圧ヲ受ケテ居タモノト思ヒマス」（「磯部浅一聴取書」）の恐怖感を呼び起こすものであった。西田の影響をうけ、その後、運動から距離を置くこととなった弟を持つ柴有時の上申書の一節は、多くの青年将校にとって他人事ではなかったのではなかろうか。柴は、満州事変で戦死した弟時夫《ときお》が、「彼等ノ勧誘ヲ受ケテ天剣党《てんけんとう》事件（前出）等ニ活躍セシ関係上、所謂《いわゆる》陸軍ノ黒星組（負け組の意）トシテ転任ノ先々ニ於テ憲兵ヨリ危険分子視サレ、加之此等ノ過去アリシカタメ希望スル転出サヘ阻マレテ悶々ノ情ヲ常ニ訴へ」ていたと語るのであった。

陸軍「黒星組」として、希望する転出もかなわないとすれば、前述した、恵まれた荒木陸相時代の体験と天地の差である。運動に関わる青年将校たちの不安と怒りが増幅していくことになったとしても不思議ではない。

「陸軍パンフレット」支持運動

しかしなお青年将校たちは、軍上層部を信じようとしていた節がある。それが、一九三四年（昭和九）一〇月、陸軍省新聞班が発表した「陸軍パンフレット」＝『国防の本義と其強化の提唱』支持運動である。「戦いは創造の父文化の母である」とはじまる有名なこのパンフレットは、折からの東北冷害深刻化の中で、農村の窮乏の原因が、軍事費の増大にあるのではなく現在の経済機構にあり、統制経済の必要を説くものであった。このデマゴギー的側面が強い統制経済の主張に皇道派の将官クラスが猛反発するのである。

このパンフレットを、俗にいう「皇道派の青年将校」――皇道派将官の「下部組織」視される――が、支持の動きをみせたことは、「皇道派」という概念の危うさを示している。村中孝次《むらなかたかじ》は、その手記で、このパンフレットを「相当多数ヲ貰ヒ受ケテ之レヲ民間ニ配布シ又コノ内容ニ関スル不満、陸軍ノ予算分捕《ぶんどり》策テハナイカトイフ疑惑等ノ非難カ各方面カラ起リマシタカ之レニ対スル釈明ヲナシ陸軍ヲ支持スル輿論《よろん》ノ喚起ニ努メマシタ」と述べるのである。

安藤輝三も、次のように陳述している。坂西一良《ばんざいいちろう》大佐（三四年八月、陸軍省調査班長。三五年四月、停職）・

多田督知《ただとくち》大尉（三三年一二月、軍事調査部）らがやってきて、多田は、「国体観ニ付話サレ」、「我々ト提携シヤウ」との呼びかけがあったというのである。それを聞き、安藤ら青年将校側は、「上下一貫左右一体ノ精神」が理解されたものとして喜ぶ。そして安藤によれば、先の陸軍パンフレットを「彼所此所ニ配布シ下働ヲ遣《や》リ出シタトコロ陸軍省カラ現役軍人トシテハソンナコトヲセヌテモヨイト云ハレ」ることとなったという（「安藤輝三証人訊問調書」）。

一部の研究者が、統制経済を求める「陸軍統制派」の主張であるとするこのパンフレットを「皇道派の青年将校」が支持していたのである。村中は、さらにびっくりするようなことを語っている。

陸軍パンフレット

> 陸軍省新聞班カラ配付サレタ「パンフレット」国防ノ強化ト其ノ本義ト云フ広義国防ニ関シテ下士官兵ニ教育シテ下士官兵ヲ維新的ニ導キ全国的ニ活動シナクテハナラヌ　夫レニ付テ私共青年将校ハ陸軍首脳部ノ人ト話シテ意見ヲ聞ク為メ会合ヲ開キ坂西大佐多田大尉等ニ来テ貰ヒ種々話ヲ聞イタコトカアリマシタ　其時坂西大佐ハ兎ニ角コノ広義国防ノ為ニハヤラネハナラヌト云フ気持ヲ持ツテ居ラレマシタ　コノ会合ニ付テ特ニ弾圧ト云フ程ノモノテハナカツタカ辻政信《つじまさのぶ》大尉ニ交渉シテ同大尉ト同道ニテ私共カ軍務局長永田中将ニ会ヒマシタ処同中将ハソンナコトハ余計ナオ世話テアルト云ハレマシタ

あろうことか、次の十一月事件で、村中・磯部らを陥れることとなる辻政信に同道してもらって、永田軍務局長に意見具申をしたというのである。永田が「余計ナオ世話」と一蹴するのも、官僚的秩序を考えれば無理からぬ気もするが、「挙軍一体上長ヲ推進シ維新へ」という方向が青年将校運動の基本だったとすれば、彼らは精一杯陸軍のために、よかれと思って行動していたのである。青年将校運動を優遇して他の政治勢力に対する陸軍の「宝刀」として利用するのか、他の政治勢力が恐怖心を抱いている青年将校運動を抑え、「統制」することで陸軍の主張を認めさせていこうとするのか、満州事変前夜から陸軍上層部に内在していた二つの方向性は、ここではっきりと後者の方向を志向することとなったのである。十一月事件はその端的な現れであった。

十一月事件

十一月事件（士官学校事件ともいう）とは、三四年一一月二〇日、村中孝次・磯部浅一・片岡太郎《かたおかたろう》（陸士四一期、当時陸士予科《よか》生徒隊附。一九四五年、中佐・歩五二四聯隊長）らが、陸軍士官学校生徒五名と共に、クーデター計画の容疑で逮捕された事件である。磯部が公判で陳述する通り、「コノ十一月事件ト云フノハ全ク一部幕僚ノ偽作」であり、前後の脈絡から考えても、「当時ノ状況ニ於テ直接行動ヲ実施スル意思ハ全然アリマセンテシタ」（「村中孝次公判調書」）。

村中が語る経過をみてみよう。当時、士官学校当局は、士官候補生を青年将校と会わさないようにしていた。しかし何人かは訪ねてきており、彼らに、村中は「国家改造問題」を話していたという。「其ノ士官候補生中ニ佐藤ト云フモノカアリマシテ或ル時私宅ヲ訪問シ臨時議会開会前ニ於テ機関銃ヲ以テ直接行動ヲ実行スルト云ヒマシタノテ私ハ五・一五事件当時ノ如キ社会状勢ナラハ兎ニ角今ノ状勢テハ夫レハ無茶テ立ツトキハ私共青年将校ト共ニ立テト云」って村中は、止めた。すると「佐藤候補生ハ私ヲ追究シテ遂ニ吾々青年将校頼ムニ足ラスト云ヒ吾々青年将校ト分離シ様トスル様ナ風カ見エマシタノテ私ハ彼等ヲ取鎮メ様ト云フ意味ニ於テ実行ノ意思ナキ架空ノ計画ヲ即座ニ案出シテ直接行動ノ計画トシテ佐藤ニ示シマシタ尚佐藤カ誰カ何処ニ行クトカ云ツテ具体的ノコトヲ追究シマシタノテ已《や》ムヲ得ス示シタノテアリマス」というのである（「村中孝次公判調書」）。

巧妙に村中らの意識をついた誘導訊問であった。五・一五事件で、士官候補生が、海軍青年将校と決起してしまったという苦い体験を持ち、永田らの「圧迫」で勢力の拡大もままならない中、「吾々青年将校ト分離シ様トスル様ナ風」を露骨に示されれば、存在しない計画を話すだろうということは、ある程度想定できる。そしてこの士官候補生の報告をうけ、西田が陳述する通り、「片倉少佐辻大尉ナトノ報告ニヨリ十一月二十日青年将校ニ対シテ取調ヘカ開始セラレマシタカ内容ハ何等具体的ノモノテハアリマセンテシタ」ということになるのであった。

片倉衷《かたくらただし》（陸士三一期、少佐、参謀本部部員。敗戦時、少将・第二〇二師団長）・辻政信（陸士三六期、大尉、陸士本科生徒隊中隊長。敗戦時、大佐・第一八方面軍参謀）が、士官候補生の「『スパイ』的佐藤」（村中の表現）を使ったこの事件でっち上げには、三つの目的があった。

第一・第二の目的は、村中が公判で述べるごとく、「当時軍務局長永田少将カ私共青年将校ヲ陥害スルノミナラス延《ひ》イテハ荒木、真崎両大将ヲ陥害セムトスル」ものであったことは間違いない。ではなぜ一一月二〇日なのか。『日本ファシズムとその時代』で私自身述べた通り、この事件は、「軍事費と農村救済費のアンバランスが問題となる中での三五年度予算編成と深くかかわっていた」ものだと考えられる。折から藤井真信《ふじいさだのぶ》蔵相は、陸海両相に予算復活要求の削減を要求しており、その最中の「五・一五類似」事件の「勃発」は、他の政治勢力に圧力をかけ、陸軍の予算要求を貫徹する効果をもたらしていく。

磯部浅一

一一月二一日には、陸軍側は予算復活を強調し（この日に、陸軍側は、十一月事件の記事掲載を禁止する）、二七日、藤井蔵相は病気で辞任するのであった（後任は高橋是清《たかはしこれきよ》）。

当然のことながら、村中・磯部は無罪を確信した。しかし軍法会議は、「不穏の行動に出づるの企図に関しては徹底的に取調べたるもその事実を認むべき証拠十分ならず」として、不起訴とし、村中・磯部・片岡（三五年九月復職）を軍規上の行政処分で停職とするのである（『読売新聞』三五年四月五日）。また村中・磯部は、片倉・辻を誣告《ぶこく》罪で告訴して争うが、「取調カ実ニ不徹底」だったという（村中「公判調書」）。

その中、一九三五年（昭和一〇）に入ると、右翼・ファッショ勢力は、東京朝日新聞紙上などで厳しく軍部を批判していた美濃部達吉《みのべたつきち》博士（当時、貴族院議員）の天皇機関説（大日本帝国憲法をできるだけ立憲的に解釈しようとする憲法解釈。当時、通説的なものであった）を激しく攻撃する。真崎教育総監も平沼騏一郎の示唆をうけ、三五年四月六日「国体明徴《こくたいめいちょう》の訓示」を陸軍に通達するのである。天皇周辺が、天皇機関説攻撃を一木喜徳郎《いちききとくろう》宮内大臣（美濃部に天皇機関説を教えた）を狙ったものとみなしている状況下での、真崎の訓示は、天皇周辺の反発を買うのに十分だった。林銑十郎陸相らの真崎への「讒言《ざんげん》」（『西園寺公と政局』、『真崎甚三郎日記』参照）にもよって、天皇周辺の「真崎憎し」は最高潮に達したとみられる。ここに、真崎教育総監更迭が具体化するのである（七月一六日罷免、「総帥権干犯」問題を惹起）。

以上のような対立激化の情勢下、村中・磯部は、三五年七月一一日「粛軍に関する意見書」を頒布し、十一月事件の「でっちあげ」を追及すると共に、三月事件・十月事件の真相の隠蔽こそが軍不統制の原因だと攻撃した。この結果、村中・磯部は八月二日免官となる。永田鉄山が、相澤三郎《あいざわさぶろう》中佐に殺害される一〇日前のことである。

この十一月事件と免官は、三四年当時、陸大に入り、エリートへの道を歩みだしていた村中孝次の心理に大きな影響を与え、彼を二・二六事件へと走らせる契機となったとみられる。菅波三郎によれば、「十一月事件テヤラレテ家庭的ニ其ノ為奥サンカ流産モシマシタ」(「菅波三郎第四回被告人訊問調書」)といった個人的にも怒りを強める事件があったという。村中と相当期間付き合ってきた西田は、彼を評して「平素、村中君ハ全ク問題デハナイ人デアリマシタ」と述べている。栗原のように決起ばかりを考える人物でないという意味であろう。だからこそ二・二六事件直前、村中の決起への決意を聞いた時、西田はもう止めようがないと悟る。「殊ニ同君ノ口カラ陸相ニ意見具申ヲスルコト粛軍《しゆくぐん》国体明徴ノ内容ラシイコトヲ一寸《ちよつと》聞カサレタ時――十一月事件ト粛軍意見書ガ村中君ヲシテ斯クアラシメル一大契因デアラウト思」ったと西田は、その「手記」に記すのである。村中の、何もしてないのに停職になり、さらに免官となった何ともやりきれない気持ちを察した西田は、「サモアラウト考ヘタ時、同君一人ヲ引留メテ何ニナルト云フ気ニモナリ」ましたと、述懐するのである。

磯部も、免官になった時の気持ちを以下のように語っている。

其ノ時私ハ真面目ニヤツテ居ルト信シ切ツテ居ツタノニ斯ル結果トナツタノヲ意外ニ思ヒ又私ニ対スル処置ニ大ナル不満ヲ抱キ国家革新ノ為一身ヲ犠牲ニスルト云フ堅イ決心ヲ抱クニ至リマシタ

(「磯部浅一証人訊問調書」北一輝関係)

相澤事件以後、磯部は、林前陸相を殺害目標としていったという(同前)。彼が、二月二六日朝、陸相官邸前で、片倉をピストルで撃つのも、同じ意識の反映であったといえよう。十一月事件を契機に、一部の青年将校の憤懣《ふんまん》は高まっていくのである。事実、竹島継夫《たけしまつぎお》中尉も、十一月事件以前の時点では、村中・磯部らは、「未夕国家改造ニ付テハ合法的漸進《ぜんしん》主義時代テアリマシタ」（「竹島継夫被告人訊問調書」）と陳述しているのであった。

軍の腐敗への青年将校たちの怒り

一生懸命に「皇軍」のために考えているのに、軽視し、無視し、圧迫し、はては謀略で弾圧する。次第に一部の青年将校たちは、軍上層のこうした体質と、その背後にひそむ腐敗に怒りを募らせていく。この問題に言及するのは、磯部・安田優《やすだゆたか》、そして中橋基明であるが、中橋のつかんだ満州における日本軍の実情は、決起と直結している可能性が高いので、第一師団の満州派遣の項で扱い（一一一頁）、安田・磯部の反発を、以下みていこう。

安田優は、被告人訊問調書で以下のように述べている。

私ハ士官学校在学中私共中学出ノ者ヨリハ軍人精神ヲヨリヨク体得シアルヘキ筈ノ幼年学校出ノ生徒カ　支給品ヲ盗ム　トイフ如キ卑劣ナル行動ヲ見ルニ及ヒ斯《かか》ル者カ将校トナリ軍隊ヲ教育シ訓練スルノテハ果シテ伝統的ナ皇軍ノ威信ヲ保持シテ行クコトカ出来ルノテアラウカヲ考ヘ不安ニ堪ヘナイモノカアリマシタ

彼は、陸軍幼年学校出身の将校が中学出の将校を差別し、陸軍大学校を出たエリート将校が隊附将校を馬鹿にし（前述）、しかも差別する連中に大きな問題がある陸軍という組織に、日本社会の悪しき影響を見出した。彼は言う。

　要スルニ現在ノ我国ノ状態ハ軍人モ一般社会モ直情径行《ちょくじょうけいこう》名利ニ恬淡所謂国士的人物ハ敬遠セラレ権力者ニ媚《こ》ヒ諂《へつら》ヒ利慾栄達ノ為ニハ恥ヲ恥トシナイ卑劣ナ幇間《ほうかん》的人物カ重用セラルト云フカ如キ腐敗堕落シタ社会テアリ（中略）先ツ此ノ社会ヲ精神的ニ立テ直サナケレハナラント考ヘマシタ

そして士官学校を卒業した彼は、旭川野砲兵第七聯隊に士官候補生として勤務する。そこでたまたま予科当時の区隊長であった村中孝次が、「五・一五事件ニ因ル弾圧ヲ蒙リ出身ノ旭川歩兵第二十六聯隊ニ転任」してきたのと出会う。予科当時に疎遠であった村中が、「自分ノ様ナ気分ヲ有シテ居ル人」だと思い、村中が旭川にいた半年間に、非常に親密になるのである。

軍隊の腐敗を、主計将校の目で徹底的に暴くのが磯部浅一である。その手記「軍隊の腐敗と皇軍私兵化の実状」は、「軍隊特に上級幹部の腐敗は甚だしい」として、「天皇の軍隊」が、「天皇の軍隊」として機能していない実情を痛憤し、次のように結論づける。

安田　優
（毎日新聞社提供）

　大隊長が侍大将《さむらいだいしょう》を自任し、聯隊長を一城の主なりと云ひ、陸軍大臣を征夷大将軍の如く考へる、不《ふ》ラチ至極なる上級軍人の存在が軍隊腐敗の最大の原因である

そして彼は、陸軍内の気風を、「将校は上長に認められることに汲々《きゅうきゅう》之れつとめ」ていると、糾弾する。「凡そ幹部の忠節は君国に報ゆるの至誠に発するにあらずして自己の幸福を願ふ私心に発している。進級の一日も早からんことを自己の為に祈り、栄転せんこ

とを自己の為に祈」る気風——まるで企業社会での会社人間のようなあり方——が、陸軍に横溢《おういつ》していると痛言するのであった。

そして「公判調書」でも、一九三三年五月から一年余の近衛歩兵第四聯隊附主計将校の体験から、次のような興味深いエピソードを陳述するのである。

次ニ一般ノ将校ニ付テハ将校ノ間テモ演習カ三日テハ演習手当カナイカラ四日ニシテ呉レト云フモノカアリ恰《あたか》モ演習手当ノ為ニ演習ヲヤツテ居ル様テアリマシタ　コレカ佐官級ニナルト一層甚シク実ニ私利私欲ノ為ニ汚《けが》ハシイコトヲ言フ人カアリマス将官テモ同様テアリマス

演習手当が三日では出ないから四日にしてくれ、現代でもありそうな話である。日本陸軍内の精神的腐敗は、甚だしいものとなっていたことが予想される。そしてそのような幹部が、「正しい」＝青年将校を「圧迫」する構図に、磯部は怒りを高めていったことは、間違いない。「トウシテモ国民魂ノ入替ヲ行ハネハナラヌト思ヒマシタ」という陳述の一節は、腐敗した陸軍への彼の思いであったといえよう。ただこの問題を強調する青年将校の少なさは、大半の青年将校が、陸軍を相対化することができていなかったことを、逆に示しているのかもしれない。

2　決起へのステップ

相澤事件とその影響——香田清貞のケースを中心に——

一九三五年（昭和一〇）七月一六日、国体明徴運動（天皇機関説事件《てんのうきかんせつじけん》）で、一木喜徳郎《いちききとくろう》宮相の追い落しを狙う中心人物とみなされ、宮中などの憎しみを買った真崎教育総監が更迭《こうてつ》された。真崎やその周辺、そして青年将校も、「統帥権干犯《とうすいけんかんぱん》」だとして猛反発する。大日本帝国憲法第一一条に基づき、天皇と、それに直隷《ちょくれい》する軍部との関係のみで律せられるべき教育総監の人事に、外部（重臣筋など）から干渉があり、真崎教育総監が更迭されたのは、「統帥権干犯」だというわけである。その中、八月一二日、「常ニ現在ノ社会状勢ニ就《つ》イテ悲憤慷慨《ひふんこうがい》シテ居リマシタ　特ニ各階級ノ軍人カ職業軍人ニナツテ困ルト云フ様ナ事ヲ述ヘテ居リマシタ」（「真崎甚三郎聴取書」）という相澤三郎《あいざわさぶろう》中佐が、永田鉄山軍務局長を殺害するのである。

永田軍務局長殺害（相澤事件）は、陸軍に衝撃を与えた。八月二三日開かれた陸軍非公式軍事参議官会議は、荒木・真崎・川島義之《かわしまよしゆき》・阿部信行《あべのぶゆき》各軍事参議官からの「老人と若い将校の親しい諒解をつける」ようにとの要望に、林陸相も善処を約束したという（『読売新聞』八月二四日）。そして九月五日林陸相は辞任し、荒木・真崎と近い川島義之が陸軍大臣に就任するのである。

相澤三郎

この相澤事件は、青年将校たちの意識にも大きな影響を及ぼした。常盤《ときわ》稔《みのる》少尉は、訊問調書で、永田殺害を「状勢ハ此処《ここ》マテ急迫シテ居ルト考ヘ」たと述べている。山口一太郎が、「被告人訊問調書」で「当時香田大尉ハ殆《ほとん》ト直接行動ニハ興味ヲ失ツテ居ル如ク思ヘマシタ」と述べている香田清貞《こうだきよさだ》の場合は、どうだろう。西田は香田を、「安藤君ノ如キ感ジノ人デ、従来陰ニ陽ニ同隊同郷ノ栗原君ヲ誘掖《ゆうえき》シ監督的ニ行動シテ来タ重厚ナ人」と評した（「西田手記」）。つまりテロ志向が強い栗原を押えてきたのが、香田大尉というわけである。その香田に、相澤三郎の行動は強烈な衝撃を与えるのである。

一九三四年六月から三五年六月、支那駐屯軍として中隊ごと天津《テンシン》に派遣されていた香田は、在留邦人が「国体信念ニ欠《か》ケテ居ル」と思い、内地もそうだから、「国民精神ノ作興《さっこう》」の必要を痛感したという。六月二八日帰国した香田は、真崎教育総監の更迭を、林陸相・永田軍務局長が「重臣達ノ策動ニ依ツテ為シタル統帥権干犯」だと憤る。郷土の先輩であり、親しく私宅を訪ねる関係にあった真崎の失脚に、彼の怒りはことさらであったかもしれない。香田は、「一般同志間ノ空気カ激化シテ来」たと述べる。

安田優も、「訊問調書」で、「殊ニ甚タシク遺憾千万ナルモノハ統帥権干犯問題」だと語るように、「統帥権干犯問題」が、青年将校の意識を刺戟《しげき》したことは確かである。その中で香田は「蹶起」を考えたようである。彼は言う。「其当時ノ目標」は、林陸相と永田軍務局長であったとして、「私ノ決心カ弱カツタノテグズグズシテ居ル中ニ」、相澤三郎中佐に先を越され、彼は、「私ハ自分カ臆病テアツタコトヲ自覚シ夫レカラ非常ニ恥シク思ヒマシタ（中略）仕事ヲ整理シ家庭ノ整理ヲナシ何時テモ蹶起出来ル様ニ準備シテ居リマシタ」という。おそらく香田が、青年将校の中で、最も早く「蹶起」を考えはじめた一人であったことは、確かである。ただこの段階では、目標は、「統帥権干犯者」であった。軍を追われた磯部浅一も、「今ノ時期ニ於テ全国ノ同志カ一斉ニ蹶起シテ維新ヲ断行スルト云フ様ナ空気ニナツテ居ナイ　一部同志ノ蹶起ニ依ツテ統帥権干犯者ヲ討取ルヨリ外ナイ」と思ったという。そして「私ハ其ノ一人ニナラウト思」うにいたるのである（「公判調書」）。

つまり「蹶起」といっても、その中身は、相澤中佐の行動のごとく、まだ「統帥権干犯者」への「斬《ざん》奸《かん》」の域を出ていなかったとみられる。だからこそ、この真崎教育総監更迭・相澤事件の時点では、栗原安秀は反応をみせていない。山口一太郎によれば、「栗原カ数年来口癖ノ様ニ喋《しゃべ》舌ツテ居ル事柄」は、「元老、重臣ハ怪《け》シカラヌ」、「今度ヤツタラ一部カヤツテモ我々ノ一党ハ全部引合《ひきあい》ニ出サレル事ハ必定テアル」、「故ニヤルナラ総動員以外ニ方法ハ無イ」といった諸点だったという。この山口の指摘が正しいとすれば、元老・重臣を目標としない「統帥権干犯者」への「斬奸」は、栗原中尉にとっては食指が動くものではなかったことを想定できよう。

だが、ほどなく栗原の目の色が変わる情報が伝わってくる。彼をはじめ、「国家改造」を考える青年将校が多くいる第一師団の満州派遣内定の報である。

決起への決定的契機――第一師団の満州派遣内定――

安藤輝三は、「被告人訊問調書」で、一九三五年一〇月、聯隊長より、第一師団が「渡満派遣ノ内命」

安藤輝三
（毎日新聞社提供）

をうけたと聞いたと述べる。この報に、安藤の心境は、本書九頁で述べた事情から複雑であった。青年将校運動の中で「泰山《たいざん》ノ重キヲ持シテ」きた（「西田手記」の表現）安藤は、「訊問調書」では建前的に次のように語る。

渡満前ニ何トカシナケレハナラヌト考ヘテ居リマシタカ夫レハ単ニ日蘇開戦ヲ予期シ其ノ暁ニ於ケル現下ノ如キ国内ノ情勢テハ困ルト考ヘマシタノテ渡満前ニ国策ノ確立、国力ノ充実ヲ謀ル為ノ基礎ヲ固メ置カナケレハナラヌト謂フ気持テ何トカシナケレハナラヌトイフ漠然タル気持ニナツタノテアリマス

ところが、本音を伝えると思われる「決行前後ノ事情竝《ならびに》立場、心境等ニツキ陳述ノ補足」で、安藤は、自ら鍛え上げた中隊の「精兵ヲ率《い》ヰテ最後ノ御奉公ヲ北満ノ野ニ致シ度イト念願致シ」、「只一ニ渡満ヲ楽ミニシテ居ツタ」というのである。しかし安藤は、例外であった。第一師団の歩兵第一聯隊で中隊長（三五年八月〜）を務めていた山口一太郎は、満州派遣の影響を、「被告人訊問調書」で、以下のように陳述している。

昭和十年秋九月頃第一師団渡満ノ風聞起リ、此ノ風聞カ青年将校ヲ刺戟シタ様テアリマス、同年秋季演習中栗原中尉カラ「国内ヲ此ダラシナイ状態ニ放任シタ儘《まま》満州ニ行ツテ賊（日本側が「匪賊《ひぞく》」と称した抗日ゲリラ）ノ弾丸ニ中《あた》ツテ死ヌ位ナラ内地テ国家革新運動ヲヤツタ方ガ遙カニ有意義ダ」ト申シテ居ルノヲ聞キマシタ、此栗原ノ言ハ恐ラク同人ト思想ヲ同ウセルモノ大部分ノ感想タラウト推察シマシタ

「満州ニ行ツテ賊ノ弾丸ニ中ツテ死ヌ位ナラ」という部分は、後述することとするが、山口の陳述の正しさは、栗原安秀の手記「国家改造運動ニ参加セル事情」からも裏付けられる。栗原は言う。

　余ハ第一師団ノ満州派遣ノ内定スルヤ私《ひそ》カニソノ以前ニ蹶起セサレハ維新翼賛ノ機ヲ失スヘキヲ考ヘタリ。

山口一太郎が、「歩一（歩兵第一聯隊）ノ将校団ハ伝統ヲ尚《たつと》ヒ之ヲ愛スル気風旺盛テ悪イ者ハ抛《ほう》リ出ス尚肯《き》カナケレハ殺スト云フ気風カアリ栗原ノ如キ嘗テ（埼玉）挺身隊事件ニ関与シタ事ヲ常ニ冷眼視サレテ居リマシタ」（「被告人訊問調書」）と述べるように、将校仲間で孤立していた栗原が、決起へと突進しはじめるきっかけが、この第一師団の満州派遣内定だったのである。三六年二月二〇日頃、決起を止めようとする西田税に対し、栗原は「私共ハ満州ニ行ク前ニ是非目的ヲ達シタイト思フテ居ル　皆此ノ決心ガ非常ニ強クナツテ居ル」と言い放ったという（「西田税聴取書」）。「満州ニ行ク前ニ」が、様々な思想形成をとげ、異なる意識を持った青年将校たちを結集させる結節点となったのである。

「自分ハ元来御承知ノ様ニ気ガ弱クテ温《おと》ナシイ」と西田に語り（「西田税聴取書」）、動揺しがちな村中孝次も、「公判調書」で、「今回ノ蹶起決行ニ付テハ何日頃カラ決心シタノカ」という問に対して、以下のように答えている。

　昨年十二月第一師団カ満州ニ派遣サレルト云フ報カ伝ハリマシタノテ第一師団ノ渡満前ニ主トシテ在京同志ニ依ツテ急ニ事ヲ挙ケナケレハナラヌト考ヘ其時決心シタノテアリマス

これ以後、村中は、相澤三郎の公判に力を注ぐ。また磯部と共に、政友会の動きを利用した岡田内閣倒閣計画に関わっていき（後述）、決起へと大きく揺れはじめるのである。

磯部も同様であった。彼も「公判調書」で、「十二月第一師団カ渡満スルト云フコトヲ知リ渡満前ニ蹶起シナケレハナラヌト考ヘマシタ」と陳述する。岡田内閣打倒計画に一時動くが、彼も、第一師団の派遣決定が決起へのステップとなったのである。

相澤事件を契機とする香田に続いて、第一師団の満州派遣の情報により、栗原・村中・磯部という二・二六事件の中心人物が、それぞれ個別に決起への決意を固めはじめるのである。しかしそれは、まだ個々の思いであった。彼らが決起への共同意志を持つのは、年が明けてからのこととなる。村中孝次は、「公判調書」で次のように陳述する。

昨年十二月頃ハ未タ私一人テ心ノ中ニ収メテ居リマシタカ本年一月ニナツテ初メテ其ノ意思ヲ磯部浅一ニ話シタノテアリマス　又香田大尉ニモ同様其ノ意思ヲ打明ケマシタ処二人共私ニ同意見テアリマシタ

なお被告たちの陳述の中で、決起決意の形成と第一師団の満州派遣の情報との関連について述べているものは少ない。坂井直のような中核的メンバーも、決起が大尉級の「天下リ」的決定だったこともあるであろうが、陳述では全くふれない。しかし重視すべきは、彼らが軍人として、満州に行きたくないから決起したと思われるのは嫌だという意識が、陳述に影響しているのではなかろうか。竹島継夫・対馬勝雄《つしまかつお》・山口一太郎・西田らの観察は、第一師団の満州行きが事件の原因であったことを傍証する。

陸士四〇期を優等で卒業し、極めて優秀だったと思われる竹島継夫は、二月二一日夜、対馬から、二月下旬に「在京同士カ蹶起」するから「竹嶌モ蹶起」し静岡県興津《おきつ》の西園寺公望を襲撃するようにと言われた際、次のように反問したという。

私モ予《かね》テ現在ノ世相カラシテ蹶起セネハナラントハ思ツテ居リマシタケレトモ決行時期ニ付テ聊《いささ》カ疑点カアリマシタカラ私ハ対馬ニ対シ何故其ノ様ニ近ク遣ラネハナランノカト反問シマシタトコロ同人ハ其ノ理由ハ第一師団ノ渡満前ニ陸軍ノ異動前ニ遣ラネハ時期ヲ失スルカラテアロウト云ハレマシタ

竹島は急な決起に疑念を抱き、対馬は第一師団の渡満が、二月二六日の行動を導いたと考えていたことは確かであろう。

西田も、山口も、同じ解釈だった。二・二六事件勃発直前の二月二一日頃、西田は山口宅に呼ばれる。その際、山口は「此ノ形勢（決起不可避）ヲ緩和スルノハ今日ニナツテハ殆ンド絶望ニ近イト思フ意味ノ話」をしたという。決起を止めるのが絶望的だと判断した二人は、「夫以外ノ方法デ夫レ以外ノ方面ニ対シテ何等カノ打開ノ途ヲ相談」する。出てきた結論は、以下の通りである。

第一師団ヲ満州ニ行ク事ヲ変更或ハ延期スル様ナ事カ出来ナイカ、又ハ軍隊内ノ人事モ三月異動ガ近イガ此ノ際若イ人達ノ要望シテ居ル様ナ多少ノ実現ハ出来ナイカ、ト云フ事デアリマシタ

そんなことができないのは、はっきりしていた。* 結局、二人は、「吾々ノ手デハ結局不可能デアロウ然ラバ事端ヲ惹起シタ場合如何ニスルカ」と、決起後どうするかに話題を移してしまうのである。逆にいえば、彼らは、「第一師団ヲ満州ニ行ク事ヲ変更或ハ延期スル様ナ事カ出来」れば、決起を止めさせることが可能だと判断していたのである。

北一輝も、警視庁での「第二回聴取書」で、決起を止められなかった理由として、第一師団の満州派遣という「特殊ノ事情」が決起の原因だから、「人力如何トモスル事出来ナイ」と陳述していた。第一

師団の満州派遣決定こそが、決起への決定的契機といって過言でないのである。

＊磯部浅一は、北一輝《きたいっき》関係の「証人訊問調書」での、（一九三六年）「同月（二月）十八、九日頃三月ノ異動ノ時期ニ地方ノ同志ヲ中央ニ転任セシメ合法的維新運動ノ陣容ヲ整ヘル事ニ付陸軍上層部ニ斡旋スル様西田ヨリ勧メラレタノテナイカ」という問に対して、磯部は「其ノ様ナ事カアリマシタ　ソレハ其ノ前年頃ヨリ　陸軍省軍事課長　村上大佐カラ改造運動ニ熱心ナ青年将校ヲ中央ニ転任セシメ仕事ヲヤラセル方針テアル事ヲ聞イテ居リマシタノテ甚《はなは》タ結構ナ案テアルト思ヒ其ノ実現方ヲ懇望シテ置イタノテアリマス　其ノ事ヲ西田ニ話シテ置イタノテ西田ハ我々ノ決心ヲ動カシ空気緩和ノ一端ニモ資シタイ」と考え、「人事ノ刷新ヲ当局ニ願出テ見タラ何《ど》ウ」かと述べたという。だが磯部は、「既ニ蹶起ノ決心ヲ固メテ」いたので、聞き流したと答えている。三五年一〇月、軍事課長に就任した村上啓作《むらかみけいさく》が、かつての松浦人事局長時代の再現を図ろうとするかのようなポーズをみせた点、また西田が何とか決起を阻止したかったことが窺われるやりとりといえよう。

なぜ青年将校は満州行を嫌うのか

満州行を嫌がる青年将校の陳述は、見あたらない。心で思っても、軍人として口に出せなかったと推察される。唯一、先に引用した、山口が聞いたという栗原発言――「国内ヲ此ダラシナイ状態ニ放任シタ侭満洲ニ行ツテ賊ノ弾丸ニ中ツテ死ヌ位ナラ内地テ国家革新運動ヲヤツタ方ガ遙カニ有意義ダ」――が、青年将校の思いを伝えているのではないか。青年将校の身近にいた西田も、「第六回聴取書」で、以下のように述べている。

若イ将校達ハ何《ど》ウセ満州ニ行カナケレバナラズ行ケバ最近ニ於ケル満州ノ状態カラ見テ対露関係逐次《ちくじ》険悪化シテ居ル折柄勿論《もちろん》生キテ皈《かえ》レルト言フ様ナ事ハ思ヒモ依ラヌデアロウ　其ノ点カラ云ツ

テモ国内ノ事ヲ色々憂慮シテ苦労シテ来ラレタ人達カ此ノ侭デ戦地ニ行ク気ニナレナイノモ無利（理）モ無イト思フ

これが、おそらく青年将校たちの心の中に押し込めた心理であったとみていい。事実、前掲『二・二六事件』でも述べたが、軍事参議官会議で、荒木貞夫は、将校が後ろから、「進級せしむ」と射殺される（「戦死」すれば進級する）とか、青年将校が抗日ゲリラ討伐に出ることを好まないといった満州での状況を話していた（『真崎甚三郎日記』一九三五年九月六日）。この満州の実情を、目の当たりにして帰国した青年将校がいた。中橋基明である。三五年一二月、事務の手違いで、第三師団からはずされ近歩三聯隊附に復帰した彼は、満州の日本軍の実情を赤裸々に語るのであった。「公判調書」で、中橋は、「私カ在満間見タ皇軍軍隊ハ腐敗堕落ノ点カ多クアリマシタ　其ノ一例ヲ挙ケマスト」として、以下のような実例を紹介するのである。

一、或ル師団参謀長カ八十円ノチツプヲ出シテ飛行機ニ売笑婦ヲ乗セテ出張シタコト

二、軍司令官ノ巡視カアルト云ヘハ参謀長カ飛行機テ各部隊ヲ廻リ注意サレサウナ処ヲ指摘スルコト

三、匪賊《ひぞく》討伐ヲスル前ニ幹部カ暫《しばら》ク酒カ飲メナイカラトテ市中ニ出テ酒ヲ飲ミ酩酊《めいてい》シテ其席テコノ秘密ヲ洩シテ仕舞フ

四、機密費、密偵費カ最モ必要ナ小部隊ニハ殆ントコノ費用ヲ呉レマセンソシテ本部等ニ取ツテ置イテ宴会費ニシテ仕舞フ

五、討伐ニ一週間出レハ功績カ殊勲トナルト云フノテ其ノ要モナイノニ無暗《むやみ》ニ出歩キ匪賊ニモ遭遇

シナイト云フモノノアルコト

六、弾丸ヲ恐レル将校カ多ク下士官兵ノ物笑トナルモノカアルコト

其ノ為下士官兵カ将校ヲ威嚇《いかく》スルコト　或ル中隊長ハ利己主義テアツタ為部下ノ下士官カラ射殺サレタ例モアリテ之カ将校ハ公務死亡トナツテ居リマス

一〜五は、職名などを変えれば、今日の官僚機構や企業などでもありそうな話である。こうした軍の腐敗が、彼の「国家改造」志向を強めたことはいうまでもない。「以上ノ様ナ理由テ満州カラ東京へ帰ツテ来タトキ東京駅ニテ栗原中尉ト会ヒ本件ノ決行ヲ察知」し、つまり栗原の顔色から、「秘カニ決行ヲ決意」することになる。

しかし本論の論旨からいえば、重視すべきは六である。ことに中隊長が、部下の下士官に射殺された話などは、青年将校に、兵士の家庭の窮状を自分の問題として認識させたことであろう。対ソ関係悪化の中で、「生キテ皈レルト言フ様ナ事ハ思ヒモ依ラヌ」（先ほどの西田の言）だけでなく、後方から部下に狙われかねない満州へ行きたくないと思ったとしても無理はない。

さらに中橋は、ソ連側の毒ガス訓練の凄さ、「赤露ノ機械化軍備」＝「我国トハ格段ノ相異」があることを伝聞であろうが、紹介する。そして「ウラヂオカラ日露戦端ヲ開クコトニナレハ数時間ニシテ数十台ノ飛行機カ帝都ヲ空襲スルコトテアラウト覚悟シナケレハナリマセン」と結ぶのである。

とくにこの最後の話は、かなり青年将校と、その周辺に広がっていた節がある。山口一太郎は二月二六日朝、陸相官邸で、川島陸相に中橋の話と同じ話をしている。彼は川島に対して、「先ヅ今日中位ニ組閣ヲシテ了《しま》ハナイト明日カ明後日位ニロシアノ飛行機ガヤツテ来ナイトモ限リマセヌ」と迫るのであ

る（「山口一太郎第二回被告人訊問調書」）。このような話が、他にも出回っていたことは、考えられるが、青年将校たちの、満州観・ソ連観が、そこに投影されていたことは確かであろう。こうした中橋によってもたらされた満州情報が、青年将校たちの、満州に行く前に国内をどうにかしようという発想を強めた面も否定できないのではないか。

高橋蔵相発言への反発

第一師団の満州派遣の情報と並んで、青年将校の一部が、決起の理由として掲げるのが、一九三五年（昭和一〇）一一月二六日の高橋是清蔵相発言である。新聞により若干ニュアンスの差があるが、高橋蔵相発言を、『読売新聞』は「兵財両全の精神　蔵相堂々と力説　孤立無援の日本　民力充実が急務　軍事費に強硬な一針」という見出しで、以下の諸点を強調する（同紙一一月二七日朝刊の活字のポイントを大きくしてある部分）。

① 日本は世界において天然資源も少なく、国力の豊かならざる国であるから予算も国力に応じたものをつくらねばならぬ、

② 世界を見渡して日本を後援する国が果してどこにあ

兵財兩全の精神
藏相堂々と力說
孤立無援の日本
民力充實が急務
軍事費に强硬な一針

『読売新聞』1935年11月27日

高橋是清

るか、

③予算は国民の所得に応じたものをつくつておかねば、いざ鎌倉といふときに敵国に対し十分の応戦をなすことが出来ぬ、

④日本内地の国情を見るのに誠に気の毒な人もあり、また年々の災害によつて民は痛められ社会政策上考慮すべき問題は多々ある、

⑤若しこれ以上軍部が無理押しをすれば遂には国民の信を失ふこととなるのではないかと思ふ、

⑥自分は最後に陸海軍に対し各々一千万円宛《ずつ》の復活要求を認めるが、これ以上はとても承認するわけに行かぬ、

⑦我国は徒《いたず》らに列国を刺激することをやめ、世界平和の精神を以て進むべきである

長文の紹介となったが、この発言が、二・二六事件で高橋が惨殺される原因となったものであった。ただちに軍部両相は、高橋発言に反駁《はんばく》し、三千七、八百万円の復活は、絶対譲れないと強調する。さらに陸軍は、非公式声明で、「『これ以上軍部が無理押しをすれば恐らく国民の怨嗟《えんさ》の府となるであらう』といふが如きものありとせば実に軍部を誣《し》ふるの甚だしきもの」と、高橋を威圧しようとする（同一一月二八日朝刊）。陸相が、高橋に釈明を求め、参謀本部も強硬な態度を取り、「資材費延長許さず　全額四千万円要求」と強調した（同一一月二八日夕刊）。陸軍部内では、高橋蔵相の「公債漸減《ぜんげん》」方針に真っ向から対立する「公債増発」の強硬論も現れる（同一一月二九日朝刊）。一方、読売紙は、社説でも、高橋発言を「妥当公正な意見」と評価する。陸軍の焦りは強まっていく。

青年将校の意識も、反皇道派の幕僚層が主導する陸軍省・参謀本部の予算獲得至上主義と撰《えら》ぶところはなかった。香田清貞は、「第二回被告人訊問調書」で、「私等ハ昭和維新運動ニ棹《さおさ》シテカラ維新完成ノ為ニ大道ヲ歩ンテ努力ヲ続ケテ来マシタカ現在ノ既成勢力カ常ニ之ヲ妨ケテ居リマス」として、「既成勢力カ維新ノ完成ヲ妨ケタト云フ実例」として、高橋蔵相の発言を取り上げて、以下のように怒りをあらわにするのである。

　高橋是清蔵相カ昭和十年十月（ママ）頃ノ予算閣議ノ席上陸軍大臣ニ対シ軍部カ非常ナ多額ノ予算ヲ獲得スレハ遂ニ軍部ハ国民ノ怨府《えんぷ》トナルタラウ等ト到底蔵相トシテ口ニスヘカラサル事ヲ放言シテ暗ニ軍民離間ヲ企テタルコトソシテ之ニ依テ既成勢力ノ擁護ヲ為シタル事

磯部浅一も、同様であった。「公判調書」によれば、「被告ハ高橋蔵相ノ国防予算問題ニ付テハ如何ニ考ヘタカ」という問に対し、「私ハ高橋蔵相ノ財政経済方針ハ維新ヲ阻害スルモノ」だと答える。そして「維新ノ財政方針ハ寧《むし》ロ公債ヲ増発シテ財閥ヲ破壊シテ行クモノテナケレハナリマセン」として、「特ニ昨年十一月予算問題閣議ノ席上ニ於テ高橋蔵相ハ健全財政ノ名ノ下ニ軍部ニ重大警告トシテ皇軍ヲ非議」したと論難する。「軍民離間」「皇軍非議」といった、軍部が他の政治勢力を恫喝《どうかつ》しようとする時の常套句が並ぶのである。

「軍閥」を強く非難する栗原も、その手記「国家改造運動ニ参加セル事情」で、次のように高橋発言を、「皇軍ニ対スル財閥、政党等ノ反撃」の象徴と位置づける。彼は、述べる。

　当時一般ニ於ケル維新運動ハ天皇機関説問題等ヨリ漸次活発ニナリタルモ厚顔ナル上層者流ハ恬《てん》トシテ非ヲ覚ラス、皇軍ニ対スル財閥、政党等ノ反撃ハ逐次大トナリ而《しか》モ軍当局者ノ無気力ナル今年度軍事予算ニ対スル高橋蔵相ノ攻撃ニ対スルノ反駁《はんばく》態度ヲ以テシテモ明ナリ、而《しか》シテ余等ノ推進スル軍上層部モ結局君側ニアル元老重臣ブロックノ存スルニ於テ如何トモシ難キノ意アルニ至リ且又一般ノ維新運動ニ於テモ現状維持派ノ中枢タル元老重臣ブロックニ直面シテ対立状態ニアリ

とりわけ「余等ノ推進スル軍上層部モ結局君側ニアル元老重臣ブロックノ存スルニ於テ如何トモシ難キノ意アルニ至リ」というフレーズは重要である。栗原手記の骨子に従って、二・二六事件を定義するとすれば、次のようになるのではなかろうか。

高橋発言をきっかけに、「上長を推進して維新へ」を基本スタンスとする青年将校運動が、「君側ニアル元老重臣ブロック」を何とかしなければどうにもならないという軍上層部の「意」を感じ取り、このままでは、「日本ノ将来ハ危シト信シ」て起こした事件。

相澤事件で、林陸相が退任した後、真崎らの強い後押しで就任を決意した川島義之陸相は、三六年一月一五日、官邸を訪れた磯部浅一と三時間も懇談する（後述）など、永田軍務局長時代と異なり、青年将校と上層部の意見交換の機会は増していた。そうした機会に青年将校側は、軍部首脳を突き上げる。その際、川島陸相らは、その本音、ないし「逃げ口上」として、「元老重臣ブロック」を打倒しなければ何もできないという「意」を洩らしたことは確かである。「宮中に根拠を有する癌《がん》を除く為には非常の力を要し」という『真崎甚三郎日記』での真崎の言（三五年一〇月二四日）は、その意味でリアルだといえよう。その中で、磯部らは、決起しても弾圧がないと判断し、三六年一月後半から決起志向を強めることとなる。その決起への発端となったのが、高橋蔵相の発言だったのである。

3　決起へ――新規参入者の「激化」――

相澤公判準備と岡田内閣倒閣計画の挫折

しかし高橋発言があっても、青年将校たちは一挙に決起へと突進しはじめたわけではない。相澤三郎中佐を裁く第一師団軍法会議は、九月下旬から予審を開始し、三五年（昭和一〇）一一月二日、相澤中佐は、陸軍刑法の用兵器上官暴行、普通刑法の殺人罪・傷害罪で起訴された。陸軍省公表によれば、相澤は「国体の真姿を顕現せざるべからずと思惟し」、陸軍「部内の革正を断行」しようとして犯行に及んだとされる（『読売新聞』一一月三日夕刊）。さらに一二月二日には、相澤中佐と陸軍士官学校同期の在京廿二期生会（村上啓作軍事課長・鈴木貞一《すずきていいち》内閣調査局調査官・田辺盛武《たなべもりたけ》整備局動員課長・西村琢磨《にしむらたくま》兵務課長らの期）の「事の如何を問はず戦友としての立場から見殺しに出来ぬ」との観点からの要請をうけ、雄弁をもって鳴る満井佐吉《みついさきち》中佐が特別弁護人に、普通弁護人には鵜沢聡明《うざわふさあき》博士が正式決定する（同一二月三日夕刊）。

このいつの時点でのことか明らかにし得ないが、山口一太郎は、「被告人訊問調書」で、「秋季演習ヨリ帰ルト急ニ相澤公判ヲ皆カ考ヘル様ニナリマシタ」と陳述している。そして、彼は、「十二月中四、五回私ハ　村中　渋川　西田　等ト会合シタ様ニ思ヒマス、彼等ハ皆相澤公判ニ多大ノ期待ヲ持テ之テ合法的ニヤルノタト大ニ意気込ンテ居リ私モ亦期待シテ居リマシタ」と述べるのである。十二月の第一師団渡満の報で決起を決心したという村中（前述）も、一面、相澤公判に期待していたのである。いや村中・磯部は、一面、決起を考えつつ、相澤公判準備を進めると共に、実はさらにとんでもない動きをしていたのである。政友会の動きを利用した岡田内閣打倒陰謀である。

一九三二年陸士本科に入ってから、「同人ノ住居ヲ訪問スルヲ楽シミニシテ居リマシタ」と、村中と非常に親しかった安田優は、村中の動きに、以下のように苦言を呈したという（「安田優被告人訊問調書」）。

私ハ当時村中カ怪文書ヤパンフレット等ノ宣伝方面ニ力ヲ注キ稍《や》々《や》策動ニ陥ル弊《へい》カ認メラレマシタノテ此ノ同志ノ行動カ堕落スル事ヲ虞《おそ》レ村中ニ忠告シタコトカアリマス

村中・磯部らの行動が、政治の裏で策動する「政界浪人」的なものになっていたことは否定できない。磯部は、真崎甚三郎関係の聴取書で、三五年一二月二四・二五日の相澤公判準備のための「新宿御座敷本郷ノ会合」について、以下のような重要な証言をしている。

実質的ハ相澤公判ノ準備テアリマスカコレハワタシ村中ノ相談ノ上テ内閣倒壊ノ為メノ一気勢ヲ挙ケタ事ニアリマス即チコノ事ハ森木《もりき》（五郎《ごろう》）少佐ヲ通シ村中カ山下《やました》（奉文《ともゆき》）少将カラ頼マレテ（幾分ノ金モ出テオル筈タト思ヒマス）当時議会ノ開院式当日国体明徴ニ就テ不信（任）案ヲ政友会カ提出スル、之ニ対シ陸軍大臣カ署名ヲ拒否スル、コ、ニ内閣ハ倒レルト言フ筋書テアツテコノ大臣カ署名ヲ拒否スルタメニハ青年将校カ一中隊テモ率ヰテ大臣ヲ缶詰ニスレハヨイト言フ計画テアリマシタ

青年将校の運動とは、何であったのか考えさせる証言である。真崎らと青年将校との連絡にあたる東京憲兵隊附の森木五郎憲兵少佐を通して、軍事調査部長であった山下奉文から倒閣策動を頼まれたというのである。[*] 村中や満井佐吉の他の箇所での陳述からみて、軍事調査部は、陸軍省新聞班による世論操

作に関わると共に、青年将校の動向にもある場合には目を光らせ、調査活動を通じて陸相を補佐する部署であったとみられる。その長であった山下が、村中に金まで渡して、政友会の動きを利用して早期倒閣を策したというのである。陸軍上層部が、少なくとも山下が、岡田内閣をどうしてもできるだけ早く倒し、局面転換を図りたいと考えていたことは明らかである。とくに「青年将校カ一中隊テモ率ヰテ大臣ヲ缶詰ニスレハヨイト言フ計画」が事実だったとすれば、高官殺害がない「ミニ二・二六事件」といってよい。

一九三五年末、高橋蔵相発言にもみられた増大する軍事費と、財政や、困窮する国民生活の矛盾の中で、陸軍中央も、村中・磯部らの青年将校も、内閣倒壊を熱望していたことは確かであった。そしてそこでは、兵力の使用も考えられていたのである。磯部が、決起しても川島陸相らが弾圧してこないと感じるのも、こうした伏線があったからであろう。**

磯部は、「コノ事ハ政友会ノ議カマトマラナカツタノテ中止ニナリマシタ」とした上で、「右ノ事ハ私カ倒閣ト言フ事ニ干聯《かんれん》シテ今迄申上ケナカツタ事ヲ申立テタノテス」、「コノ事ハ村中ト私トノ外《ほか》他ノ同志モ知ラナイト思ツテオリマス」と付言する。この出来事について、村中は言及せず、検察官も追及しないが、証言の具体性からいって事実であったと考えられる。さらに磯部は、次のように述べている。

ソシテ私ト村中トテ外ニ対シテハ之レカ青年将校ノ気勢ヲアケルト言フ外形的ナ名目テ而《しか》モ実質的ニハ相澤公判準備ト言フ事テ集ツタノテアリマス

相澤公判の開始と、それをいわば隠れ蓑にした倒閣計画が未遂に終わる中、決起への時針は、大きく回りだすのである。磯部が、この証言の最後の部分で、「要スルニ大臣ニ対シテハ私ハ好意カ持テコノ人ハ必スマサカノ時ハヤル人タト考ヘテオリマシタ」と述べるのは、この倒閣策動を通して、青年将校が、武力決起しても川島陸相は弾圧しないと判断したことを示しているといえよう。

＊　「亀川哲也第八回聴取書」によれば、この倒閣計画（「十二月事件」と呼ばれる）の仕掛人は、亀川であった。彼は、彼の資金提供者久原房之助にこれを話し久原も同意する。さらに亀川は、山下奉文、当時、軍務局課員であった有末精三少佐、陸相秘書官小松光彦少佐にもこの案を伝えた。山下らは、うまくいったらもうけものといった感覚でこれに乗ったという。そして山下から磯部らにこの計画が持ちこまれることになったようである。

＊＊　磯部は、北一輝関係の「証人訊問調書」で、「一月二十八日頃真崎大将ヲ訪問シ同大将カラ金ヲ貰ヒ又其ノ他軍ノ上層部ヲ訪問シ打診シタ結果軍ノ上下ハ一致シテ維新ヲ要望致シテ居ルモノト判断シタノテ益々其ノ決心ヲ堅クシ同志河野大尉ト共ニ牧野ト林ヲ斃《たお》ス事ニ付キ固ク約束ヲシ」たと述べている。

青年将校の結集——相澤公判の中で——

相澤公判は、今まで憲兵隊などからマークされてこなかった青年将校たちを急激に過激化させていた。＊陸士四七期の常盤稔は、被告人訊問調書で、以下のように述べている。

昭和十年六月見習士官トナツテ歩兵第三聯隊ニ帰リ野中大尉ノ中隊ニ配属シマシタ私ハ野中大尉ノ嵩高《すうこう》ナル人格ニ深ク推服スルト同時ニ同大尉及安藤大尉カラ又ハ其他新聞紙等ニ依リ重臣ノ大権私議統帥権干犯、政党ノ腐敗農村ノ疲弊等ノ状況ヲ知リマシテ私ハ何ントカシナケレハ国カ危イト考ヘマシタ

さらに彼は、初年兵教育を通じて、「兵ノ家庭ノ貧困ノ状態ヲ知リ」、同時に「貧困ニ依リ愛国ノ至情カ銷磨《しょうま》サレツツアル」と感じる。そこに相澤公判が、決定的インパクトを与える。彼は言う。

相澤中佐ノ公判開カレルニ及ンテ重臣ノ統帥権干犯ノ状況ヲ益々明カニ知リ重臣ヲ除カネハナラヌト考ヘルニ至リマシタ　尤モ其際政党財閥ノ悪イコトモ考ヘマシタカ其ノ場合重臣ヲ除クト云フ一途ヲ考ヘタノテアリマス

相澤公判が、常盤少尉をして、「重臣ヲ除クト云フ一途」を辿らせたことは間違いない。その中で、彼は二月一七日小隊を率いて、警視庁に向け、夜間突撃演習を行なうのである。

二・二六事件時、歩兵第三聯隊の旗手を務めていた高橋太郎少尉（陸士第四六期）も、「第二回被告人訊問調書」で、「被告カ今回ノ反乱事件ニ参加スルニ至リタル事情ヲ述ヘヨ」という問に対して、「陸士入校以来同校ノ伝統的精神タル尊皇憂国ノ至情ヲ鍛ヘラレ」た点を上げると共に、村中の「訓化」・菅波の「人格思想ニ傾倒」し、「愈《いよいよ》尊皇絶対ノ信念ニ対スル認識ヲ深メ」、同時期に、秩父宮《ちちぶのみや》が在隊していたことで「益々皇室ニ対シ奉ル尊崇ノ念ヲ深クスルニ至」ったという。彼は、「農村ノ疲弊」、「赤化思想」の「跋扈《ばっこ》」（おそらく決起直前の総選挙での社会大衆党の躍進を指すと思われる。後述）、「重臣顕官等ハ其ノ重責ヲ忘レ私利私欲ニ耽《ふけ》」る状況、「姑息《こそく》ナル平和主義」、さらに「官僚、財閥、政党、軍閥等ト結託シ隠然タル幕府ヲ形成」して、「大御心ヲ遮《さえぎ》リ奉リ皇室ハ之ヲ敬シテ赤子ノ情亦大君ニ通スルニ由ナク」、「国威ヲ失墜シ近隣諸国ノ排日侮日等ノ内憂外患共ニ到リ真ニ皇国ノ危機切迫セルヲ痛感」し、「皇国体ノ真姿顕現ハ一刻モ猶予シ能《あた》ハサルヲ銘肝スルニ至」ったと述べている。

高橋太郎
（毎日新聞社提供）

高橋が、「皇国体ノ真姿顕現ハ一刻モ猶予シ能ハ」ずと感じた原因は、陳述の以下の部分であったことは明らかである。

相澤中佐ハ之等ノ不正支配勢力ニ対シ爆撃ヲ加ヘタルニモ拘ラス公判ノ経過ヲ見ルニ遂ニ彼等大権ヲ私スル輩ノ反省ヲ見ル能ハス、

すでに「相澤公判前ニ於テハ同中隊ノ関係上坂井中尉、麦屋《むぎや》（清済《きよすみ》）少尉ト昭和維新ニ関シ屢々《しばしば》意見ノ交換ヲナシ現代日本ノ奸賊テアル斎藤内府、牧野前内府等ハ斬ラネハナラヌ等話シ合ヒ、事アラハ共ニ蹶起センコトヲ申合セテ居リマシタ」（斎藤実の内大臣就任は、三五年一二月二六日）という彼であった。相澤公判を通じて、その怒りは高まっていく。

高橋は、第一回の「被告人訊問調書」でも、所属中隊の下士官以下に対して、「一君万民ノ思想ヲ精神訓話」し、「皇軍ノ外敵内敵ヲ芟除《さんじょ》スル義務アルコトヲ強調」していたと述べている。さらに彼は、下士官を将校室に集合させ、事件直前は「相澤事件ノ公判ニ付テモ訓話」していたという。「皇軍ノ外敵内敵ヲ芟除スル義務」を、士官学校の教育などを通じて叩き込まれていた若者が、相澤公判を通じて、「内敵」を強く意識したことは明らかである。

しかも彼は、孤立していないことを自覚する。「第二回被告人訊問調書」で、彼は、「本件ニツキ同志ト結合スルニ至リタル顚末《てんまつ》ヲ述ヘヨ」という問に対して、以下のように答えている。

本件ニツキ私カ多数ノ同志ヲ知ルニ至リタルハ本年一月二十八日ノ相澤中佐第一回公判以来坂井中尉ノ勧告ニヨリ公判ノ模様ヲ聞ク為　麻布区龍土町《りゅうどちょう》　料亭龍土亭　ニ開催サレタ相澤中佐公判座談会ニ出席シタ時カラテアリマス、

その席上で、「本件ニ関係シタ歩一、歩三等ノ青年将校及村中、磯部、渋川等ヲ知」り、村中・渋川善助から公判の模様を聞き、相澤「中佐ノ尊皇絶対ノ精神ニ感激シ栗原中尉等ノ昭和維新ニ関スル意見ヲ聞キ大イニ共鳴シタ」という。「其ノ席テハ別ニ今回ノ事件ヲ決行スルコトニ付計画等ヲ協議シタノテアリマセヌカ相澤中佐ノ精神ヲ受継イテ我々ハ昭和維新ニ向ツテ前進シナケレハナラヌ意見カ多数ノ同志カラ述ヘラレ相澤公判ヲ通シ同志トシテ精神的ニ結合スル端緒トナツタ」と、高橋は述べるのであった。怒っているのは自分一人ではない、仲間もいると自覚した時、怒りは行動へと向かいやすい。かくて高橋は、坂井直中尉から「今次ノ挙」を聞き、「欣然《きんぜん》本件ノ蹶起ニ参加スルニ至」るのである。

高橋に影響を与えた坂井直も、被告人訊問調書で、「殊ニ相澤事件ノ公判ノ結果所謂巷間《こうかん》ノ妄説ナリトサレテキタ事柄カ事実ナリト確信ヲ得ルニ至リ遂ニ義軍ヲ提《さ》ケ昭和維新ニ向ツテ蹶起スル事ニナツタ」と語る。丹生誠忠も、被告人訊問調書で、以下のように相澤公判の影響を述べている。

相澤中佐事件ノ公判カ開カレテカラ深ク其思想ニ共鳴スル様ニナリ現在ノ日本ヲ救フニハ昭和維新断行ヨリ外ニナイト想フ様ニナツタノテアリマス

早い時期から現状への強い憤りを抱いていた安田優も、「殊ニ甚タシク遺憾千万ナルモノハ統帥権干犯問題」だとした上で、「相澤中佐殿ノ公判ニ依リテ見テモ統帥権干犯問題カ暗カラ暗ニ葬リサラレ様トシテヲルノテ何トカシテ之レハ明瞭ニシ断乎ソノ根源ヲ絶タネハナラント愈々決心ヲ固クシタノテアリマス　ソレニハ元兇《げんきょう》ヲ打タネハナラント考ヘタノテアリマス」（「被告人訊問調書」）。

決起に極めて消極的だった安藤輝三は、「相澤事件ノ公判ヲ通シテ昭和維新ノ気運カ青年将校ノ間ニ漸次濃厚トナリ同志間ニ於テ決行ノ話カアリマシタカ私ハ常ニ考ヘサセテクレト言ヒ決行ノ決意ヲ確立スルニ至ラナカッタノテアリマス」（「被告人訊問調書」）と述べている。「昭和維新ノ気運カ青年将校ノ間ニ漸次濃厚トナリ」という記述を、栗原・香田・村中・磯部らからの安藤の参加を求める動きとだけ考えてしまうと、二・二六事件に、青年将校たちが決起していく真相は、分からなくなってしまう。実は、若い層からの突き上げと、野中四郎の動きがあったのである。

西田が「最近青年将校ニ飛ビ出ストカナントカ云フ話ガ有ルソウダガ何《ど》ウ云フ状況デアリ一体君ハ何ウ思ツテ居ルノカ」と尋ねたのに対し、安藤は、相澤公判を通じた第一師団内の中少尉クラスの雰囲気を、次のように答えたという。

最近若イ連中ハ其気持ガ非常ニ強インダ此ノ間モ四、五人寄ツタ際ニ自分ニヤツテ呉レト言ハレタガ自分ハ此ノ時ヤル、ヤランハ別ダガヤレナイト考ヘタノデ断ツテ仕舞ツタ

二月一〇日、「歩兵第三聯隊集会所ニテ安藤大尉、河野寿大尉、栗原中尉、中橋中尉、磯部浅一、私（村中）カ会合シテ第一師団渡満前ニ在京同志ニテ蹶起スルト云フ様ナ話ヲ致シマシタ　其時ハ河野大尉カ牧野伸顕伯ハ討取ルト云ツテ居リマシタカ未タ具体的ナコトハ決ツテ居リマセンテシタ」（「村中孝次公判調書」）という従来の同志からの決起への働きかけとは別に、「若イ連中」も独自に決起を求めていたとみていい。そしてこれを野中大尉に話したところ、安藤は、野中から「何故断ツタカ」と叱責される（五頁等参照）。さらに注目すべきは、その後の野中の発言である。野中は、次のように安藤に述べたという。

相澤中佐ノ行動、最近一般ノ状勢、等ヲ考ヘルト今自分達ガ国家ノ為メニ起ツテ犠牲ニナラナケレバ却ツテ天誅ガ吾々ニ降ルダロウ自分ハ今週番中デアルガ今週中ニヤロウデハナイカ

坂井直によれば、「本件計画ヲ承知シタノハ二月二十三日ニ相違アリマセン」とした上で、次のよう

な重要な証言をしている。

然《しか》シ其ノ前週ハ週番司令野中大尉殿テアリ二月十六、七日頃聯隊ノ中、少尉（主トシテ少尉）ヲ集メ今週中ニヤラウカト云フコトヲ申サレタコトカアルソウテアリマシテ常盤少尉カ同月十七、八日頃演習ト称シテ部隊ヲ引率シテ警視庁ニ突入シタコトカアリ大分問題トナリマシタ　斯様《かよう》ナ状態テアリマシタカラ吾々同志ハ近ク蹶起スルコトハ予期シテ居リマシタ　ソシテ将校室等ニ於テノ話ハ大概蹶起ニ関スルモノテシタ（「第二回被告人訊問調書」）

いわゆるおなじみの「皇道派」の青年将校の動きとは別に、相澤事件・公判を通じて結集していた少尉級を野中が組織し、決起へ向けて動きを開始していたとみるべきであろう。野中と、香田・栗原・磯部・村中との接点は、証言・手記で出てきていない。そうだとすると、野中が安藤を突き上げ、決起への参加を決断させ、安藤が、野中と香田・栗原・磯部・村中らとの間に立ち、決起への段取りがなされたとみられる。そして部隊を掌握している野中・安藤の二人の中隊長が、それぞれの中隊を動員し、週番司令であった安藤が職権を利用して週番司令命令を出すことで、二・二六事件は、成立したといえよう。つまり二・二六事件決起とは、単に「皇道派」の青年将校が起こした事件ではなく、満州事変前夜成立し、運動してきた青年将校を一中心とし、第一師団の満州派遣・相澤公判を機に急激に過激化した野中や少尉級をもう一つの中心とする楕円のような構造を持った事件なのである。視点をかえていえば、旧来の運動に、相澤公判を機に新規参入者が現れ、運動が急激に活性化したといえよう。

二・二六事件を考える際、第一師団の満州派遣と同時に、相澤公判がもたらした結集効果は、極めて大きかったのである。

＊松本清張・藤井康栄編『二・二六事件＝研究資料』Ⅲ（一九九三年　文芸春秋社）所収の、陸軍内の「危険人物」をリストアップしたと思われる「一部将校連名簿」によれば、「第一表」——最も危険度が高いクラス——で、二・二六事件に参加した将校は、栗原・安藤・香田・丹生《にふ》誠忠《よしただ》・坂井・対馬の六名、「第二表」記載者は、中島《なかじま》莞爾《かんじ》・竹島継夫・河野《こうの》寿《ひさし》・中橋基明、「第三表」にリストアップされているのは、林八郎（陸士四七期。なお同資料では林太郎、陸士四五期になっているが、林八郎のことだと考えられる）の一一名に過ぎない。野中四郎の名は、一九三三年（昭和八）四月から七月の間に作成されたとみられる「陸海軍将校中ノ危険人物次ノ如シ」に名前がみえるだけである。もう身分上は、民間人である村中・磯部が入っていないのは当然として、田中《たなか》勝《かつ》・安田優・高橋太郎・池田《いけだ》俊彦《としひこ》・常盤稔らはノーチェックだったことが窺われる。

「真に危険迫りあり」

一九三六年（昭和一一）二月一一日、真崎甚三郎は、青年将校と連絡を取る森木五郎憲兵大尉からの情報を聞き、その日記に「真に危険迫りあり」と記した（「真崎甚三郎日記」、及び須崎『二・二六事件』参照）。陸軍上層部が、第一師団内の青年将校たちの動きをある程度知っていたことは確かである。

まだ決起計画も具体化していない一月一五日、川島陸相を官邸に訪問し、約三時間話したという磯部浅一は、「青年将校カ種々国情ヲ憂ヘテ居ル」ことを話したのに対し、「青年将校ノ気持ハヨク判ル」がと、答えるにとどまる。「何ントカシテ貰ハネハナラヌ」という磯部の追及に、具体性のない川島の応答、苛立《いらだ》った磯部は「其ノ様ナコトヲ云ツテ居ルト今膝元カラ剣ヲ持ツテ起ツモノカ出テ仕舞フ」と決起をほのめかすのである。しかし川島は「ソウカナア——併《しか》シ我々ノ立場モ汲ンテ呉レ」と、元《もと》一等主計と陸軍大将との会話とは思えない返答をする（「公判調書」）。二月二六日朝、青年将校側が、陸相官邸に押しかけ、陸相に面会を求めた際の川島の驚きぶり（須崎「二・二六事件と陸軍中央」『This is 読売』四巻九号一九九三年一二月参照）からいって、「抜かない宝刀」であるはずの青年将校の行動に、たかをくっていたとみた方がよかろう。*

相澤公判の特別弁護人を務めていた満井佐吉中佐も、危険性を感じていた一人である。「第二回被告人訊問調書」で、彼は、次のように述べている。

弁護人ヲ引受ケテカラ予審調書ヲ調ヘ又相澤事件ノ原因動機ニ関係アル社会的事実ヤ文書等ヲ調ヘテ見マスト私ノ予想以上ニ其ノ原因動機カ深刻テアリ相澤公判カ容易ナラサル重大性ヲ包蔵スルコトヲ知リ更ニ同公判カ近ヅクニツレテ激励ノ電報ヤ手紙ヤ歎願書等カ続々トシテ私ノ手許ニ集ツテ来ルノヲ見テ同公判ニ対スル軍内外ノ気勢ノ程モ窺ハレ殊ニ青年将校カ相当緊張シ何時実力行動ヲ勃発スルカモ判ラナイ情勢ニアルコトヲ観取到シマシタ

このように感じた彼は、上司である陸大幹事岡部《おかべ》直三郎《なおさぶろう》少将（一九四四年、第六方面軍司令官）を通じて、三六年一月上旬、「軍首脳部ニ私ノ意見ヲ申述ヘル機会ヲ作ツテ戴クコトヲオ願ヒ致シ其ノ結果漸《ようや》ク同月二七日ニ至リ大臣室ニ於テ　川島陸軍大臣　杉山《すぎやま》（元《はじめ》）参謀次長　古荘《ふるしょう》（幹郎《もとお》）陸軍次官　今井《いまい》（清《きよし》）軍務局長　山下（奉文《ともゆき》）調査部長　村上（啓作《けいさく》）軍事課長　列席ノ下ニ私ノ意見ヲ申上ケルコトカ出来」たという。満井の意見の要点は、以下のようであったという。

国防ヤ国民生活ノ行キ詰リ等カ甚ダシイ為軍内外一般ニ此ノ行キ詰リヲ打開スルコトヲ熱望スル者甚ダ多ク其レガ昭和維新ノ気勢ト為リツ、アリマス　更ニ近来軍内ノ蟠《わだかまり》ガ頗《すこぶ》ル甚ダシク各種ノ感情ノ疎隔対立カ著シク全般ノ大勢ハ容易ナラザル実情ニアリマス此ノ実情ノ下ニ相澤公判ノミヲ進メルコトハ何トナク危険ガ痛感セラレマス　丁度充満シタ瓦斯《ガス》ノ中テ煙草ヲ喫フ様ナモノテ之ニ依ツテ瓦斯ニ引火爆発スル虞《おそれ》ガアリマス　速ニ瓦斯ヲ抜カナケレバ危険デス　永田事件後幾多残ツテ居ル軍内ノ蟠ヲ早ク軍中央ニ於テ政治的ニ除去シ軍ノ実情ヲ収拾シテ其ノ危険性ヲ排除シ之ト相応ジテ公判ヲ進ムル必要カアリマス（「満井佐吉第二回被告人訊問調書」）。

公判開始を翌一月二八日に控えて、満井は、政治的駆け引きはあれ、軍中央が、「軍内ノ蟠」を除かないと、「瓦斯ノ中テ煙草ヲ喫フ様ナモノ」だと断じたのである。この時点で、満井が、「青年将校カ相当緊張シ何時実力行動ヲ勃発スルカモ判ラナイ情勢」を明示的に語ったかどうかは明らかでないが、陸相・次官・参謀次長・軍務局長らに強い警告があったことは事実と考えてよい。

山口一太郎も、三六年一月中旬「直接行動」の切迫を直感していた。「被告人尋問調書」で、以下のように陳述している。

昭和十一年一月十日初年兵入隊ノ日ニ父兄等ニ対シ私カ為シタ挨拶《あいさつ》カ意外ノ波乱ヲ捲起《まきおこ》シ同月十二、三日頃三回ニ亙リ現役将校ラシイ者カラ私ニ激励ノ電話カ掛リマシタ、夫レハ「我々ハ実力デヤルカラ貴殿ハ上部工作ヲ頼ム」ト云ツタ趣旨テアリマシタ、名前ヲ尋ネテモ告ケマセヌテシタカ何レモ非常ニ真刻《ママ》ノ声テアリマシタノテ何トナク私ハ第一師団渡満前ニ直接行動カアルノテナイカト感シマシタ、

山口の「一月十日初年兵入隊ノ日ニ父兄等ニ対シ私カ為シタ挨拶」が、強烈な現状批判だったことは間違いない。すると未知の「現役将校ラシイ者」から「我々ハ実力デヤル」という趣旨の電話がかかってきたというのである。一月中旬の時点では、村中・磯部・香田・栗原らは決起に向けて動きはじめて

いない。しかも彼らなら、山口は極めて親密であり、声が分からないはずはない。山口との親しい接点がみえない人物としては、対馬・河野寿・田中勝、そして野中が考えられるが……。少なくとも二・二六事件の「首脳部」となる青年将校とは別に決起への動きがはじまっていたことは間違いない。

さらに山口の陳述で、重要なのは次の部分である。

夫レ故私ハ同月十五日頃　小藤聯隊長　同月十八、九日頃　本庄（繁）大将　同月二十七日夕方頃
佐藤旅団長　等ヲ訪問シテ
「各種ノ状勢ヲ綜合スルニ渡満前事変カ起キサウテアル、此様ナ電話モアル、早ク先廻リシテ蹶起ヲ不用ナラシメル事態ヲ作ラネバナラヌ」ト云ツタ趣旨ヲ話シタ事モアリマス

直接、監督の責任のある歩兵第一聯隊の聯隊長小《こ》藤《ふじ》恵《さとし》、歩兵第一旅団長佐《さ》藤《とう》正三郎《しょうざぶろう》少将は、ある程度危険性を認識していなければならなかった。しかし小藤は、その「証人訊問調書」によれば、「山口ノ意見ヲ単ニ聞流シ」たという。** 小藤も佐藤も、相澤公判の判士・判士長で多忙を極めたという事情はあれ、サインは見逃されたのである。

満井の指摘が、彼の年来の主張――陸軍内の一体化――を実現するために「直接行動」の脅威を利用した警告の面もあったのに対し、山口の不安は具体的であり、また決起への非常に早い時期における直感であった。相澤公判で、村中・磯部と日常的に接していた西田税が、「最初何カ少シ変ツタ空気ヲ感ジタ」のは、決起への動きが具体化しはじめた翌日（二月一二日）の磯部の「今年ハ運ガ良イダロウ」の一言だったという。ほぼ同時期、獄中の相澤三郎も気がついたようだ。二月一四日頃、相澤は、家事上の話があると西田を渋谷の陸軍衛戍《えいじゅ》刑務所に呼び、次のように伝えたという。

若イ大切ナ人達ガ軽挙妄動スル様ナ事ノナイ様ニ殊ニオ国ガ最モ大事ナ時ニ臨ンデ居ルカラ特ニ呉レ呉レモ自重スル様ニ貴方カラ言フテ貰ヒ度ヒ

西田は、それに対し、「私モ同感デモアリマスシ相澤サンガ何時デモコウユウ心配ヲシテ居ラレル事ガ判ツテ居リマス」（共に「西田税聴取書」）として、以後、決起を何とか押さえようと尽力することとなる。

軍中枢にも、危険が迫っていたことを熟知していたと思われる人物がいた。一人は、今井清《いまいきよし》軍務局長である。今井は一月二七日、満井佐吉の「午後一時半ヨリ同五時頃迄切言《せつげん》」を聞いている（川島陸相と杉山参謀次長は、三時半頃他の用事で退席したという。「満井佐吉第二回被告人訊問調書」）。さらに二月一日、満井の訪問をうけ、彼から「統帥権問題重臣財閥等ノ政治的影響関係ヲ（相澤公判で）追求シナケレバナラヌガ軍首脳部ニ於テ之ニ対スル適当ノ処置ヲ講ジナケレハ場合ニ依ツテハ実力行動カ起ルカモ知レナイ」との不安を聞く。これに対して、今井は「実力行動ノ勃発ニ付テハ此方テモ警戒シテ居ル」と答えたという（同前）。今井は、さらに二月初旬、磯部の訪問をうけている。磯部は以下のように陳述している。

私ハ今井中将ノ旧部下トシテ（八〇聯隊長時代）同中将ニ苦言ヲ呈スル為ニ同中将宅ヲ訪問シタノテアリマス其時今井中将ニ対シ貴方（ハ脱）真崎教育総監更迭ノ際林大将ト真崎大将トノ間ニ在ツテ人事局長トシテ統帥権干犯ニ関係カアルカラ現職ヲ罷《や》メタラトウテスカト云ヒマシタ

さらに磯部が、国外情勢（日露関係）・国内情勢について尋ねたのに対し、今井は「二三年前ニ国家ノ革新ヲシテ置カネハナラナカツタ」と答えたというのである（「磯部浅一公判調書」）。今井が、「国家ノ革新」を熱望していたことは明らかである。彼ら軍中枢が、青年将校の決起の情報をつかみながら、決起による現状の変更を期待していた可能性は極めて高い。

もう一人は古荘幹郎陸軍次官である。同じく一月二七日満井の言を聞いた彼は、さらに二月一〇日午前一時頃、二月二日の相澤公判以後病床につき不安を強めていた満井からの電話をうける。*** 二時間にもわたる電話に対し、古荘は「深夜ニモ不拘《かかわらず》熱心ニ聴取」し、「事態ノ危険性ニ付テモ配慮シテ居ル」と答えたという。

三人目は、二・二六事件の「黒幕」視されることもある山下奉文少将（軍事調査部長）である。その職務から、青年将校の動向に「目を光らせ」ているはずであり、岡田内閣倒閣計画では、村中・磯部に依頼し（共に前述）、さらに一月二七日には満井の言を聞いている。常盤稔の「被告人訊問調書」によれば、二月一五日、安藤・坂井（遅れてきたという）・高橋・常盤らは、山下宅を訪問する。訪問の目的は、「世界ノ状勢ニ付テ聞知シタイ」というものであった。常盤によれば、山下の発言は、以下の諸点であった。

> 山下閣下カラ世界殊ニ蘇国ノ状勢ニ付テ話ヲ承リ更ニ国内問題ニ付テハ東北地方救済基金ニ付テ自治体ニ其使途カ判ラス結局之ヲ各戸ニ分配シタ処一戸当リ二円位ニナツタ処各戸テハ其金テ酒ヲ買ツテ飲ンテ仕舞ツタト云フコトテアル　斯《かか》ルコトテハ救済ハ出来ヌト云ハレマシタ　次ニ大本教《おおもときょう》ノコトニ付少シ話サレ次ニ相澤中佐ノ人格ニ付テ実ニ純粋ナ立派ナ姿ト云ハレマシタ

相澤のように、青年将校をたしなめる言はなかったようである。もちろん有能な軍事官僚である山下が、尻尾を出すようなことはない。常盤も、そのように話した山下から「之ニ付テ如何ニスレハヨイカト云フ様ナ話ハアリマセンテシタ」と証言する。約二時間後辞去した彼らの脳裏には、「其ノ様ナ話ヲ聞キ私ハ実ニ国家ノ危急存亡ノ時テアルト思ヒマシタ」という常盤の陳述のような印象が焼き付けられたとしても不思議ではない。暗に山下らが決起を煽り、決起を待望していた疑いは極めて強い。

とくにこの常盤稔少尉が「演習ト称シテ部隊ヲ引率シテ警視庁ニ突入シタ」事件（「坂井直第二回被告人訊問調書」）が、二月一七日に起きている。警備司令部の「情報専門ノ参謀」が、防空演習の準備で忙しかったという事情（「牧《まき》野《の》正民《まさたみ》聴取書」（東京警備司令部副官））はあれ、何も手が打たれなかったのは、真崎・山下・村上軍事課長らの皇道派人脈を超えて、現状打開に、青年将校の行動を期待する雰囲気が、軍中枢部にあったことを窺わせる。磯部に辞職を迫られた今井軍務局長の行動（行動しないという行動を含めて）は、この点を物語るものではなかろうか。

＊　さらに磯部が、川島陸相に「天皇機関説ヲ信奉シテ居ル渡辺錠太郎《わたなべじょうたろう》大将ヲ教育総監カラ罷《や》メサセテハトウカ」と求めたのには、川島は、「渡辺大将ハ機関説テナイト云ツテ居ル　自発的ニ辞メルトヨイカ」と答える。また川島は、「青年将校ノ意見ハ夫々《それぞれ》隊長ヲ通シテ申出タラトウカ」と述べたという。磯部が、「夫レハ従来ヤツテ来タコトテアルカ駄目テアリマシタ」と述べる通り、青年将校からの意見具申が、永田軍務局長の誕生以来、できなくなっていることも、川島が知らなかったのであろうか。

＊＊　小藤は、「証人訊問調書」で、次のように証言している。「私ハ一月二十八日相澤公判カ始ツテ以来ハ殆ト聯隊長トシテノ本務ヲ抛《なげう》ツテ置イテ公判ノ方ニ没頭シテ居リ従ツテ聯隊ノ将校等ト顔ヲ合セテ話ス機会モ無ク又当時人事書類ニ筆ヲ入レル為ニ特ニ人ヲ遠サケテ聯隊長室テ其事務ヲ執ツテ居ツタ関係モアリ全ク彼等ノ動静ニ付テハ観察ヲスル暇《ひま》モ無カツタノテ今回ノ事件ニ付テハ事前ニ於テ全ク予想スルコトカ出来マセヌテシタ」。弁解がましいが、青年将校の人事に便宜を計らったような関係（前述）から、意図的に見逃したというより官僚化した軍人のやりそうなことと考えた方がよかろう。

＊＊＊　満井の不安は、青年将校の動向とからんで、永田鉄山の死亡時刻を操作したとされる問題、及びそれに関わる橋《はし》本虎《もととら》之助《のすけ》陸軍中将（近衛師団長。永田殺害時の陸軍次官）の喚問問題だが、略す。なお満井は、一月中旬にも杉山参

課次長に「事態ノ危険性ト速ニ軍自身ヲ纏《まと》メルヤウ努力シ戴キタイ」と申し入れたというが、杉山の返答は不明である。

青年将校たちの決起目的

青年将校たちの決起目的が、「昭和維新」の実現にあったことは間違いない。* それは、「神国日本ノ国体ノ真姿ヲ顕現セント欲スルニ在リ」(「坂井直手記」)という点に、収斂《しゅうれん》できよう。

だが細かくみていくと、通常考えられているほど彼らの決起目的は、一様ではない。重点が異なるのである。陳述・手記類に現れた青年将校たちの意識は、重なり合いつつ、以下の四つの目的に大別される。

一つのタイプは、戒厳令《かいげんれい》の施行・「維新的人事ヲナシ遂ケ得ル内閣カ出キル事」(「磯部浅一聴取書」)を目的とするグループである。坂井(戒厳令・内閣)、高橋(戒厳令のみ言及)、磯部・丹生(内閣のみに言及)らの証言が、ここに分類される。坂井直中尉は、その手記で、「蹶起ノ目的ニ就テ」で、以下の三点を述べている。

坂井　直

一、君側ノ奸臣並ニ大逆不道ノ重臣共ニ天誅ヲ加ヘテ此ノ昭和ノ御代ヨリ悪逆ノ本源ヲ断ツコト
二、真ニ日本精神ヲ体得セル高潔ニシテ有力ノ士ヲ内閣ノ主班トシ健全ニシテ強力ナル政府ヲ樹立スルコト
三、即刻　戒厳令下令ノ大命ヲ仰キ奉リ人心ヲシテ速カニ安定

ニ導キ逐次ニ時弊ノ改善ヲ計ルコト

そして他の将校が、おそらく「大権私議」の批判を恐れ言及しなかった内閣の首班にもふれる。「被告人訊問調書」（大塚憲兵分遣隊）では、「私共ハ事ヲ起シテ戒厳令布告迄導ケハ良イト思ツタノテアリマス即チ戒厳ノ布告サヘアレハ各地軍隊ハ私共ニ協力シ軍首脳部モ決然起ツテ所期ノ目的ハ此処ニ達成セラル、ト思ツタノテアリマス」と述べ「真崎閣下ヲ首班ニ柳川（平助。当時、台湾軍司令官）閣下ヲ陸軍大臣トスル内閣ヲ組織シテ臨ム考ヘ」であったとする。そして「特ニ平素大変力ヲ入レテ居ラレタ上層部ノ方々カ何故此ノ絶好ノ機会ニ立タナカツタノカ此ノ間ノ事情カ私ニハワカラナイノテアリマス」と、無念さを語るのである。

さらに三月一七日の「第二回被告人訊問調書」では、重ねて以下のように陳述する。

襲撃後ハ陸軍省及参謀本部附近ニ集結シ部隊集結後ハ軍首脳部ニ我々ノ企図スル御維新ニ向ツテ進ム様ニ説キ我々ノ要望ヲ容レテ頂キ陸軍大臣ヨリ上奏シテ戒厳令ヲ布《し》キ　真崎大将　ヲ首班トスル内閣ヲ組織シ純正公明ナル政治ヲ行フ事カ結局ノ目的テアリマシタ

一九三四年（昭和九）六月、安藤輝三に連れられて、村中・磯部・大蔵らを訪《と》い、「昭和維新ハ要スルニ現在ノ経済機構ヤ政治組織ヲ根底カラ改革スルモノテナク現在ノ不逞《ふてい》ナル重臣ヲ斃《たお》シ之ニ代フルニ清廉潔白純忠至誠ノ人ヲ推戴スルノタ」といった話を聞かされ、「昭和維新」の「決行」を決意したという坂井（「第二回被告人訊問調書」）は、おそらく青年将校中枢部が口を閉ざしたその本音を語っているとみてよかろう。

これに対して高橋太郎は、「第二回被告人訊問調書」で、「不純ナル重臣顕官等ヲ斃シ帝都ヲ動乱化シ帝都枢要ノ地ヲ占拠シテ戒厳令下ニ導キ現在ノ政治並経済機構ヲ変革シ国政ヲ更新シ以テ昭和維新ヲ断行スルモノテアツタト思ヒマスカ、ソレ以上ニ具体的ノコトハ私トシテハ判リマセヌ」と述べる。

磯部も後継首相の名指しは避け、丹生誠忠も「被告人訊問調書」で、「吾等同志将校カ起ツテ重臣官僚政党方面ノ改革ヲ図リ陸相ニ進言シテ昭和維新断行ニ最モ適当ナル人物ヲ擁シ根本的ニ国家ヲ改造スルノ機ヲ作ルニアツタノテアリマス」と、「昭和維新断行ニ最モ適当ナル人物」と口を濁すのである。

次のグループは、「元老重臣ブロック粉砕」を主目的とする人々である。まず第一グループにニュアンスが近い、村中からみていこう。彼は、「合法的ニハ出来ル丈《だ》ケノコトヲヤツテ来マシタ　軍部カハツキリト　維新ニ向フコトニ付テ軍内ノ啓蒙特ニ青年将校ヲ啓蒙シ之ヲ中心トシテ上下左右ノ啓蒙　団結等ニ付テ種々実行シマシタ」とした上で、以下のように述べている。

> 然シ元老重臣官僚官閥財閥政党等ハ超国法的存在テアリマスノテ之ヲ合法的ニ芟除《さんじょ》スルコトハ出来ナイノテアリ私共ハ国法ヲ超越シテ　直接行動ヲ以テ国体破壊ノ元兇ヲ討取ルヨリ外ニ途ナシト考ヘタノテアリマス（「公判調書」）

つまり軍中央の行動の障碍《しょうがい》となっている「元老重臣ブロック」を排除し、軍中央が動きやすい――都合のいい内閣樹立――への環境を整えたと読み取れるのではないか。

しかし暗に内閣樹立を希求していた節がある村中に対して、栗原・対馬・安田らは、破壊色が濃厚である。山口一太郎は「被告人訊問調書」で、「今回ノ行動計画ニ付テハ具体的ニ聞テ居リマセヌカ栗原カ数年来口癖ノ様ニ喋舌ツテ居ル事柄」として、栗原の発想を次のように述べる。

一、元老、重臣ハ怪《け》シカラヌ

二、色々ノ手ヲ尽シタカ悔改メル気配ハ無イ
三、殺ス以外ニ方法ハ無イ
四、合法手段ヲ云々スル人カアルカ一ツモ成功シナイ
五、我々ハ建設等考ヘヌ、破壊アルノミタ、元兇ヲ斃シサヘスレハ必ス立派ナ人カ出テ来ル

栗原安秀自身も、「訊問調書」で、「私ノ解スル昭和維新トハ現在ノ矛盾セル国家ノ諸機構ヲ改善センカタメニ財閥政党軍閥官僚特ニ其ノ中枢ヲ為ス元老重臣ブロックヲ粉砕シテ一君万民ノ境地ヲ現出セントスルノテアリマス」と述べるのであった。

対馬勝雄も、その手記「事件参加ニ至レル原因動機ノ概要」で、「満州出動間ノ情況（昭和六年末乃至九年春マテ）」の項に「内憂ハ即チ最大ノ外患ナリト感シ凱旋後ハ内敵ノ一掃ニヨリ国体ノ顕揚ニ翼賛シ奉リ上　聖明《せいめい》ニ答ヘ奉リ又戦死セル戦友部下其他ニ報インコトヲ期シタリ」と語る。「内敵ノ一掃」が、彼の目標であったことは間違いない。

この点で、徹底した見解を語っているのは、安田優である。彼は、「私ハ日蘇間ハ宿命的ニ戦争スル様ニナツテヲルト確信シマスカ然シ此ノ分テ行ケハ日本ハ之レニ対シ勝ツカト云フコトニハ危惧ノ念ヲ以テヲリマス　故ニ先ツ国内的ノ敵ヲ除去シ真ニ国力ノ充実ヲ期シ之レニ当ラネハナラント考ヘ」たという。そこから彼は、「我々ハ破壊ノ方面ニ全力ヲ傾倒スレハ良イト考ヘテ居リマシタ」と述べている。彼が最も徹底した発想を抱いていたことは確かである。彼はさらに次のように語っている。

私ハ上部工作カトンナニナツテ居ラウトソレハ首脳部ニ一任シテ置キ若《も》シ昭和維新カ不成功ニ終ツテモ五目標（岡田首相　牧野伸顕　斎藤内大臣　鈴木侍従長　高橋蔵相）サヘ斃セハ少クトモ現在ヨリハ

良イ社会ニナルノテアラウカラ御維新カ不能ノ場合ハ破壊行為タケテモ成功スレハ以テ瞑スヘシノ考ヘテアリマシタ（以上、「安田優被告人訊問調書」による）

発言が比較的多い青年将校のうち、「御維新カ不能ノ場合ハ破壊行為タケテモ成功スレハ以テ瞑スヘシ」といった類の発言を残すのは、管見の限り安田だけである。

第三のタイプは、軍備増強・国威発揚を重視する青年将校たちである。軍備増強の実現が、決起の一目的であったことは間違いない。栗原安秀は、手記「昭和維新論」で、「国防予算ニ対スル高橋財政ノ反駁ノ如キ、財閥ノ自己擁護ノ為ニ皇軍ヲ排撃スルノ意図ノ瞭然タルヲ見ルヘシ」とし、さらに次のように語るのである。

明治維新ニ於テ大政奉還ノ具体的根本ヲナセシカ如ク、昭和維新ハ先ス経済大権ヲ天皇ニ奉還シ、爾後《じご》国家ノ強大ナル管理下ニ運用スルヲ根底トス。

そして、「経済大権の奉還」を通じて、以下のような巨大な軍備を実現しようというのであった。

日本国家軍備ノ本質ハ単ニ四隣雄邦トノ均衡上決定セラル、モノニ非シテ、世界ニ於ケル絶対的力トナルヲ理想トスヘキナリ。今日単ニ陸軍ノ露、支ニ対スル、海軍ノ英、米ニ対スルコトキ、タ、ソレニ及ハサランコトヲ恐ル、ハ断シテ採ラサルコト、ス。コレカ充実ノ諸策ハ今コ、ニ細述セサルモコレカ財源ナシトナス勿《なか》レ。国家改造ノ結果ハ僅々数億ノ赤字公債ニ悲鳴ヲアクルノ要ナシ。

「世界ニ於ケル絶対的力」になることこそ、「昭和維新」の目的であったといえよう。決起には参加していないが、菅波三郎大尉は、鹿児島で、事件に呼応し、以下のように叫んだという。

現在ノ国際情勢ヲ見ヨ　英米ハ勿論蘇聯邦ハ何レモ軍備ノ充実ヲ図リ国運ノ進展ヲ企テツツアリ

> 然ルニ我カ国ノ軍備ハ未タ十分ナラス（中略）帝国ハ軍備ノ必要ノ前ニハ所要ノ経費支出モ止《やむ》ヲ得サル所ナリ　然ルニ為政者ノ一部ニハ斯ノ如キ国際情勢ヲ適切ニ判断スルコトナク必要ナル軍備ノ支出ニ努メサルノミナラス軍備充実ノ結果ハ国民ノ負担ヲ増大スルモノト称スルモ之一ノ詭弁《きべん》ニシテ軍部ト国民トヲ離間セントスル宣伝ニ過ス　諸子ノ大部ハ農村ノ出身ニシテ農村疲弊ハ諸子ノ熟知スル所ナリ　是レ即チ国内財閥ノ独占ノ結果ナリ（「二月二十八日夜　演習終了後ノ訓示ノ大要」）

栗原の主張と同工異曲である。軍部の熱望する軍備の飛躍的増強を阻む財閥——その具体的現れが高橋財政——と、元老・重臣ブロックの打倒こそが、決起の目的であったことは間違いない。そしてその実現を通して、村中孝次は、「私共カ昭和維新ニ於テ達成スヘキ理想トシテ考ヘテ居ル事ハ之ヲ最モ簡単ニ申スナラハ経済ノ国家統一ヲ具現シテ明治維新ヲ完成スルト共ニ世界維新ニ向フテ発展スル事」（「第三回被告人訊問調書」）だと述べる。「世界維新」を実現する強大な軍事力を、彼らは夢想していたといえよう。また安藤輝三も「被告人訊問調書」で、「昭和維新ニ依リ我皇威ヲ世界ニ発揚セネハナラナイ」と語るのである。

彼らが叫ぶ「農村の窮状」は、この軍備の飛躍的増強実現とセットにして考えねばならないのである。「国家改造ノ結果ハ僅々数億ノ赤字公債ニ悲鳴ヲアクルノ要ナシ」という栗原の言は、二・二六事件の目的——軍拡実現のための公債増発への政策転換——を端的に現しているといえよう。

第四のタイプは、「国民思想の一新」を強調する対馬・坂井・安田らである。対馬勝雄は、その手記で、ありがたい「大御心」が国民に「光被《こうひ》」されないから、国民は「溺《おぼ》ル、モノハ藁《わら》ヲモ掴《つか》ム」心理となり、「今次総選挙ニテ無産党ニ多数ノ投票ヲ送ル」といった行動をとるのだとする。二月二〇日の第一九回総選挙での社会大衆党の躍進が、決起の決断に心理的影を落とした可能性を語る記述である。この状況を対馬は、「之末世ノ状ニ近キモノナリ」と深刻な危機感を抱いていたのである。

坂井直も、「被告人訊問調書」で、「某々瀆職《とくしょく》事件、収賄脱賄事件、某々疑獄事件、左翼ノ運動等々毎日ノ新聞ヲ賑ハス社会相ハ誠ニ日本国内ノ腐敗堕落其ノ極ニ達セルヲ物語ルモノテ、此ノ政治、経済、教育司法等アラユル社会ノ腐敗ヲ一刻モ速カニ矯正シナケレハナラナイコトヲ痛感シマシタ」と語る。安田優も、「思想上ヨリ云ヘハ無産党カ成功シテ居ルコトハ所謂『インテリー』階級ノ動向カ察セラル、ノテアル」と陳述する。「無産党」の「成功」は、明らかに総選挙での躍進である（磯部の社会大衆党進出への危機意識については、須崎前掲『二・二六事件』参照）。それを彼は、「国体ニ相反スルモノカ此ノ様ナ状況ニナレハ」と、その「躍進」に神経をとがらせ、「英国ノ国体ノ如クナリ甚タ憂フヘキコトニ思ヒマス」と、「君臨すれども統治せず」といわれる英国の立憲君主制のように天皇制がなってしまうのではないかという深刻な危機意識を抱いていたのであった（「被告人訊問調書」）。

この強調点が異なる四つのタイプ、すなわち①戒厳令の施行・「維新的人事ヲナシ遂ケ得ル内閣カ出キル事」、②「元老重臣ブロック粉砕」、③軍備増強・国威発揚、④「国民思想の一新」は、思考の順序からいえば、④→③→②→①となるであろう。農村の窮乏や、社会大衆党の躍進に危機感を強めた青年将校が、軍備の飛躍的増強実現のため、それを阻む高橋財政と元老・重臣を打倒し、戒厳令を施行し、青年将校や軍部にとって都合のいい内閣を実現するというのが、青年将校の意識の大雑把な見取り図ということとなろう。そこには、「皇道派対統制派」といった俗説の影はない。ただ問題は、②から①に行くかどうかで、破壊のみ考えるグループ（「大権私議」を避けようとする人々を含む）と、「建設」を考慮しよ

うとする人々に差異があるだけであった。＊＊

＊「昭和維新」の実現という目標では、二月二六日朝陸相官邸前で、磯部に撃たれ負傷した片倉衷も、撃たれる直前、次のように叫んでいたという。「片倉少佐ハ二名ノ行動隊将校ニ対シ『昭和維新ハオ互ニ考ヘテキルコトタ自分モ昭和維新ニ付テハオ前等ト考ヘハ同シニ持ツテ居ル併《しか》シ尊皇絶対ノ為我等ハ統帥権ヲ確立セナケレハイカン又私兵ヲ動カシテハイカン　此処ニ居ル人（菅波中佐ヲ指ス）モ君等ノ同志菅波大尉ノ兄貴タ』」（「片倉衷負傷状況報告」）。

「昭和維新」は、満井佐吉が、「被告人訊問調書」（相澤公判での主張も同様）で、「（一）国民思想ノ行詰リヲ打開スル必要カアリマス（二）国民生活ノ行詰リヲ打開スル必要カアリマス（三）国防ノ行詰リヲ打開スル必要カアリマス（四）政治ノ行詰リヲ打開スル必要カアリマス（五）経済ノ行詰リヲ打開スル必要カアリマス」（抄出）と述べている通り、陸軍全体の希望であったといえよう。

＊＊この点について、安藤輝三は「被告人訊問調書」で、以下のように述べている。彼の本音は、本書冒頭「二・二六事件とは」で引いた「手記」で現れるのであるが、彼が、決起に消極的であった建前的理由は、以下の通りである。とりわけ傍線部は、坂井などの陳述と比べると、西田が、青年将校運動に「泰山《たいざん》」の重きをなしてきたと評価する（「西田手記」）安藤の面目躍如たるものがあろう。

兵力ヲ使用シテ決行スルノハ最後ノ時期テアル五・一五事件ノ様ナ結果ニナツテハ駄目テアルト考ヘ要スルニ昭和維新ニ関スル成算カナイノニヤツテモ効果ハナイト考ヘタカラテアリマス

又同志等ハ「我々ハ単ニ不義ヲ撃テハヨイ其ノ後ノ事ハ自ラ人カ出テヤツテクレル」ト申シ漠然ト他人ヲ当テニシテ居ル風テアルシ又当時軍部内ノ情勢ハ必スシモ全軍カ昭和維新ニ対シ正シキ理解アルモノトモ考ヘラレス却テ我々ノ行動其ノ他ニ付誤解ヲ招ク虞レアル状況ニシテ我々ノ考ヘハ真ニ正シキモノナリトハ信スルモ其ノ成否ニ付テハ尚ホ若干不安ノ点カアリマシタ

従来ヨリ此種直接行動ノ成功シナイノハ只単ニ不義ヲ撃ツ即チ君側ノ奸臣ヲ除クトイフ点ノミヲ考ヘ、除イテ而シテ後如何ナル建設ヲ為スヘキカトイフ点ヲ考ヘス寧《むし》ロ斯ル事ヲ考ヘ企図スルハ所謂大権私議ニ亙《わた》リ我々同志トシテハ猥《みだ》リニ口ニスヘキモノテナイトノ気分横溢シ要スルニ単純ニ君側ノ奸ヲ除ケハヨイ其ノ後ノ事ハ残ツテ居ル正シイ人カ輔弼シ奉ルト考ヘ其ノ点ニ関スル工作ヲ無視シタ為テアルト思ヒマス

なお大蔵栄一も、安藤と同様の発想を持っていた。

決起の方法をめぐって

決起の目的でも、重点のおき方が青年将校個々で異なるように、決起の方法をめぐっても、青年将校側の意識は統一されていなかった。実は「悪いこと」と考えていた青年将校が少なからずいるのである。清原康平《きよはらこうへい》少尉・丹生誠忠《にふよしただ》中尉、そしてどうやら野中四郎《のなかしろう》大尉も、そうであったようである。まず清原からみていこう。

清原は、決起への参加をめぐって、以下のように陳述している。

私ハ前述ノ通リ二月二十五日午前十時頃安藤大尉ニ呼ハレテ週番司令室ニ行キ昭和維新断行ノコトヲ聞キマシタトキ一応之ヲ拒絶シマシタノハ私ハ斯ル行動ヲ為ス為ニ兵力ヲ使用スルコトハ悪イ若シヤルナラハ軍服ヲ脱キ一社会人トナツテ後ヤルヘキデアルト考ヘタ為テアリマシテコノ様ナ考ヘハ安藤大尉モ平素云ハレテ居タコトテアリマシタカラ（中略）私トシテハ斯ル行動ヲ軍隊トシテ執ルコトニハ内心反対テアリマシタ

清原は、弁解ではなく、本当に「警視庁占領等ノコトハ不法テアリ悪イコトテアルトハ承知シナカラ之ニ参加シタノテアリマス」と考えていたようである。彼は、安藤からの「オ前等モ一緒ニ行動セヨ」

という「週番司令ノ命令」を、一度は拒絶する。しかし「安藤トハ以前カラノ情誼《じょうぎ》モアリ断ルコトカ出来ス又週番司令ノ命令タト云ハレマシタノテ私ハ週番司令ノ命令ナラハ致方《いたしかた》ナイト云ツテ之ニ応」することとなるのである（「清原康平被告人訊問調書」）。

　躊躇《ちゅうちょ》があったのは、常盤稔《ときわみのる》もであった。彼も、「一晩考ヘタ末結局実行スルヨリ仕方カナイト考ヘ之ニ参加スルコトニシタ」という。そこには、相澤公判を通じて知った重臣への怒りと、「平素推服シテ居ル安藤、野中ノ両大尉カ蹶起スルニ於テハ自分モ立タネハナラヌト思ヒ本件ニ参加スルニ至ツタ」と述べる安藤・野中との人間的つながりがあった（「常盤稔被告人訊問調書」）。

　鈴木金次郎《すずききんじろう》も、二月二三日、清原と、安藤のところに「遊ヒニ行キマシタ時」、安藤から「今週中ニヤル俺ノ命令テ出スカラ腹ヲ決メテ置ケ」と言われたという。鈴木は、安藤に、「週番司令ニ其ノ様ナ命令ヲ出ス権限カアリマスカ」と反問する。これに対し、安藤は「非常ノ場合タカラ大イニアル」と言ったという。決起を決断した安藤が、決起に向かって「阿修羅」のごとくなっていた様子が目に浮かぶ*。鈴木は、この時点では、なお決行に疑問を持っていたようだが、「私ハ決行スル丈ノ信念ハ持ツテ居リマセンテシタカ命令ナラハ致方ナイト思」ったという。安藤は、決起意志の曖昧な清原・鈴木には、「何大シタ事ハナイ鼻唄ヲ唱ヒナカラ出来ル事ナノタ、万ケ一間違ツタラ俺カ全責任を負フ」と語る。その結果、鈴木は、「私ハ演習ヤル位ノ気持」で、決起に参加していく（「鈴木金次郎被告人訊問調書」）。

　清原・常盤・鈴木らの「新規参入」の少尉たちに、躊躇や戸惑いがあったのは当然としても、丹生中尉にも、「悪イ」ことという意識があった。彼は、次のように語るのである。

中隊ノ兵員ヲ率イテ決行スル事ハ悪イト想ヒマシタカ此ノ計画ハ実行セハ必ス成功スル成功セハ

必ス軍隊カ起チ昭和維新断行ノ目的カ達セラレ結局軍隊カ一団トナリ統帥命令ニ帰ル事ニナルカラ悪イ事ハナイト想ヒマシタ（「丹生誠忠被告人訊問調書」）

彼は「中隊ノ兵員ヲ率イテ決行スル事ハ悪イト想」いつつ、陸軍上層部の雰囲気から、陸軍全体が動き、うまくいくと判断していたようである。先に引用した坂井と同様な発想であろう。

極めて重い決断をして決起へと走り出した安藤が、悪くいえば「目的のためには手段を選ばず」的方向をとったのに対し、決起を事実上牽引《けんいん》し、安藤自体を動かした野中には、迷いがあったようである。二人を非常に敬服していた常盤少尉は、安藤と比較しながら、野中の心中を以下のように陳述する。まず安藤の方からみていこう。

私ハ同大尉（安藤）ニ兵力ヲ動カスコトハ一国ノ大事テスネト云ヒマシタ処安藤大尉ハ　コノ目標ノ壊滅ハ他ノ如何ナルモノカ起ツテモ出来ヌコトテ兵力ヲ有スル部隊ハ総《す》ヘテ週番司令タル自分ノ命テ動カス　弾薬ノ配当モ命令テヤル　常盤、鈴木、清原カ野中大尉ノ指揮下ニ入ルコトモ週番司令タル自分カヤル其ノ為ニ自分ハ週番司令ヲ交代シタノダト云ヒマシタ

その時、野中は、「コノコトハ一兵卒ニ至ルマテ同志トシテ立タネハナラヌコト」だと口をはさんだという。常盤は、野中の気持ちを、「安藤大尉ハ万一ノ場合自分一身テ罪ヲ引受ケルト云ハレマシタカ野中大尉ノ気持ハ　斯ルコトニ兵ヲ命令テ動カシ度《た》クナイ何処マテモ同志トシテ蹶起シタイト云フ様ナ考ヘテアルト思ハレマス」と推し量る。常盤はさらに、「其処テ私ハヤツタ後ハトウナルカト安藤大尉ニ尋ネタ処同大尉ハ夫レカ難シイノタト云ハレマシタ」ので、「私（常盤）ハ更ニ大変ナコトニナルノダナ」と問を発したという。すると野中は、次のように答えたという。

タカラ我々ハ純粋無雑ナ気持テ事ニ当ラナイト天罰ハ我々ニ下ル

すでに二月一九日の時点で、「遺書」を書き、決起せざるを得ない心情を野中は、以下のように述べている（河野司編『二・二六事件　獄中手記遺書』一九七二年　河出書房新社）。

我一介の武弁、所謂上層圏の機微を知る由なし。只神命神威の大御前に阻止する兇逆不信《きょうぎゃくふしん》の跳梁《ちょうりょう》目に余るを感得せざるを得ず。即ち法に隠れて私を営み、殊に畏《かしこ》くも至上を挟みて天下に号令せんとするもの比々《ひひ》然らざるなし。皇軍遂に私兵化されんとするか。

相澤公判を通して、彼は、「天皇の軍隊」が、「重臣・財閥の軍隊」になる危機感を感じたのであろうか。彼は、さらに「久しく職を帝都の軍隊に奉じ、一意軍の健全を翹望《ぎょうぼう》して他念なかりしに、其十全徹底は一意に大死一途に出づるものなきに決着せり」と記す。真の「天皇の軍隊」の姿に戻すのには、天皇の命がなければ動かせない軍隊を、週番司令の命令で動かすということをしなければならない。その矛盾の中で、彼は「何処マテモ同志トシテ蹶起シタイ」と念願し、「遺書」では結果について、「或は逆賊の名を冠せらるるとも」と記すこととなる。安藤とは異なるが、野中大尉も苦衷の中で、「ロンドン会議に於て一度統帥権を犯し奉り、又再び我陸軍に於て其不逞《ふてい》を敢《あえ》てす。民主僭《せんじょう》上の兇逆徒輩」を討つために自らも「統帥権干犯」にあたる兵力動員を決断したのであろう。

しかし安藤はこの段階では割りきっていたようである。あるいは割りきろうと、無理にそうしたのかもしれない。野中の言葉による若い常盤の動揺を恐れたのであろう。安藤は、「大丈夫必勝ノ信念カ出来タ」と述べた。そこで常盤は、「大丈夫テアラウト思ヒマシタ」と感ずるのである（「常盤稔被告人訊問調書」）。

二月二五日、村中は、安田優に「自分ニハ大体此度ノ蹶起ハ成功スル確信カアル」として、さらに何か言おうとしたという。それに対し、安田は、「モウソンナコトハ聞カナクテモヨウコサイマス」と断った。彼によれば、「私ノ考テハ予メ計画シテ居テモ蹶起後ノ状勢カ如何ニ変化スルカモ判ラヌ結局之ニ応スル対策ヲ講セネハナラヌノテ之ヲ聞イテモ仕方カナイト思ツタ」というのである（「安田優被告人訊問調書」）。一方では、こういう人物もいたのである。これまでみたように決起の方法をめぐって、青年将校の意識は一様ではなかった。

＊　安藤輝三は、「第二回被告人訊問調書」で、「維新断行ニ兵力ヲ使用スル場合トハ昭和維新ニ入ル最後ノ幕ヲ切リ落ストキテ私等カ蹶起スレハ之迄《これまで》躊躇逡巡《しゅんじゅん》シテ居ツタ者モ決然立ツテ私等ニ合流シ以テ昭和維新ニ入ルカ、然ラサレハ私等カ叩キ潰サレルカトイフ重大ナル岐路《きろ》ニ立ツタ場合テナケレハナラヌト考ヘテ居リマシタ」と述べており、決起を決意した段階で、あらゆる手段を取ろうと決意したことが、強引な「週番司令命令」につながっていったと考えられる。

バラバラな青年将校意識

かくして異なった体験・意識を持った多様な青年将校たちは、決起・斬奸という共通項で走りだした。西田はその「手記」で、「私ハ事前ニ於テ、抑止《よくし》スル丈ケノ力徳モナク、已《すで》ニソノ機会モ逸シテ居リ、断然殉《じゅんじょう》情的ニ参加スルコトハ信念カ許サ」なかったとして、以下のように記している。

斯カルコトニ正面カラ反対スルト思ハレタ安藤君香田君等ノ重鎮ガ実ハ同一戦列ニアツタト云フコトハ、私ヲシテ「是レ時ノ勢ナルカ」ト観念セシメテ了《しま》ツタ訳デ、百日ノ説法屁一ツト云フ俗諺《ぞくげん》ガアリマスガ、実際一面ニハ無力ト寂シサヲ自ラ痛感スルト共ニ一面ニハ如何ナル動機デ如何ニ動イタカハ知ラズ兎ニ角勢ト云フモノハ凄イモノデアルコトヲ感ジタノデアリマス

西田が、「兎ニ角勢ト云フモノハ凄イ」といわざるを得ない状況が、決起を可能にしていくのである。しかし多様な意識は、民主的討論の積み重ねか、強力なリーダーシップかのどちらかがなかったら、迷走しかねない。前者が、時代状況と、軍人という自己存在からとても考えられない以上、一番上官の大尉である野中・安藤・香田の指導力が、青年将校をまとめなければならなかった。しかし安藤は本書冒頭「二・二六事件とは」で述べた事情から影に隠れ、野中は自ら語るごとく「一介の武弁」であり、香田は第一旅団の副官であり自身は兵力を握っていなかった。政治力がある村中・磯部は、軍を追われた常人に過ぎない。

この結果は、石原莞爾《いしはらかんじ》を殺害目標にする青年将校もいれば、そう考えない人々もいるといった足並みの乱れを生む。殺害せよといわれた渡辺錠太郎を、安田は、殺さずに陸相官邸に来てもらおうと思い正面から行き、銃撃をうけたので殺害に及ぶ（須崎「総力戦理解をめぐって――陸軍中枢と二・二六事件青年将校の間――」『年報　日本現代史』三号　一九九七年参照）。

安田と中島莞爾《なかじまかんじ》少尉にいたっては、以下のような殺害目標を考えていた。

西田税ノ如キハ全ク成功ノ曙《あかつき》ニハキラネハナラヌモノト決心シテ居リ中島少尉ト栗原中尉等ニ対シ私（安田）カ左様申述ヘマシタ

栗原は、「ソンナコトハ問題テナイ」といなすが、北・西田の影響をうけたとされる「皇道派」青年将校なるものが、一部であれ、西田殺害を考えていたのである。

皇道派の重鎮と考えられがちな荒木《あらき》貞夫《さだお》大将も、磯部浅一によれば、「荒木大将ハ婦人会長ト云フ様ナ職カ適当ナ人テアルト思ヒマシタ」（「磯部浅一公判調書」）という極めて低い評価となる。女性差別にもわたりかねないが、当時の通念からいえば、細かいことに一々口を出すが、実行力がない人物とみなされていたのである。＊

このようなバラバラな青年将校の意識が、二・二六事件、とりわけその解決に重大な影響を与えることとなるのである（後述）。かくして青年将校は、決起へと走り出したのであった。

＊　すでに私自身明らかにしたが、青年将校の要求「荒木大将を関東軍司令官に」は荒木が国内では役たたずという青年将校の判断に基づくものであった（須崎前掲「二・二六事件と陸軍中央」）。

(三) 二・二六事件勃発

各所に重臣を襲撃
内府、首相、教育總監は即死
藏相と侍從長は重傷

齋藤内大臣　岡田首相　渡邊教育總監　高橋藏相

【二月二十六日午後八時十五分陸軍省發表】本日午前五時頃一部青年將校等は左記個所を襲撃せり

△首相官邸（岡田首相即死）△齋藤内大臣私邸（内大臣即死）△渡邊教育總監私邸（教育總監即死）△牧野前内大臣宿舎湯河原伊藤屋旅館（牧野伯爵不明）△鈴木侍從長官邸（侍從長重傷）△高橋大藏大臣私邸（大藏大臣負傷）△東京朝日新聞社

これら將校等の蹶起せる目的はその趣意書によれば内外重大危急の際元老、重臣、財閥、軍閥、官僚、政黨等の國體破壞の元兇を芟除し以て大義を正し、國體を擁護、開顯せんとするにあり、右に關し在京部隊に非常警備の處置を講ぜしめられたり

人心に動搖なし

【二十六日午後九時十五分内務省發表】

帝都に戒嚴令布かる
司令官は香椎中將

香椎中將

政府は二十六日樞密院の御諮詢を仰いで戒嚴令を發布することとなり二十七日午前三時左の如く公布した

勅令

朕茲ニ緊急ノ必要アリト認メ樞密顧問ノ諮詢ヲ經テ帝國憲法第八條第一項ニ依リ一定ノ地域ニ戒嚴令中必要ノ規定ヲ適用スル

有田大使決意を披瀝

聲明書發表

米土地保護制當法
両院協議會を通過

1　雪の二六日朝——陸相官邸と皇居前——

大事件勃発

一九三六年（昭和一一）二月二六日午前零時四〇分、河野寿《こうのひさし》大尉ら八名（宇治野時参《うじのときよし》・宮田晃《みやたあきら》・水上源一《みずかみげんいち》・黒沢鶴市《くろさわつるいち》・中島清治《なかじませいじ》・黒田昶《くろだきよし》・綿引正三《わたびきしょうぞう》）が、軽機関銃二などの武器を持ち、牧野伸顕《まきののぶあき》前内大臣（神奈川県湯《ゆ》河原《がわら》滞在）襲撃のため、歩兵第一聯隊を車二台で出発した。同三時半、歩兵第三聯隊から安藤輝三《あんどうてるぞう》大尉指揮の部隊が、下士官以下二〇四名（機関銃四・軽機関銃五など）で、鈴木貫太郎《すずきかんたろう》侍従長《じじゅうちょう》邸に、同四時頃坂《さか》井直《いなおし》中尉指揮の部隊（高橋太郎《たかはしたろう》・麦屋清済《むぎやきよすみ》・安田優《やすだゆたか》少尉、下士官以下二一〇名、機関銃四・軽機関銃八）が斎藤実《さいとうまこと》内大臣官邸へ、近衛歩兵第三聯隊の中橋基明《なかはしもとあき》中尉指揮の部隊（中島莞爾《かんじ》少尉、下士官以下五七名、軽機関銃四など）は高橋是清《たかはしこれきよ》蔵相私邸へとそれぞれ向かう。四時三〇分、歩兵第一聯隊から栗原安秀《くりはらやすひで》中尉率いる部隊（対馬勝雄中尉、池田俊彦《いけだとしひこ》・林八郎両少尉、見習医官一名、下士官以下二六七名、機関銃七・軽機関銃四）は、岡田《おかだ》啓介《けいすけ》首相官邸へ、同じく丹生誠忠《にふよしただ》中尉の部隊（香田清貞《こうだきよさだ》大尉・村中孝次《むらなかたかじ》元大尉・磯部浅一《いそべあさいち》元一等主計・竹島継夫《たけしまつぎお》中尉、下士官以下一九二名、機関銃二・軽機関銃四など）は、陸相官邸へ、歩兵第三聯隊から野中四郎《のなかしろう》大尉の部隊（常盤稔《ときわみのる》・清原康平《きよはらこうへい》・鈴木金次郎《すずききんじろう》少尉、準士官一、下士官以下五二五名、機関銃八・軽機関銃一四）は、警視庁へと出発した（「二・二六事件裁判記録」三二巻より）。

栗原隊の動きに、週番司令山口一太郎《やまぐちいちたろう》は、午前三時三〇分、週番副官に起こされる。しかし彼は、「半身起キ周囲ノ様子ヲ聞耳《ききみみ》シマシタカ何等ノ変化モナイ様ニ思ワレマシタカラ更ニ就寝シマシタ」（「山口一太郎聴取書」）と、第一聯隊からの出発を黙認する。

安藤隊が鈴木侍従長邸に侵入する直前の四時四〇分、山口一太郎は、週番副官に命じて堀丈夫《ほりたけお》第一師団長宅を起こす。しかし堀は、横田洋《よこたひろし》副官を事情聴取に派遣するにとどまる。首相官邸・斎藤内大臣邸・高橋蔵相邸で惨劇がはじまる午前五時のことだった（第一師団司令部「極秘　二・二六事件詳報」）。

その頃、真崎甚三郎《まさきじんざぶろう》は、亀川哲也《かめかわてつや》の早朝の訪問をうけ、事件が起こると聞き、「若《も》シソウ云フ事カアツタラ今迄《いままで》永イ間努力シテ来タ事カ全部水泡ニ皈《き》シテ仕舞フ」と「忙然自失」状態になったという（「亀川哲也第二回聴取書」）。同じく五時少し前、丹生中尉が指揮する部隊と共に香田・村中らの訪問をうけた陸相官邸の川島義之《かわしまよしゆき》陸相は、恐怖のため面会に出てこない*。彼が青年将校側と面会を開始するのは、午前六時過ぎのこととなる。それも、青年将校側が気丈夫に応対していた妻に「閣下には危険を加えませんから早く来て下さい」と懇願し、小松光彦《こまつみつひこ》秘書官が「彼等は大変な事をやって来たらしい」と、川島に注意してからのことであった（前掲『This is 読売』所収「川島義之証人訊問調書」）。

鈴木貫太郎

その間に首相官邸では、栗原中尉率いる部隊は松尾伝蔵《まつおでんぞう》大佐を岡田首相と誤認して殺害する（護衛の警官四名死亡。岡田首相は翌日午後脱出）。斎藤内大臣の私邸では、斎藤内大臣は四七ヶ所の弾痕が残る死体となり、気丈夫に夫をかばおうとした夫人も軽傷を負った。高橋是清蔵相

牧野伸顕

私邸でも、高橋蔵相は惨殺され、巡査一名も負傷した。鈴木貫太郎侍従長官邸では、鈴木貫太郎に重傷を負わせたが、安藤は、とどめを刺すのを控え、鈴木は一命をとりとめる（警官二名負傷）。警視庁は、野中隊によって、特別警備隊の出動が阻止される。二次攻撃で、襲撃をうけた杉並の渡辺錠太郎《わたなべじょうたろう》教育総監私邸では、安田優らは、渡辺を殺害するのではなく、陸相官邸に連れていこうとし、あえて表からいったところ銃撃をうけ、ついに渡辺錠太郎教育総監も一七発の弾丸をうけ殺害される（安田も負傷）。高橋太郎の「被告人訊問調書」によれば、渡辺錠太郎邸には、警官も憲兵もいなかったという。

　東京以外では、静岡県興津《おきつ》の西園寺公望《さいおんじきんもち》襲撃を依頼された豊橋教導隊《とよはしきょうどうたい》では、板垣徹《いたがきとおる》中尉（のち陸大卒業、大本営参謀など歴任）が、部隊の動員に反対し、**対馬勝雄《つしまかつお》・竹島は、東京の決起に加わることとなる。一方、湯河原滞在中の牧野伸顕前内大臣襲撃は、首尾よく牧野を殺害したら、藤沢《ふじさわ》に引揚げ、東京から、歩兵第一聯隊の下士官以下四〇名が迎え、東京の首相官邸に戻る計画だったという。宮田晃によれば、「其処《そこ》デ河野大尉ハ自分ノ隊ヘ皈ヘラレマシテ飛行機ニテ次ノ行動ヲ行フコト」になっていたという（「宮田晃訊問調書」）。しかし宮田、ついで河野も護衛警官の拳銃で負傷し、軽機関銃も故障し、水上源一が火をつけることとなる（「河野寿被告人訊問調書」によれば、河野は、水上をかばってか、自分が水上に命じたと述べている）。そして燃え盛る火の中で、拳銃の発射音がしたので、牧野が自決したと考え、引揚げ、河野を熱《あた》海《み》の陸軍衛戍《えいじゅ》病院分院へ送りとどけ、検束《けんそく》されることとなる（皆川巡査死亡、看護婦他一名負傷）。しかし、実際には牧野は裏山へと脱出し、無事であった。

＊　輸送などにあたった田中勝《たなかかつ》によれば、「正五時陸軍大臣官舎ニ参リマシタカ同志ハ誰モ見ヘテ居リマセン門カ閉チテ居リマシタ」と述べている（同前）ので、丹生部隊の到着は、午前五時過ぎであったかもしれない。

＊＊　対島勝雄は、「証人訊問調書」（板垣徹関係）で、板垣の反対は、「参加スルノヲ厭イ」、「反対スル為ニ反対シテ居ル」と考えたと述べている。

皇居前・第一師団・警備司令部の動き

午前四時五五分、野戦重砲兵第七聯隊の田中勝中尉は、兵一二一名と、自動貨車四輌及び側車附自動二輪車一輌で、「馬場先門《ばばさきもん》跡方向ヨリ車止ヲ約三十米突破シ二重橋方向ニ侵入」する。正門歩哨《ほしょう》は、発見し、警報すると共に、「正門衛兵司令ハ直《ただち》ニ一部ノ非常配備ヲナシ且《かつ》正門ニ連絡シ其状況ヲ確メ」ると、田中は、「宮城参拝ノ為非常呼集演習ヲ以テ来リ車馬止ヲ知ラス侵入セシ旨申述ヘ」たが、田中の隊（野戦重砲兵第七聯隊）へ電話確認するにとどまった（「二・二六事件勃発当時ニ於ケル守衛隊関係事項特ニ叛徒介入ニ関スル状況等送付ノ件」＊）。その間、午前五時二〇分頃、大宮御所衛兵司令から「高橋蔵相私邸殺傷事件」の報告をうけた宮城を守る守衛隊は、宮城各衛兵に非常配備を下命した（同前）。その頃、第一聯隊長小藤《こふじ》恵《さとし》は、山口一太郎からの電話連絡により、事件を知る（「小藤恵聴取書」）。東京警備司令部参謀福島久作《ふくしまきゅうさく》が、事件勃発を知ったのも、午前五時二五分のことだった（「福島久作聴取書」）。堀師団長も、午前五時五〇分頃、第一師団に到着する（第一師団司令部「極秘　二・二六事件詳報」、「小藤恵聴取書」）。

六時稍《やや》前には、大宮御所《おおみやごしょ》衛兵司令から、「皇宮警察《こうぐうけいさつ》ノ通報ニ依レハ蔵相ヲ襲撃セルハ近歩三中橋中尉ノ指揮スル一部隊ナリトノコト」という報告が衛兵司令にもたらされる。その直後、高橋邸を襲撃した中橋中尉が、途中で待たせていた控兵を率いて、「皇居警護」に到着する。すでに蔵相邸襲撃の報告をうけていた守衛隊司令官門間健太郎《かどまけんたろう》歩兵少佐は、師団からも知らないといわれ、その前には、歩三の安藤大尉の襲撃という情報を得ていたので、歩三と近歩三を間違えたくらいに考え、「マサカ近衛将校カソンナ事ヲ」と思った程度だった。中橋の態度も、落ち着いていたという。やや咳き込み、上着の第一・第二ボタンははずれていたが、不審を抱くほどではなかった。かくて中橋の「申言」で、中橋隊は、坂《さか》下門《したもん》の警備につくことになる（「二・二六事件ニ参加セル中橋元中尉ニ関スル調書」近衛師団）。

午前六時過ぎ、小藤恵歩兵第一聯隊長も、歩兵第一聯隊に到着した。小藤らが状況を一応把握するのは、午前七時一〇分、首相官邸を襲撃した林少尉からの電話で、「機関銃隊ハ首相官邸ニ居ルコト、首相・蔵相・鈴木・渡辺・斎藤ナドヲ襲撃」した旨の連絡あってからだったようである（「小藤恵聴取書」）。何が起こったか、はっきり分からないまま、時間が経過していく。

＊　なお田中の陳述によれば、間違えて入り込んだだけで、他の意図はなかったという（「田中勝被告人訊問調書」）。

青年将校は、何を要求したのか

午前六時過ぎ、川島陸相と、青年将校側の会見が、ようやくはじまっていた。川島義之陸相に対しての青年将校側の要求は、従来からの青年将校運動のスタンス――「上長《じょうちょう》を推進して維新へ」――の具現化というしかない。

香田大尉は重臣・首相・蔵相を殺害したと陸相に報告し、川島陸相は事件の全容をほぼ把握する。川島の「何故そんな重大な事を決行したのか」という問に対して、上官への意見具申も効果がなかったので、こういう事態になったのだとして、「速かに此事態を収拾せられたい」と要望する。さらに青年将校側は、陸相に「占拠部隊の配置並に人員等を記入せる東京地図を出して説明」したという。明らかに上官への報告である。*

さらに「蹶起趣意書」を朗読し、通信紙に筆記した希望事項を読み上げる。列記してみよう。

（一）陸相は断乎たる決意に依り速かに本事態の収拾に向せられたし

（二）皇軍相撃《あいう》つ不祥事を絶対に起さざるの処置を速かに採られたし

（三）軍の統帥を破壊せる左の諸官を速かに逮捕せられたし

一、南《みなみ》（次郎《じろう》）大将　二、宇垣（一成）大将　三、小磯（国昭）中将　四、建川（美次）中将

（四）軍中央部に蟠居《ばんきょ》して軍閥的行動を為し来りたる中心的人物を罷免《ひめん》すること

根本（博）大佐　武藤（章）中佐　片倉（衷）少佐

（五）荒木（貞夫）大将を関東軍司令官たらしめること

（六）左の将校を即時東京に採用し其の意見を聴きて善処せられたきこと

大岸（頼好）大尉　菅波（三郎）大尉　小川三郎大尉　大蔵（栄一）大尉　朝山小二郎《あさやまこじろう》大尉　佐々《さ さ》木二郎《きじろう》大尉　末松太平《すえまつたへい》大尉　江藤五郎《えとうごろう》大尉　若松（満則）大尉

（七）突出部隊は事態安定迄現位置を絶対に移動せしめないこと

なおこの他に香田ないし村中から要求があったのは、戒厳令《かいげんれい》を全国に布《し》くこと、及び、川島はぼかしているが、「昭和維新の大詔煥発《かんぱつ》」であった。

この青年将校側の要求の特徴は、第一に、陸軍大臣に事後処理を委任し、文字通り「上長を推進して

維新へ」という姿勢を示したことである。第二には、人事関係の要求が多いことである。かつて青年将校が、松浦淳六郎《まつうらじゅんろくろう》人事局長のもと、人事面で優遇されていたことを想起するような要求といえよう。第三には、真崎や平沼騏一郎《ひらぬまきいちろう》らが提携を策していた建川中将は、青年将校にとっては、「軍の統帥を破壊する元兇《げんきょう》」だったのである。第四には、「荒木大将を関東軍司令官」にしてほしいという要求の真意である。実は、青年将校にとっては、磯部の言（前述）のように、荒木は邪魔者だったのである。川島の、荒木を信頼するならば呼ぼうという言に対し、村中は、「荒木大将は国内問題の処理に付ては信頼し得」ないと述べ、真崎・本庄繁《ほんじょうしげる》を呼ぶことを求めているのである。事実、後述するように荒木は、青年将校側の要求に対して、厳しい態度を示すこととなる。荒木・真崎の皇道派《こうどうは》と、「皇道派」青年将校という図式の虚妄性《きょもうせい》を示す一例であろう。

　青年将校側のこうした要求に対し、川島陸相は以下のような態度を示す。「皇軍相撃《こうぐんそうげき》」を避けるという点では、「皇軍相撃の不祥事を惹起せない様に努力することは当然」と答える。そして二次攻撃を懸念したとはいえ、「別命ある迄現在の占拠位置より動かない様にせよ、動くと撃合いが始まる虞《おそ》れがある」と指示してしまう。いかに青年将校側が、（七）の要求、現位置を動かないと強調しているにせよ、ただちに撤退せよとは言っていない点は、注目しなければならない。その一方で、人事面の要求を拒絶する（この間の記述は、前掲「川島義之証人訊問調書」による）。さらに青年将校側の付加的要求である山下奉文《やましたともゆき》少将を招致してほしいという要求は許諾し、川島は「官邸では自分独りが孤立の状態であるから陸軍次官　軍務局長　軍事課長　等を呼ぶ様に小松（光彦）秘書官に命じ」る。古荘幹郎《ふるしょうもとお》陸軍次官は、午前七時過ぎ頃陸相官邸に来たが、今井清《いまいきよし》軍務局長は現れず、憲兵司令部にいたようであり（「村田昌夫〔第一師団参謀）聴取書」）、村上啓作《むらかみけいさく》軍事課長も、午前六時西村琢磨《にしむらたくま》兵務課長、ついで一〇分後鈴木貞一《すずきていいち》から電話で事件を知り、陸相官邸には来ることなく、午前一一時には宮中に参内する（「村上啓作聴取書」）。

＊　なお青年将校側は、川島の「今日やった仲間は幾人位か」という質問に対して、「今回蹶起した同志の主なる氏名十名余りの者を通信紙に書列ねて提出」したという。そこで注目すべきは、彼らが「此以外にも蹶起したる将校あるも最近同志に加わりたる者故其の名前を記憶せざる旨を答え」たという点である。本書前章で強調したように、旧来の青年将校運動に、新規参入者が加わることによって成立した二・二六事件の構造をよく示すやりとりといえよう。

陸相参内までの情況

陸相が青年将校と会談をはじめた頃、第一師団は「警備司令部ノ新井《あらい》（匡夫《まさお》）参謀ヨリ警備司令官ノ命令ナリトシテ電話ニ依リ『師団長ハ第一師団ノ兵ヲ以テ只今出動セル部隊ヲ速ニ撤退セシムヘシ』」と指令をうけたという（第一師団司令部「極秘　二・二六事件詳報」）。他の資料により確認はできないが、午前七時の「東警作命第一号」――警備司令官、「第一師団長ニ安藤大尉以下ヲ解散セシムルコトヲ命ス」――の方向性からいって、警備司令部が、当初は、出動部隊の撤退を求めていたとみてよかろう。＊

一方、中橋中尉が入り込んだ皇居衛兵の方は、どうだっただろうか。守衛隊司令官は、「中橋ノ到着前後ノ時間関係及《および》坂下門警備ヲ主張セシ事等ニ何トナク疑念ヲ深メ」ていた。そして、七時一〇分、「若シ犯人又ハ関係者ナラハ坂下門ニ置クハ危険ナリ」と考え――坂下門は、「大官ノ主要通路」だったという――、中橋を坂下門から招致し、他出禁止にする。中橋は、率直に戻り、極めて落ち着いていたという。「二・二六事件ニ参加セル中橋元中尉ニ関スル調書」は、次のように述べている。

司令官室ニ呼ヒ更ニ事情ヲ応答セシモ事情判明セス　犯行セルコト等全ク言ハス　又態度少シモ変ラス「チヨコレート」ヲ衣嚢《いのう》ヨリ出シ「大変ダツタテセウ之《これ》テモ御上リ下サイ」ト半分ニ割リテ呉《く》レ煙草ニ火ヲツケラレ等シ他意ナキ様見受ケタリ

チョコレートをぱっと取り出すなど、お洒落だったといわれる中橋の面目躍如たるところであろうか。しかし疑いの視線は強まり、近衛兵の配備が次々整う中で、彼も、内心ヒヤヒヤしていたことは間違いない。七時半から八時頃にかけて中橋の状況を、「二・二六事件勃発当時ニ於ケル守衛隊関係事項特ニ叛徒《はんと》介入ニ関スル状況等送付ノ件」は、以下のように伝えている。

中橋中尉ハ無断正門方向ニ巡察ニ到ラントスルヲ発見シ呼ヒ戻セシカ爾後《じご》屡々《しばしば》増派「サイドカー」ノ来否ヲ問ヒ或《あるい》ハ宮城外ノ情勢ヲ巡察セント意見具申シ或ハ軍刀ヲ抜キ拳銃ヲ取出ス等ノ挙動アリシノミナラス部下ノ兵ニ手旗ヲ以テ警視庁方面ト信号セシメントスルカ如キコトアリシヲ聞ク

しかし中橋が連絡をとろうとした野中大尉率いる警視庁占拠部隊には、手旗がなく、中橋も連れもどされる。

そして、「加納《かのう》（治雄《はるお》）師団副官来リ兵器使用及弾薬分配ニ関シ命令伝達」があった午前九時頃、中橋は脱出し、栗原らの朝日新聞社襲撃に加わっていく。だが陳述でも、彼は、その行動・手旗連絡については口をにごすこととなる。

陸相官邸に目を移そう。陸相官邸に早くから来ていたのは、栗原から連絡をうけていた斎藤《さいとう》瀏《りゆう》陸軍少将（栗原から「おじさん」と呼ばれる。在郷軍人政治組織・明倫会幹部）であった。ついで午前七時過ぎ古荘陸軍次官が到着。八時前には、山口一太郎を連れて、小藤恵聯隊長も到着する。** その間の状況を「小藤恵聴取書」からみていこう。午前七時一〇分の林少尉からの電話と、将校斥候《せっこう》の報告で、事件の輪郭は明らかになったものの、「内部ノ状況カ何《ど》ウナツテ居ルカ全然判ラナカツタノテ私自ラ行動隊ノ内部ニ飛込ンテ状況ヲ確ムヘク決心シ、師、旅団長ノ許可ヲ得テ山口（一太郎）ヲ連レテ首相官邸ニ向」かうことにしたという。事件勃発直後の状況を、小藤は、「首相官邸表門前道路一帯ニハ兵カ伏セノ姿勢テ配置シテ居リ」、陸相官邸・富士山の額のある広間の「空気ハ非常ニ陰惨ナ模様」だったと伝える。

小藤は、陸相・次官に「御詫《おわび》ノ挨拶」をし、唯一人初対面でなかった香田大尉に、「相澤《あいざわ》公判ノ処置ニ付不満カアツタノテ斯《かか》ル挙ニ出タカ」と詰問したという。以後、小藤は、古荘次官・小松秘書官らと話していたようである。その際であろうか。小藤は、「陸軍次官ト二、三問答シタル顚末《てんまつ》如何」と聞かれ、以下のように答えている。

次官カラ下士官兵ハ何《ど》ウスルカト尋ネラレ飢ヘサセテハナラヌカラ隊カラ何トカセネハナラヌ又凍ヘサセテモナラヌカラ処置セネハナラヌト云フ様ナ事ヲ話シタ様ニ記憶シテ居リマス（「小藤恵聴取書」）。

この古荘陸軍次官と小藤の対話で、古荘が、食糧などの提供にノーと言わなかったことは重要である。この結果、「飛雪紛々トシテ寒気厳シ」い、「午前九時ヨリ午前十時ニ至ル間」、古閑《こが》（健《たけし》）中佐（歩一聯隊附。敗戦時、中将・第八一師団長）は、「携帯口糧及外套《がいとう》」を「永田町附近ニ運搬セシムヘキ聯隊長ノ命令」を受領することとなる。古閑は、「旅団長ノ認可ヲ得タル後第十一中隊及機関銃隊ノ人員ニ応スル二食分ノ糧食並《ならび》ニ第十一中隊所要ノ外套《がいとう》」を「陸相官邸ニアル山口大尉ニ交付」するのであった。陸軍次官・旅団長の諒解を得て、大事件を起こした将校・下士官・兵に、聯隊長命令で、「糧食・外套」が「交付」されたのである（「秘　二・二六事件経過要綱」歩兵第一聯隊）。朝の陸軍大臣官邸での話を通じて、「蹶起」部隊を、叛乱軍とみなさない既成事実が作られていたのである。

歩兵第三聯隊も、同様であった。高橋太郎少尉の陳述によれば、「午前十時頃所属聯隊長歩兵大佐渋《しぶ》谷三郎《やさぶろう》、同少佐伊集院兼信《いじゅういんかねのぶ》等カ来ラレ坂井中尉、麦屋、私等ニ対シ、状況ヲ尋ネタル上『兵ヲ大切ニシロ』『糧食外套ハ隊ヨリ送ル』旨申サレ午後二時頃聯隊ノ石井（豊記《とよき》）一等主計カ『トラック（ママ）』（テ）昼食ヲ運搬シテ呉レ又夕刻同主計カ夕食ト共ニ外套及木炭等ヲ運搬シテ呉レマシタ」という（「高橋太郎被告人訊問調書」）。

＊　ただし第一師団司令部「極秘　二・二六事件詳報」には、この「東警作命第一号」が、第一師団側に受領されたのは、午前一一時二五分だったという。

＊＊　「山口一太郎第二回被告人訊問調書」によれば、陸相官邸に七時過ぎに到着したように陳述しているが、二六日、山口は、かなり動転していたようで時間の記憶に限ると怪しい。前後の関係からみてほぼ行動を共にした小藤恵の記憶の方が正しいと考え「小藤恵聴取書」の方に従った。

＊＊＊　なお香田は、そういうわけではなく、「他ニ理由ガアッテ蹶起シタノデアリマス」と、この小藤の問に答えたという。

朝の陸相官邸に戻ろう。山口は観察をはじめていた。彼は証言する。山下奉文の小声の進言に全部同意し、秘書官などの心配そうな顔をした耳打ちに、「大丈夫ダ、心配セヌデモイ、、（中略）話ノ筋ハヨク判ツテ居ル」と「非常ニ青年将校ニ対シ理解アル態度」をとる川島陸相の姿を。

そのうち川島が、「君ハ誰ダ」と、山口に声をかけてきた。山口が自己紹介すると、川島は、行動に参加したのかと聞く。これに対し、山口は「私ハ参加シテ居リマセヌ、聯隊長小藤大佐殿カ青年将校ノ希望ヲ聴ク為ニ見ヘタノデ御供ヲシタダケデアリマス」と答え、川島は「君ハカウイフ事ニハ詳シサウダガ一体君ハ何ウ思フカ」と、山口の意見を聞いてくる。川島陸相はいろいろ迷っていたのであろう。「何ウスレバイ、ト君ハ思フカ」と問われた山口は、以下のように進言する。

　此事件ノ処置ヲスルニ当ツテハ　第一ハ市民ヲ傷《きず》ケナイコト　第二ハ皇軍相撃《あいう》タザルコト　第三ハ迅速ニ処置スルコト　カ必要テアルト思ヒマス

川島は、おそらく第一・第二は、同意だったのであろう。第三の「其ノ迅速ト云フノハ何ウ云フ意味カ」と反問する。これに対し、山口は、「早クヤリマセヌト外国殊ニロシアカラ乗ゼラレル虞レガアル」と答える。以後の会話を、長いが、山口（原文は「私」）・陸相（原文は「大臣」）として引用しよう。

陸相「何《ナニ》ツ、ソンナニロシアヲ恐レヌデモ構ハヌ、具体的ニ言ヘバ迅速ト云フ事ハ何ウ云フ事カ」

山口「先ツ今日中位ニ組閣ヲシテ了《しま》ハナイト明日カ明後日位ニロシアノ飛行機ガヤツテ来ナイトモ限リマセヌ」

陸相「ソンナ馬鹿ナ事ガアルモノカ、又内閣デモソンナニ早ク出来ルモノデナイ」*

山口「其ノ様ナ呑気《のんき》ナ考デハ此事態ノ収拾ニ当ル人トシテハ甚ダ心細イ、モツトシツカリシテ頂キタイ、尚《なお》今中上ゲタ事ハ処置ニ対スル方針デアツテ根本問題トシテハ閣下ハ此青年将校達カ　義軍ナリヤ　賊軍ナリヤ　ト云フ事ヲキツパリ御定メニナル事カ重要デアリマス」

陸相「ソレハ成程《なるほど》サウダ、然《しか》シ僕ダケガ決メテモ仕方ガ無イジヤナイカ」

この川島発言に対して、山口は、「此事ハ臣下ダケデ決マル問題デハアリマセヌ臣下タル大臣ヤ参議官ハ国ノ為ニ善イト思ハレル方ニ決マル様ニ御輔佐《ほさ》申上ゲナケレバナラヌト云フ事ヲ言ツテ居ルノデアリマス」と述べたという。「ソシテ賊軍ト決マレバモウ仕方ガ無イカラ徹底的ニ討伐ヲスル　義軍ト云フ事ガ認メラレタナラバ手段ノ末ナドニハ目ヲ著《つ》ケズニ其ノ精神ヲ生カス如ク一意全面的ニ大活躍ヲスル」と、強い調子で付け加え、これに対して、「大臣モ次官モ黙ツテ聞テ居ラレマシタ」という。山口のこの意見具申、とくに「義軍ナリヤ　賊軍ナリヤ」をまず決めろに、斎藤瀏も強く同調する。

考えようによれば、この山口の「手段ノ末ナドニハ目ヲ著ケズ」——法を犯し、重臣・高官や、警官を殺害したことなどは注目せず——、青年将校たちの「其ノ精神ヲ生カス」という方向が、「陸軍大臣告示」に象徴される二月二六日の事件解決「方針」となっていくことになる。

一方、午前六時半、陸相官邸へ赴くとして、護衛憲兵の派遣を要請した真崎甚三郎は、おそらく山口と川島陸相が話していた頃、陸相官邸に近づきつつあった。渋谷憲兵分隊長の「二・二六事件前後ニ於ケル真崎大将ノ動静ニ関スル件報告」は、午前七時五〇分頃、真崎は陸相官邸に到着したとする。山口も次のように陳述する。

午前八時頃ニナリマスト後ロノ方カザワザワスルノテ振向クト　真崎大将　カ入ツテ来ラレマシタ若イ将校ハ一同不動ノ姿勢ヲトリ久《ひさ》シ振《ぶり》テ帰ツテ来タ慈父《じふ》ヲ迎ヘル様ナ態度ヲ以テ恭《うやうや》シク敬礼ヲシマシタ（「山口一太郎第二回被告人訊問調書」）

なぜ、真崎が、ここまで青年将校側から熱烈に歓迎されたのか。事件の黒幕だったからか。それは違う。ただ青年将校側が、事態の収拾を真崎に期待していたことは間違いない。では、そこまで真崎への期待感を高めたものは何だったたか。そこには、「悪役」とみられがちな真崎の人間性があったようである。山口は、先の「訊問調書」の別の箇所で、真崎が、当時は「決シテ嘘ヲ吐カヌト云フ点テ有名ナ将軍」であったと述べている**（ただし二・二六事件の取り調べで、嘘とはいわないまでも、一番逃げまわっているのは真崎であるが）。磯部浅一は、「公判調書」で、荒木が、「婦人会長ト云フ様ナ職カ適当ナ人」であるならば、「率直ニ云ヘハ真崎大将ハ強直ノ方テ勇断ナ所カアリマス」と述べるが、そうした真崎の性格への期待を青年将校側が抱いていたといえよう。

陸相官邸に到着した真崎は、陸軍大臣室での川島との会話を、「『トンテモナイ事ヲシタネエ』『何トモスル事カ出来ナイ』ト話合ヒナカラ暫《しば》ラク二人共無言テ居リマシタ」とした上、以下のように証言している（「真崎甚三郎聴取書」）。なお川島は、この会話を曖昧《あいまい》にしている）。会話を、対談形式に直してみよう。

真崎「貴様コレカラ怎《ど》フスル考ヘカ」
川島「直《す》ク参内シテ侍従武官長ト上奏スル事ヲ相談スル」
真崎「ソレハ良カロウ」「然シソレカラ怎フスルカ」

そう述べた真崎は、岡田首相殺害を前提に、「貴様カ中心トナツテ此処《ここ》テ閣議ヲ開キ戒厳テモ布カネハナラヌト思フ」と語り、「伏見宮《ふしみのみや》御殿」に行く意向を示した。ここで、真崎は、後継内閣の早急な組閣を求めたことは確かである。

午前九時過ぎ、真崎が「伏見宮軍令部総長宮邸伺候《しこう》ノ為メ陸相官邸表玄関前ニ出テタル際」事件が起こった。「二・二六事件前後ニ於《お》ケル真崎大将ノ動静ニ関スル件報告」は、以下のように伝えている。

陸軍省軍事課員片倉少佐他将校十数名香田大尉ト問答シアル時磯部元主計拳銃ニテ片倉少佐ニ向ケ発砲セルモ左眼側方ニ命中セルモ死ニ至ラサルト磯部拳銃ヲ落シタルヲ以テ軍刀ニテ殺害セントシタルヲ（中略）真崎大将及古荘次官カ「同士討チハ止メ」ト発言静止セリ

この銃撃の結果、田中勝によれば、片倉と同行していた幕僚たちは逃げ散ったという（「田中勝被告人訊問調書」）。磯部は、手記で、「片倉の如き小者を射ちて遺憾遺憾」（「獄中感懐」）と述べているが、十一月事件で陥れられた恨みが、彼にこのような行動をとらせたことは、確かであった。かくて真崎は、伏見宮軍令部総長邸へと出発する。一方、片倉を病院に運んだ車が帰ってくるのを待っていた川島陸相も、午前九時半までの間に、参内へと宮中に向かう。一方、青年将校の部隊に、陸軍省・参謀本部附近を制圧された幕僚たちは、皇居を挟んで北東側の正反対に位置する憲兵司令部などにこもる。そして川島陸相は、その後、青年将校の前に現れることはなかった。

＊　前章でふれたように、満州から帰ってきた中橋も、同様な発言をしており、青年将校側は、本気でソ連の軍事力の脅威を考えていたようである。これに対して川島陸相らは、軍事費増大の口実として、「ソ連の脅威」を上げながら、実はそれほど深刻に考えていたわけではないようである。

＊＊　山口の言は、決して虚偽ではなかったようである。前年の四、五月から真崎の自動車運転手を務めていた石黒幸平（陸軍自動車学校職工）は、真崎のことを次のように述べている。「真崎大将カ情ニ厚ク部下思ヒデアルト云フコトデ此点陸軍部内ハ勿論《もちろん》、自動車運転手間ニモ信望カアツタ様デアリマス」（「真崎甚三郎第八回聴取書」所収）。「下」の者に親切な上官だったのであろう。このような人物は、往々にして同僚や、より「上」の人物、ないしはエリートから嫌悪されがちである。「悪役」真崎像は、こうした所産という一面も否定し得ない。磯部が「公判調書」で述べるように「此ノ人ナラハ誤解サレル人テアルト思ヒマシタ」といった個性の持主であったことは間違いない。

2　なぜ鎮圧方針は出なかったのか

「友軍ト見做シ」方針への道

事件後作成された戒厳司令部「秘　昭和十一年二月　二・二六事件勃発ヨリ終熄《しゅうそく》ニ至ル迄ノ間ニ於テ叛徒鎮圧ノ為採リタル処置ノ経過概要」（以下、戒厳司令部「経過概要」と略記する）は、「東京警備司令官ハ事変勃発ヲ知ルヤ叛乱軍鎮圧ノ為直《ただち》ニ強行手段ニ出《い》スルトキハ畏《かしこ》クモ輦轂《れんこく》ノ下《もと》流血ノ惨事ヲ招来シ且人心ニ与フル影響等其禍害ノ及フ所知ルヘカラサルモノアルカ故ニ成シ得ル限リ叛乱軍将校ヲ説得スルコトニヨリ解決ヲ見ントノ方針ヲ採レリ」と述べる。戒厳司令部参謀部第二課「秘　昭和十一年二月　警備経過ノ概要」も、同様である。しかし当初から、そうだったのか。午前七時の「東警作命第一号」（「第一師団ヲシテ安藤等ヲ解散セシムルコト*」）、同七時三〇分の「東警作命第二号」（「近衛師団長ニ速ニ兵力出動ノ準備ヲナサシム」）も、「説得」方針とは、やや距離がある。

事実、「取扱ニ特ニ注意セラレ度シ」と注記された第一師団司令部「極秘　二月二十六日事件詳報」（一九三六年三月一〇日　第一師団司令部）では、次のような警備司令部からの「警備命令ノ受領」があったと記している。

師団司令部日直《にっちょく》将校ハ午前六時十分東京警備司令部ノ新井参謀ヨリ警備司令官ノ命令ナリトシ

テ電話ニ依リ「師団長ハ第一師団ノ兵ヲ以テ只今出動セル部隊ヲ速ニ撤退セシムヘシ」トノ要旨命令ヲ受領ス

歩兵第一聯隊が作成した「秘　二・二六事件経過要綱」も、その附記で、「事件勃発スルヤ聯隊将校ハ憤慨禁難ク行動部隊トノ間感情ノ激化著シキモノアリ」と述べ、感情的にも、根強く鎮圧ムードがあったことを窺わせる。しかし先の第一師団司令部「極秘　二月二十六日事件詳報」によれば、「当時警備司令部ニ在リテハ穏和ナル手段ニ依リ将校ト下士官トヲ分離スルヲ可トスルノ意見」もあったという。時間の経過と共に、次第に「説得」方針への傾斜がみられてくる。九時三〇分頃の第一師団司令部の情勢判断は、第一に、「其他ノ方面ニ於テハ現在以上増大セザルベク」と、事件自体の拡大はない（軍隊自体の衝突は起こりにくい）となる。また第二には、「彼等ハ戒厳令ニシテ下令セラレンカ純然タル統帥系統ニ帰ル意志ヲ有シアリ」と、「説得」の可能性が増したと判断していたようである（第一師団司令部「極秘　二月二十六日事件詳報」）。「陸軍大臣告示」関係の捜査で、三六年一一月四日になって事情を聴取された第一師団参謀村田昌夫《むらたまさお》少佐は、八時四〇分頃、サイドカーの迎えで司令部に到着し、状況を聞いた後、「参謀長カラ憲兵司令部ニ中央部カ居ルカラ連絡ニ行ク様ニ命セラレ」た。その際、彼が把握した師団の方針は、次の通りだったという。

　其ノ際師団トシテハ極力蹶起将校等ヲ説得スル方針テアリマシタ　之レカ為両聯隊長ヲ主トシ関係上官ヲシテ之ニ任セシメ其レテモイケナケレハ軍旗ヲ先頭ニシテ説得撤収セシムル主義ナル旨ヲ聞キマシタ其ノ時刻ハ午前九時三十分頃カト思ヒマス（「村田昌夫聴取書」）

先の第一師団司令部「極秘　二月二十六日事件詳報」も、「師団長ハ事件突発後両聯隊長ヲシテ幹部ノ説得ヲナサシムルト共ニ午前九時乃至《ないし》十時ノ頃次ノ二案ヲ考究ス」として、以下のように記述している。

第一案　聯隊長軍旗ヲ押立テ彼等ノ面前ニ於テ集合喇叭《らっぱ》ヲ吹キ部隊ノ集結ヲ計ル

第二案　砲兵ヲ加ヘ威力ヲ以テ奪回ス

而《しか》シテ　第一案ハ帝国軍人ニシテ軍旗ニ向ヒ発砲スル者ハ無カルヘク軍旗ノ下ニ集合喇叭ヲ吹奏センカ必スヤ集合シ来ルヘク一般的判決ヲ下シ得ルモ彼等ノ心理ヲ一般常識ヲ以テ判断スヘカラス若《も》シ其処置ニシテ適当ナラサレハ或ハ彼等ノ為メ軍旗ヲ擁立セラレ西南戦争《せいなんせんそう》ニ於ケル乃木《のぎ》聯隊ノ轍《てつ》ヲ踏ムコト無キヲ保《ほ》シ難ク又軍旗ヲ押シ立テ前進スル我ニ内応者無キヲ保シ難ク斯ル状態ニ於テ軍旗ヲ擁立シ軍旗ノ下ニ出動部隊ノ集結ヲ計ルハ適当ナラス

第二案ハ　被占領地区ノ奪回ハ容易ナルモ同胞相撃ツト無辜《むこ》ノ住民ヲ殺シ建物ヲ破壊シ帝都ヲ擾《じょう》乱《らん》ノ巷ト化スノミナラス特ニ宮城ニ弾丸ノ落下スルコト無キヲ保シ難シ

判決

隠忍《いんにん》シテ最大ノ努力ヲ払ヒ災害ヲ最小限ニ止ムルヲ要ス

「彼等ノ心理ヲ一般常識ヲ以テ判断スヘカラス」、聯隊旗が奪われるかもしれない、また「我ニ内応者無キヲ保シ難ク」、そうなると、鎮圧のためには、砲兵を使わなければならない。だが大砲の使用は、「無辜ノ住民ヲ殺シ」、「帝都ヲ擾乱ノ巷ト化ス」だけでなく、宮城への「弾丸ノ落下」という事態も懸念された（一六九頁の図参照）。この中で、第一師団は、当面、武力鎮圧方針を断念していく。**

二・二六事件が勃発した日は、奇しくも第一師団で「渡満ノ為メノ団体長会議」が、午前一〇時から開催されることとなっていた。第一・第三聯隊長を除き、集合した各団体長に対し、堀丈夫第一師団長は、一〇時三五分、左記の訓示をなし、帰還を命じた。

今朝団下ノ昭和維新ヲ念願シテ平素該思想ヲ抱ケル青年将校今暁以来九ケ中隊ノ兵力ヲ以テ要路ノ大官ヲ襲撃シ目下概《おおむ》ネ所期ノ目的ヲ達シタル如ク要点ヲ占領シ大体ニ於テ沈静ニ帰セリ　而シテ陸軍首脳部ハ善後処置ヲ採ラントスルコトヲ聞ケリ

不肖斯ノ如キコトヲ予知セスシテ単ニ将校ノ指揮下ニ入レル下士官以下ノ行動ニ対シ申訳無キ大失策ヲナセリ

こう述べた堀は、「通信方面」と「反動方面ノ策動」への注意を強調し、管下《かんか》部隊に動揺が起こることへの警戒感を表明した。この第一師団長の訓示と、時を同じくして、「友軍ト見做《みな》シ」方針を半ば決定づける指示がなされた。香椎浩平警備司令官の指示である。東京警備参謀であった福島久作は、以下のように陳述している。

午前十時三十五分司令官室へ参謀長新井（安井藤治）（匡夫）参謀及私等集マリマシタ際部隊ノ相撃ヲ避クルコトニ関シ極力戒慎《かいしん》ス可《べ》シトノオ示シカアリマシタノテ私ハ近衛及第一両師団ニ電話テ伝ヘマシタ

「部隊ノ相撃」を避けろという強い指示が、警備司令官から、近衛師団・第一師団へ連絡されるのである。この指示の前後に、香椎は、憲兵司令部（陸軍省・参謀本部幕僚が集結）に連絡に行っていた副官牧《まき》野正民《のまさたみ》大尉に、山下奉文に会いたいと連絡していた。福島は、「午前十時四十分憲兵司令部へ連絡ニ行ツテ居マス牧野大尉カラ私ニ『司令官カ山下閣下ニ会ヒタヒト云フ事ナルカ山下閣下ハ大臣官邸ニ居ルカラ来テ貰《もら》フヨリ仕方カナイ』ト電話テ知ラセテ参リマシタ」と陳述する。

行動部隊位置要図　2月26日午前11時20分頃
（第一師団司令部　極秘「二・二六事件詳報」より作成）

なぜ香椎が、山下に会いたかったかは不明であるが、一部で言われる山下と、「陸軍大臣告示」の陰謀を企んだというより、「相撃セズ」方針を陸軍中央に徹底させることを目標としていたと考えるべきではないか。

福島は、警備司令部の記録により、「午前十一時三十分山下少将来リ警備司令官ト対談中」という記事があると述べ、その後、「香椎閣下ハ山下少将ノ案内テ宮中ニ参内セラレタ事ハ聞キマシタ」と語っている。軍事参議官阿部《あべ》信行《のぶゆき》大将の記憶によれば、阿部が一二時半参内した時には、山下は、宮中にいたというから、香椎・山下会見が、当時の宮中へ行く際の時間（四〇分程度かかったようである）を勘案すると、ごく短時間の会見であり、香椎と山下は、この経緯からみて、事前に電話でも話していない。「当時警備司令部ハ尚三宅坂ニ在リテ出動部隊ノ為厳重ニ包囲セラレアリキ」という状況（第一師団司令部「極秘　二月二十六日事件詳報」、前頁地図参照）を考慮すると、香椎が参内するために、青年将校側にも顔がきく山下に来てもらったと考えた方がよいかもしれない。

二月二六日当日、香椎の行動に強い疑惑を抱いていた人物がいた。副官の騎兵大尉牧野正民である。聴取書で、「二・二六事件勃発頭初香椎司令官ノ態度ニ疑惑ヲ持ツテ居リマシタ」と述べた彼は、「シカシ日ヲ経ルニ従ヒ私ハ仝《どう》司令官カ皇軍相撃ス可カラストノ初心ヲ枉《ま》ケナカツタ」点、場所柄、「皇軍相撃」は不可だったのだとして、以下のように述べるのであった。

柴《しば》（有時《ありとき》）大尉松平《まつだいら》（紹光《つきみつ》）大尉ヲ間諜的ニ使用サレマシタカ統帥系統ニ入レテ任務ヲ与ヘ私《ひそ》カニシナカツタ事ト参謀長ト常ニ仝伴《どうはん》シテ人ニ面接シテ居タ事等カラ推定シマシテ香椎司令官ハ怪シイト思ツテ居マシタ疑惑カ私ノ頭カラ放レテ参リマシタ

香椎の方針は、青年将校の行動を支援するためのものであったと考えるより、武力鎮圧が極めてやりにくい場所であった点、警備司令部が、青年将校の部隊に「包囲」されていた点を重視すべきであろう。ここに、青年将校の決起部隊を「友軍ト見做」す方向への第一歩が踏み出されるのであった。

＊　安藤隊が、警備司令部附近をおさえていた。一六九頁の図参照。

＊＊　憲兵司令部に派遣された第一師団の村田昌夫参謀は、今井清軍務局長から「師団ノ状況ハ如何カト問ハレマシタカ私ハヨク答ヘル事カ出来マセヌテシタ」と陳述している。村田はもとより、軍務局長も、状況を把握できていなかったのである。なお砲兵を使用しなくても戦車がくれば大丈夫と判断された午後の段階（「歩兵第四十九聯隊歩兵第五

十七聯隊及戦車第二聯隊ノ招致命令ノ下達（二十六日午后〇時四十分）」後述）で、第一師団では、武力鎮圧論が出現する。

＊＊＊　陸相官邸にいた斎藤瀏陸軍少将によれば、午前一〇時頃「将校激昂シアリ（中略）片倉モ生キテ居ルト云フ事ダ、俺一人デモ行ツテ殺シテヤル、状況ニヨツテハ軍人会館偕行社ヲモ襲撃スル予定ダトワメイテ居ル」のを聞いたという。おそらく磯部と思われるこの発言を、斎藤はただちに同期の香椎警備司令官に面会して伝えた上、「善処スル様」申し入れた（「斎藤瀏聴取書」）。青年将校側に包囲されている警備司令部の位置に加えて、この青年将校の軍事的攻勢への懸念が、「相撃ヲ避」けろという香椎の強い指示になった可能性は否定できない。

陸軍中央の混乱

武力による鎮圧方針に、陸軍中央が踏み切らなかった理由として、青年将校に好意的な皇道派将官の介在が真っ先に考えられがちである。しかし前項でみた通り、第一師団の状況、青年将校側の軍事力の掣肘《せいちゅう》をうけていた警備司令部、そして鎮圧に乗り出した際の地理的位置（青年将校側の占拠した陸軍省・警備司令部付近の背後は皇居の堀である）といった問題が、制約条件として存在していた。

しかもさらにいくつかの事情が、そこに重なってくる。一つは、未曾有の事態に直面して、陸軍首脳が困惑し、対処方法を見出し得なかったことが上げられる。伏見宮御殿から、伏見宮に随って参内した真崎は、寺内寿一《てらうちひさいち》陸軍大将（軍事参議官）・河合操《かわいみさお》陸軍大将（枢密顧問官《すうみつこもんかん》）が、「『困ツタ事ニナツタ』『トンテモ無イ事ニ成ツタ』ト云フ計《ばか》リテ纏《まとま》ツタ意見モアリマセンテシタ」と述べる（「真崎甚三郎聴取書」）。川島陸相同様、首脳部が右往左往していたのは間違いない。

第二には、皇道派人脈以外からも、武力鎮圧への消極論があったことである。村上啓作軍事課長は、宮中で、陸軍の長老奈良武次《ならたけじ》大将（前侍従武官長《じじゅうぶかんちょう》）から、「出来ルナラ穏便ニ事態ヲ収拾シタカヨカロウ」という意味の話を聞いたという（「村上啓作検察官聴取書」）。

第三は、陸軍省・参謀本部の幕僚たちの混乱である。陸軍省・参謀本部を、青年将校の部隊によって、事実上「追い出され」、憲兵司令部・偕行社《かいこうしゃ》に移った彼らは、不便を強いられていた。早くから即時鎮圧論を抱いていた真田穣一郎《さなだじょういちろう》（陸軍省軍務局課員）は、郷里の先輩である中島鉄蔵《なかじまてつぞう》侍従武官に、「シッカリ御願ヒシマス」と電話で連絡すると共に、「私ノ常務テアル戦時警備ノ研究軍司令官及師団長等ヘノ電報起案」に携わったという。しかし、「当時暗号書カアリマセヌ」ので、「近衛師団ニ行」って、「暗号電報ヲ組立テ」ざるをえなかった。事務がスムースに進まない様子がみてとれる。さらに「正午頃軍事課高級課員武藤《むとう》（章《あきら》）中佐カラ　宮中東一ノ間ニ大臣軍事参議官等参集シテ居ルカラ連絡ニ行ケ　ト云ハレ宮中ニ参リマシタ」が、すでに別の連絡員が来ていたという。連絡もしっかりとれていなかったのである（「真田穣一郎聴取書」）。

戦時警備令の準備でも、ゴタゴタが続いていた。真田穣一郎によれば、「午前十時カラ正午ニ亙《わた》ル間戦時警備ノ起案権ニ付《つき》吉積（正雄）中佐原田（次郎）中佐吉田（茂登彦）少佐ノ間ニ議論」があったという（「真田穣一郎聴取書」）。当時、陸軍省整備局課員であった山田清一《やまだせいいち》砲兵中佐によれば、経過は以下の通りである。

私ハ原田中佐ト共ニ軍事課ノ者ノ居ル室ニ行ツテ軍事課主任者参謀本部ノ主任者ト私共相談ノ結果速カニ戦時警備ヲ下令スル事ニ議カ纏《まと》マリマシタ其処テ手続上ノ問題カアリマシタカ動員課ノ方テ一案カ出来テ居マシタノテ其レニ依テ上奏ノ手続ヲトル事ニシテ省部ノ間ノ主務権限関係ニ付テ

ハ今回ノ起案手続ヲ先例トナササル口約ノ下ニ先ツ私カ動員課長代理トシテ捺印《なついん》シマシタ次テ省部ノ干係《かんけい》諸官ノ印ヲ取リマシタ

どうやら参謀本部側が、戦時警備の起案権は、自分の方にあると主張して、結局、先例としないことを条件に、動員課の案を了解してもらったようである。この緊急時においても、「縄張」にこだわる軍事官僚の姿が浮かび上がる。さらに注目すべきは、山田が動員課長代理として捺印し、「次長次官ハ不在他ニ局長ノ内ニモ不在者アリマシタカ後テ印ヲ貰フ事トシテ大臣ノ承認ヲ求ムル為宮中ニ参内スルコトトナ」ったという一節である（「山田清一聴取書」）。参謀次長・村上軍事課長は宮中に、陸軍次官は陸相官邸へという具合に、省部幕僚の指揮系統もバラバラになっていたとみるべきであろう。

二つの思惑

以上のような鎮圧を制約した要因とは別に、鎮圧を意識的に手控えようとする二つの思惑もあった。一つは、青年将校の意思を実現しようとすることを通じて、苦境に立っていた陸軍ならびに皇道派を有利に導こうとする動きである。もう一つは、青年将校の決起という事態を、最大限、陸軍のために利用しようとする別の思惑の存在である。第一の方向からみていこう。

第一の動きを代表するのは、いうまでもなく真崎甚三郎である。川島陸相の参内に先立って陸相官邸を出発し、伏見宮御殿に向かった真崎は、「盟友」関係にあった加藤寛治《かとうひろはる》海軍大将から、「君カ見テ来タ現在ノ陸軍ノ状勢ヲ殿下ニ申上ケテ呉レ」と言われ、伏見宮軍令部総長に、「一刻モ早ク収拾スル事カ必要ト思ヒマス」「今夜迄ニ収拾セネハトンナ事ニナルカモ知レマセヌ」と「言上」し、伏見宮も「良ク判ツタ」と答えたと、真崎は陳述する（「真崎甚三郎聴取書」）。しかし加藤寛治の証言は違っていた。加藤が聞いた、真崎の伏見宮への「言上」を、加藤はその「聴取書」で次のように述べている。

事態カ斯ノ如クナリマシテハ最早《もはや》臣下テハ収拾カ出来マセン　強力内閣ヲ作ツテ大詔《たいしょう》煥発《かんぱつ》ニヨリ事態ヲ収拾スル様ニシテ頂キタイ　一刻モ猶予スレハソレ丈《だけ》危険テアリマスト謂フ様ナ意味ヲ言上シタ様ニ憶《おぼ》ヘテ居リマス

真崎の陳述にない「強力内閣」・「大詔煥発」が含まれており、真崎が陳述で逃げをはっていたことは間違いない。そして午前一〇時頃、伏見宮の参内に御供して宮中に向かう車中でも、真崎は、加藤に、「一刻モ早ク強力内閣ヲ作リ事態ヲ収拾スル事カ必要テアル　ソレカ為ニハ軍人テナイ平沼（騏一郎）ノ様ナ立派ナ人カ内閣ニ立ツ必要カアルト思フ」と語ったというのである。真崎が、青年将校の決起を、青年将校側も本音の部分で望んでいた強力内閣樹立への「反転攻勢」の機会としようとしていたことは明らかである。

第二の動きに論を移そう。二月二六日午前一〇時三五分、堀第一師団長は、「渡満ノ為メノ団体長会議ノ中止」の際の訓示で、「尚大勇猛心ヲ以テ国家ノ真ノ改善ヲ計ルヲ必要トスヘク総《すべ》テ上司ノ方針ヲ旨トシ軽挙盲動スルコト勿《なか》レ」と述べていたのである。青年将校の行動を好機として、「国家ノ真ノ改善ヲ計ル」ことを、第一師団長はめざしていたのである（第一師団司令部「極秘　二月二十六日事件詳報」）。

石原莞爾《いしはらかんじ》も、そうであった。川島陸相が参内した後の陸相官邸では、石原と山口一太郎の間では以下のような会話がなされていた（「山口一太郎訊問調書」）。

石原「貴様ハ之カラ何《ど》ウスリヤイート思フンダ、彼等ハ何カ案ヲ持ツテ居ルノカ」

山口「何《なに》ツ、破壊ダケデ建設ナンカ考ヘテ居マセヌヨ」
石原「君ハ何ウ思フ」
山口「私ダッテ大シタ案ハアリマセヌヨ」
石原「小畑、板垣聯立デ無ケレバ不可ヌ」
山口「私ハ台湾デ結構ト思フ」

石原が、陸軍大臣は、皇道派の小畑敏四郎《おばたとししろう》と、反皇道派の板垣征四郎《いたがきせいしろう》の連立で行きたいと言うのに対し、山口は、首相を、台湾軍司令官の柳川平助《やながわへいすけ》で、というすれ違いの会話であった。しかし青年将校討伐論の代表とみなされがちな石原が、青年将校の行動を利用して、現状の打開を策していたことは間違いない。山口は、以下の通り、石原の意図を説明している。

要スルニ石原大佐ノ言ハレル事ハ直接行動ノイートカ、悪イトカハ昨日迄スル話テアッテ既ニ直接行動カ始ツタ今日テハ直接行動カ起ツタト云フ事ヲ土台ニシテノ話ヲスヘキテアリ処置ヲ考ヘルヘキテアルト云フ事テアリマス

石原莞爾

この発想に基づき、石原は、満井佐吉《みついさきち》・橋本欣五郎《はしもときんごろう》との二六日深夜（というより二七日早朝）の帝国ホテルの会談で、後継内閣樹立を策し、満井と共に青年将校の部隊の撤退を画策することとなるのである（後述、及び須崎前掲「二・二六事件と陸軍中央」参照）。また村中孝次が、「公判調書」で述べるように、「参謀本部ノ一騎兵少佐カ官邸ニ来マシタ其時若イ蹶起将校カ二、三名其席ニ居リマシタカ同少佐ハ参謀本部等

ハ君達ノ行動ニ付テ同情ヲ持ツテ居ルカ今後ノコトハ私等カ引受ケテヤルカラトカ統制経済ヲヤラネハナラヌトカ、皇族内閣ヲ作ラネハナラヌトカ云ツテ私共ヲ鼓舞激励《こぶげきれい》シマシタ」といった事例は、少なくなかったのである。田中弥も、参謀本部幕僚の雰囲気が「今度ノ事変ノ精神ヲ生カシテ国政一新ニ行カネハナルマイ」というものであったことを伝えている（「聴取書」）。

陸軍大臣官邸では、古荘陸軍次官・山下少将と青年将校たちが談笑するような雰囲気を呈していたのである。山口は次のように述べている。

　大臣カ出発サレタ後次官、山下少将、青年将校ニ至ル迄何《いず》レモ富士山ノ室ニ引返シ「ホツ」トシタ様ナ気持ニナリ握飯、味噌汁、漬物ナトヲ食ヘ和《なごや》カナ気分テ高級将校青年将校トカ冗談ナトヲ入レナカラ話合フ様ニナリマシタ、

しかし山口は見逃さなかった。陸相官邸に来ていた三、四人の幕僚は、「面上ニハ明カニ敵愾心《てきがいしん》カ浮ンテ居タ様テアリマシタ」と付け加えるのである。真田と同じような発想も幕僚たちにあったことを伝えている。なごやかなムードと、敵対的ムード、この陸軍内の二つの相異なる雰囲気が、事件解決へ向けての陸軍内の対応の差を生んでいくこととなる。

3　戦時警備下令と「陸軍大臣告示」

宮中にて――杉山参謀次長の非討伐方針――

宮中においても、非討伐方針が、杉山元《すぎやまはじめ》参謀次長からも強調される。吉積《よしづみ》中佐・原田《はらだ》中佐・清水《しみず》（規矩《のりつね》。参謀本部編制動員課長）大佐と共に、「午后一時頃戦時警備下令上奏書ヲ携ヘテ」、乾門《いぬいもん》から宮中に参入した山田清一《やまだせいいち》中佐の証言をみてみよう。彼は「聴取書」で次のように述べている。

侍従武官ノ案内テ軍事参議官ノ集マッテ居ル東一ノ間ノ隣ノ室（二ノ間）ニ参リマシタソシテ秘書官ヲ通シテ大臣次長ヲ二ノ間ニ寄（ママ）出シテ貰ヒマシタ　其ノ頃何事カ知リマセヌカ一ノ間テハ喧々《けんけん》囂々《ごうごう》タヾ事テナク声カ廊下ニ洩《も》レテ居リマシタ

大臣次長カヤカテ（やがて）出テ参リマシタノテ清水大佐カラ　戦時警備下令ノ件ヲ上奏シテ戴《いただ》キ度《たし》　ト其ノ説明ヲシテ貰ヒマシタ　大臣次長ハ直チニ合意サレマシタ　清水大佐ハ　最悪ノ場合ニハ弾丸ヲ撃ツト云フ事ヲ御承知下サイ　ト申サレマシタラ大臣、次長共ニ　其レハイカヌ　ト云ハレ暫《しばら》ク押問答シテ居マシタ

さらに山田が、「下令ト共ニ弾丸ヲ撃ツテ宜敷《よろし》キヤ」と、さらに発砲の許可を求めると、杉山「次長ハ　撃ツチヤイカン　ト申サレマシタ」と、拒絶するのである。山田が、「其レテハ第一線ノ隊長ハドウ

致シマスカ」と訊ねても、杉山は、「兎《と》ニ角《かく》弾丸ヲ撃タヌノダ」の一点張りだったという。困惑した山田が、「其レテハ撃ツテ良イ時機ニハ別命セラレマスカト御尋ネシマシタラ　命令スル」と、ようやく杉山は、答えたというのである。

幕僚たちが、戦時警備令下令と共に、武力鎮圧を意図していた*のに対し、皇道派人脈などとはとてもいえない杉山参謀次長は、二六日昼間の段階では、すでに天皇への上奏を終えていた川島陸相**同様、非討伐の立場に立っていたことは明らかである。ただちに武力鎮圧をしないという方向は、温度差はあれ、二六日段階では、討伐派とみなされがちな石原莞爾まで含めて陸軍首脳部の暗黙の総意だったとみなすべきであろう。この状況が、なぜ変わるのかは、以下で検討することとする。

しかし一方、戦時警備令下令の準備と共に、武力鎮圧の含みも持つ準備も進められていた。午前一〇時四五分の時点での第一師団命令は、「歩兵第四十九、第五十七聯隊及戦車第二聯隊長ハ部下ヲ掌握シ指導ヲ誤ラサルト共ニ之カ鎮圧ノ為メ要スレハ一部ヲ何時ニテモ出動シ得ルノ準備ニ在ルヘシ」と、出動準備を求めると共に、砲兵を利用できないという条件（前述）を考慮し、「歩兵聯隊ノ装備ニ於テ歩兵砲ヲ欠《か》キ可成《なるべく》多数ノ重擲弾筒《じゅうてきだんとう》ヲ携行スルノ準備在ルヘシ」というものだったという。そして「午后〇時四十分」、「歩兵第四十九聯隊歩兵第五十七聯隊及戦車第二聯隊ノ招致命令」が下達される。

武力鎮圧含みで、佐倉《さくら》・甲府《こうふ》の歩兵聯隊、そして習志野《ならしの》の戦車隊を招致するのである。第一師団司令部の「極秘　二月二十六日事件詳報」（取扱ニ特ニ注意セラレ度シ）は、「威力攻撃ノ決定　戦車ノ招致決定」と述べ、続いて午後一時、「戦時警備令下令ニ関スル準備命令」が出されるのである。前述した山田清一中佐らが、杉山参謀次長に発砲の許可を強く求めるのも、こうした脈絡によるものと考えられる。

＊　町田専蔵の「論告求刑ニ対スル答弁書」によれば、公判で判士の某中佐は、「『皇軍相撃もやるならやってよいぢゃないか』云々の暴言」を吐いたという。幕僚層などに「皇軍相撃」を可とする強い意見があったことは確かである。

＊＊　川島陸相の上奏については、前掲拙稿にゆずる（「二・二六事件と陸軍中央」参照）。

高まる緊張の中で——第一師管戦時警備下令——

宮中では、軍事参議官の会議が開かれ、戦時警備令の「御裁可」を求める動きが続く二月二六日午後一時前後、緊張は高まりだしたとみられる。古荘《ふるしょう》幹郎《もとお》陸軍次官は、匂坂《さきさか》春平《しゅんぺい》東京陸軍軍法会議検察官に対する「秘　被告事件ニ関スル件回答」において、「二月二十六日午後一時過叛乱軍ヨリ偕行社ニ向ヒ攻勢前進スヘキ旨申出テアリタルヲ以テ陸軍次官ハ之ヲ中止スヘキヲ命セリ」と報告している。青年将校側は、この攻撃意志を否定しているが、陸相官邸に来ていた一部幕僚の挑発的言辞（山口一太郎の陳述）や、歩哨・前線にいる将校がつかむ雰囲気の微妙な変化の中で、青年将校側が強硬な発言をしたことは、十分に考えられる。

宮中での動きは、後述するが、山田清一中佐によれば、「戦時警備下令御裁可ニナリマシタノハ午后二時過キ」、鎮圧に向けての動きが慌しくなる。第一師団司令部の「極秘　二月二十六日事件詳報」によれば、「午后二時半過憲兵司令部ニ在リシ陸軍省整備局動員課吉田歩兵少佐ヨリ戦時警備令ノ下令セラレタル電話通報」がなされると、第一師団は、「午后二時五十分」、「師団ハ歩兵両聯隊ニ戦車ヲ加ヘ実力ヲ以テ占拠地ヲ奪回スル決心ナリ」という意向を警備司令部に伝えたという。

「皇軍相撃」の危機が、一時的に高まった。ところが、そこへ「出動部隊ノ為厳重ニ包囲」されていた警備司令部から、「軍事参議官ハ全員出動シ彼等ヲ説得スヘキヲ以テ攻撃実施ヲ暫ク延期スヘシ」との電話がかかってくる。第一師団の言い分によれば、これにより、「師団長ノ決心」は、当初の「隠忍持久説得」から、二六日午後三時前の「威力ヲ以テ攻撃」に変わり、この電話の結果、「軍事参議官ノ説得ニ対スル期待ト隠忍持久説得ノ続行」へと変化したという。

この警備司令部からの電話は、東京警備司令部参謀福島久作の「聴取書」によれば、以下のものであったと考えられる。

次ニ午后二時五十分司令官カラ参謀長宛ニ

一、第一師管戦時警備カ下令セラル、筈《はず》ニテ目下上奏中ナルコト

二、絶対ニ相撃セサルコト　現ニ出動シアル部隊モ戦時警備ニ任セシム

三、軍事参議官中テ出動部隊ニ臨ミ之ヲ鎮撫スル事トナル筈

四、大臣等ハ出動部隊ノ考ヘテオル様ナ事ハ大ニ考ヘテオルカ今後一層大ニ力ヲ入レテ実施スル様申合ヒタリ

以上ノ事ハ速ニ出動部隊ニ知ラスコト　トノ電話カアリマシタ

この香椎警備司令官の宮中からの電話により、警備司令部は、「告示」を起案することとなる。福島は語る。

告示　二月二十六日午后三時　東京警備司令部

一、第一師管内一般ノ治安ヲ維持スル為本日午后二時五十分第一師管戦時警備ヲ下令セラル

二、本朝来出動シアル部隊ハ戦時警備部隊ノ一部トシテ新ニ出動スル部隊ト共ニ師管内ノ警備ニ伍

セシメラルルモノニシテ軍隊相互間ニ於テ絶対ニ相撃ヲナス可《べ》カラス

三、宮中ニ於テ大臣等ハ現出動部隊ノ考ヘアル如キコトハ大ニ考ヘアリシモ今後ハ大イニ力ヲ入レ
之ヲ実行スル如ク閣議ニテ申合ハセヲナセリ

だが、印刷したところ、「午后二時五十分ヲ午后三時ニ」、「閣議ニテノ閣議ヲ会議ニテト訂正シタラトノ注意カアツテ右印刷物ハ全部焼却シテ新タニ印刷」することとなったという。福島によれば、印刷して、この告示を配布したのは「日カ暮レテカラタト思ヒマス」と述べている。この香椎警備司令官からの電話に基づく警備司令部の「告示」が、第一師団の武力鎮圧方針を抑えたとみていいのではないか。

それは、次にみるように、宮中での軍事参議官会議で「陸軍大臣告示」ができ上がる直前のことであった。

軍事参事官会議と「陸軍大臣告示」

次に問題となるのは、二・二六事件で、最大の謎とされる「陸軍大臣告示」についてである。青年将校たちを援助しようとする真崎ら一部勢力の策動の産物なのか。違う。「二・二六事件裁判記録」から読み取れる「陸軍大臣告示」は、それが青年将校たちを撤退させるための説得要領に過ぎなかったことを示している。以下でみる荒木貞夫の発言や、古荘陸軍次官・山田清一らの証言は、この点を明らかにするものである。その作成にいたる経緯から追っていこう。

「陸軍大臣告示」なるものが作られる宮中東一ノ間における軍事参議官会議は、福島久作や村上啓作の「聴取書」によれば、二月二六日午後一時半頃はじまったようである。とくに福島のものは、「午后

一時三十分頃（警備）司令官ニ随行シタ青木警備副官カラノ電話トシテ　軍事参議官会議開催セラル　大部分参集シアリ　全時頃閣議モ開キ得ル如クナリタリ　ト記載サレテアリマス」という具体的な証言であり、ほぼ間違いない。真崎甚三郎も、その「聴取書」で、阿部（信行）大将か、誰かが「軍事参議官ヲ集メネハナラヌ」と言い出し、＊陸軍大臣が、「各軍事参議官ヲ召集」し、午後二時頃参集したと述べている。真崎は、その時の雰囲気を「何人モ同シク何トカシテ収拾セネハナラヌト思ツテ居ツタ様テアリマス」と述べている。

軍事参議官会議の内容については、村上軍事課長の証言が重要である。村上の記憶に残っていた発言を摘録《てきろく》すると、以下の通りである。

川島陸軍大臣「今朝来ノ情況（中略）占拠状態、蹶起ノ動機等ニ就《つい》テ」「之ニ就テドウシタラヨイカ御意見ヲ伺ヒタイ」

香椎警備司令官「流血ノ惨ヲ避ケテ事件ヲ解決セナケレハナラヌ」「彼等ハ現在ノ位置カラ下ラヌダロウ」「戒厳ノ必要ナコト」

真崎大将「叛乱者ト認ムヘカラス　討伐ハ不可　但《ただ》シ以上ハ御裁可ヲ必要トスル」

荒木大将「斯《かか》ル事態ヲ惹起シタノハ軍事参議官トシテ畏《おそ》レ多イ次第テアル　之ヲ直ニ討伐スル時ハ全国騒然トシテ事態収拾カ困難テアル　今回ノ事件ハ国体明徴ノ不徹底カラ起ツタ事テアルカラ国体ヲ明徴ニセナケレハナラヌ　吾々軍事参議官モ全力ヲ尽テ事態ノ収拾ニ尽サネハナラヌ」「彼等ヲ説得スルコトノ必要」

他ノ参議官カラ意見ハ出ナカツタ様ニ思ヒマス

村上軍事課長「反逆トシテ討伐セサル方針ニテ善後措置ヲ致シタシ　右決裁ヲ乞フ」＊＊

川島陸軍大臣「之ヲ読ミ上ケマシタ」

村上軍事課長「之ノ御裁可ヲ仰ク為ニハ軍事参議官会議計リテハナク閣議或ハ枢密院《すうみついん》ノ議ヲ経ナクテハナラヌト思ヒマス」

植田謙吉《うえだけんきち》大将「夫《そ》レハ軍令《ぐんれい》事項テハナイカネ」

阿部大将「感神《(ママ)》シナイ」

併《しか》シ誰カラモ彼等ハ叛徒テアルトカ直ニ討伐セヨト云フ様ナ意見ハ出マセヌテシタ

とくに「誰カラモ彼等ハ叛徒テアルトカ直ニ討伐セヨト云フ様ナ意見ハ出マセヌテシタ」という村上の証言は、重要であろう。この村上陳述を覆す他の証言は出ていない。ただし村上陳述以上に、この軍事参議官会議の雰囲気とその周辺を伝えた証言は存在する。戦時警備上奏のために参内し、軍事参議官会議が開催される直前から隣の部屋にいたとみられる山田清一中佐の証言である。上奏案に川島陸相・杉山参謀次長の花押《かおう》を貰おうと東二ノ間にきた山田は、「大臣次長共ニ落着ヲ欠ク様ニ見受ケラレマシタ」と観察する。川島から花押をもらう前に、この部屋に香椎警備司令官が入ってきたという。川島と香椎のやりとりを、山田は、以下のように述べている。

大臣ハ上奏案ヲ香椎司令官ニ見セマシタ　香椎司令官ハ之ヲ見テ　軍隊ハ既ニ所要ノ準備ヲ完了シテ居マス　本令ノ発動ニヨリ一層行動ノ規準モ確立シ志気モ緊張シマス　ト述ヘラレ　大臣ハ軍隊ト占拠セルモノトノ衝突ハ避ケル様　軍事参議官ノ決定ニ基キ参議官方面ヨリ説得工作ト併行シテ軍隊ノ行動ヲ律セラレ度旨《たきむね》ヲ香椎司令官ニ話サレマシタ　香椎司令官ハ之ヲ受諾サレマシタ

其ノ時司令官ハ　是レハ非常ニ宜シイ　行動ノ規準カ執レル　是レトアレトテヤレハ大丈夫行キマス　ト云ツタ様ニ思ヒマス

すなわち軍事参議官会議開催の前から、川島陸相は、「軍隊ト占拠セルモノトノ衝突ハ避ケル様　軍事参議官ノ決定ニ基キ参議官方面ヨリ説得工作」を予定していたことになる。香椎が言う「是レ」と「アレ」は、山田の観測では、「是レ」は戦時警備令、「アレ」は「軍事参議官ノ説得要領」だったとみられる。だとすると、この軍事参議官会議は、最初から川島や杉山主導で、「説得要領」を立案する会議だったのではないか。村上が言う「討伐セヨト云フ様ナ意見」は、最初から出るはずはなかったのである。事実、古荘陸軍次官も、「大臣告示ハ最初軍事参議官一同ノ意見トシテ彼等ヲ説得スル為ニ出来タモノ」と証言しているのである（「古荘幹郎証人訊問調書」）。

山田も、その場の雰囲気を、次のように伝えている。

当時軍事参議官ノ処《とこ》テ説得要領カ議セラレテ居タノカ如何様《いかよう》ナモノカ出来上ツテ居タノカ私ハ何ニモ存シマセヌカ後テ考ヘテ香椎司令官カアレト云ツタノハ説得要領ノ事ト思ツタノテス　其ノ当時私トシテハ大臣ノ態度ヤ香椎司令官ノ言葉ナトカラ推測シマシテ私共ノ考ヘトハ別ニ軍事参議官カ集マツテアル話カ纏マツテ居ル　大臣、警備司令官共腹カ一ツニ合ツテ居ル　弾丸ヲ撃タヌ自信カアルラシイト思ヒマシタ　尚モ大臣、次長共ニ上奏案ニ花押シマセヌテウロウロシテ居ラレマシタ（以上「山田清一聴取書」）

落ち着かず「ウロウロ」する川島・杉山の姿を伝えるこの山田証言は、「説得要領」を作成するしかない、「弾丸ヲ撃タヌ」と決意しつつ、天皇の反発（須崎前掲「二・二六事件と陸軍中央」参照、及び後述）の前に揺れ動く陸軍首脳の当時の心情を伝えているのではないか。

次に「陸軍大臣告示」が作成される前段階で、問題となったのは、村上が提起した「御裁可《さいか》ヲ仰ク」という問題であった。真崎は、誰が言い出したかはっきり覚えていないが、とした上で、「御沙汰《さた》ヲ仰カネハナラヌ」という意見に対して、荒木・西義一《にしよしかず》両大将が、「吾々軍事参議官カコンナニ集ツテ居リナカラ収拾出来ヌトハ申訳ナイ　御沙汰ヲ仰ク事ハ最后テナケレハナラヌ」と反対したという。つまり本来、天皇からの諮問《しもん》に対して奉答する役目の軍事参議官会議が、「収拾出来ヌトハ申訳ナイ」といった面目を楯に、天皇の許しをうけず独自に動き出すことになるのである。この背後に、何らかの意図があったのどうかは、不明である。しかし後述する荒木の言動からみて、青年将校側に有利な「陸軍大臣告示」を出すために企んだというよりも、陸軍の先輩として、ともかく早く何とかしなければいけないという意識が、こうした行動を取らせたと考えるべきであろう。

軍事参議官会議の話は、そこから一挙に「説得要領」の中身へと飛んだようである。真崎は、次のように語る。

「蹶起将校ヲ退《ひ》カセナケレハナラナイ」ト云フ者カアリマシタ　夫レテ村上大佐カ山下少将カニ起案サセル様ニセヨト云フ様ナ意見カ出マシテトチラノ者カカ案ヲ書キマシタ、

「二・二六事件ニ関シ阿部大将ノ陳述ニ関スル件報告」で阿部信行は、「例ノ陸軍大臣告示ハ軍事課長ニ起案ヲ命シ」と述べている。しかしこの点については、山下も村上も、口を閉ざしているようである。「村上啓作検察官聴取書」によれば、この「説得要領」の作成について、荒木大将の言を山下少将が筆記したとして、「荒木大将ハ　夫レテハコウ云フ風ニシテ説得スル事ニシテハドウカ　ト云フ意味ノ事ヲ云ハレ一同ノ話ハ其ノ方ニ移ツタト思ヒマス」と述べ、自分たちが起案したことを否定する。しかし通常考えれば、起案は部下が行なうものであり、山下か村上が起案したと考えるべきであろう。

真崎は、さらに「ソシテ此案ヲ訂正シタノハ主トシテ寺内、阿部、植田ノ三大将テアツタト思ヒマス」と語り、阿部も「寺内大将植田大将カ筆ヲ執リ修シテ居タ」と述べている。つまり証言は、それぞれ、真崎は荒木の関与を否定し、阿部は自分が修正に関わったことにふれず、村上は自分の起案にはふれないという構造になっている。

裏返しすれば、山下か村上が起案し、荒木・阿部・寺内・西が手を入れたと考えるべきではないか。事実、阿部は次のように述べている。

殊ニ初メテノ時ハ混雑シ何トカ事件ヲ早ク収拾シ度キ一念テ兎モ角案ヲ作ツテ見ヨトテ軍事課長カ案ヲ作ルコトニナツタ

山下をかばおうとして、阿部がこのように述べている可能性は否定できないが、村上が起案した可能性は極めて強い。阿部は、こうして「出来タ案ヲ軍事参議官カ一句一句修正シタノテアル最初ノ案ハ確カ行動トアリシヲ真意ニ直シタノテアル其他ニモ所々直シタ最後ノ文句ハ荒木大将カ修正シタ様ナリ」と述べている。「最初ノ案ハ確カ行動トアリシ」云々は、次に検討することにするが、軍事参議官会議の総意で「陸軍大臣告示」が決まっていったことは間違いない。私は、拙稿「二・二六事件と陸軍中央」（前掲、『This is 読売』掲載）では、川島の証言に基づき、荒木が主導して「陸軍大臣告示」が作成されたと述べたが、川島は出入りを繰り返しており、最後の場面に居合わせ、荒木主導だと述べたと思われるので、前説をここで改めたい。

かくして「陸軍大臣告示」なるものが、決定されていくのである。「陸軍大臣告示」の内容は、次でみていこう。

＊　阿部信行は、渡辺錠太郎の遺体について相談などをうけ、参内したのは、一二時半頃であり、おそらく言い出したのは他の軍事参議官であったと考えられる。

＊＊　山田清一は、「私ハ東一ノ間ニ参リマシタ　各軍事参議官ノ顔色ハ穏カテアリマセヌ様ニ見受ケラレマシタ　凄愴《せいそう》ノ気カ漂ツテ居マシタ　荒木大将ハ刀ヲ按《あん》シテ厳《いか》メシク見掛マシタ」と、緊迫した軍事参議官会議の模様をも伝えている。

「陸軍大臣告示」と「陸軍大臣ヨリ」の間

「陸軍大臣告示」については、これまでどれが本物かであるとか、「行動」であったか、「真意」であったか、いつ作られたのかといった問題を中心に議論されてきた。＊しかしこれらの議論は、事件に「びっくり」してしまった当事者たちの雰囲気を理解しない、いわば「後知恵」の発想だったのではないか。青年将校たちの決起部隊をどうしたらいいのか、マニュアルがない事態の発生に右往左往していた当事者の意識や心理とかけ離れたものといえよう。

青年将校の動員で決起した部隊は、三分の一近い四一二名が機関銃隊であり、機関銃二五・軽機関銃四三を所持していたとみられる。「みどり筒《づつ》」と称される毒ガスも相当数所持していた（防毒面も持ち出しており、二月二八日午後、武力発動が準備された段階で鎮圧側の第一師団は「防毒面ノ支給状態」に言及することとなる（一九三頁参照））。場所柄、砲兵が使えない以上、奇襲か、戦車を含む圧倒的軍事力で、屈服を強いる以外、

二	三
諸子ノ行動ハ国体顕現ノ至情ニ基クモノト認ム	国体ノ真姿(弊風ヲ含ム)ニ就テハ恐懼ニ堪ヘス
〃	〃
〃	〃
〃	国体ノ真姿顕現ノ状況(弊風ヲ含ム)ニ就テハ恐懼ニ堪ヘス
〃	国体ノ真姿顕現(弊風ヲ含ム)ニ就テハ恐懼ニ堪ヘス
〃	国体ノ真姿顕現ノ現況(弊風ヲ含ム)ニ就テハ恐惶ニ堪ヘス
不明	不明

二六日の段階では、武力鎮圧は危険過ぎる戦術であったのではないか。「鎮圧」側が絶対的に優勢になるのも、佐倉《さくら》・甲府《こうふ》の部隊、そして習志野《ならしの》の戦車隊が東京に到着する二六日午後八時以降となる。

そうだとすれば、青年将校たちの決起部隊を「指揮」することとなる（後述）第一聯隊長小藤恵が、その聴取書で、「最初師団長カラモ師団命令ハ絶対的ノモノテナク彼等ヲ鎮圧スル一手段ニ過キナイノテアルカラ状況ニ応シ臨機応変ノ処置ヲ採ツテクレト申渡サレテ居リマシタ」と述べる通り（「小藤恵聴取書」）、いわば「何でもあり」の世界が展開していたとみるべきではないのか。

いわゆる「陸軍大臣告示」といわれるものも、小藤が語るように「命令ハ絶対的ノモノテナク彼等ヲ鎮圧スル一手段ニ過キナイ」――いわば嘘も方便――の所産だったのではないか。この点を前提としながら、「陸軍大臣告示」が、どのように作成され、どのように変化したのか、そこにおける問題点を考えていこう（表参照）。

第一の問題は、各軍事参議官の意見を持ち寄り、最終的に荒

表　「陸軍大臣告示」の変化

	題　名	一
軍事参議官会議決定	陸軍大臣ヨリ	蹶起ノ趣旨ニ就テハ天聴ニ達セラレアリト拝聞ス
山下・村上修正	〃	蹶起ノ趣旨ニ就テハ天聴ニ達セラレアリ
香椎よりの電話連絡	〃	〃
福島参謀修正	陸軍大臣告示	〃
安井参謀長修正	陸軍大臣ヨリ	〃
第一師団・寺田少佐受領	陸軍大臣告示	〃
真田穣一郎	陸軍大臣ヨリ	不明

各証言陳述類から作成、茶園義男氏『図説　二・二六事件』を参照した。

木大将の言を、山下少将が筆記してでき上がったものを、山下・村上が修正していることである。村上は「検察官聴取書」で以下のように陳述している。

　一応夫レヲ清書スル事ニナッテ私ト山下少将ハ別室ニ退キ侍従武官カラ紙ヲ貰ヒ
　「天聴《てんちょう》ニ達セラレアリト拝聞ス」トアツタノヲ「天聴ニ達シアリ」ト修正シ
　「我々参議官モ亦国体顕現《こくたいけんげん》ノ上ニ匪躬《ひきゅう》ノ誠ヲ致シアリ」トアルノヲ「参議官一同ハ国体顕現ノ上ニ一層匪躬ノ誠ヲ致スヘク」ト修正シマシタ

つまり幕僚が、軍事参議官がほぼ決定した案を、さらに修正しているのである。

第二の問題点は、「陸軍大臣告示」第二項で「諸子ノ真意ハ国体顕現ノ至情ニ基クモノト認ム」と、「行動」でなく「真意」だったと述べているのは、軍事参議官と、本庄繁《ほんじょうしげる》侍従武官長らに限られることである。

阿部信行は、「軍事参議官カ一句一句修正」し、「最初ノ案ハ確カ行動トアリシヲ真意ニ直シ」、「最後ノ文句ハ荒木大将カ修正シタ様ナリ」と語る。真崎も、その「聴取書」で、「蹶起ノ真意ヲ行動ト間違ツテ居ツタノテ大変ゴタゴタ致シマシタカ憲兵司令部テ皆カ集リマシタ際川島陸相カ『ポケツト』カラ原文ヲ出シテ見セマシタノテ其ノ間違ヒテアルコトカ分ツテ皆了解致シマシタ」と、もともとは「真意」であったのだと強調する。本庄繁も、「聴取書」で、「例ノ大臣告示ニ就テハ私ノ知ツテ居ル範囲テハ要スルニ血ヲ見テハイカヌ而《しか》モ何ントカシテ撤退セシムルタメニ説得ヲセネハナラヌ　コノ為メニ彼等ノ精神ハ敢テ不可ナラサルモ行動ハ不可ナリト云フ意味ニ於テ説得案文ヲ作製シタモノテアルト聞イテオル」と、「真意」であったことをほのめかす。これに近い他の陳述は、管見の限りでは、山下奉文の次の陳述だけである。

荒木大将カ口授セラレタ要旨ハ　蹶起ノ精神ハ認メネハナラヌ処テアルカ御上《おかみ》ニ非常ニ御心配ヲ掛ケ帝都ヲ騒カセル様ナ行動ハ不都合テアル（「山下奉文聴取書」）

これも、「真意」であったことを示唆するにとどまる。

つまり陸軍首脳にとっては、重臣を殺された天皇の怒りがはっきりすれば、それらの人々を殺した青年将校の「行動」を認めてしまうことは、極めて都合が悪いことであった。「真意」とすれば、行動は悪いが、「蹶起ノ精神ハ認メ」ねばならない――その「真意」は正しい――として、逃げをはることが可能となるのである。

第三の問題点は、香椎警備司令官が、警備司令部に電話連絡した内容である。二つの証言が全く食い違うことである。真崎は、「陸軍大臣告示」が決まった際、「香椎警備司令官カ側ニ居ツテ之ヲ聞キ（挿入　非常ニ喜ンテ）其ノ内容ヲ電話テ警備司令部ニ知ラセタトノ事テアリマス　其時側ニ居ツタ副官ノ話テハ戒厳司令官ハ軍事参議官決定ノ内容ヲ誤リナク伝ヘタト申シテ居リマシタ」と述べている。香椎は、

「真意」と伝えたというのである。

しかし正反対の証言が存在する。警備司令部の福島久作の「聴取書」での証言である。福島は、次のように述べている。

午后三時二十分香椎司令官カラ直接参謀長宛ニ電話カアリマシタ　新井参謀ト私トハ側ニ居マシタソシテ私カ参謀長ノ復唱スルノヲ速記記マシタ（別紙記録原本ヨリ之レニ干スル原稿写ヲ作成シ本聴取書ノ末尾ニ添附ス）

印刷ニ附シタルモノハ

陸軍大臣ヨリ　二月二十六日午後三時二十分　東京警備司令部

一、蹶起ノ趣旨ニ就テハ天聴ニ達セラレアリ

二、諸子ノ行動ハ国体顕現ノ至情ニ基クモノト認ム

三、国体ノ真姿顕現（弊風ヲモ含ム）ニ就テハ恐懼《きょうく》ニ堪ヘス

四、各軍事参議官モ一致シテ右ノ趣旨ニ依リ邁進スルコトヲ申合ハセタリ

五、之レ以外ハ一ニ大御心ニ待ツ

香椎からの連絡は、「行動」だったというのである。証言者の立場によって、「行動」と「真意」が全くまちまちになるのである。

第四の問題点は、この警備司令官から連絡された「陸軍大臣ヨリ」を、福島、そして結果的には安井《やすい》藤治《とうじ》参謀長も、修正していることである。福島は、二点にわたって述べている。まず第一点、「陸軍大臣ヨリ」と「陸軍大臣告示」という題名の問題から。

電話テハ「大臣ヨリ」トアリマシタカ印刷スルノニ「大臣ヨリ」トシマスト形式カ妙ナノテ「陸軍大臣告示」ト起案シマシタ処参謀長ヨリ「陸軍大臣ヨリ」トセヨト示サレテ其通リ原稿（記録）ヲ訂正シタノテアリマス

福島が、「陸軍大臣ヨリ」と「陸軍大臣告示」とネーミングしたことになる。ここに、軍事参議官が決定した文書は、「陸軍大臣ヨリ」と「陸軍大臣告示」に分かれ、とくに後者名で通用することとなる。

第二の点、三項の「国体ノ真姿云々（ママ）」に移ろう。福島は言う。

又電話テハ国体ノ真姿（弊風ヲ含ム）ニ付テハトアリマシタカ其ノ意味カ判然トシマセヌカラ顕現ノ状況ト五文字ヲ挿入附加シマシタ処カ参謀長カラ長スキルカラ「ノ状況」ノ三文字ヲ削除セヨト云ハレマシタノテ浄書前ニ訂正シマシタ

安井警備司令部参謀長の指示で、「国体ノ真姿（弊風ヲ含ム）ニ付テハ」は、「国体ノ真姿顕現（弊風ヲ含ム）ニ付テハ」と、改められたこととなる。この結果、軍事参議官会議決定の文書は、「国体ノ真姿顕現ノ状況」、「国体ノ真姿顕現」、さらには「国体ノ真姿顕現ノ現況」といったバリエーションをみせることとなる。先にみた小藤が、堀第一師団長の言として述べているように、上の決定を、下が状況に応じて書き換え、ないしは修正することがあたり前に行なわれていたとみるべきであろう。

第五の問題点は、この警備司令部の文書が、第一師団にどのように伝達されたかである。福島は、「右陸軍大臣ヨリヲ参謀長ノ命ニ依リ両師団ニ電話テ伝達致シマシタ受命者ハ第一師団ハ村田（昌夫）参謀」だったと陳述する。

さらに福島は、「午后三時四十五分通知スミト記録シテアリマスカラ其レ迄ニ伝達ヲ完了シタ事ハ確実」と付言している。ところがである。第一師団の「極秘　二月二十六日事件詳報」は、「午后三時前後ニ於テ左ノ陸軍大臣告示ニ関スル電話報告ヲ受領ス」と、「陸軍大臣告示」を受領したとする。福島は、「陸軍大臣ヨリ」を電話連絡したとするのに対し、第一師団側は、「陸軍大臣告示」だと主張する。さらに第一師団側の資料には、「戒厳司令部ニ連絡将校トシテ派遣セル第一師団司令部兵器部部員寺田《てらだ》（忠《ただ》雄《お》）歩兵少佐戒厳司令部ニテ印刷セルモノヲ受領シ之ヲ電話ニ依リ村田参謀ニ伝フ」という書き込みもなされている。警備司令部の福島は、電話で、第一師団の村田参謀に「陸軍大臣ヨリ」を伝達したとする。これに対し、第一師団側は、寺田少佐が、警備司令部側から「印刷セルモノ」＝「陸軍大臣告示」を「受領」し、村田参謀に電話連絡し、第三項「国体ノ真姿顕現ノ現況（弊風ヲモ含ム）ニ就テハ恐惶ニ堪ヘス」というものが来たのだと主張する。一方福島は、直接電話で、第一師団に伝達したと述べるのであった。

当事者の寺田忠雄は、「聴取書（第二回）」で、「私ハ陸軍大臣ヨリト云フモノヲ見タ事ハアリマセヌ」と主張する。村田昌夫少佐も寺田からの電話連絡を「一字一句間違ヘナク書キマシタ」と語る（「村田昌夫聴取書」）。

一方、警備司令部の福島は、寺田が言う午後三時過ぎ段階での印刷物を否定し、「右『陸軍大臣ヨリ』ト題スル印刷物ハ警備司令官カ司令部ニ帰ラレテカラ配布シタト思ヒマス　時刻ニ付テ記憶アリマセヌ日カ暮レテカラト思ヒマス」と述べている。まさに「藪の中」である。**

「藪の中」を整理すると、第一点は、「真意」と「行動」の問題である。すでに『This is 読売』の拙稿「二・二六事件と陸軍中央」で指摘したように、軍事参議官会議で「真意」でなく「行動」とされていたならば、矛盾はない。真崎の副官は、香椎警備司令官が決まったことをそのまま伝えたと述べたようだが、それを聞いた福島は、「行動」で筆記しているからである。「真意」が「行動」に変わったとする本庄繁侍従武官長は、「私ハ何ンテモ警備司令部参謀（カト思フ）カ来テオツテ其会議中協議ノ纏マラナイ間ニ其要旨ノミヲ筆記シコレテヨロシイカト誰カノ認可ヲ得テ伝達シタモノト考ヘテオリマス」と述べているが、やや無理があるようである。第二項は、これでも説明がつかないわけではないが、次にみる第三項の修正が無理なのではないか。真崎が語る川島陸相が持っていたという「原文」に、私は出会えていない。この「原文」が「真意」であれば、ともかく現在の段階では、軍事参議官会議の決定が「行動」であったと考えておきたい。前掲拙稿でも述べたが、川島自身、「行動」ではなく「真意」だと強く主張していないのである。

第二点は、第一師団の「陸軍大臣告示」が、福島久作の訂正案と極めて近いことである。福島の手が入ったものが、警備司令部の誰かの手で印刷され、寺田少佐から村田少佐に伝達されたのではないか。次に問題となるのは、福島は、村田参謀に電話連絡したというのに、村田が、この点に全くふれていない点である。福島の陳述が、「別紙記録原本ヨリ之レニ干スル原稿写ヲ作成シ本聴取書ノ末尾ニ添附ス」という記述のようにある程度の資料的裏付けがあるのに対して、第一師団側は、「陸軍大臣告示」の「原稿」が行方不明になっているなど不明瞭な点がみられる。第一師団側が証拠隠滅を図っていた可能性は否定できない。

さらに「陸軍大臣ヨリ」も、福島が言う通り、確かに印刷されていたようである。青年将校側の標的の一人であった武藤章の「子分」であり、磯部に傷を負わされ負傷した片倉衷を病院に見舞う真田穣一郎は、強硬な討伐意見を持った人物だった。その彼は、聴取書で、警備司令部参謀として、着京する部隊を上野駅に迎えに出る際、「陸軍大臣ヨリ」を持参したと証言している。警備司令部関係では、「陸軍大臣ヨリ」が使われていたとみられる。***

* 茶園義男氏の『図説　二・二六事件』（二〇〇一年　日本図書センター）は、優れた編著であり、学ぶ点も多いが、こうした「本物」「偽物」といった視点から自由でないように思われる。本文でも引用した「小藤恵聴取書」の、「最初師団長カラモ師団命令ハ絶対的ノモノテナク彼等ヲ鎮圧スル一手段ニ過キナイノテアルカラ状況ニ応シ臨機応変ノ処置ヲ採ツテクレト申渡サレテ居リマシタ」という堀丈夫第一師団長の言こそ、二月二六日の実際だったのではないか。

** この他にも、近衛師団に「陸軍大臣告示」が、午前一〇時五〇分出されたとする橋本近衛師団長の報告もあるが、警備司令部の福島参謀は、「『陸軍大臣ヨリ』ヲ近衛師団ニ午前十時五十分伝達シタノテハナイカトノオ尋ネテスカ今モ申上ケタ通リテアリマス　或ハ近衛師団ノ方テ午前十時五十分ニ受ケタ旨記載アリマスナラ其レハ後ニナツテ誤記シタモノト思ヒマス当日午前十時半頃ニ伝達シタモノカアリマス其レハ前回申上ケタ　部隊ノ相撃ヲ避クル事ニ関シ極力戒慎スヘシ　テアツテ此レト誤ツタモノテハナイカト思ヒマス」と述べている。匂坂検察官の「意見」では、午後一時、山下が青年将校に伝達したが、青年将校側が不満だったので、古荘陸軍次官が参内したとする所見もある。近衛師団については、山口一太郎の陳述などによれば、青年将校への敵意むき出しである。その原因は、おそらく中橋らに皇居に入られたことへの反発が強く、責任回避の念があったのではないかと考えられる。

*** 真田穣一郎は、「陸軍大臣告示」をめぐって、興味深い陳述をしている。一つは、「福島参謀カ参謀長ノ聴キ方カ善クナイ為メ意味カ通ラヌトカ云ツテ大臣告示ノ第三項テシタカ其ノ修文ニ苦心シテ居タ記憶カアリマス」という点。もう一つは、「後日ニナツテ内務省秋本《(ママ)》事務官裁判所木内《きうち》（曽益《つねのり》）検事及ヒ警視庁ノ人々等カ　陸軍大臣告示　ニ付追窮シマシタ時其ノ答弁説明ニ苦シミ一夕武藤中佐、有末少佐、私、其他ト会食シ其ノ鋭鋒ヲ避クル為統帥事項ナルヲ以テ論議ノ限リニ非ス　ト応酬シタコトカアリマス　其ノ時　陸軍大臣ハ統帥官ニ非ス　ト反駁セラレマシテ弱ラ

レテ　平時警備カラ戦時警備ニ移ル過渡期ナレハ統帥ハ総長、大臣共ニ併セ行フ旨苦シキ説明ヲサレタ事ヲ覚ヘテ居リマス」という後日のエピソードである。「陸軍大臣告示」なるものが、極めて異例なものであったことが分かろう。

4　小藤部隊の誕生と軍事参議官との会見

「一師戦警第一号」と「陸軍大臣告示」への不満

いわゆる「陸軍大臣告示」によって、陸軍中央・警備司令部・第一師団の事件対処への足並みは、ほぼ一致した。警備司令部の福島久作参謀か、第一師団の寺田忠雄少佐のどちらかかは不明だが、「陸軍大臣告示」の伝達をうけた村田昌夫少佐は、その「第二回聴取書」で、次のように述べている。

私カ右大臣告示ヲ筆記シテ参謀室テ皆ニ読聞ケタ時、何タ変ナモノダナトノ感シヲ私計リテナク皆持ツテ居タ様テスカ何カ目的アツテシタコトト思ヒマシタ　目的ト云ヒマスノハ説得ノ為ト直感シマシタ

青年将校の「説得」——青年将校率いる部隊の撤退——のため、あらゆる手段がとられていくこととなる。第一は、午後三時、東京警備司令官が下した「戦時警備ニ関スル命令」（東警作命第三号）である。第一師団司令部「極秘　二月二十六日事件詳報」は、「陸軍大臣告示ト相関シ本命令中　1、本朝来行動シアル軍隊ヲモ含メ警備ヲ実施スヘキコト　2、軍隊相互ニ於テ絶対ニ相撃スヘカラスノ二項トス」と述べ、「師団長ハ総テノ力ヲ尽シ彼等ノ説得ニ努力スヘキ決心ヲ続行ス」として、「説得」方針を強調するのである。

第二は、同じく午後三時、東京警備司令部が出した「部外秘　軍隊ニ対スル告示」である。有名な史料であるが、引用しておく。

一、第一師管内一般ノ治安ヲ維持スル為本日午後三時第一師管戦時警備ヲ下令セラル

二、本朝来出動シアル部隊ハ戦時警備部隊ノ一部トシテ新ニ出動スル部隊ト共ニ師管内ノ警備ニ任セシメラルルモノニシテ軍隊相互間ニ於テ絶対ニ相撃スヘカラス（歩兵第一聯隊「秘　二・二六事件経過要綱」は、「相撃ヲナスヘカラス」）

三、宮中ニ於テ大臣等ハ現出動部隊ノ考ヘアル如キコトハ大イニ考ヘアリシモ今後ハ大イニ力ヲ入レ之ヲ実行スル如ク会議ニテ申合ハセヲナセリ（第一師団司令部「極秘　二月二十六日事件詳報」。なお「秘　二・二六事件経過要綱」には、（口達）「敵ト見ス友軍トナシ」が付されている）

第三は、これらをうけた午後四時の「第一師団戦時警備命令ノ下達」である。その三項では、「歩兵第三聯隊長ハ本朝来行動シアル部隊ヲ合セ指揮シ担任警備地区ヲ警備シ治安維持ニ任スヘシ」（「極秘　二月二十六日事件詳報」）と定められ、渋谷三郎《しぶやさぶろう》第三聯隊長をして、青年将校の決起部隊を率い、彼らを撤退させようとするものであった。小藤部隊誕生の前提が、ここに築かれた。

二月二六日、山口一太郎は、あがっていたのだろうか。彼の記憶する時間は、時間の経過と共にどうも実際より二時間以上遅れてきていた。雪のせいもあろうが、彼が、お昼過ぎと陳述しているのを、三時過ぎと読み替えると、他の陳述や、記録と符合する。*

山口は、一師戦警第一号で「口達」された「敵ト見ス友軍トナシ共ニ警戒ニ任シ軍相互ノ衝突ヲ絶対ニ避クルコト」（山口は、これを「戦警一号附録ノ注意」と呼ぶ）を、「附録ノ注意ハ非常ニ有難《ありがた》イ事タ、友軍タ

ト謂フカラニハ彼等ノ行為ハ正シイト云フ事即チ彼等ヲ義軍テアルト云フ事カ認メラレタ」と、非常に喜ぶ。だが彼には、不安があった。歩兵第三聯隊聯隊長が、「本朝来行動シアル部隊ヲ合セ指揮シ」という第三項の後段「但シ歩兵第一聯隊ノ部隊ハ適時歩兵第三聯隊ノ部隊ト交代セシムヘシ」であった。交替させようとしていた部隊＝「歩兵第一聯隊ノ部隊」が、栗原率いる機関銃隊であった点は、注目される。山口の不安は、「命令第三項ニ依レハ生木ヲ裂ク様ナ事ヲシテ本朝来行動セル部隊ヲ夫《そ》レ夫《ぞ》レノ部隊ニ帰ス様ニ記シテアルカ之ハ到底彼等カ受容シサウモナイ」という点であった（「山口一太郎第三回被告人訊問調書」）。山口は、「午後四時頃電話ヲ以テ師団司令部ニ招致セラレ」、「陸軍大臣告示ヲ交付セラレタ」（「秘　二・二六事件経過要綱」歩兵第一聯隊）という小藤に、この不安を話した。これに対し、小藤は「俺モサウ思フ」と述べ、そばにいた参謀長も、山口に対し、「君一ツ此命令ノ第三項ガイケナイト云フナラ三宅坂《みやけざか》ノ空気ヲ見テ来テ呉レヌカ、此適当ナル時期ニ付テハ考慮ノ余地ガアルノダカラ」と言ったという。小藤も、山口に次のように語った。

今カラ聯隊へ行クガ君ハ一寸《ちよつと》聯隊ニ立寄ツテカラ直《す》グ又三宅坂へ行ツテ彼等ノ考ヲ聞テ来テ貰ヒタイ、夫レカラ君ハ之ヲ持ツテ居ルカ

この時、小藤が、陸軍「『大臣告示』ノ印刷シタ物十数枚ヲ『ポケット』カラ出」したという。そこで山口は、「『持ツテ居マセヌ、少シ頂キマス』ト言ツテ五、六枚受取リ聯隊長ト一緒ニ自動車テ聯隊ニ帰ることとなる（「山口一太郎第三回被告人訊問調書」）。『二・二六事件研究資料Ⅲ』所収史料は、小藤聯隊長は、「行動部隊タル第十一中隊機関銃隊ヲ其ノ手ノ裡《うち》ニ収ムヘク先ツ山口大尉ヲ占拠部隊ノ位置ニ派遣シテ之レトノ連絡に任セシム」と、この間の経緯を述べている。

山口は、林八郎少尉が希望した「武器手入材料」を手配し、陸相官邸に向かったという（山口の記憶では、「午後二時頃」となっているが、明らかに午後五時前後のことである）。陸相官邸に着くと、小さな一室に、「約十名ノ行動隊将校」が「心配サウナ顔ヲシテ相談ヲシテ居ルタケ」だったという。山口の陳述で、その模様をみてみよう。

私ハ急キマスノテ直チニ「一師戦警第一号」ノ大要ヲ言ヒ聞カセ「此ノ様ニナル筈ダガ」ト申シマシタ、一同ハ非常ニ驚イタ様ナ又不満ラシイ口吻《くちぶり》テ私ニ次ノ様ニ申シマシタ

「私達ガ全ク生命ヲ賭シテ今暁来行動ヲ共ニシテ今此台上ニ全部勢揃ヒヲシテ居ルノデス、此台上ノ土地ハ私達カ今日迄ノ社会悪（ママ）ト「トドメ」ヲ刺シタ神聖ナ土地デアリ、此所ニ居ル千五百人ハ互ニ血ヲ啜《すす》リ合ツタ同志デアリマス、之ヲ一片ノ命令ニ依ツテ分割ヲシテ所属ニ帰シタリ此土地ヲ去ラシタリシナイ様ニドーゾ上ノ方ニ頼ンデ下サイ、我々ハ要求ガ実現スル迄此所ニ居ルノデスカラ」

此中テモ最モ強硬ニ之ヲ主張シタノハ　栗原中尉　テアツタ様ニ記憶シマス

山口は、さらに「戦警一号附録ノ注意」を伝えた。これに対しては、「『我々ノ行動カ認メラレタ証拠デアル』ト言ツテ非常ニ喜ヒ殊ニ極ク若イ人達ハ全ク安心シタ様ナ喜ヒノ声ヲ挙ケテ居リマシタ」。山口が「最後ニ『大臣告示』ヲ取出」すと、「何カ『インチキ』ガアルノデハナイカ」といった声もあり、必ずしも大歓迎の様子ではなかったという（「山口一太郎第三回被告人訊問調書」）。

事実、午後四時頃、山下少将が、「大臣告示」を持って陸軍大臣官邸に来て、「大臣告示ヲ敷衍《ふえん》シテ伝達」した際にも、磯部は「抗弁」している（後述）。

「陸軍大臣告示」は、説得への切札とならなかったのである。青年将校側が、「陸軍大臣告示」を「武器」として使い出すのは、二七日以降のことであった。

＊　山口は、午後八時頃のことを、午後六時と陳述し、午後一〇時まで記憶がないとも述べているので、意図的に間違えたのではなく、時間が、彼の感覚より早く立ち過ぎていたとみられる。

緊張の再度の高まりと小藤部隊の誕生

実は、「陸軍大臣告示」・「一師戦警第一号」と共に、青年将校側の緊張は高まりはじめていたのである。陸軍大臣・参謀次長、軍事参議官や香椎警備司令官の、「軍隊相撃」を避けようとする方向への、陸軍省・参謀本部幕僚の反発が原因であった。

「朝来警備司令部ノ処置ニ付テ憂慮」していたという真田穣一郎は、午後三時五〇分頃、警備司令部に行き、「軍隊ニ対スル告示」をみた。真田は、「如何ニモ変ナノテ『モウ出シタノカ』」と、福島参謀に尋ねたという。福島の「出シタ」という答えを聞き、真田は「卓上電話テ軍事課ノ武藤中佐ニ　トンテモナイモノカ出テ居ル　ト云ヒ　軍隊ニ対スル告示ノコトヲ伝」えた。さらに福島少佐は、「マタヒトイモノカアル」といって、「陸軍大臣ヨリ」を、「今刷リ直シテ居ルカラ刷レ直ツタラ見テ呉レ」と述べたという。山口によれば警備司令部の幕僚は、陸軍省・参謀本部の幕僚ほど、青年将校に敵意を持っていなかったという。しかしその警備司令部の幕僚も、「融和策」に違和感を持っていたことは確かであった。こうした幕僚たちの反感の中で、山口が、午後五時過ぎに行った陸相官邸の雰囲気は、先に陸相官邸にいた時の「アノ和《なご》カナ空気ハ全ク無ク誠ニ陰惨ナ気カ漲《みなぎ》ツテ居リマシタ」ということになる。それは、山口によれば、陸相官邸に来ていた陸軍省・参謀本部の知らない連中の討伐論（山口の言）が、青年将校を刺戟《しげき》した結果であった。午後五時頃、山下奉文の参内（後述）に、満井佐吉（事件を知り、午後三時陸相官邸に駆けつけた）と共に付き添った馬奈木敬信《まなきたかのぶ》中佐も、時間は定かではないが、「上ノ方ハアマ過ギル」と、陸相官邸で嘯《うそぶ》いていたという（「山口一太郎第三回被告人訊問調書」）。

青年将校の部隊を平穏に撤退させることは、このままでは不可能であった。山口や、満井佐吉の努力がはじまっていく。山口は、ただちに第一師団司令部に取って返す。前掲『研究資料』所収史料は、「幾《いく》莫《ばく》モナクシテ山口大尉帰来シテ占拠部隊目下ノ情勢ハ一転シテ急迫ヲ告ケ一師戦警第一号ノ命令実施ハ極メテ困難ナル形勢」と報告したという。「山口一太郎第三回被告人訊問調書」は、さらに詳細である。山口は、「『一師戦警第一号』ニ対スル陸相官邸ノ空気ヲ申上ケタ」上、以下のように堀師団長に意見具申を行なった。

命令ヲ変ヘルトイフ事ハ師団ノ権威ニ拘《かか》ハリマセウガ此侭《このまま》押通シテ流血ノ惨ヲ見ルヨリモ順序ヲ追ツテ彼等ヲ導クト云フ立場カラ此際多少改メテ頂イタガ宜《よろ》シカラウト思ヒマス

これに対して、堀は、「君ノ言フ通リダ、之レ以上皇軍同志血ヲ流シタトコロデ何ノ得ニモナラヌ、師団命令ノ訂正ニ依ツテ堀ハ馬鹿ダト言ハレテモ一向構ハヌ、俺ハ自分ノ部下同志撃合フ事ヲ極力避ケタイト思ツテ居ル」と答える。

ここで、時間の記憶違いから山口の陳述はやや混乱しているが、山口が参謀たちに語ったという「命令ガ悪イノデハナイ、『一師戦警第一号』ヲ起案スル基礎ニナツタノハ今日正午迄ノ非常ニ和ヤカナ状況デアリ、只今ハ色々ノ人カツ、キ壊シテ行動将校ノ気分ガ甚ダ険悪ニナツテ居ルノデ訂正ノ必要ガアルノデアル」点は、その通りであったと考えられる。第一師団司令部「極秘　二月二十六日事件詳報」は、「歩兵第一聯隊長随従将校山口歩兵大尉ノ意見具申」として、以下のように述べている。

山口歩兵大尉ハ小藤大佐ニ随従シ午后六時半頃師団司令部ニ来リ意見具申ヲ行ヒテ曰ク

一師戦警第一号命令ハ師団長ノ命令発令後ナルヲ以テ統帥上甚タ困難ナランモ之カ変更方ヲ願ヘサルヤ其理由トスル所ハ師団長ノ命令ヲ下シタル時刻ニ於ケル出動部隊将校ノ情勢ト現在ノ情勢トハ全ク一転シアリ

午后三時稍前小藤大佐陸軍大臣官邸ヨリ師団司令部ニ命令受領ノ為メ帰還セントスル際ニ於ケル空気ハ頗《すこぶ》ル和ニシテ出動部隊将校約十名ト陸軍省参謀本部ノ大臣官邸派遣者トハ談笑シアリタリ

然ルニ現在（午后六時頃）ニ於テハ両者ハ全ク殺気立アリテ其原因ハ参謀本部陸軍省派遣者中其用語適当ヲ缺《か》ケルモノアル為メニシテ例ヘハ某者ハ「コンナ有難キ命令ニ服従セヌ者ハ切レ」ト云ヒタルニ渋谷大佐ハソウダソウダト云ヒタリ　為之《このため》出動部隊将校ハ甚シク憤激セリ　又他面他ノ聯隊ノ隊長ニテ申上難キカ歩三聯隊長ハ将校ヨリ離反セラレアリテ本命令ノ如ク歩兵第三聯隊長ヲ以テ指揮官トセンカ到底服従スルモノニアラス　然ルニ小藤大佐ハ歩兵第三聯隊ノモノモ信頼シアリテ歩兵第一聯隊将校ノ如キハ小藤大佐ニ迷惑ヲ掛クルトナシ全員涙ヲ出シテ嗚咽《おえつ》シアリ　故ニ小藤大佐ヲ是非指揮官トセラレタシ（第一師団司令部「極秘　二月二十六日事件詳報」）

引用が長文にわたったが、ここに小藤部隊（麹町《こうじまち》地区警備隊）が、誕生することとなった。山口は午後四時と述べているが、一師戦警第二号（一、歩兵第一聯隊長ハ本朝以来行動シアル部下部隊及歩三、野重七ノ部隊ヲ指揮シ概《おおむ》ネ桜田門《さくらだもん》、〔日比谷〕公園西北角、〔旧〕議事堂、虎ノ門、溜池《ためいけ》、赤坂見附、平川(河)町、麹町四丁目、半蔵門《はんぞうもん》ヲ連ヌル線内ノ警備ニ任スヘシ）は、午後七時二〇分に出されるのである。山口はこの口述命令を筆記すると共に、小藤から「君ハ当分小藤部隊ノ副官ヲヤレ」と命ぜられたのであった。そして山口は、師団長室を出ると、「陸相官邸ノ沈痛ナ空気カ気ニ懸リマシタノテ一刻モ早ク此事ヲ知ラセテ遣《や》ラウト思ヒ陸相官邸ノ村中孝次　ヲ電話口ニ呼出シ『君達ノ希望ハ師団長閣下ニ容レラレタゾ、今小藤部隊ト云フモノガ編成サレテ行動隊ハ全員其ノ場所デ勤務スル事ニナツタノダカラ激昂《げっこう》シナイデ安心シテ居レ、僕モ直《す》グ其方へ行ク』」と連絡するのだった。

事実、一触即発の状態だったようだ。小藤・山口は、雪を衝《つ》いて車を走らせ、陸相官邸へ向かった。山口は、当時の緊迫した情景を、次のように描写している。

溜池カラ首相官邸ニ行ク途中ノ警戒ハ物凄イ計リニシテ僅カニ二百米ノ間テ四、五回自動車ヲ停メ其ノ度ニ扉ヲ開イテ中ヲ点検サレ辛フジテ首相官邸前ニ到著シマシタ、首相官邸前ノ道路ニハ道一面ニ九挺ノ重機関銃ヲ列《なら》ヘ全部実包ヲ装塡シテ物凄イ殺気ガ漲ツテ居リマス

山口は、鎮圧のため攻めてくるという池田俊彦《いけだとしひこ》少尉を次のように説得する。「ソンナ馬鹿ナ事ガアルモノカ、（中略）ソシテ此通リ俺ガ筆記シテ居ル師団命令ガ出テオ前達ハ皆小藤大佐ノ部下ニナツタノダ、俺ハ副官ダ」。そういって、道を開いて貰い、首相官邸内にいた四、五名の将校にも「同様ノ事ヲ伝ヘテ安心サセテヤリマシタ」。情勢が緊迫した原因は、陸軍首脳の「融和策」に反感を持つ幕僚層の挑発にあったようだ。山口は、以下のように述べている。

鎮圧隊カ来ルト云フ様ナ悪意ノ情報ハ其ノ後首相官邸ニ向ケ何処カラトモナク電話テ掛ツタノテアリマス、之ハ何者カ、計画的ニヤツテ居ル事タト思ハレマス、私ハ軍部ノ外ノ者ノ仕業テハ無イ

ト思ツテ居リマス

事実、武藤章とつながる真田穣一郎（警備司令部附）は、二月二六日の深夜、警備司令部の新井匡夫参謀・安井藤治参謀長、そして香椎浩平警備司令官に、「今直クヤレハ三宅坂ノ警備ハ厳ナルモ参謀本部警視庁等方面ハ警戒ハ弛緩《しかん》シテ居ルカラ参謀本部正門ヨリ攻撃セハ一挙解決ノ確信アリマス」と、意見具申していたのである（「真田穣一郎聴取書」）。謀略好きであり、陸軍省・参謀本部を青年将校に追い出された エリート幕僚たちの一部が、陸軍首脳を出し抜き、何とか武力衝突に持ち込もうとした可能性は、極めて高い。

しかしこうした行為が、青年将校たちをなだめ、撤退させようとする陸軍首脳部・香椎警備司令官らの意図を結果としては、妨害した面も否めない。山口は、次のように語る。

斯ノ如キ悪意ノ情報ノ為少ナカラス彼等ノ精神ヲ攪乱《かくらん》シ不安ノ念ヲ感セシメ私達彼等ヲ鎮静サセ様ト努力シタ者ニ取リテハ誠ニ困ツタ事柄テアリマシタ

ここに「一師戦警第二号」によって、「陸相官邸ニ居タ若イ者カ非常ニ喜ンテ多クノ者ハ小藤大佐ノ所ニ行ツテ『我々ハ部下トシテヨク働キマス』ナト、言ツテ居タ様テアリマス」と、ともかく青年将校率いる部隊は、形式的には統制に服することとなった（「山口一太郎第三回被告人訊問調書」）。天皇の命令がなければ動けないはずの軍隊が勝手に出動し、重臣・高官、さらには警備の警官らを殺害しながら、鎮圧側に組み込まれるという誠に奇妙な成り行きではあるが……。このようにプロセスを詳細にみてくると、いわゆる「陸軍大臣告示」の意味が、従来考えられていたほど大きくないことは確かであろう。どちらかといえば、戦時警備下令の際の、川島陸相・杉山参謀次長の「撃ツチヤイカン」の一言が決定的に重要だったといえよう。

山下奉文の参内

午後三時頃陸相官邸にやってきた満井佐吉中佐も、早い時期の解決への焦りを募らせていた。川島陸相は、参内したまま、陸相官邸に帰ってこない。午後四時頃、山下少将が、「大臣告示」を持って、陸軍大臣官邸にやって来る。香田・野中・村中・磯部らを呼び、「大臣告示ヲ敷衍《ふえん》シテ伝達」し、古荘・鈴木貞一・満井も立ち会う。しかし磯部は以下のように「抗弁」する。

今御諭シノコトダケデハ我々ハ断然引退《ひきさが》ル事ハ出来ナイ、従来トテモオ前等ノ精神ハ善イカラ、其ノ精神ヲ生カス様ニ努力スルト言ハレテ居リナガラ夫レガ一ツモ具体的ニ実行セラレテ居ナイ、其ノ為ニ今回蹶起スルニ至ツタノデアルカラ其ノ様ナ抽象的ノ空証文《からしょうもん》ニ依ツテハ我々トシテハ到底満足スル事ガ出来ナイ

「大臣告示」は、「説得手段」とならなかったのである。古荘次官は「大臣告示ニ対スル彼等ノ態度ヲ宮中ニ行ツテ大臣ヤ軍事参議官ニ申上ケル」と、午後五時過ぎ頃宮中へ行く（「古荘幹郎証人訊問調書*」）。陸相官邸に残っていた山下少将に対して、鈴木貞一大佐・馬奈木中佐と共に満井は、「速ニ処理スヘキ必要」を進言した。満井は以下のように述べている（「事変前後ニ於ケル満井中佐ノ行動」満井中佐ヨリ聴取）。

陸軍ノ各部カ各別ニ行動シ軍ノ意思カ一途ニ出テサル様考ヘラル宜シク各責任者ハ官邸ニ会同シテ軍ノ意思ヲ決定スルヲ要ス、官邸不可ナラハ宮中ニ会同スヘク其際ハ青年将校ノ意思ヲ充分ニ承知シアルヲ要スルヲ以テ満井、馬奈木ヲ加ヘラレ度　成シ得レハ村中等一、二名ヲモ招致セラルレ

ハ可ナラン

これに対して、山下は、次のように答えた。「宮中ニ集マルトセハ武装者ヲ伴フヲ得ス、満井、馬奈木ハ同伴可ナリ、然シ全部官邸ニ集マルヲ可トスルヲ以テ今ヨリ軍事参議官ヲ伴ヒ来ルベシ」。こうして午後六時頃であろうか、山下・満井・馬奈木が、車で宮中へと向かう。村中・磯部・香田もそれを追う。しかし大手門《おおてもん》で、山下以外は入ることを拒まれ、馬奈木を除いて満井たちは陸相官邸に戻ることとなるのである（前掲「事変前後ニ於ケル満井中佐ノ行動」、及び「香田清貞第三回被告人訊問調書」）。ともあれ、「陸軍大臣告示」に対する磯部の「抗弁」から、古荘、ついで山下が宮中へ行き、善後措置を相談することとなるのである。古荘・山下が、宮中で、川島陸相らと何を相談したかは必ずしも明らかでない。ただ古荘は次のように述べている。

　大臣ニ会ツテ大臣告示ニ対スル彼等ノ態度ニ付磯部ノ抗弁シタ顚末ヲ報告スルト夫レテハ軍事参議官カ出テ行ツテ会見説得スルト云フ事ニキマリマシタ

そして古荘は、自分も行って説得にあたるつもりだったが、「戒厳其ノ他ノ業務モ出来又部局長達ヨリ陸軍省ノ仕事ハ統一カ取レヌカラ是非居ツテクレト申シタノテ憲兵司令部ニ残ツテ居リマシタ」と弁解するのである（「古荘幹郎証人訊問調書」）。

ここに、古荘と川島の相談、さらに山下の参内によって、青年将校と軍事参議官との会見は、具体化するのである。青年将校側と、軍事参議官との会見は、「陸軍大臣告示」が撤退への切札とならなかったことによる古荘の参内、そして山下の「今ヨリ軍事参議官ヲ伴ヒ来ルベシ」が発端となって実現するのであった。

＊なお古荘は、「大臣告示ハ最初軍事参議官一同ノ意見トシテ彼等ヲ説得スル為ニ出来タモノテアツタカ参議官中ニハ宮様モ在ラセラレルカラ若シ彼等ガ肯シナカツタ場合ハ累ヲ皇室ニ及ホス憂ヒカアツタノテ大臣ノ名前ニシヤウト変更セラレタ様ニ聞テ居リマス」と、「累が皇室に及ぶ」点を強調している。

軍事参議官との会見の開始

しかし軍事参議官と青年将校側との会見が、何時にはじまったかについては、証言は分かれる。林銑《はやしせん》十郎《じゅうろう》前陸相や鈴木貞一が午後六時頃と言うのに対し、山口一太郎や香田は午後一一時頃としている。満井佐吉は午後九時頃と証言する。午後六時は、山下が宮中に着くか着かないかといった時間であり、陸軍首脳が深夜に青年将校に会見したことを隠したい心理があったのであろうか。一方午後一一時説は、会見中別室にいた満井が陸相官邸を退去したいと申し出、二月二七日午前一時過ぎ頃帝国ホテルのパーラーに行き、戒厳令施行後、石原莞爾・橋本欣五郎と会見しているので、後述する会見の中身からいって無理があるのではないか。ここでは満井の陳述に従い、午後九時頃にはじまったと、一応考えておく。

会見の内容については、山口一太郎の「第三回被告人訊問調書」が最も詳細であり、本質をついているようである。山口によればこの会見の出席者は、軍事参議官が林・荒木・真崎・阿部・寺内・西・植田の七人。「行動隊」側は代表者五名で、村中・香田・磯部と、記憶によれば栗原、及び対馬が出席していたと後で聞いたという。林銑十郎も、その「聴取書」で、そのように述べており、間違いあるまい。さらに、「部下監督ノ立場カラ小藤大佐　私（山口大尉）モ之ニ従ヒ」、「陸軍省側ノ傍聴者」として、山下少将・鈴木大佐が出席し、満井中佐については記憶がないとする。事実満井は出席していない。満井は、軍事参議官が陸軍大臣官邸に到着した折、山下少将から「青年将校ヨリ先キニ君カラ参議官ニ意見ヲ申上ゲヨ」と言われていた。そして彼は、「現在軍内外」に「昭和維新的ナ気持」が強く、「蹶起将校ト同意見ノ者カ相当多数」いると考えられるから、「事態ヲ悪化サセナイヤウニ早ク収拾シナケレバナラヌ」といったことを軍事参議官に述べ、以後、秘書官室などで、古荘次官の帰りを待っていたという（満井「第三回被告人訊問調書」）。こうして会見がはじまった。

山口は、以下のように述べている。

　一同カ著席シマスト　荒木大将　カ参議官ヲ代表シテ口ヲ切ラレマシテ
「君達ハ非常ナ事ヲヤツテ了《しま》ツタガ此後ヲドウ治メルカト云フ事ガ大切デアル、夫レニハ君達ノ考モヨク聞ケ置キタイノデカウヤツテ軍事参議官全部ガ集ツタ次第デアルカラ一ツ君達ノ忌憚《きたん》ナイ意見ヲ聞カシテ貰ヒ度イ」ト述ヘラレマシタカ代表将校五名ハ非常ニ固クナリ先ヅ村中、次テ香田、栗原等カ意見ヲ陳《の》ヘルニハ陳ヘマシタカ順序ナト余リ立ツテ居ラス大層拙《つたな》イ様ニ思ヒマシタ、ソシテ片ツ端カラ荒木大将ニ説破セラレ「グウ」ノ音モ出ナイ様ニナツテ了ヒマシタ、

あがってしまった青年将校と、それを雄弁に説破する荒木。山口はその会話を次のように伝えている。

将校「西園寺　牧野　宇垣　南　ヲ逮捕シテ頂キタイ」
荒木「ソンナ老人ヲ捕ヘテ何ニナル」
将校「今迄サンザン悪イ事ヲシテ来タカラ逮捕シテ頂キタイ」
荒木「君達ハモ少シ中味ノアル事ヲ言ヘ、ソンナ老人ヲ腹癒《はらい》セニ捕マヘタリ苛《いじ》メタリシテ何ニナルモノカ」

将校「立派ナ強力内閣ヲ作ツテ頂キタイ」
荒木「内閣ヲ作ルト云フ事ハ之ハ　大命《たいめい》ニ属スル事デアル、我々ノ言フベキデ事デナイ」
将校「夫レテハ昭和維新ニ入ル様ニ軍事参議官会議ノ結論トシテ推進シテ頂キタイ」
真崎「君達ハ軍事参議官ヲ何ト思ツテ居ルカ、参議官ト云フ者ハ万事　御下問ガ無ケレバ此方カラ進ンデ何事モ申上ゲラレナイ機関デアル、其ノ位ノ事ハ判ツテ居リサウナモノデアル、我々カ此様に努力シテ居ルト云フ事モ結局公務トシテヤツテ居ルノデハナク　軍ノ先輩ト云フ立場テヤツテ居ルダケダ、我々ハソンナ昭和維新ニ入ル決議ヲシタリスル様ナ事ハ出来ヌ、君達ハ目的ノ大部分ヲ達成シタノダカラ、モウイ、加減ニ手ヲ引イテ我々ニ任シテクレナイカ」

さらに山口は、会見がしらけきっていく様子を、「私ハ荒木大将ノ言葉トシテ非常ニ簡単ニ申上ケマシタカ実ハ非常ニ言葉沢山ニ述ヘ立テラレタ事テアリマス、之等ノ問答ノ後互ニ睨《にら》ミ合ツタ侭《まま》誰一人発言スル者カ無クナツテ了ヒマシタ」語っている。

山口が口をはさんだ。「荒木閣下ハ色々ト細カク話シテ下サツタガ、此方ガ言ヒ終ラナイ内ニ閣下カラ言ハレル為ニ閣下ノ言ハレル事ハ若イ連中ノ者トイツモ喰違ツテ居ル、又閣下ハ余リ雄弁ノ為、始メテ閣下ト言葉ヲ交ス者ハ仮令《たとい》閣下ノ言ハレタ事カ間違ヒデアツテモ其ノ雄弁ニ誤魔化サレテ了ヒマス」。荒木はこの発言に激怒したという。「誠心誠意言ツテルノニ誤魔化ストハ何事カ」。二、三、押問答があった後、山口は次のように述べたという。

初メ閣下ノ御言葉ニ依レバ若イ将校ト懇談ヲスルトイフ事デアリマシタガ結論トシテ此室内ノ空気ヲ御覧ナサイ、此通リニ引《ひ》キ吊《つ》ツタ様ナ固苦シイ空気デアリマセヌカ、御茶デモ飲ミナガラ本当

ノ懇談カ出来ル様ニ指導ヲシテ頂キタイノデアリマス

青年将校をなだめつつ、何とか説得し、所属隊長の命令に従って撤退させようとする荒木をはじめとする軍事参議官。阿部信行によれば、荒木が「オ前達カ国家ノ現状ニアキタラスシテヤツタ心持ハ同情スルモ斯ル意表ノ事ヲシタコトハ宜シクナイオ前達ハ早ク引揚ケテ後ハ我々ニ委セ」と説得したのに対し、「磯部カ村中カ」は、次のように応酬したという。

今迄モソウ云フ様ニ云ハレテ居タカ実現シタ事カナイ此度ハ如何ニシテモ実現シテ頂キタイ　尚襲ヒタイ人アツタカ兵力不足テヤレナカツタ又我々ノ同志ノ者カ地方ニ居ルカソレヲ東京ニ呼ンテ貰ヒ度イ各方面ノ将校ノ任免ヲヤツテ貰ヒタイ（「二・二六事件ニ関シ阿部大将ノ陳述ニ関スル件報告」）

決起した後も、人事要求が、大きな比重を占めていたことは、前述した青年将校運動の性格を端的に物語るものであろう。山口の陳述に戻ろう。彼は、真崎の発言にも反論する。

真崎閣下ハ今君達ハ目的ノ大部分ヲ達成シタト申サレマシタガ之モ間違ツテ居リマス、青年将校ノ目的ガ殺人デアルトシタナラバ夫レハ目的ノ大部分ヲ達シタ事ニナリマセウ、然シ彼等ハ殺人ガ目的デハアリマセヌ、目的ハ国家ノ革新デアリマス、彼等ノ目的ハ少シモ達セラレテ居ナイノデアリマスカラ其御心意デ応対ヲシテ頂キタイ

さらに山口の言によったのであろう。「夫レカラ間モナク紅茶ナトカ出テ寺内大将ヤ西大将カ『皆オ茶デモ飲ンデ本当ニ懇談ヲセウジ《しようじや》ヤナイカ』ト申サレ多少打解ケタ空気カ出来テ話カ進メラレマシタ」。しかし軍事参議官側は、青年将校率いる軍事力撤退のため、「陸軍大臣告示」以上には踏み込めなかった。原因は、何か。天皇であった。「陸軍大臣告示」自体、第五項で、「大御心ニ待ツ」と、一種の歯止

めをかけていたことを忘れるべきではない。

散見される天皇の怒り

この懇談は、山口一太郎に重要な印象を与えたようである。彼は、「私ノ記憶ニ判然残ツテ居ル軍事参議官方ノ気持ハ次ノ三点テアリマス」と、二・二六事件の全体像とも関わるような陳述を行なっている。第一点からみていこう。山口はまず次のように述べている。

今迄兎角《とかく》上層部ニモ派閥カアル様ナ事ヲ聞テ居リマシタカ此事件以来全ク斯ノ如キ事ナシニ誠心誠意七人ノ参議官カ一致団結シテ居ルコト

事実、日記で、林のことを「蜘蛛《くも》」と読んで敵視していた真崎も、青年将校が林に危害を加えないようにと心配する。皇道派対「統制派」といった派閥対立史観では、こうした事態は説明できない。

第二点として、山口は「誰モカ青年将校ノ精神ヲ生カス事ニ付十分ナ厚意ヲ有シテ居ラレルコト、之ハ代表将校カ物ヲ述ヘテ居ル際一同ノ方カ非常ニ大キク頷キ乍ラ聞テ居ラレル其ノ顔付テヨク判リマス」と指摘した。すなわち青年将校が要求したことは、人事などを除いては、軍首脳部の総意だったとみて間違いない。だからこそ、磯部が、決起しても弾圧がないと判断したのであった。

しかし山口の第二点の後段と、第三点こそ、二・二六事件処理の根幹であった。軍事参議官が青年将校の「精神ヲ生カス事ニ付十分ナ厚意ヲ有シテ居ラレル」と、山口は述べた後、以下のように続ける。

然シ一同ノ面上ニハ何カ知ラ板《いたばさみ》(ママ)挾ニナツテ思フ様ニ行カナイノタト云フ様ナ換言スレハ御前達ノ趣旨ハヨク判ルカ実現出来ルカ何ウカハ自信カ無イト云フ様ナ不安サカ浮ンテ居リマシタ

山口が見逃さなかった軍事参議官たちの表情に浮かんだ「板挟ニナツテ思フ様ニ行カナイ」原因は、何だったのか。第三点で、「板挟」の原因を、山口は次のように観察した。一つ目の「私ノ不安ト謂フノハ陸軍省、参謀本部ノ幕僚連カ言フ事ヲ肯《き》クマイト云フ不安」であった。前述した馬奈木や真田らの言動はこの点を示していよう。この軍事参議官と青年将校との会見最終盤のことのようだが、「二・二六事件ニ関シ阿部大将ノ陳述ニ関スル件報告」で、阿部信行は、川島陸相が来ることになっていたが来なかったので、「山下少将ヲ憲兵司令部ノ陸軍省参謀本部へ見ニ使ハセシニナカナカ強硬論モアリ軍事参議官ノ意見ト相違シ山下少将モ困ツタラシイ」と述べている。文字通り、陸軍首脳は、幕僚たちの強硬論との「板挟」になっていたのである。

しかしこの不安は、二次的だった。山口の根源的な不安は、「多分御許シカアルマイト云フ不安」であった。本庄繁侍従武官長の婿である山口は、天皇周辺の雰囲気を、それなりにつかんでいたのであろう。天皇が絶対に許さない、という予感を持っていたからこそ彼は最後まで決起に同調せず、上部工作に頼ろうとしていたのではないか。山口は、次のように語る。「荒木大将ノ言葉ニ依リ此不安ノ主体ハ後者テアルト感シタノテアリマス」と。「後者」、すなわち「多分御許シカアルマイト云フ不安」こそが「主体」だと彼は、直感したのであった。

「荒木大将ノ言葉」とは、以下の通りである。

軍内ノ事デアルナラ我々一致団結シテ如何ナル障害デモ蹴飛バシテ「ウン」ト云ツテ引受ケル事ガ出来ルノダ、所ガ今君達ノ要求スル事柄ハ此範囲ヲ超越シタ遙ニ高イ所ノ問題デアル、我々ノ揣《し》摩憶測《まおくそく》スベカラザル所デアル何分ニモ本当ノ側近者二人ヲ君達ガ斃《たお》シテ了ツタノデ我々トシテハ何

トシテモ万事控目ニシナケレバナラヌ

「軍内ノ事」なら大丈夫だが、「君達ノ要求スル事柄ハ此範囲ヲ超越シタ遙ニ高イ所ノ問題」だというのである。そして「本当ノ側近者二人ヲ君達ガ斃シテ了ツタノデ我々トシテハ何トシテモ万事控目ニシナケレバナラヌ」と荒木は語っていたのである。なぜ「二人」といったのか、斎藤実内大臣の他、鈴木か牧野が殺害されたという情報があったのであろうが、側近を襲撃された天皇の激しい怒りが、陸軍首脳を「万事控目」にさせていたのである。真崎も、軍事参議官と青年将校との会見がはじまる直前に、「自分も宮中に行つて尽力して居たが、宮中のことは中々思ふようには行かぬから早く兵を引くやうにしなければいかぬ」と満井佐吉・鈴木貞一に嘆息する（須崎前掲「二・二六事件と陸軍中央」参照）。事実、この二六日の段階でも、天皇は「暫定《ざんてい》内閣」を認めず、「陸軍は自分の頚《くび》を真綿で締めるのか」と、強い反発を示していた（『木戸幸一日記』）。「暴徒にして軍統帥部の命令に聴従せずは、朕《ちん》自ら出動すべし」との天皇発言は二七日、「朕自ら近衛師団を率いて現地に臨まん」との発言は二八日のこととなるが（『本庄繁日記』）。

これを聞いた山口は、「以上三点ノ内私カ最モ重要ト考ヘタノハ勿論第三ノ点」だとして、「荒木カ斯ク言ハレル所ヲ見ルト昭和維新ナトハ絶望カモ知レヌ」と思ったという。そして山口は、そうだとすれば撤退するしかないのではと考えるのである。彼は「然ラハ『大臣告示』ニ依ツテ彼等ノ精神ヲ認メラレタノヲ潮時ニシテ手ヲ引クノカ賢明カモ知レヌ、夫レニハ『大臣告示』ノ真偽ヲ確メテ置ク必要カアル」と考えるのである。

山口は、質問する。

「今朝来行動シタ部隊ハ一師戦警第二号ニ依リ小藤部隊トナリ、此所ニ御在リノ小藤大佐ノ指揮下ニ入リ私ハ其ノ副官デアリマスガ小藤部隊トシテハ本日示サレタ大臣告示ニ依ツテ行動ヲ律シテ宜シイノデアリマスカ」

すると軍事「参議官一同ハ大キク頷イテ其ノ通リト云フ意味ヲ表ハサレマシタ」という。その後、軍事参議官は、不安になったのであろう。山下に、もう一度「陸軍大臣告示」をみたいと言う。山口は、山下が「陸軍大臣告示」を書いているのを見、ここにありますよ、というとそれではまずいと山下が答えることとなる（須崎前掲「二・二六事件と陸軍中央」参照）。山下が、高齢の軍事参議官のために大きな字で書き直していただけか、「行動」を「真意」に訂正していたのかは不明であるが。

山口によれば、「其ノ後二、三話カアツテ二十七日午前二時頃比較的和カナ空気ノ内ニ此会見ハ終リマシタ」という。阿部信行は、「別室ニ退《さが》ツタ蹶起部隊ノ将校カラ更ニ希望アリ『軍ハ自ラ粛正ノ範ヲ垂レ昭和維新断行ニ邁進《まいしん》スルト言明シテ頂ケハ蹶起部隊ハ之テ引下ル』ト村中タツタカ言ツテ来タノテ荒木大将ハ『改メテ会フ必要ハナイ』トハネツケタ」と述べている（「二・二六事件ニ関シ阿部大将ノ陳述ニ関スル件報告」）。前後関係は不明であるが、撤退の条件として、「軍ハ自ラ粛正ノ範ヲ垂レ昭和維新断行ニ邁進スル」との言明を求めた青年将校側の要求を軍事参議官側が蹴ったとすれば、こうした言明も、天皇の許しが得られないと荒木らが判断していたこととなろう。ともあれ軍事参議官たちも、青年将校一〇名以上も、陸相官邸に泊まることとなるのである。激動の二月二六日は、二七日深夜へ引き継がれ、戒厳令も施行されていくのであった。

四 「解決」へのプロセス

THE TOKYO ASAHI SHIMBUN

兵火を見ず叛乱鎮

下士官兵殆ど帰順す 残るは極く小部隊

（戒厳司令部午前十一時三十分発表） 午前十時五十分首相官邸及び山王ホテルにある極く小部隊を除き叛乱部隊の下士官兵の殆ど全部は大なる抵抗を為さずして帰順したるを以て間もなく叛乱の鎮定を見るに至るべし

戒厳司令官の告諭

戒厳司令官 香椎浩平

住民整然と避難

避難の要領と区域

【戒厳司令部二十九日午前八時十分発表】避難を命ぜられたる地区の住民は続々と避難し何等の混乱を惹起しませんでした 避難を命ぜられたる地区以外の方々は落ち着いて居て下さい 何等御心配ありません

一旦は武力弾圧決意

香椎戒厳司令官

1　二月二七日

帝国ホテルの会見——石原莞爾・橋本欣五郎・満井佐吉——

軍事参議官との会見を通じて、相当数の青年将校が安心感を抱いたようである。山口一太郎は、「第三回被告人訊問調書」で、「二十六日夜ト申シテモ結局二十七日午前四時頃陸相官邸ニ寝タ行動将校ハ栗原《くりはら》（安秀《やすひで》）、磯部《いそべ》（浅一《あさいち》）、村中《むらなか》（孝次《たかじ》）其ノ他十名ヲ超ヘテ居リマシタ、之ヲ以《もっ》テシテモ彼等カ一師戦警第一号附録ノ注意、大臣告示、一師戦警第二号、軍事参議官トノ会見等ヲ綜合《そうごう》シテ如何《いか》ニ安心シタカヲ物語ツテ居リマス」と、その状況を述べる。

軍事参議官と青年将校との会見中から、満井佐吉《みついさきち》は、石原莞爾《いしはらかんじ》と連絡をとろうとする。満井の「第三回被告人訊問調書」と、石原莞爾の「証人訊問調書」は、青年将校の行動を生かし（ないし利用し）、自らの意図を実現していこうとする陸軍中央の思惑を垣間みさせてくれる。石原によれば、二六日午後一一時頃、満井が憲兵司令部に石原を訪ねてきたという。満井の要請は、以下のようだったと石原は語る。

内閣ノ方針トシテ　一、国体ノ明徴　二、国防ノ強化　三、国民生活ノ安定　ノ三ケ条ヲ挙ケ昭和維新ニ邁進《まいしん》スル事ヲ決定シ之《これ》ヲ上奏シ御裁可《ごさいか》ヲ仰キ維新断行ニ導ク事ニ依《よ》ツテ今回ノ事件ヲ速《すみやか》ニ解決スル最良ノ方法ナリト思フカラ右ノ趣旨ヲ陸軍上層部ニ取次《とりつ》キ尽力セラレタイ石原も、同意だったのであろう。石原証言をみてみよう。「私ハ憲兵司令部に参集中ノ部局長連ニ右ノ趣旨ヲ取次キマシタ処《ところ》非常ニ厚意ヲ以テ受入レラレタ様ニ観察シマシタ、其ノ後後宮《うしろく》（淳《じゅん》）少将カ宮中ニ行キ右ノ趣旨ヲ陸相ニ伝ヘタ筈《はず》テアリマス」。陸軍中央が、青年将校同様、「維新断行」を念願していたことは明らかである。

満井の陳述は、石原のものとは会見するまでのプロセスが異なる。満井は、二七日午前一時頃万平ホテルから憲兵司令部へ電話をしたが、石原は宮中にいたのかつかまらない。帝国ホテルのパーラーに席をとってもらい、満井はそちらに移る。橋本欣五郎《はしもときんごろう》（陸相官邸で阿部信行《あべのぶゆき》と相談）から寄ろうかという電話があり、橋本も来ることとなる。ようやく憲兵司令部への電話で石原がつかまる。石原は「今戒厳《かいげん》司令部カ出来テ自分ハ戒厳参謀ニナツタカラ其ノ方へ行コウト思ツテ居ル」と、満井に言う。満井は、その途中に、帝国ホテルに寄っていただけないかと頼む。こうして橋本・石原が、帝国ホテルにやってくる。後継内閣の問題が話し合われるのであった。会談の模様は以下の通りである。

満井「早ク何トカシナケレハナリマセンカ一体宮中ノ状況ハ如何デスカ」

石原「幕僚ノ方テハ東久邇宮《ひがしくにのみや》（稔彦《なるひこ》）殿下ヲ首班トスル内閣案ヲ出シテ宮中ニ持ツテ行ツタカ其ノ案ハ実現スルニ至ラヌ、蹶起部隊ノ方カラ真崎《まさき》（甚三郎《じんざぶろう》）内閣ノ希望カ出テ居ルガ之モイカヌ、誰カ適当ナ人物ヲ知ラヌカ*」

それに対して、満井は、山本英輔《やまもとえいすけ》海軍大将を推薦する。山本は満井から話を聞き、「斎藤《さいとう》（実《まこと》）内府に送るの書」を送り、真崎がその日記に「大宮が既に戦闘を開始したる者」があると記した人物であった。

橋本も石原も、山本について知らなかったが、満井・橋本が、「山本大将ヲ内閣首班トシテ昭和維新ニ進ンデ行ク様ニスレハ蹶起将校ハ云フ事ヲ肯《き》クデアラウ」と言ったので、石原は「夫《そ》レナラハ陸軍当局ニ其ノ事ヲ伝ヘル事ニシヤウ」と約束したという。石原は逃げをはっている印象が濃い。しかし石原は憲兵司令部に帰り、この模様を話す。陸軍首脳は「別ニ異存ハ無カッタ様」だったが、「其ノ後内閣ニ持チ出サレタ際一蹴セラレタ」という。真崎と同類とみられたからだったと、石原は観察する。

天皇も、戒厳令《かいげんれい》は認めたとはいえ、皇族内閣・真崎内閣などを認めるはずもなかった。「維新」的内閣を作ることで、青年将校率いる部隊を撤退させ、併せて軍部が政治の実権を握ろうとする方策は成功しなかった。

＊　石原は、「二月二六日参謀本部幕僚間ニ於テ皇族内閣説ガ持出サレタト云フ事デアルガ如何」という問に対して、「皇族内閣ノ話ガ出マシタノテ私ハ部局長ニ取次キマシタ処部局長モ夫レニ対シテ異存ナキ様デアリマシタ」と答え、当初、陸軍中央が、皇族内閣の実現をめざしていたことは間違いない。また、満井か橋本が、真崎はどうかと聞いたのに対し、石原は「夫レハ参謀本部デ承認シナイカラ駄目タ」と語ったという。

不成功に終わった撤退工作

石原は戒厳司令部に去る。橋本欣五郎も、参謀本部に向かう。帝国ホテルの会合に同席していた田中弥の「聴取書」によれば、橋本は午前四時頃帝国ホテルに戻ってきた。橋本は、参謀本部で協議した（田中は、杉山参謀次長と協議したのではないかと観測）結果を満井に伝えた。それは「参謀本部ノ空気ハ一変シテ蹶起部隊ノ弾圧ヲ強硬ニヤルト云フ風ニナッテ来タカラ早ク行動部隊カ下ラナイト撃チ上ケラレル」というものだったという。

満井は村中孝次を呼び出し、撤退を説得する。村中は撤退を了承する。二月二七日早朝の時点での村中の意識は、必ずしも明らかでない。ただ北一輝《きたいっき》取り調べ関係の「証人訊問調書」によれば、二七日正午頃の感想という文脈であるが、「当時私ハ部隊ヲ如何《いかが》スヘキカニ付《つき》大変迷ツテ居リマシタ」と陳述している。おそらく次に述べる香田清貞《こうだきよさだ》と同様なことを考えていたのであろう。

香田清貞は悩んでいた。軍事参議官との会見終了後、彼が非常に苦慮したのは、「部隊ノ引揚ケノ時機」についてであった。彼は次のように陳述している。

> （決起）部隊ノ方テハ相当強硬ナ態度ヲ持シテ具体的要求ノ実現ヲ希望致シテ居リマシタカ其ノ目鼻カ付カヌ　ソウカト云ツテ何時迄《いつまで》モ警備ヲ継続スル訳ニハ参ラヌ　引揚ケノ時機ト理由ノ発見ニ苦ンタノデアリマス

そこで香田は、二七日明け方、警視庁附近に行き、野中四郎《のなかしろう》に会い、「何時迄コウシテ居テモ埒《らち》カ明カヌ却《かえつ》テ我々ノ精神カ誤解サレル様ナ事ニナルカラ寧《むし》ロ引揚ケ様テハナイカ」と説く。野中も「之ニ同意ノ様テアリマシタ」と、香田は感じ、さらに彼は村中にも相談した。村中も、もちろん同意であった。そこで香田は、「其処《そこ》テ大体引揚ケ様ト云フ事ニ私ノ心ノ中テハ定メ」ていたという（「香田清貞第三回被告人訊問調書」）。

しかし青年将校内部で激しい対立が起こった。香田によれば、午前七時頃、陸相官邸に、村中孝次・磯部浅一・野中四郎・対馬勝雄《つしまかつお》・竹島継夫《たけしまつぎお》・坂井直《さかいなおし》、そして香田が集まったという。話し合われた内容は、第一に、「陸軍省参謀本部ノ執務ノ便宜《べんぎ》ヲ考慮シテ同省、同本部ノ占拠ヲ解放スルヤ否ヤ」であった（同前）。これは、前夜、軍事参議官が陸相官邸に集まっていた際、入室した満井佐吉に寺内寿一《てらうちひさいち》大将が文句をつけたことが発端だった。寺内は、満井が「青年将校ニ加勢シテ居ルカノヤウナ口吻《くちぶり》」で、次のように苦情を述べたという。「幕僚ヲ入レナケレバ事務ヲ執レヌデハナイカ　業務モアルカラ入レタライ、ダラウ」。

幕僚がいなければ何もできない陸軍トップの実態が物語られているが、満井はこれに対して、私は陸軍次官に留守を命ぜられただけだから帰りますが「御意図ハ青年将校ニ伝ヘテ置キマシヨウ」と答えて外に出る。そして廊下で出会った「村中カ磯部カニ（中略）寺内大将ノ意図」を伝達する（「満井佐吉第三回被告人訊問調書」）。おそらくこれが、陸軍省・参謀本部からの撤退方針が出てくる背景であった。

第二の内容は、「仲々解　放（決カ）ノ見通《みとおし》モ付カヌノテ引揚ケルカ否カ」であった。

この香田の陳述に対して、村中の記憶は違う。北一輝関連の、六月になされた証人訊問で、村中孝次は、二月二七日の撤退方針について聞かれたのに対し、以下のように述べている。

　引ク引カヌテ論議カ沸騰シテ居リ私カ帝国ホテルテ約束シテ帰ツタ顚末《てんまつ》ヲ話スト益々《ますます》激昂《げっこう》スル様ナ有様テアリマシタ

つまり村中が帰ってくる前から、香田か野中が撤退論を述べ、激論が生じていたというのである。一枚岩と思われがちな青年将校内部で、激しい対立が生じた原因としては、次の三点が指摘できよう。

第一は、情勢判断の相違である。村中・香田・野中らが手詰まりを感じていたのに対し、陸相官邸の議論には加わっていないが栗原は、この二七日確実に維新に入ると得意の絶頂にあったと証言する（「栗原安秀証人訊問調書」）。

第二には、青年将校運動が、抱えていた重点の置き方の違いである。つまり本来のあり方である「上《じょう》長《ちょう》ヲ推進シテ維新へ」を重視するか、直接行動により重きを置くかという発想の差である。時間の経過と共にやや異なってくるが、図式的にいえば、この時点では、村中・香田らが前者に属すとすれば、磯部・栗原らは後者ということになろう。さらに、これらに加えて、野中らの新規参入者の意向もあり、決起した青年将校の意識は、区々であったとみてよい。香田・村中らに反発した磯部は、この間の模様を次のように述べている。香田証言と異なるが引用してみよう。

二月二十七日払暁《ふつぎょう》ニ村中カ帝国ホテルヨリ帰ツテ来テ（中略）行動部隊ヲ一応撤退スルト云フ約束シテ来タト申シマシタノテ私ハ憤慨《ふんがい》シ「最初ヨリ非常ナル決心ヲ抱キ千何百名ノ大部隊ヲ率ヒテ出テ居ルノテアルカラ今更《いまさら》後退セヨト申シテモ不可能ノ事テアル、其ノ為皇軍相撃《こうぐんそうげき》ニナルトモ又已《や》ムヲ得《え》ナイ、誰カ何ト言ツテモ自分ハ断シテ撤退スル事ハ出来ナイ」ト強硬ナ意見ヲ主張シマシタカ私ハ孤立ノ様ナ立場ニ置カレタノテ「引ク者ハ勝手ニ引ケ　俺ハ死ヌテモ引カヌ」ト申シテ結局喧嘩《けんか》別レノ様ニナツテ「栗原ト共ニ部隊ヲ率ヒテ軍人会館偕行社《かいこうしゃ》等ニ出撃スル」ト申シテ首相官邸ニ引上ケマシタ（「磯部浅一証人訊問調書」）

磯部が首相官邸に引揚げるのは、正午近くと考えられるので、論争は相当長時間かかったのではないか。

第三の理由は、青年将校の部隊に指揮系統がなかったことである。この点をはっきりと語るのは河野《こうの》寿《ひさし》である。自決する前日の三月四日（死去は三月六日）、東京第一衛戍《えいじゅ》病院熱海《あたみ》分院で行なわれた「被告人訊問調書」で、彼は、奉勅命令に従わなかったことを、「勅命ニ抗シタコトハ恐懼《きょうく》ニ絶ヘマセン」としたた上で、以下のように述べるのであった。

若《も》シ最高指導者トシテ年令ノ異ツタ方カ全部ヲ統率サレタナラハ恐ラク勅命反抗ノ如キコトハナカツタト思ヒマス　唯同志相集ツテノ合議制タツタ為最硬意見ニ引摺《ひきず》ラレタノテハナイカト思ヒマス

つまり、青年将校の決起部隊は全体としての指揮系統を欠いていたのである。青年将校の部隊を、麹《こうじ》町《まち》地区警備隊長として率いることとなっていた小藤《こふじ》恵《さとし》は、その聴取書で、自己弁護の雰囲気を漂わせつつも、「私ハ最初カラ彼等ハ軍隊テナイト考ヘテ居リマシタ」、「彼等ハ統制アル軍隊テハナク即チ純然タル軍隊トシテ統帥命令ニ依テ動イテ居ルノテナク各地ニ占拠セル者カ勝手ニ編成又ハ配備ヲ変ヘテ居ル状況テアリマシタ」と述べるのである。「各地ニ占拠セル者カ勝手ニ編成又ハ配備ヲ変ヘテ居ル状況」という一面があったことは否定できない。

そして、とくに撤退に反対する磯部の強硬論によって、香田が言う「陸軍省参謀本部ノ執務ノ便宜ヲ考慮シテ同省、同本部ノ占拠ヲ解放スル」措置という折衷《せっちゅう》案がとられることとなる。村中によれば、「陸軍省、参謀本部ヲ占拠シテ居ツテハ事務ヲ妨害スル事ニナルカラ」、「議事堂附近ニ部隊ヲ集結シタラ宜《よ》イト云フ折衷案ヲ出シ強硬論ノ磯部之ニ同意」するのであった。

磯部との妥協の中でとられたこの措置により、陸軍省・参謀本部への軍事力の威圧がなくなるのである*。青年将校たちに敵意を抱く真田《さな》穣一郎《だじょういちろう》をはじめとする陸軍省・参謀本部の幕僚層は、前日の混乱状態を脱していく。これに先立ち戒厳令施行と共に、警備司令部（戒厳司令部）の軍人会館移転を青年将校側は了承していた。これを、安井藤治《やすいとうじ》参謀長は、「警備司令部も決起の趣旨に共鳴しある」誤認したのかと語る（須崎前掲『二・二六事件』参照）のである。この措置と同様、陸軍者などの開放は鎮圧側を助力する方向であった。しかしそれは、本書で強調してきた「上長ヲ推進シテ維新ヘ」という青年将校運動の本質の反映だったのである。

＊　しかし柴有時《しばありとき》によれば、幕僚たちは、なお恐れを抱いていたようである。柴は、「二十七日以降ハ誰テモ易々トシテ出入ノ出来ル陸軍省参謀本部ノ城ヲ空《（ママ）》ケ渡シタ侭《まま》誰一人トシテ難ニ赴クモノナク情ナイ状況（但シ当直テ籠城セシ人ヲ除ク）ヲ見テ之レテモ日本ノ陸軍ノ軍人カト云フ義憤」を抱いたという。

一部兵力撤収の開始

前述のような青年将校側の姿勢は、彼らが警戒心を全くなくしていたことを意味するものではない。山口一太郎によれば、二七日午前六時頃、何か騒がしいので目を醒ますと、「『討伐隊カ来タ、ソラ大変ダ』ト言ツテ皆駈出ス所テアリマシタ」という。いち早く飛び出した山口は、「ソンナ事ハ無イ筈ダガ」と思いつつ、自動車で「三宅坂《みやけざか》――赤坂見附《あかさかみつけ》――溜池《ためいけ》附近ヲ廻リマスト所々ニ道路ヲ挟ンテ小藤部隊ト他ノ部隊トカ撃合ヒヲ始メサウナ模様」だったという。近衛の部隊が「叛軍《はんぐん》」という言葉を使い、一触即発の状態が生じたようである。山口は「両軍ノ衝突シサウナ所ヲ整理シテ廻リ」、午前九時頃までに一応整理がついて陸相官邸に帰ったという。山口は、「中ニハ対抗部隊ノ指揮官同志話合ヒノ出来タ所サヘアリマシタ」と語るが、この事件が、後述するように二七日夜の小藤隊長の宿営命令へとつながっていく（「第三回被告人訊問調書」後述）。

本題に戻ろう。この前線の整理と併行しながら、一部兵力の撤収がはじまっていったと思われる。しかし歩兵第一聯隊の「秘　二・二六事件経過要綱」と、香田清貞の証言は、食い違っている。まず「秘二・二六事件経過要綱」からみていこう。小藤聯隊長をかばおうとしたのか、歩兵第一聯隊作成のこの史料は、兵力の撤収開始を小藤の指示によるものとしている。すでに軍事参議官との会見終了後の「午前一時頃ヨリ小藤大佐ハ行動部隊ノ一部将校ニ対シ行動部隊カ陸軍ノ中枢機関タル陸軍省、参謀本部附近ニ占拠シアルハ事件ノ解決ヲ不可能ナラシムル所以《ゆえん》ヲ説キ明早朝ヨリ陸軍省、参謀本部附近ヲ開放スヘキ事及《および》其ノ他ノ個所モ撤去シテ逐次《ちくじ》新議事堂附近ニ集結スル如ク指導」したとする。さらに早朝から小藤が「指導ヲ与ヘツ、陸軍省附近ヲ占拠セル部隊ヲ撤去シ新議事堂附近ノ空地ニ移ラシム」と記す。他の証言からみると、やや不自然な点がある。ただ山口一太郎によれば、清原康平《きよはらこうへい》少尉に出会った彼が、「オ前ハ何所ニ居ルノカ」と尋ねると、清原は以下のように答えたという。

　警視庁ニ居タノデアリマスガ今小藤大佐ノ命令デ戒厳令ガ布《し》カレテ我々モ警察官モ共ニ帝都ノ治安維持ニ任ズルノダカラ其所ヲ開放スル様ニト言ハレタノデ今夫レヲ伝ヘニ行ク所デアリマス（「山口一太郎第三回被告人訊問調書」）

この清原の発言によれば、小藤が、兵力撤収を命じたことは確かである。「戒厳令ガ布カレテ我々モ警察官モ共ニ帝都ノ治安維持ニ任ズルノダカラ其所ヲ開放スル様ニ」という清原が伝えた小藤の言葉は、「麹町地区警備隊」が、青年将校側に有利に働く一面のみでなく、青年将校側を懐柔する役割を果たしていたことを示している。

一方、香田清貞によると、兵力の一部撤収は、青年将校側が主体となったものだった。磯部らの強硬論により反対された結果、①陸軍省・参謀本部は解放し、その警備を解き、首相官邸・新議事堂（現在の国会議事堂）附近に部隊を集結させる、②「現地ヲ引揚ケテ屯営《とんえい》ニ帰ルト云フ事ハ絶対ニ反対」ということになる。そして香田らは、この旨を前線各部隊に伝達し、その直後、小藤大佐に会い、前記の点を話した上、次の通り説明・依頼したというのである。

首相官邸、新議事堂附近ヲ引揚ケ屯営ニ帰ルト云フ事ニナレハ其反対者ハドウ云フ事ヲヤリ出スカ判ラヌカラ暫《しばら》ク右箇所ニ於テ警備スル様ニ師団命令ヲ出シテ頂キタイカラ第一師団長ニ会ツテ尽力シテ頂キタイト御願ヒシマシタ（傍線は、引用者）

つまり磯部・栗原らが「ドウ云フ事ヲヤリ出スカ判ラヌ」から、引揚げを待ってほしい、そのための命令を出してほしいと香田は、要請していたのである。

この香田の陳述から、以下の点がいえよう。第一は、青年将校内部が、撤退派と引揚げ反対派に事実上分裂し、自壊を防ぐために強硬論に引き摺られていったことである。第二には、歩兵第一聯隊の「秘二・二六事件経過要綱」が述べる小藤大佐の指導性の発揮が、おそらくこの香田の申し入れ後であったことである。小藤恵がその「聴取書」で、「彼等ハ統制アル軍隊テハナク即チ純然タル軍隊トシテ統帥命令ニ依テ動イテ居ルノテナク各地ニ占拠セル者カ勝手ニ編成又ハ配備ヲ変ヘテ居ル状況テアリマシタ、私ハ彼等ノ代表者ニ会ヒマシタ処或《ある》時期カ来タラ指揮下ニ入ルト勝手ナ事ヲ申シタ程テアリマシタ」と述べているように、積極的に命令を出していた節がないからである。

青年将校たち率いる一五〇〇弱の軍隊の撤退は先延ばしにされるのである。

鎮圧側の情勢観と対応

二月二七日、午前から午後の時点で、事件関係者はどのように情勢を認識していたのであろうか。「皇軍カ両方ニ別レ而《しか》モ宮城近クニ於《おい》テ干戈《かんか》ヲ交フルコトカアツタラナラハ誠ニ申訳ナク恐懼措《お》ク能《あた》ハサル所テハナイカ」と、あくまで「皇軍相撃」を回避しようとしていた香椎浩平《かしいこうへい》戒厳司令官からみていこう。

香椎の発言は、柴有時関係の聴取書類にみられる。柴の二七日の行動から追おう。午前六時半、柴有時は、陸相官邸に山口を訪ねた。* 山口から田中弥《たなかわたる》大尉と会いたいといわれた柴は、田中を連れてくる。山口が、同期の田中に会いたいといった意図は、「陸軍省、参謀本部ノ幕僚達ノ立籠《たてこも》ツテ居ル偕行社ヤ軍人会館ノ状況ヲ知リタイト考ヘ」たからという（「山口一太郎第四回被告人訊問調書」）。しかし山口が、第一線の整理に出た（前述）からであろうか。柴と田中は山口に会えず、柴・田中は戒厳司令部に向かう。柴によれば、「香椎閣下ハ元ノ自分ノ旅団長テアリ元ノ戸山学校長テアリ出来ルコトナラ御力添ヘヲシテ上ケタイ」と考えたからだという（三月一日陳述）。

午前九時前後、戒厳司令部に着いた柴は、香椎に面会を求めた。柴は、香椎から「オ、ヨイ所へ来タ」と迎えられる。柴は「出来ルコトナラ何テモヤリマス」と答える（同前）。柴は、香椎に、「昨夜カラ先方ト出入シテ得タ有様」を報告する。香椎は、「ソレハヨイ情報タカラ参謀長（安井藤治《やすいとうじ》）モ一緒ニ聞カセヨ」といい、参謀長を呼ぶ。柴は香椎・安井に対し、「更ニ詳シク先ツ先方ノ一般情勢現在ノ先方ノ警備状態先方ノ連中ノ気持等ヲ報告」したという。香椎は、「ソレハヨイコトヲ聞イタオ前ハ一体先方ノ歩哨線ヲ出入出来ルカ」と、さらに尋ねた。柴は「先方ニハ山口カヲリマスカラ出来マス」と答えた（「柴有時第三回聴取書」）。山口が、田中を通して幕僚たちの動きを知りたかったのと同様、香椎も、青年将校側の動きや意図を把握したかったのである。香椎浩平は、柴に関係した「証人訊問調書」で、柴に「同人ヲ蹶起部隊ノ将校ノ許《もと》ニ遣《や》ツテ彼等ヲ説得サセルナラハ有効テアロウト考ヘ同人ニ対シ取《と》リ鎮《しずめ》ノ為善処セヨト命シマシタ」と、この間の経緯を述べている。

柴が、戒厳司令部で働くことを職場の戸山学校に届けなければといったのに対し、安井参謀長は「学校へハ戒厳司令部カラヨク云ツテ置クカラ司令官ノ直隷《ちょくれい》ノ伝令ト云フ意味テ働イテ呉レ」と述べたという。事件の解決を焦っていた当時の戒厳司令部の雰囲気を、伝えるようなやりとりである（柴の三月一日陳述）。そして彼は、「爾《じ》後《ご》屡々《しばしば》行動隊ニ入リ行動隊ノ情況ヲ司令官ニ伝へ且《か》ツ鎮撫《ちんぶ》工作ノ為メノ伝令ノ任務ニ服シタノテアリマス」と述べるのであった（同前）。

ここに鎮圧側は、小藤大佐という「行動軍ノ鎮撫並《ならびに》監視ニテ之レハ師団長ヨリ命セラレタ」人物（山口大尉から柴が聞いた小藤大佐の任務（「柴有時第三回聴取書」））に加えて、柴、ついで松平紹光《まつだいらつきみつ》という事実上の「スパイ」を得たのである。小藤が、その任務上、常時動いて戒厳司令部に報告できないのに対し、柴（二七日夜の段階では松平も加わる）は「伝令」として、青年将校側の情報をリアルタイムに近い時点で、司令部に通報することが可能になったのである。香椎自身も、「戒厳司令部ト蹶起部隊トノ間ニアリテ私ノ意図タル極力穏カニ撤退スル事ヲ蹶起将校等ニ説得スルト云フ事及彼等ノ意向、行動ヲ私ノ許ニ報告シマシタ」と、柴らの行動を評価していた（「香椎浩平証人訊問調書」）。

同時に、戒厳司令部は二七日の時点では、青年将校側の「行動拡大」への警戒を強めていた。戒厳司令官は、午前中、「近衛第一両師団長ヲシテ有力ナル部隊ヲ以テ叛乱軍ノ行動拡大」の防止を求めた（戒厳司令部「経過概要」）。これをうけてであろう。午後零時四〇分、近衛師団は、近師警命第八号を発し、「占拠部隊ノ行動拡大ヲ防止」するように求めた。そして左記の諸点を「注意」として附すのである。

一、兵力分散セサル様注意

二、事端ヲ惹起《じやつき》セサルニ深甚《しんじん》ノ注意ヲ要ス　但シ暴動ノ目的ヲ以テ該線以外ニ進出セントスルトキハ武器ヲ用フルモ止ムヲ得ス
三、占拠部隊カ連絡、食事運搬ノ為一部カ外ニ出ツルハ妨《さまたげ》ナシ
四、集結シテ原兵営ニ復帰シ温順ニ原隊長ノ指揮ニ入ルコト明カナルトキハ通シテ可ナリ
五、宮城、宮家、外国公館ニ危害ヲ及ホササルニ注意
六、将校ノ選定ニ注意（「被告事件ニ関スル書類提出ノ件　回答」昭和拾壱年参月拾参日　近衛師団長橋本虎之助《はしもととらのすけ》）

青年将校側に敵意を剝《む》き出《だ》しにしていたとされる近衛師団も、第二項で、「皇軍相撃」を避けるよう指示しており、第五項のような事態の惹起を懸念していたことは間違いない。午後二時の「近師警命第九号」では、上京してくる秩父宮《ちちぶのみや》の警護と、青年将校たちが襲撃する可能性がある林銑十郎《はやしせんじゆうろう》前陸軍大臣の警戒にあたらせようとするのである（同前）。「占拠部隊ノ行動拡大ヲ防止」することが、必須だったのである。さらに第六項の「将校ノ選定」に注意するという指示は注目される。第一師団司令部がまとめた「極秘　二月二十六日事件詳報」によれば、二月二八日午後五時半、武力鎮圧方針が固まった時点ではあるが、次のような記述にぶつかる。

当時我方ノ状況ハ直《ただち》ニ何者カニ依リ叛乱軍ニ通報セラル、ノ情況ニシテ命令下達時ニハ命令受領者以外ハ何者モ入室ヲ許サ、リキ

第一師団内に、青年将校側と連絡をとっていた人物――記載ぶりからみてかなり上級者――がいたことは事実であろう。近衛師団といえども、鎮圧側は、この点を懸念せざるを得なかったのである。

＊安藤輝三《あんどうてるぞう》の柴関係の「証人訊問調書」によれば、二月二六日夜、柴・松平紹光が安藤隊が占拠している三宅坂に来た際、安藤は手伝ってもらいたい気持ちもあったので「私ハ両大尉カ蹶起部隊ノ様子ヲ聞キニ来タモノト思ヒ陸相官邸ニ行ツテ下サイト申シ両大尉ニ三銭切手ヲ一枚宛《ずつ》交付シ之ヲ帽子ノ庇《ひさし》ノ裏に貼ツテ貰ヒタイ　之ヲ示セハ歩哨《ほしょう》線カ通レルト申マシタ」という。この結果、柴・松平は青年将校側の歩哨線を通過できることとなる。

広がる安易な情勢認識――青年将校側――

二月二七日午前一時半、後藤文夫《ごとうふみお》首相代理（内相）は閣僚の辞表を捧呈《ほうてい》した（岡田首相の生存が確認されるのは二八日）。二七日早朝、陸相官邸を去った軍事参議官の行動は、二月二七日の雰囲気を象徴している。阿部信行によれば、「午前六時半頃軍事参議官ハ宮内省へ行キ川島《かわしま》（義之《よしゆき》）大臣ニ会ヒ『後継内閣ニハ克《よ》ク注意スヘク』希望」し、その後、阿部は、「蹶起部隊モ一時鎮静ノ模様ナレハ私ハ鼻ノ治療ニ赴」いたという（「二・二六事件ニ関シ阿部大将ノ陳述ニ関スル件報告」）。幕僚たちも期待していた早期の内閣樹立が、天皇の強い反発で不可能になる中、参謀本部筋で「奉勅命令」準備が進められはじめたと考えられる。すでに前述の田中弥の証言のように、戒厳令施行後、参謀本部の強硬論は高まっていた。それゆえ二七日午前九時頃、「軍事参議官一同（宮殿下ヲ除ク）憲兵司令部ニ参謀次長訪問シタルニ岡村《おかむら》（寧次《やすじ》。参謀本部第二部長）少将等大臣告示ヲ憤慨シ斯《かか》ルモノヲ出サレテハ困ル」と抗議もうけていたのである（前述）。この時点で、阿部の行動は呑気《のんき》というしかない。青年将校側も、村中・香田らの撤兵の主張が、磯部の強硬な反対にあって部分的な占拠地域の縮小にとどまる（なおこの前述の激論には、栗原・安藤は参加していない）。

青年将校側も、軍事参議官と同様、全体として楽観的雰囲気があったとみられる。第一師団司令部作成の「極秘　二月二十六日事件詳報」は、「廿七日払暁ヨリ正午ニ至ル間出動部隊幹部ノ動向並ニ一般情況」は、「歩兵第一聯隊長小藤大佐随従者」山口大尉が「出動部隊幹部ト連絡セシ結果彼等ノ意向」として、次の二点を述べたと記す（「先方ノ配置」略）。第一点は、「陸軍省参謀本部等高等統帥部ノ幕僚ニ対スル希望」の項である。内容は、「出動将校ハ軍事参議官ニ御願シ立派ナル内閣ヲ奏請セラレンコトヲ希望ス　然《しか》レトモ軍事参議官ハ既ニ老齢ナルヲ以テ高等統帥部ノ幕僚ニ之《ママ》ヲ監視セラレンコトヲ望ム」というものであったという。青年将校側の陳述には、こうしたものは出てこない。幕僚をここまで青年将校側が信じていたとは思えない。早期終結を図りたい山口の一存に出たものであろうか。それとも、もう一つの可能性としては、栗原安秀の北一輝関係の「証人訊問調書」にみられる「蹶起部隊ハ戒厳部隊ニ編入セラレタノテ香田大尉其ノ他有力ナ将校ヲ戒厳司令部ノ幕僚ニスル様ニ主張シテ居ル」という要求との関わりである。またしても人事要求であるが、これを山口が、希釈《きしゃく》して、第一師団側に伝えた可能性は捨てきれない。

第二点は、「出動部隊ノ警備地区ニ対スル希望」である。

彼等ハ現在占拠地ニ大ナル執着ヲ有シアリ　従ツテ如何ナルコトアルモ他部隊ヲ以テ我等ト交代セシメサランコトヲ望ム　又所属ハ現在ノ如ク小藤部隊トセラレタシ

これが、最大の争点となっていくことは、後でも述べる通りである。

この楽観的雰囲気の中で、出撃的方向は消えていったようである。輸送任務にあたっていた田中勝《たなかかつ》の「被告人訊問調書」から見ていこう。攻囲側の襲撃の噂で、陸相官邸に泊まった青年将校が飛び出した（前述）後、二七日午前七時、栗原・中橋基明《なかはしもとあき》・林八郎・中島莞爾《なかじまかんじ》らが、首相官邸に移動する。その理由は、「陸軍省参謀本部ノ幕僚襲撃ノ目的テアルト言フコトヲ同志ヨリ聞」いたと田中は語る。栗原らが去った陸相官邸で、村中・香田らの撤退説に激しく磯部が反発し、「『栗原ト共ニ部隊ヲ率ヒテ軍人会館偕行社等ニ出撃スル』ト申シテ首相官邸ニ引上ケ」たという（前述）のも、この田中証言との関係でみると理解しやすい。一方、栗原の証言は、二七日と二八日のことが混同されている節もあるが、栗原は、この二七日、確実に維新に入ると得意の絶頂にあった（前述）ことにより、襲撃を必要と認めなくなったようである。同じく北関係の「証人訊問調書」によれば、彼は、「磯部ヨリ出撃シヤウト相談ヲ受ケマシタカ私ハ断ツタ位テアリマス」と述べるのである。

楽観的雰囲気は、他の青年将校も同様であった。上司である野津敏歩兵少佐（第三大隊長）は、午前一〇時三〇分頃、警視庁で野中大尉・鈴木金次郎《すずききんじろう》少尉、そして三宅坂で安藤大尉に会った際の模様を、以下のように報告している。

　当時彼等ハ状況ノ推移彼等ニトリ好調ニアルカ如ク思惟セルモノ、如ク言動興奮アリテ固《もと》ヨリ翻意ノ徴候ヲモ認メス　宣撫《せんぶ》説得ニ関シ直接ノ効果ナシ（「被告事件ニ関スル件回答」）

「状況ノ推移彼等ニトリ好調ニアルカ如ク」青年将校たちが「思惟」していたことは間違いあるまい。

一方、撤退論を主張していた村中や香田はどうだったのであろうか。西田税《にしだみつぎ》の「第六回聴取書」によると、二七日夜のこととなるが、村中は、北一輝宅に現れる。二七日昼前後に北の家に西田は、飛び込んでおり、北・西田、折から来合わせた亀川哲也《かめかわてつや》と四人が話し合うこととなる。その際、村中が話した内容には危機感はみられない。西田の陳述を、長いが引用してみよう。

　其処《そこ》へ村中カ来マシタノテ私モビツクリシ感慨無量ノ態《てい》テアリマシタノテ私ト北亀川村中ノ四人

カ集ツテ村中カラ

「戒厳部隊ニ編入サレタ事　指令書カ出タ事」　戒厳司令官ニ面接シタラ「現地ニ居ツテ良イト云フ了解ヲ得タト云フ事」「今朝陸軍省参謀本部等ニ兵力ヲ集結シテ幕僚ニ襲撃ヲ加ヘントスル意見ヲ有スル者カアツタカ自分（村中）ハソレヲ止メタ事」「二十六日朝陸軍大臣ヲ起シテ面接シタ状況」「先輩同僚カ多数来テ激励シテ呉レルノテ心強ク思ツテ居ルコト」等ノ話ヲ致シマシタノテ私カラ「万平ホテル、山王ホテルニ居ルノハトチラノ軍隊カ」「現地ニ居ル事ヲ許サレテ居ルノカ」「営養《えいよう》ハトウカ」ト尋ネマスト村中ハ「万平ホテル山王ホテルニ居ルノハ自分達ノ軍隊タ」「議会附近ニ集結スルコトハ地形偵察ノ結果不可テアルノテ戒厳司令官ニ現地ニ其侭居ツテモ良イカト尋ネタラ戒厳司令官カラ其侭テユツクリ休養シテ良イト云ハレタ事」「営養ハ部隊カラ受ケテ居ル」ト申シマシタノテ私ハ「ソレテハマルテ官軍ノ様テハナイカ」ト申シ又村中カ大臣ノ告示（五個条）カ来テ居ルト申シマシタノテ私ハ「ソレシヤア君達ハ賞《ほ》メラレテ居ルノタ」「討伐云々ノ噂カアリ奉勅命令云々ノ事カ出テ居ルカトウカ」ト尋ネマスト村中ハ「ソンナ事ハ無イト思フ」ト申シマシタ

北や西田が、全く情況を把握できていなかったこと、村中も、「今朝陸軍省参謀本部等ニ兵力ヲ集結シテ幕僚ニ襲撃ヲ加ヘントスル意見ヲ有スル者カアツタカ自分（村中）ハソレヲ止メタ事」などを述べ、情勢が有利に展開しているとみなしていた節がみられる。

一方、香田は、どうだったのだろうか。占拠地域を縮小して村中と共に首相官邸へ、おそらく昼頃着き、栗原・磯部と会った香田は、「第三回被告人訊問調書」で、次のように陳述している。

栗原安秀カ第一師団ノ命令トシテ我々ニ現位置ニ在ツテ警備セヨト云フ命令カ出タト申シマシタ

ノテ私ハ之ハ先刻小藤大佐ニ御願ヒシタ事カ実現シタノタト思ツテ安心致シマシタ　尚其際内閣ハ総辞職シタト云フ事ヲ聞キ＊我々ニ情勢カ幾分有利ニナツテ来タト云フ事ヲ感シマシタ

撤退を主張し、磯部と言い争った香田・村中も、情勢の小康《しょうこう》を、有利な状況の展開と見誤ってしまうのである。青年将校側の主導権は、崩れ、打つ手がなくなっていくのである。

＊岡田内閣が総辞職した情報は、二月二六日から首相官邸の栗原と電話連絡がついていた西田が、朝刊をみて、二七日午前中電話で連絡したとみられる。西田によれば、栗原は、「総辞職ノ事ハ知ラナカツタ様デシタカラ新聞デモ見テオ互《たがい》将校連中ガ良ク連絡ヲ執ル様ニシタラ良カロウ」と注意したという（「西田税第二回聴取書」）。

北一輝の懸念

北　一輝

青年将校の「杜撰《ずさん》」な決起に懸念を深めた人物がいた。北一輝である。北の取り調べにあたった福本亀治《ふくもとかめじ》憲兵少佐が、「蹶起部隊ノモノト軍上層部トノ連絡等ニ就テ」と質問したのに対し、北は、西田の話として「上層部トノ連絡ハ無カツタ」と答える。福本は、さらに追及する。「彼等小数ノ大中尉ヤ少尉等カ斯ク程ノ大事ヲ起スニ付上層部ノモノカ全ク之ヲ知ラナカツタト云フコトハ受取ラレナイコトテハナイカ」。

これに対して、北は、以下のように答えている。

私ノ考ヘテハ其レカ事実テハナイカト思ヒマス上層部即チ真崎荒木（貞夫）乃至本庄（繁）等ヲ始メ石原莞爾等所謂《いわゆる》皇道派《こうどうは》ト謂ハレル人々ニモ全然連絡ヲセナカツタト云フコトテアリマシテ彼等ノ「合

言葉ニアル如ク尊王討奸《そんのうとうかん》即チ重臣一派ヲ倒シタマテノ事テ何等後始末ノ出来ル筈ハナイト思ヒマス
又アレ程同情シテ居ツタ満井中佐デモ関知シテ居ナカツタト云フコトテスカラ全ク上層部ニハ連絡セス蹶起シタモノト信シテ居リマス　真ニ昭和維新断行ノ詔勅ヲ宣布セラレンコトヲ希《ねが》フニハ軍上層部ノ力添ヘニ俟《ま》タナケレハ実現ハ不可能テアルト思ヒマス（「北一輝第四回聴取書」）

北が、石原莞爾を「皇道派」と認識していたなど興味深い点はあるが、「何という愚かな決起をしたのか」という北の歯ぎしりが伝わってくるような陳述である。

さらに「第五回聴取書」で、北は、よりはっきりと次のように述べるのである。

西田ニ対シ其青年将校ノ行動ニ就テハ真崎、荒木、本庄ノ各大将、小畑《おばた》（敏四郎《とししろう》）、石原、満井サン達モ承知シテヰ《い》ルノカト尋ネタ処其等ノ人々ニハ全然連絡シテヰナイト云ヒマシタノテ私ハ「シマツタ」ト思ヒマシタ　為メニ暫《しばら》ク次ノ言葉カ出ス無言テ居リマシタ　其時私ハ斯ル大事件ヲ起スニ縦ノ連絡ナクシテ事ヲ起シタノテハ駄目タト深ク感シマシタ

若槻礼次郎《わかつきれいじろう》民政党内閣が倒壊した時（一九三一年）、政友会の実力者森恪《もりかく》から五万円をもらい、一九三二年以降、三井財閥から年間二万円の大金を得ていた（東京憲兵隊本部「北一輝第二回聴取書」）*政治的に海千山千の北にとっては、青年将校の幼稚なやり方に「シマツタ」と思ったのは無理もなかった。ここに、北が「叛乱の首魁《しゅかい》」とされていく電話での示唆《しさ》がなされることとなる（後述）。

* 北は、同聴取書で、「三井カラハ昭和七年頃カラ貰ツテ居リマスカ最近テハ昨十年ノ盆ニ一万円ト十月ニ歳暮ノ前借リトシテ三井ノ池田成彬《いけだしげあき》カラ五千円貰ヒ更ニ年末ニ一万円計二万五千円貰ヒマシタカ初メノ五千円ハ家賃其他ニ支払ヒ仝《どう》月中ニ殆《ほとん》ト費消シテ終《しま》ヒマシタ（現在ノ家賃ハ一年二千四百円ヲ全部前払済テス）」と述べ、また「一万円ノ内

カラ西田ニ千円カ二千円ヲ薩摩《さつま》（雄次《ゆうじ》）ニ千円カ千五百円与へ」、「自動車ヲ買タ家へ借金一千五百円程ヲ支払ヒマシタ其他ハ生活費ニ当テ現在テハ殆ト残金ハアリマセン」と陳述している。現在の金額でいえば、年収五〇〇〇万円ぐらいにあたろうか。北のお抱え運転手の証言によれば、北の車は、中古であるが、新車だったら当時の金で四万円ぐらいする車だったという。

軍事参議官との再会見と「真崎一任」へのプロセスをめぐって

二月二七日午後四時頃、青年将校側と、真崎・阿部・西義一《にしよしかず》の三軍事参議官との会見が行なわれ、青年将校側は、時局収拾を真崎に一任することとなる。どうして軍事参議官との再会見がなされ、「真崎一任」ということが起こったのか。この経緯をめぐっては、三つの異なる陳述・証言が存在する。

第一は、香田清貞の「第三回被告人訊問調書」である。香田によれば、村中とお昼前後、首相官邸に行き、「四人テ今後ノ方針ニ付テ協議」し、その結果、以下のように決定したというのである。

今迄ノ様ニ軍事参議官ノ間ニ中心カナクテハ話カ纏《まとま》ラナイカラ此ノ機会ニ真崎大将ヲ中心トシテ同大将ニ時局収拾ノ曙光《しょこう》ヲ見出シテ貰フト云フ事ニナリマシタソシテ此事ヲ小藤大佐、鈴木（貞一《ていいち》）大佐ニ多分村中孝次カラテアツタト思ヒマスカ連絡ヲ致シテ軍事参議官ニ陸相官邸へ来テ頂ク様ニ御願ヒ致シマシタ

この香田陳述は、青年将校側が、主体的に選択した方策とするものであるが、次の北一輝の陳述からみて矛盾する。事実、一緒にいた磯部・村中の証言は違うのである。しかし小藤・鈴木に依頼したという部分は、事実経過からみて真実と考えてよさそうである。

第二は、前述した北の「シマッタ」に端を発する。正午頃、北宅にやって来た西田は、北に次のように告げたという。「現在同志等カ力ト頼ム軍事参議官ニハ会フコトカ出来ヌ全ク為ス術《すべ》カ無イ模様タ」。北は尋ねる。「此ノ事件ノ始末ヲ如何ニ処置スル考ヘカ」。西田は、答える。

実ハ真崎、荒木等ノ軍事参議官モ事件ヲ承知シテ居ラヌ又之等《これら》ノ人々ハ皆宮中ニ立籠ツテ居ルノテ連絡ノ方法カ無ク全ク施ス術モナイノテ困ツテ居ル模様タ（「北一輝第四回聴取書」）

しかしこの問答は、北の主観的解釈の産物だった節がある。西田は、こんな危機感は、持っていない。西田の「手記」は、全く別のことを語り、彼が、北宅に行った理由も、「栗原君ト電話デ話シタ意外ノ事実ト其ノ内容トヲ珍奇ナ『ニュース』トシテ話シテヤリタカツタカラ」だったという（「西田手記」）。

おそらく北が、西田から聞いたのは、青年将校が困っているという部分ではなく、前段の青年将校と、陸軍上層部とが連絡をとれていないという点だけだったのではないか。そこで北は、前述の通り「シマッタ」と思い、以下のように考えたという。

青年将校ハ意見ヲ一致シテ真崎大将ヲ内閣首班ニ押シ而シテ軍事参議官ニモ同意ヲ求メ同参議官カラモ亦青年将校カラモ両方カラ一致シテ真崎大将ヲ推戴《すいたい》セハ或ハ組閣命令モ発セラレルカモ知レナイシ蹶起将校等ノ蹶起趣意ノ目的モ達セラレルコトニナルモノト思ヒマシタ

そして北は、「二十七日ノ午後時間ハ記憶アリマセンカ首相官邸へ電話ヲ掛ケ」ることとなる。北は、話した相手を栗原中尉としているが、磯部が電話に出たようである（「北一輝第五回聴取書」）。北一輝関連の「磯部浅一証人訊問調書」によれば、西田から、「人無シ勇将真崎在リ国家正義軍ノ為メ号令シ正義軍速ニ一任セヨ」という「北の霊感」が伝えられ、北も電話口に出たという。北が「私ノ意見ヲ話シマシタ処」、「デハ早速青年将校全部ニ話シテ見マシヨウト云ツテ電話ヲ切リマシタ」（「北一輝第五回聴取書」）。
磯部は、その後の経過について、以下のように証言している。

私ハ右ノ霊感ヲ聞イテ我意ヲ得タ如ク感シテ居リマシタ処村中、香田カ心配シテ首相官邸玄関ニ来マシタノテ電話ノ要領ヲ話シテ遣リ同人等モ忽《たちま》チ真崎一任ニ同意シマシタ

村中孝次も、「証人訊問調書」で、「正午近キ頃首相官邸ニ行キマシタ処栗原ト磯部カアリ」、北より電話で北の「霊感」が伝えられたという。そこで、村中は、「当時私ハ部隊ヲ如何スヘキカニ付大変迷ツテ居リマシタ際トテ常ヨリ信頼シテ居ツタ北ノ霊感」に頼ることとしたという。この北からの電話というプロセスを経て、最初に香田の陳述でみたような村中・磯部・香田・栗原の合議がなされ、真崎に時局収拾を一任する方向が選択されていったことは間違いない。そして香田が述べるように、小藤・鈴木の仲介で、青年将校側の意向が、香椎戒厳司令官に伝えられたとみていいであろう。

青年将校と軍事参議官との再会見の実現については、第三の証言が存在する。真崎・阿部両軍事参議官の見解が、それである。東京憲兵隊本部での聴取の際、真崎甚三郎は、以下のように述べている。

午后三時頃香椎司令官カ偕行社ニ私ヲ訪レテ「諸情報ヲ綜合スルト蹶起部隊ノ将校ハ指揮者モ無ク『ポカン』トシテ何ヲシテ良イカ分ラヌ様テアリマス」「コノ侭放置セハ彼等ヲ収メルキッカケモナクナリマスノテ誰カ信頼シテ居ル人カ説キ聞カセタラ此侭収ルノテハナイカト思ヒマス　ソレテ貴方カ彼等ニ説キ聞カセテヤツテ頂キタイ」「此ノ件ニ就イテハ参謀次長トモ二回電話テ照会シ諒解済ミテアリマス　責任ハ全部私カ負フカラ彼等ヲ説イテ下サイ」ト頼ミマシタ

香椎戒厳司令官が、杉山元《すぎやまはじめ》参謀次長の了解も得て、真崎に説得を依頼してくるのである。「蹶起部隊

ノ将校ハ指揮者モ無ク『ポカン』トシテ何ヲシテ良イカ分ラヌ様」だという香椎の言は、内部対立の中で、撤退もできず攻勢にも出れず固着してしまった青年将校側の雰囲気の一面をとらえているとみていい。「小藤大佐、鈴木大佐ニ多分村中孝次カラテアツタト思ヒマスカ連絡ヲ致シテ軍事参議官ニ陸相官邸へ来テ頂ク様ニ御願ヒ致シマシタ」という前述の香田の陳述から言って、小藤恵や鈴木貞一が、このように青年将校側を観察していたとみられる。香椎は、青年将校側から依頼があったことは、真崎に話していないようではあるが……。

真崎は、この香椎の依頼に対して以下のように答える。

私ハ「自分一人テ聞ク事ハ出来ナイ」ト申シ偕行社ノ休憩室ニ軍事参議官全員カ集ツテ居ル前ニ同行シテ香椎司令官ニモウ一度同様ノ事ヲ云ハセマシタ　ソシテ私ハ「俺ハイヤタ」「行ツテヤリタイケレトモヤル事成ス事カ反対ニ悪意ニ見ラレルカライヤタ」ト申シマシタラ確カ西大将テアツタト思ヒマスカ「ソレハソウテアラウトモ今ヤ国家ノ重大場面テアル此ノ場合ニ直面シテハ世間ノ毀誉褒貶《きよほうへん》ヲ意トスル必要ハアリマスマイ是非ヤツテ貰イタイ」ト申シ軍事参議官一同カラモ其ノ意見ニ賛成テアリマシタ

先にみた通り、前日、真崎は、すでに天皇の強硬な姿勢を知っていた。さらに真崎には、前年の天皇機関説《きかんせつ》事件の折、荒木が「予等を危険物の如く、何者か常に言上しつ、あるにあらずや」（九月二四日）と真崎に語ったように、宮中を舞台にした天皇への「讒言《ざんげん》」などの反真崎的動きで打撃をうけた体験もあった。すでに満州事変期から、天皇の陸軍への「無理解」などを皇族の耳に入れたり、陸軍部内で述べ、青年将校に対しても、その「集合を一概に禁止しあらず」といった言動もとる真崎は、元老《げんろう》・重臣、さらには閑院宮《かんいんのみや》（載仁《ことひと》）参謀総長や天皇から反感を抱かれていたのである（須崎前掲『二・二六事件』参照）。こうした底流を知る真崎が、誤解をうけかねないこの説得工作に躊躇《ちゅうちょ》したことは間違いない。阿部信行の証言も、真崎陳述を裏付ける。阿部は以下のように述べている。

午後三時頃香椎司令官偕行社ニ来リ真崎大将ニ会フ真崎大将軍事参議官ノ室ニ帰来シ蹶起部隊ノ将校カ自分ニ会ヒ度《た》イト云ツテ居ルソウタカ自分丈《だ》ケ行クノハ如何カト思フト相談掛ケタリ其時香椎司令官モ入リ来リ蹶起部隊ハ今ハ頼ル人モナク心淋シクナツテ居ルノテ私（香椎）モ頼ンテヤルカラ充分甘ヘルカヨイト云ツテオイタカラ是非真崎閣下ニ行ツテ頂キ高ブツテ居ル神経ヲ沈メテ頂キタイト話スソコテ他ノ軍事参議官モ「ソンナ程度ナラ行ツタ方カヨカロウ」ト云フコトニナリ真崎大将ハ一人テ出カケラレタ（「二・二六事件ニ関シ阿部大将ノ陳述ニ関スル件報告」）

阿部の証言だと、「蹶起部隊ハ今ハ頼ル人モナク心淋シクナツテ居ルノテ私（香椎）モ頼ンテヤルカラ充分甘ヘルカヨイト云ツテオイタ」と、まるで青年将校は、子供扱いであるが、真崎の陳述自体は傍証される。

軍事参議官との再会見と「真崎一任」へのプロセスを整理しておこう。以上みてきたよう香田の陳述を補うのが、北の「シマツタ」という感覚と、それに基づく「霊感」の示唆であった。これをうけて、磯部・村中・香田らの合議がまとまり、小藤・鈴木への依頼がなされる。これが、真崎証言で省かれた香椎戒厳司令官の、真崎への依頼の前提であったと考えられる。このような経過を経て、青年将校側と、三軍事参議官との会見が実現することとなった。

＊　こうした青年将校の姿勢に対しては、西田税も批判的である。その「手記」で、西田は、次のように述べている。「予

想ノ如キ速カナル収拾ハ達セラレズ一日半ヲ空過《くうか》シテ二十七日午后トナリマシタ。一面蹶起将校側ハ現地占拠ヲ承認サレタ侭政治的交渉ヲ開始シタト云フコト及ビ私ノ予想セシト異リ軍人ノ純ナル尊王討奸ト云フコトノミデハナク計画其者カ政治的意義ヲ有スルモノデアルコトニ始メテ気付イテ『之《こ》レハ拙《つたな》イ』ト考へ、何タカ欺《だま》サレテ居タ様ナ感ニモ打タレタノデアリマシタ」。つまり「純真な青年将校」という表面とは裏腹に、「抜かない宝刀」として、軍部の政治的策動の重要な一端を担ってきた青年将校運動が、抜き放たれると共に、自らの政治性をあらわにしていったのである。それは、すでにみた青年将校たちの決起目的のバリエーションにも現れていた。もちろん西田自身も、そうした運動と深く関わっていたことは間違いないが……。

三　軍事参議官との会見

「二・二六事件ニ関シ阿部大将ノ陳述ニ関スル件報告」によると、当初は真崎一人が行くはずだったようである。ところが、真崎が、軍事参議官が集合していた部屋を出るとすぐ「蹶起部隊将校ヨリノ電話タトテ軍事参議官全部来テ頂キ度イ」との要請が、おそらく戒厳司令部を通じてなされる。そして、「ソレカラ間モ無ク真崎大将ヨリ要求カマシキ事カアルト一人テハ困ルカラ阿部ト西大将ニ来テ呉レト電話アリ私ト西大将ト二人テ陸軍大臣官邸へ行ク」こととなる。ところが、「ソコニハ真崎大将一人ボンヤリト座ツテ居タ」という。

真崎が待たされた訳は、山口一太郎によれば、「三、四十分モ掛ツタ原因ハ何事カ彼等ノ間テ相談カ纏ラナカツタ為」だったという（「山口一太郎第三回被告人訊問調書」*）。青年将校側が、「真崎一任」の中身をめぐって、もめていたためだったとみられる。磯部浅一「証人訊問調書」によれば、村中が、「私共ノ事ニ付テハ真崎閣下ニ一任シタイト思フト云フ趣旨ヲ御願ヒシテハ何《ど》ウカ」と述べたのに対し、磯部は、

「夫レハイカヌ、無条件テ一任スル事ニナレハ我々カ希望シテ居ラナイ事テモ文句カ云ヘヌテハナイカ」と反対したためだった。結局、「時局ノ収拾ニ付一任スル」ということで、「意見カ一致シタ」という。山口一太郎も、「此一任ト云フ事ニ条件ヲ附ケルカ附ナイカ、彼等ノ間ノ大問題テアツタラシク見ヘマシタ」と述べている（「山口一太郎第三回被告人訊問調書」）。

真崎・阿部・西の三軍事参議官が揃ってからも、待たされたようである。阿部によれば、「我々カ行ツタノテ山口一太郎カ入リ来リ大部ハ集メタカ栗原カ来ナイ栗原ハ『苦労ヲシテ占拠シタ首相官邸ヲ離レルコトハ出来ナイ』ト云ツテ居ルトソコテ真崎大将カ『一人ヤ二人ニ引ツカカツテ連レテ来ラレナイ様テハ駄目ヂヤナイカ』ト言ハレタレハ山口ハ出テ行キ野中大尉以下十七名連レテ来タ栗原ト今一人ハ来ナカツタ」という（「二・二六事件ニ関シ阿部大将ノ陳述ニ関スル件報告」）。青年将校側は、一つの方針を決めようとするたびに意見の相違を表面化させていたのである。

会見の模様に移ろう。三軍事参議官と、栗原・安藤らを除く青年将校、及び小藤・鈴木の両大佐、山口一太郎の立会いではじまったこの会見の模様についても、三種のやや異なる証言が存在する。

まず一番包括的な山口一太郎の陳述からみていこう。山口によれば、午後四時近くに会見ははじまり、「其ノ内容ハ次ノ二件」だったという。

一、我々ハ一切ヲ挙ケテ真崎大将ニ一任致シマス

二、我々カ義軍テアルト云フ事ヲ軍事参議官会議テ決議ヲサレテ夫レヲ各新聞ニ発表ヲシテ頂キタイ

この青年将校側の要求に対する真崎の応答ぶりを、山口は、「青年将校ノ申分ハ右ニ陳《の》ヘマシタ如ク

極メテ簡単ナモノテアリマシタカ　真崎大将　ハ之ニ対シ左ノ意味ノ事ヲ何回モ何回モ繰返シ凡《およ》ソ三十分間ニ亙リ説示」したという。真崎の真意が吐露《とろ》されていると考えられる。

君達ハ色々希望モアルデアラウカ一人相撲デナイカラ君達ノ希望通リニ総《すべ》テガ運フモノト考ヘタナラ間違ヒダ、俺ニ任セルト言ツタカラニハヨクナラウト悪クナラウト余リ条件ナドヲ附ケズニ一切任シテ貫ヒタイ、夫レハ誠心誠意ヤル事ニ間違ヒハナイガ結局何ウナルカハ全ク判断カツカナイノダ、一旦任シタトナツタナラバ如何様ナ結果ニナラウトモ所属聯隊長ノ言フ事ヲヨク聞テ其ノ通リニ行動シナケレバナラヌ、一度決メラレタ事ニ対シ君達カ異存ヲ言ツテ錦《にしき》ノ御旗《みはた》ニ弓ヲ引ク様ナ事ニナレハ俺モ仕方ガ無イカラ涙ヲ振ツテ君達ヲ討伐シナケレバナラヌ（「山口一太郎第三回被告人訊問調書」）

「一人相撲デナイカラ君達ノ希望通リニ総テガ運フモノト考ヘタナラ間違ヒダ」、「錦ノ御旗ニ弓ヲ引ク様ナ事ニナレハ俺モ仕方ガ無イカラ涙ヲ振ツテ君達ヲ討伐シナケレバナラヌ」という言葉は、重臣を殺害された天皇の激しい怒りを間接的にせよ知っている真崎の精一杯の説得だったと思われる。

これに対して、阿部信行のニュアンスは、かなり違う。要求自体が違うのである。阿部は、次のように述べている。

野中大尉代表シ書イタモノヲ見ナカラ次ノ要旨ヲ申出ル

「私ハ同志一同ヲ代表シ真崎閣下ニ此時局ノ収拾ニ当ツテ頂キ度イ他ノ軍事参議官ハ真崎閣下ト同心一体ノ精神ヲ以テ真崎閣下ヲ援《たす》ケ以テ此時局ヲ収メラレ度《たし》　阿部閣下西閣下如何テスカ」トソコテ（阿部大将）ハ

「我々軍事参議官ハ一致結束シテ此時局ノ収拾ニ当ツテ居ルノテアル真崎大将カ時局ヲ収拾セネハナラン時代ニ至ラハ一同協力シテ之ニ当ラン然シ真崎大将ヲ除イタ他ノ方法テ時局ヲ収拾シ得ルナラハ敢ヘテ真崎大将テアラネハナラント云フモノテモナイ」
ト述ヘ西大将モ同様述ヘラル

さらにその後のやりとりを阿部は、次のように語る。

野中「真崎大将ヲ立ツルコトヲ両大将ヨリ他ノ軍事参議官ヘモ御伝ヘ願ヒタイ尚此事ハ天聴《てんちょう》ニ達スル様御取計《おとりはから》ハレ度」

阿部大将「斯ル手続上ノ事ハ答弁ノ限リニアラス」

真崎大将「軍事参議官ハ陛下ノ御諮詢《ごしじゅん》カ無クテハ動クモノテハナイ今斯《こ》ウシテ居ルノハ道徳的ニ動イテ居ルノテアル其以上ハ答ヘルコトハ出来ン次ハ小藤大佐ノ指揮下ニ入レラレタル者ハ小藤大佐ノ指揮ノ下ニ行動スヘキモノナリモウコレ迄来タノタカラ早ク小藤大佐（真崎が言ったのは、所属聯隊長である）ノ指揮ニ帰ラント遂ニハ錦ノ御旗ニ弓ヲ引クコト、ナル依ツテ自ラ軍ノ先頭ニ立チモウコ、ラテ上官ノ命令ニ従フヘシ直《す》ク返事ヲセヨ出来ナケレハ研究シテ返事セヨ」

山口一太郎「皆ハ疑ツテ居ル特殊ノ命令テモ下ルノテシヤウカ」

阿部大将「隊長ノ命令テアル軍隊トシテノ行動ヲ律スル為メノ命令テオ前達ニ行動ヲ要求スルノテアル」（「二・二六事件ニ関シ阿部大将ノ陳述ニ関スル件報告」）

阿部の証言は、山口が伝える「我々カ義軍テアルト云フ事ヲ軍事参議官会議テ決議ヲサレテ夫レヲ各新聞ニ発表ヲシテ頂キタイ」という第二項目に全くふれない。阿部は、ふれるにも値いしないと考えたからであろうか。どうもそうではないようである。山口はその後のやりとりを以下のように記している。

村中「他ノ参議官閣下ハ如何デアリマスカ」

阿部大将「第一ノ件ニ対シテハ真崎閣下ノ言ハレタ通リ、第二ノ件ニ付テハ努力ハシテ見ルガ手続上ノ問題デ実現出来ルカ何ウカト云フ事ハ疑ハシク思フ」

西大将「同様デアル」

この山口の陳述によれば、阿部は、第二項について「義軍」と認めることに「努力ハシテ見ル」と一応答えており、これが、事件後、不都合だと認識した可能性もある。阿部は語っていないが、山口によれば、この後、青年将校側が別室に引揚げ、山口と三軍事参議官のやりとりもあるのである。山口の陳述を聞こう。彼は、以下の点を質問した。

一、今所属聯隊長ト云フ事テ言ハレマシタカ所属聯隊長ト謂フト所属部隊ノ長ト云フ事ニナルカ小藤大佐ノ間違ヒテハナイカ

二、真崎大将ハ繰返シ繰返シ一度命令カ出タナラハ己《おの》レヲ空《むなし》ウシテ之ニ従ハネハナラヌト云フ事ヲ云ハレマシタカ之ハ今明日中ニモ彼等カ到底容認シサウモナイ、命令カ出ルト云フ事ヲ御承知ノ上其ノ場合ノ伏線トシテ申サレタノテアリマスカ

これに対して、真崎は、次のように答えたという。

一、所属聯隊長ト言ツタノハ小藤大佐ノ間違ヒテアル、原隊ニ帰レト云フ意味テハナイ

二、俺ハ何モ嫌ナ命令カ出サウタト云フ事ヲ予想シテ錦ノ御旗云々ト言ツタノテハナイ

そこで、山口は、小藤に従って、軍事参議官がいる部屋を退き、青年将校たちが集まっているところ

に行く。青年将校たちは、「私（山口）ノ質問シタ第一、第二ノ点ニ付喧《けん》々《けん》囂《ごう》々《ごう》ト議論ヲシテ居リ正ニ代表者ヲ挙ケテ質問ニ行カナケレハナラヌト言ッテ居ル最中」だったという。そこで、山口は、「早速私ハ先程ノ真崎大将ノ御答ヲ伝へ」る。「一同ハ私ノ取計ヒニ対シ非常ニ感謝シ」たという。そして「之テヨク判ツタカラ夫レテハ　野中大尉　ニ返事ニ行ツテ貰ハウト云フ事ニ決定シ野中大尉一人カ代表トシテヨク判ツタ旨返事ニ行ツタ様テアリマス」（「山口一太郎第三回被告人訊問調書」）。かくして三軍事参議官との会見は、終わるのである。

青年将校側が、撤退問題に固執していたことは間違いない。問題は、この後である。この三軍事参議官との会見で、一体何が決まったのだろうか。「真崎一任」か。この会見に立会っていた小藤恵は、阿部・西両大将は、「真崎一任」について、次のように述べていたという。

> 誰ガ先ニ立ツテヤル様ニナルカ判ラヌガ真崎大将ガ先ニ立ツテヤラナケレバナラヌ様ニナレバ自分等ハ之ニ協力一致シテ尽力スルコトニ異存ナイ

だがすでに、石原・満井・橋本の帝国ホテルの会見でみた通り、「真崎一任」の条件がないのは明らかになっていた。軍事参議官はそれを知らなかったのか。だが少なくとも真崎への天皇とその周辺の反発が強いことは、真崎を含めて、軍事参議官は、分かっていたはずである。そうすると、この阿部・西両大将の回答は、何も約束していないに等しい。香椎戒厳司令官の「私（香椎）モ頼ンテヤルカラ充分甘ヘルカヨイト云ツテオイタカラ是非真崎閣下ニ行ツテ頂キ高ブツテ居ル神経ヲ沈メテ頂キタイ」という言葉の通り、青年将校側をなだめて、撤退させるための当座しのぎの返答だったとみるしかない。

青年将校、いや北一輝まで、この軍事参議官側の「リップサービス」に騙されてしまった節がある。

北一輝は、「第五回聴取書」で、この間の経緯を以下のように述べている。

其日ノ夕方栗原中尉（磯部か村中の間違い）カラ電話テ先程ノ電話ニ基キ同志ニ諮《はか》ツタ処皆賛成シタ処ヘ幸ヒ軍事参議官阿部、西、真崎ノ三大将カ首相官邸ヘ来タカラ軍事参議官全部ニ相談ヲシテ善処スルト答ヘタカ真崎大将ハ直チニ兵ヲ引ケト謂ハレタトテ稍々《やや》不満ノ口調テアリマシタカ兎ニ角三人ノ軍事参議官ハ何《いず》レ追テ其返事ヲスルト云ッテ只今引揚ケテ皈《かえ》ツタトノコトテシタノテ翌二十八日ハ其返事ノミヲ待ツテ一日ヲ暮シテヰル間ニ今日夕刻遂ヒニ其返事ヲ聞カスニ私ハ憲兵隊ヘ来タノテアリマス

つまり青年将校側は、軍事参議官側からのリアクションを待っていたというのである。これに対して、この会見を終えた軍事参議官側の反応は、全く別の方向を向いていた。阿部は、野中大尉から「私共ハ只今ハ確実ニ隊長ノ指揮ノ下ニ行動ヲシテ居マス連日ノ疲労ノ為メニ速急行動ハ困難ナレハ今夜ハ休マセテ頂キタイ」との回答があったと述べる。これを聞き、三人の軍事参議官は偕行社へ戻り、他の軍事参議官に情況を報告する。さらに阿部は、以下のように語る。

宮中ニハ両軍事参議官宮殿下御待チノ事テ真崎大将ト私（阿部）ト二人テ宮中ニ伺ヒマシタソコニハ本庄侍従武《じじゅうぶ》官長《かんちょう》モ居ラレタ　西大将ハ戒厳司令官ヘ右ノ情況ヲ伝ヘニ行カレタ其時川島大臣カ情況ヲ聞キタイト云フノテ私ト真崎大将ト二人テ憲兵司令部ヘ行キ局長等参集ノ席テ会見ノ情況ヲ話シマシタ　此大臣ノ所ヘ行ク前小藤大佐カ鈴木大佐カラ栗原外《ほか》一名モ隊長ノ指揮下ニ入リ今夜ハ休息スルカ明日ハ小藤大佐ノ指揮下ニ行動ストノ旨聞ク　ヨツテ私モ大久保ノ自邸ヘ安心シテ帰リマシタ（「二・二六事件ニ関シ阿部大将ノ陳述ニ関スル件報告」）

たとえ善意からにせよ、軍事参議官側はなだめて撤退させることに重点をおき、青年将校側は、「真崎一任」について何か回答があり、その上で撤退等を考えていたという重大な食い違いがあった。とくに「栗原外一名モ隊長ノ指揮下ニ入リ今夜ハ休息スルカ明日ハ小藤大佐ノ指揮下ニ行動ストノ旨聞ク」という一節は、次項と関わり、重要である。山口一太郎の「第三回被告人訊問調書」によれば、「斯クテ軍事参議官トノ第二次会見ハ終了ヲ告ケマシタ、四時半位テポツポツ暗クナル頃テアリマシタ」という。

＊　前日の軍事参議官との会見と異なり、力関係の変化を反映してか、軍事参議官の副官は、会見は、短時間だとせかしていたという（「山口一太郎第三回被告人訊問調書」）。

宿営命令

この軍事参議官との会見が終了した時、「麹町地区警備隊」＝小藤部隊の副官を務めていた山口一太郎は、「将校カ多数集ツテ居ル此機会ヲ利用シ宿舎ニ就ケトノ命令ヲ下サウト思」ったという（「第三回被告人訊問調書」）。実は前述した通り、宿営命令の発端は、二七日朝の衝突未遂事件であった。山口は、「午前十時頃聯隊長カラ此ノ様ニ命セラレマシタ」として、小藤の命令を次のように陳述している。

部隊ヲ野曝《のざら》シニシテ置クト今君ガ見テ来タ様ニ殺気立ツタ危険ナ場面ガ現ハレルカラ今日ハ早ク宿舎ニツケテ了ハウデハナイカ、幸ヒ今戒厳ガ布カレテ宿舎ハ勝手ニ徴発スル事ガ出来ル様ニナツタカラナルベク分散サセヌ様ニ陸相官邸附近ニ集結サセルト云フ主義デ早ク配宿計画ヲ立テロ

山口は、この命令に基づいて、第一候補として、新議事堂（現在の議事堂）を偵察させる。しかしまだ工事中で、電灯・暖房・水道がなく断念する。第二案として、彼は、大臣官邸・学校・個人の屋敷・料

理屋を、小藤に提案する。小藤は、以下のように命じたという。

学校ハ試験中ダカラ止シテヤレ、個人ノ屋敷モナルベク避ケロ、旅館ホテルハイ、トシテ、料理屋ヘハ入レタクナイ、華族会館ナトハイ、ダラウ、大臣官邸モ無論差支ナイ、然シ陸相官邸ダケハ早ク明ケタ方ガイ、

山口は、対馬・竹島両中尉をしたがえて、各大臣官邸や議事堂の視察に赴く。一方、山口は、戒厳司令部へ問い合せる。戒厳司令部の意向は、「海軍大将ヲ二人モ殺シテ了ツタノテ海軍陸戦隊カ非常ニ激《げっ》昂《こう》シテ居ル、陸戦隊トノ衝突ヲ避ケタイカラ、議事堂ト華族会館トヲ止メニシテ計画ヲ立テロ」というものであった。海軍省と近い、議事堂（旧）と華族会館は、宿営候補地から省かれる（「山口一太郎第三回被告人訊問調書」）。以上のことは、青年将校の部隊が、戒厳司令部と直結した小藤部隊として機能していたことを示している。

この戒厳司令部の意向をうけ、山口は、大蔵大臣・鉄道大臣・文部大臣・農林大臣官邸と、山王ホテル・万平ホテル・麹町宝亭しかないと考えたという（「山口一太郎第三回被告人訊問調書」）。その結果、歩兵第一聯隊「秘　二・二六事件経過要綱」は、次のように述べることとなる。

午後二時以降陸相官邸ヨリ来ル情報ハ形勢ノ好転ヲ伝フルモノアリ殊ニ小藤大佐ヨリ電話ヲ以テ小藤部隊ノ主力ハ新議事堂附近ノ空地ニ集結シアリ目下本夜ノ宿営配置ヲ考案中ニシテ大蔵大臣、鉄道大臣、文部大臣官舎等ニ収容スル計画ヲ立テ戒厳司令官ノ認可ヲ得テ行動部隊ヲ指導収容スル予定ナル旨通報アリ

青年将校の部隊は、小藤大佐・山口副官の指揮の下、文字通り、「麹町地区警備隊」として機能しは

じめていたのである。対馬・竹島両中尉が、山口の指示に基づき、宿舎の手配にあたったようである。たとえば農林大臣官邸では、「午後二時頃軍服ヲ着用シ背丈高クキビキビシタ将校ト外将校二名ガ官邸事務室ニハ入ツテ参リ私ニ此官邸ヲ戒厳司令部分隊ニ使用スルカラ室内ノ案内ヲシロト申サレマシタノデ私ハ真実ト思ヒ（中略）案内致シマシタ」（「村田真夫《むらたまさお》（農林省秘書課庶務主任）証人訊問調書」）という状況が、諸所にみられた。

もちろん戒厳司令部側は、油断していたわけではない。宿営に向けての青年将校側部隊の移動に伴い、午後四時頃から、歩兵第一聯隊の「屯営前ヲ歩三、歩五七部隊ノ陸続トシテ移動」し、「歩兵第二旅団ハ赤坂見附、溜池、虎門《とらのもん》、桜田《さくらだ》本郷《ほんごう》町、日比谷停留所ノ線ニ警備ノ配置ニ就」くこととなる（「秘　二・二六事件経過要綱」）。第一師団参謀長の「被告事件ニ関スル件回答」によれば、二月二七日午後五時から六時にかけて新議事堂構内で、安藤・野中・坂井と接触した石川清《いしかわきよし》少佐は、「聯隊主力警備配置ニ移ルコト、ナ」ったと告げたという。先程の兵力移動は、おそらくこれに伴うものだったと考えられる。その上で、石川は、「之ト衝突スルコトトナキ様注意セヨトノ主旨ヲ打合セ」をした。全体としては、二七日午後から夜にかけて、緊張は緩むのである。

山口一太郎の「第三回被告人訊問調書」は、この後の経過を次のように語っている。

柴大尉ノ帰ツテノ報告*ニ依リマスト私ノ立テタ第二案ノ通リテ宜シイト云フ戒厳参謀ノ返事テアリマシタカラ早速次ノ如ク命令ヲ下シマシタ

命令

一、本夜ハ取敢ヘス左ノ如ク宿営ス

近衛、野重七、歩一機関銃　首相官邸及農相官邸
歩一第十一　山王ホテル
歩三安藤中隊外一ケ中隊　万平ホテル及宝亭
其ノ他ノ歩三部隊ハ　商、鉄、文、蔵各相官邸
麹町地区警備隊本部　鉄相官邸
二、午後九時鉄相官邸ニ命令受領者ヲ出セ
三、余ハ当分陸相官邸ニ在リ

小藤大佐

この小藤大佐命令に基づいて、青年将校の部隊は、それぞれ宿営することとなった。しかし戒厳司令部と、近衛師団などとの警備区域の意志の不一致から、宿営は、この通りいかなかった。すでに宝亭は航空本部が押さえ、万平ホテルには近衛師団がいたのである。小藤が、先に山口に述べたように、「戒厳ガ布カレテ宿舎ハ勝手ニ徴発スル事ガ出来ル」という事態が現出していたのである。そして万平ホテルの近衛師団側は、「叛徒ガヤッテ来ルト云フノナラ実力テ撃退スル」と、強硬な姿勢を示すのであった。一応、香椎戒厳司令官の、「皇軍相撃」を避ける方針に従いつつも、後でもふれる通り、陸軍の各セクションは、それぞれの思いで行動しようとしていたのである。

山口は、この事態に対して、地区境界の見解の相違だが、「此方ハ戒厳司令部許可済ノ計画テアリマスカラ近衛ヲ引下ケル事モ出来マスノテ左様ニシヤウカト思」ったという。ところが、「青年将校連カ此様ニ暗クナッテカラモウサウイフ事ハ止メマセウ」と述べたという。青年将校側も、連日の疲労から

早く休みたかったとみられる。山口も、内心助かったと感じたようである。「私トシテモ勿論都合ノ宜イ事タト思ヒ清原少尉ニ命シ宝亭及万平ホテルニ行ク部隊ヲ　赤坂ノ幸楽　ニ変更スルカラ気ノ毒ダガ更ニ部隊ヲ動カシテ貰ヒタキ旨ヲ申シマシタ　斯クテ午後五時過ヤツト配宿カ終リ、安藤清原ノ部隊カ幸楽ニ到着シタノハ恐ラク午後七時頃ニナツテ居タテアリマセウ」（以上「山口一太郎第三回被告人訊問調書」）。

宿舎として予定されながら、突然交渉をうけた山王ホテルの場合をみてみよう。丹生《にふ》誠忠《よしただ》中尉の部隊が宿営することとなる同ホテル支配人小山重右衛門《こやまじゅうえもん》は、二月二七日午後六時頃のこととして、次のように述べている。

陸軍歩兵中尉ノ方カ帳場テ私ニ面会ヲ求メマシタノテ会ヒマスト「自分ハ戒厳司令部本部ヨリ来ルモノタカ此ノ建物ヲ全部使用スルカラ即刻明ケ渡セ事ニヨルト組閣本部ニナルカモ知レヌ投宿者ハ即時撤去サセル　ソレニ反抗スレハスク軍法会議ニ引張ツテ行ク」ト申サレタノテ私ハ「二百人以上ノ宿泊人カ居リマスカラ即時ニハ参リマセン」ト申シマスト「宿泊人カ立退ク迄待ツ」ト申サレタノテ直チニ其ノ趣ヲ宿泊人ニ伝ヘ立退カセマシタカ全部立退ク迄ニハ当日ノ午后十一時三十分頃ニナリマシタ（山王ホテル検証調書　訊問調書　証人　小山重右衛門）

「組閣本部ニナルカモ知レヌ」、「投宿者ハ即時撤去サセル　ソレニ反抗スレハスク軍法会議ニ引張ツテ行ク」といった発言は、我々が決起すれば、陸軍全体もそれに呼応すると思って決起した丹生らしい発言といえよう。山王ホテル従業員も、ほぼ同様に証言し、さらにホテル従業員にも、出入証をもたせ、出入りを厳重にすると共に、ホテル直営のスケート場も営業を差し止められたという。いわんや寒い夜、ホテルを突然追い出された宿泊客は、どんな思いだったのだろうか。

かくして戒厳司令部の許可と、小藤部隊長の命令に基づき、決起した青年将校以下の部隊は、宿営することとなるのである。

＊ 戒厳司令部に青年将校側の動静を伝えつつ、両者の連絡にあたっていた柴有時は、第三回聴取書（於牛込《うしごめ》憲兵分隊）で、自己の動き方として、「先方ノ虫ノヨイ要求例ヘハ『ラヂオ』統制攻撃ノ拠点トスル土嚢《どのう》配給等ノ申出等ハ悉《ことごと》ク却下シ司令官ニハ伝ヘマセンテシタ」と陳述している。

ひと時の安心感の広がり

なぜこうした鎮圧する側が、重臣などを殺害し帝都の中心部を占領している部隊を、「友軍」とみなしたのみならず、その宿営を許すという「奇妙」なことが起こったのだろうか。皇居のそばでの「皇軍相撃」を避けたいとする香椎戒厳司令官や、川島陸軍大臣・軍事参議官らの意思が大きかったことはいうまでもない。宿営許可が出る際、仲介に立った柴有時は、山口が作成した宿営の略図を、「小藤大佐並ニ戒厳司令官ニ見セ所要ノ訂正ヲセラレ」た際、「其時更ニ行動部隊ノ抵抗意思ナキコトヲ司令官ニ伝ヘタル所」、香椎が青年将校たちへ以下の伝言を託したと、次のように陳述している。

今晩ハグツスリ寝ロ　ソシテヨク考ヘロ　決シテダマシ討等卑怯ナ真似ハシナイ

香椎は、ゆっくり寝て青年将校たちが冷静になれば、撤退するだろうと考えていた節がある。この香椎の言葉を、「山口大尉ヲ通シテ伝達シテ貫ヒマシタ　更ニ反撃シタリスル様ナ事ハナイカヲ特ニ山口ニ確メ其ノ意思ナキ事ヲ知リ司令官ニ伝ヘ」ると、「司令官ハ他ノ情報ヲ綜合セラレ非常ニ安心セラレ上奏セラレマシタ」という。＊前述したように阿部信行が、「小藤大佐カ鈴木大佐カラ栗原外一名モ隊長ノ指揮下ニ入リ今夜ハ休息スルカ明日ハ小藤大佐ノ指揮下ニ行動ストノ旨聞ク　ヨツテ私モ大久保ノ自邸へ安心シテ帰リマシタ」と述べている通り（「二・二六事件ニ関シ阿部大将ノ陳述ニ関スル件報告」）、青年将校たちが、小藤大佐の宿営命令に従って行動したことで、明日はきっと撤退するとの安心感が走ったことは間違いない。柴有時も、「非常ニ安心シテ自分ノ仕事ヲ松平（紹光）大尉ト交代スル積《つも》リテ松平ヲ迎へニ行キマシタ」と、語るのである。**

柴が、松平を迎えに行ったのは二七日午後六時頃かと思われるが、それから当日の夜までの時点では、青年将校たち率いる部隊は、小藤部隊としての内実を備えてきていたのである。青年将校側にも、安心感が漂っていたことも確かであった。村中孝次が、北一輝邸を訪問するのも、この時点のことのようである。西田税の「第六回聴取書」によると、北・亀川哲也・西田の三人が揃い、「今日モトウトウ暮レテ二日モ延ヒテシマツタ」と話しているところへ、村中が現れたのは、前述した通りである。

この訪問時間を特定できないが、会話の中に、「万平ホテル山王ホテル云々」があるので、午後五時から六時頃、万平ホテルが、近衛師団側に占拠されているのが分からない時点で、村中が部隊から離れて出てきたと考えられる。それから北の住居・中野区桃園《ももぞの》町四〇番地まで、戒厳令下、どれくらいかかったか定かではないが、おそらく午後七時頃かと推定される。***

＊　なおこの上奏の件についてのみ、香椎浩平は、その柴有時関係の「証人訊問調書」で、柴の陳述に対して、「二十七日夜十時頃松平ト任務交代ノ為柴大尉カ私ノ許ニ来タル際私カ同人ニ対シ同日　陛下ニ対シ奉リ反乱部隊鎮定シタリト上奏シタル様ニナツテ居リマスカ私ハ二十八日午前中ノ時機ニ鎮定ノ見込テアリマスト上奏シタノテアリマスカ此点ハ柴ニ話シタカ如何カ記憶アリマセヌ」と異を唱え、「其他ノ点ニ付テハ相違アリマセン」と述べ、天皇に関わる上

奏についてはボカシテいる。

** この際、柴は、「松平渋川ト三人テ鉄相官邸ニ行キ山口ニ逢ツタ」という（三月一日柴有時陳述）。これが、湯河原に牧野伸顕《まきののぶあき》前内大臣の偵察に赴き、二月二五日夜帰京後、磯部から、決して行動隊に加わるなと戒められ、不承不承外部にいた渋川善助《しぶかわぜんすけ》が、青年将校側の部隊に直接参加するきっかけとなる。

*** この西田・村中の会話に、三軍事参議官との会見がないのは、すでに前述した通り、電話で連絡済みだったからと考えられる。

麹町地区警備隊命令

先の宿営命令の際、「午後九時鉄相官邸ニ命令受領者ヲ出セ」という一項に基づき、午後九時、麹町地区警備隊命令が出されることとなる。それまでの経過を、山口一太郎は、以下のように陳述している。

私ハ其ノ後小藤部隊千五百人全員ニ対シ毛布ノ支給、歩一歩三ヲシテ食事ノ分配ヲサセルコト、小夜食ヲ調弁スル事等夜八時ニナツテモ未タ命令案モ書ケナイノテ困ツテ居リマスト（中略）聯隊長ハ「ヨシヨシ、命令ハ俺カ拵《こしら》ヘテヤル、君ハ給養ノ方ヲヤレ」ト言ハレ私カ其ノ通リニシテ居ル間ニ聯隊長カ口述シ佐藤大尉カ筆記シテ茲《ここ》ニ麹町地区警備隊命令カ出来上リマシタ（「山口一太郎第三回被告人訊問調書」）

さらに山口によれば、副官業務専門に第一師団から田中《たなか》（正直《まさなお》）少佐を呼んでもらったという。明らかに小藤自身が命令を下し、毛布・食事の支給・分配など、分宿した青年将校の部隊が「戒厳部隊」として取り扱われていたことは疑う余地はない。

では小藤が作成した麹町地区警備隊命令とは、いかなるものであったのか。柴から、交代要員として呼ばれた松平紹光歩兵大尉（近衛歩兵第二聯隊附　中央大学配属将校）*は、三月六日東京憲兵隊警務課に出頭し、次のように陳述している。柴に迎えられ、渋川と共に車に乗った松平はなぜ戒厳司令部に行かず、鉄道大臣官邸に行ったのかと問われた際、以下のように答えている。

　自動車ノ中テ柴大尉カ私ニ次ノ任務ヲ戒厳司令官カラ受ケテ居ルト云ヒマシタカ先ニ司令部へ行ケハ午後九時ニ行動部隊カ出ス命令ヲ聞クコトカ出来ヌト思ヒ司令部ヲ後ニシテ鉄相官邸ヲ先ニシマシタ

別紙として、おそらく松平が書きとめ、訊問官に差し出した「麹町地区警備隊命令　二月二十七日陸軍大臣官邸」は、戒厳令により、第一「師団ハ依然現担任地域ノ警備ヲ続行シ治安ノ維持ニ任ス」とした上で、「余（小藤）ハ二十六日朝以来行動スル部隊ノ全員ヲ指揮シ」、桜田門―日比谷公園西北端―議事堂（海軍省ヲ除ク）虎ノ門―溜池―赤坂見附―半蔵門の線（含む）以内の「地区ヲ警備シ治安ノ維持ニ任セントス」と述べる。そして「爾今《じこん》麹町地区警備隊トス」、「南地区警備隊（2LD〔第二旅団〕長ノ指揮スル2LDノ主力）麹町地区担任区域ヲ除ク市内師団担任警備地区ヲ警備シ治安ノ維持ニ任ス」と、青年将校以下の部隊が、第一師団の正規の戒厳部隊となったことを宣言し、「余ハ陸軍大臣官邸ニアリ」「隊長小藤大佐」と結ぶのである。

　さらに「山口大尉注意」は、「一、1D（第一師団）外ノ者ハ特ニ警備司令官ノ命令ニヨリ小藤大佐ノ指揮下ニ入レラレタルモノナリ」とし、中橋・田中らを含むとした上で、「二、日課ハ各中隊長之ヲ定ムヘシ　三、各中隊ハ特ニ必要ナキ限リ宿舎直接警備ニ止ム」ことを命ずる。第四として、「外出ヲ禁止シ食物等ハ中隊毎ニ取纏メ」、公用兵が扱うこと、「明正午迄ノ間ニ一人宛二十銭ノ小夜食ヲ給スヘシ」（第五）、「二十八日午前十時命令受領者ヲ差出スヘシ」（第六）と指示する。そして「七、電車線路ヲ越ユヘカラス」とした上で、以下の点を強調する。

○合言葉ノ禁止

○警備隊討伐ノ「デマ」ハ虚偽ナリ　要点筆記報告

○陸軍大臣告示ヲ兵ニ徹底（以上「松平紹光聴取書」）

そして山口一太郎自身も、「第三回被告人訊問調書」で、「午後九時稍過警備隊命令下達各命令受領者ハ立派ニ之ヲ筆記シ復唱ヲシテ帰リマシタ」と強調する通り、統制ある軍隊としての一面を示しだしていたのである。分宿した下士官・兵の軍紀も、極めて厳正だった。疲労がたまっていたにせよ、二月二七日夜、静かな時間が流れ出すかにみえた。

第一師団司令部の「極秘　二月二十六日事件詳報」でも、「午后九時頃　歩兵第三聯隊附石川（清）少佐ノ報告」として、野中四郎と会った石川が、「何カ希望無キヤ」と聞いたのに対し、野中は「金カ無クテ困ツテ居ル」と答え、**石川と野中は「今夜宿舎ニ歩哨ヲ立ツルカ両部隊ハ互ニ襲ハヌコト」を協定したという。歩兵第一聯隊「秘　二・二六事件経過要綱」も、以下のように述べている。

占拠部隊ハ事件ノ解決ヲ軍事参議官ニ一任シ又戒厳司令官ヨリ示《（ママ）》サレタル絶対ニ衝突ヲサク《（避）》ヘキ主旨ヲ体シ各大臣官邸幸楽山王ホテル等ニ宿泊シ警戒モ悉ク徹去シ極メテ平静状態トナレリ

平穏な夜が来たかにみえた。

＊　松平は、会津若松の聯隊で、渋川・竹島とは旧知の仲であり、柴同様、青年将校運動の外延にいた人物である。

＊＊　資金のことを全くといっていいほど考えていない無計画な決起の問題点が、二日目にはや露呈されていたといえよう。

緊張の高まり

二七日夜九時――麹町地区警備隊正式発足後――以降、再び緊張が次第に高まっていく。一つは、事件勃発後、青年将校側への敵対感情をあらわにしてきた近衛師団の動きである。先の万平ホテルの件といい、時間は九時より大分前だが、近衛師団側から、中橋の部隊を呼びに来るという動きもあったという（「山口一太郎第三回被告人訊問調書」）。

第二には、第一師団内の不協和音である。とくに軍事調査部長在任中から、青年将校に厳しい視線を注いでいた工藤義雄《くどうよしお》少将が、歩兵第二旅団長だった点が指摘される。もちろん第一師団自体、「出動部隊ノ行動容易ニ鎮定スヘクモアラス　若シ彼等ニシテ現在占拠地ヲ脱出シ市内ニ行動スルコトアランカ治安甚シク撹乱《かくらん》セラレ憂慮スヘキ状態ニ陥ルコトヲ虞レ」、「出動部隊ノ脱出防止ノ為メノ包囲線ノ構成」をしていた。しかし工藤は、さらに、「歩兵第三聯隊正面ノ警戒薄弱ナルト歩兵第三聯隊ノ現状ニ鑑ミ一部兵力ノ増加」を第一師団長に上申したという（第一師団司令部「極秘　二月二十六日事件詳報」）。これを憂慮したのが、小藤の留守を預かっていた歩兵第一聯隊の古閑健《こがたけし》中佐である。おそらく工藤の部隊が、武力鎮圧の気勢を示しはじめていたのであろう。古閑は、「円満解決ヲ企図シアル現状ニ於テハ歩兵第二旅団ノ第一線ヲ隔離セシメ且麹町地区警備隊ヲ刺戟《しげき》セサルカ如キ態勢ニアラシメラレタキ意見ヲ具申」を行なったという。そして豊島第一師団参謀長は、「直チニ其ノ意図ヲ歩兵第二旅団ニ示シ」、「此

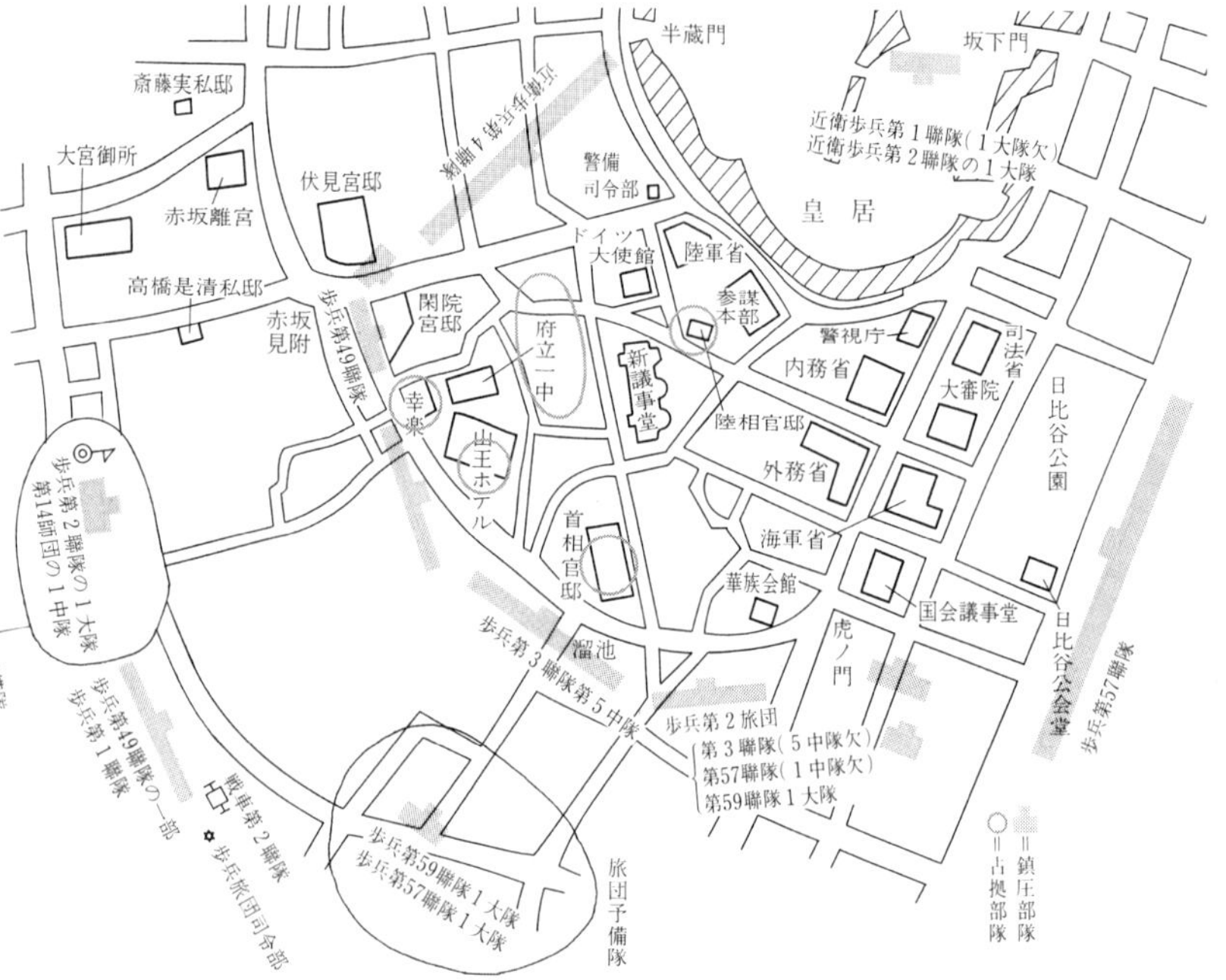

第一師団態勢要図　2月27日午後10時
（第一師団司令部　極秘「二・二六事件詳報」より作成）

夜第一線ハ極メテ平静ナル状態ニテ推移」したという（歩兵第一聯隊「秘　二・二六事件経過要綱」）。二七日午後一〇時頃の兵力配置は、上図の通りである。

第三は、おそらく参謀本部系統からと思われる謀略的動きである。山口一太郎は、次のような出来事があったことを伝えている（「第三回被告人訊問調書」）。二七日午後一一時頃からのことだったようである。夜一二時頃、山口に、次のような首相官邸からの報告があったという。

夫レハ「次ノ様ナ電話カ頻繁ニ懸ツテ来ル、何トカ処置ヲシテ貰ヒ度イ、電話ノ要旨ハ、オ前達ノヤツタ事ハ明カニ逆賊ダ、陸軍省デハ今討伐ノ計画ガ樹《た》ツテ之カラ討伐ニ向フ所デアル、下士官以下ハ可愛サウダカラコツソリ逃ゲタガイ、ダラウ、俺ハ名前ハ言ヘナイカ陸軍省ノ将校ダ」

首相官邸には、強硬派と目されている栗原安秀がいる。明らかに栗原を意識した挑発行為だったと考えられる。わざわざ「陸軍省ノ将校ダ」ということは、それ以外のセクションだった可能性が強い。

山口は、これに対して「戒厳司令部ト山口大尉トノ間ハ確実ニ連絡ガシテアルノダカラ、其ノ様ナ事ガアレバ真先ニ此方ニ知ラシテ来ル筈ニナツテ居ル、夫レハ悪意ノデマダカラ抛《ほう》ツテ置ケ」と答えたという。しかしこうした陸軍部内での戒厳司令部と異なる志向が、香椎らの、青年将校をなだめ撤退させることを通じて血をみることなく事件を解決しようとする方向を阻害したことはいうまでもない。

青年将校側は、急激に硬化しはじめた。柴有時は、松平と交代して帰宅することをあきらめる。彼は理由を明言していないが、「当時行動部隊ハ色々ノ理由ニヨリ強硬ナ態度ニアルコトヲ知リマシタ故ニ（中略）戒厳司令官ニ報告致シマシタ」（「柴有時陳述」一九三六年三月一日）と、述べるのである。そして参謀本部を中心に、奉勅命令発令が、具体化されていたのであった。青年将校以下の部隊が、「友軍」、「行動隊」から「叛乱軍」へとされていく歯車は、大きく回りはじめるのである。

2　「奉勅命令」と「叛乱軍」認定

命令二途より

今までみてきた通り、川島陸相・香椎警備司令官・軍事参議官らの無血解決方針に対して、当初から真田穣一郎に端的にみられる武力鎮圧論が存在していた。だが二月二七日の戒厳令施行前後の段階までは、青年将校たちの動きを利用して皇族内閣など陸軍に都合のいい内閣の樹立を求める点では、陸軍省・参謀本部の幕僚たちも、前者の方向に必ずしも異議を唱えなかったとみられる。二月二七日早朝の石原莞爾の動きは、この点を示している。

しかし天皇の、事件への強い反発が明らかになってきていた。二六日夜の軍事参議官と青年将校との会見の際の荒木・真崎の発言などから、それは窺われる。陸軍首脳にもどうにもならない天皇の強い姿勢に直面し、省部幕僚は、陸軍にとって好ましい内閣樹立で、政治の主導権を奪取していく方向を断念したとみられる。天皇の反発を買わないかたちで、自らの発言権を維持・強化するためには、青年将校の部隊を明示的に押さえつける方が有効だと、その舵《かじ》を転じたといえよう。*

柴有時関連の「香椎浩平証人訊問調書」は、右の点を窺わせる。「奉勅命令カ二月二十八日発令ニ至ツタ経緯ハ」という問に対して、「私ハ事件当初ヨリ蹶起部隊ヲ温和ナル手段ニヨリ撤退セシ(ママ)タキ意図ノ許ニ同部隊ヲ統帥系統ノ許ニ入レテ」、青年将校らを「刺激セザル方策ヲ取リマシタ」と答える。しかし「二十七日ニ至リ参謀本部ニヨリ蹶起部隊撤退ニ関スル内示ヲ受ケ最早《もはや》如何トモスル事カ出来ナク」、二八日午前五時に、「奉勅命令」が発令になったのだと述べる。ここに、「戒厳司令官ハ三宅坂附近ヲ占拠シアル将校以下ヲシテ速ニ現姿勢ヲ撤シ各所属師団長ノ隷下ニ復帰セシムヘシ」という奉勅命令が、現実のものとなっていく。

先に引いた香椎が、柴に青年将校側に伝えよと命じた、「今晩ハグッスリ寝ロ　ソシテヨク考ヘロ決シテダマシ討等卑怯ナ真似ハシナイ」という言葉と、午前五時の「奉勅命令」発令は、見事に符合していないか。つまり香椎戒厳司令官は、青年将校たちをよく寝かせ、冷静にさせた上で、青年将校たちを「奉勅命令」に従わせようとしたとみて間違いない。「皇軍相撃」を何とか避けようとしていた香椎も、天皇の強い意向をバックとする参謀本部の方針には逆らえなかったとみられる。

＊　二月二六日以降の幕僚たちの証言は、「二・二六事件裁判記録」にはほとんどみられない。だが前掲拙著『二・二六事件』でも明らかにした通り、反皇道派の幕僚層は、天皇やその周辺に、皇道派系を「悪役」と描き出すことで、自己ならびに陸軍の力を強めるという手法をとってきていた。その点からみても、幕僚層は、青年将校の行動によって、天皇を輔佐する重臣が倒された機会を利用しての中央突破が、天皇の反発により不可能になる中で、青年将校を押さえつけ、真崎らを「悪役」にすることによって、陸軍の地歩を拡大しようとしたと考えるべきであろう。

「奉勅命令」実施への根回しの開始

香椎は、参謀本部筋から、タイムリミットを決められていたのであろうか。周辺の証言からみて、二月二八日午前零時以降、香椎の動きは「奉勅命令」発動に向けての下準備の色合を濃くしていく。事件の裏方たちの証言はこの点を裏付ける。

山口一太郎からみていこう。「第四回被告人訊問調書」で、彼は、二八日午前零時過ぎ、陸相官邸の柴大尉から、鉄相官邸にいた山口に迎えがきたという。青年将校が宿泊していない陸相官邸へ出向くと、柴・松平から、以下の打診をうけたという。

今俺ハ戒厳司令部カラ帰ツテ来タ所ダガ向フノ空気ヲ内偵シテ見ルト今朝五時ニナルト此部隊ヲ何所カヘ纏メルト云フ　奉勅命令カ出ルサウダ、今若イ者ハ非常ニヨク纏リ始メタ所ノ様ニ見テ居ルガ此　奉勅命令ガ出テウマク皆承知ヲスルダラウカ

これに対して、山口は、次のような反応を示す。

私ハタツタ今巡察ヲシテ一同カヨク小藤大佐ノ命令ニ従ツテ居ルノヲ知リ非常ニ喜ンテ此所ヘ来タ所テアルノニ鉄槌ヲ頭カラドヤサレル様ニ此　奉勅命令ノ話ヲ聞イテ若イ者ハコレ程ヨク話カ判ルノニ上ノ人ハ何ウシテ訳カ判ラナイノカト云フ事ヲ考ヘ涙カ出テタマリマセヌテシタ

柴・松平の証言はこの点にはふれず、柴は午前一時過ぎ、松平は午前二時過ぎの話として語っている。まず柴からみていこう。

柴有時は、三月一日の陳述で、「二月二十八日ノ行動」として、午前一時過ぎ、戒厳司令官に「前項ノ報告ヲ致シマスト非常ニ憂慮セラレ」たという。「前項ノ報告」とは、青年将校が硬化しているという内容であるが、柴は、具体的に言及していない。その中身が、先ほどふれた「反間《はんかん》の計《けい》」的な首相官邸への電話による青年将校側の反発の結果か、山口一太郎の反応かは不明である。

この柴の報告に対して、香椎は「非常ニ憂慮」し、「山下少将ノ巡察ノ結果ヲモ併セ次ノ二項ヲ伝達」するように柴に命じたという。

イ、兵ハ親族ト逢ヒ将校ニ騙《だ》マサレテ申訳ナイトテ泣イテヰル＊

ロ、宮城ニ弾丸カ飛フ様ナコトカアツテハ申訳ナシ

そして「速カニ帰順スル様奨《すす》メ」るようにと、柴を再度派遣したという。柴は、山口に、この香椎の言葉を伝えた。すると山口のそばにいた香田か村中は＊＊、次のように反論したという。

右ノ件ハ畢竟《ひっきょう》師団命令ノ軍隊区分即チ我々ハ麹町地区警備隊タル戒厳部隊テアルノ認識不足ニヨルモノテアルカラ陸軍大臣ノ告示ヲ撤《（ママ）》底スルノ要アリ

青年将校側をなだめ、無血で撤退させようとする便宜的措置であった「陸軍大臣告示」と、戒厳部隊への編入が、青年将校側の撤兵しない「大義名分」となったのである。「叛逆部隊テナイコトヲ（兵に）知ラセル」ために、「陸軍大臣告示」をさらに印刷してほしいと、青年将校側は逆に要求したのである。愚直で、悪くいえば「おっちょこちょい」な柴は、「陸軍大臣告示」の「殊ニ第五項　帰順工作ヲ為サントスルカ為メニハ叛軍テナイト云フコトヲ徹底サセルコトカ容易テアルト思ヒ」、陸軍省で「告示ノ印刷ヲ依頼シ」、刷り上った二、三百枚を村中か香田に渡したという。＊＊＊

柴より遅れて戒厳司令部に戻ったと思われる松平紹光も、香椎に面会した際、香椎が、「流血ノ惨ヲ見ナイ様ニシタイ亦戒厳命令テ行動部隊カ歩一ニ帰ルカ」と尋ねたと記す。松平は「小藤大佐及行動部隊ノ将校ニ確メ様」と答え、午前二時頃陸相官邸へと再度引返す。松平によれば、そのやりとりは以下の通りだったという。

此処テ小藤大佐、山口、柴ニ会ヒ戒厳司令官ノ意図ヲ伝達スルト山口ハ栗原カ聞カヌタラウト言ヒマシタ

これを聞いて、松平は、戒厳司令部に戻り、戒厳司令官に報告し、「行動部隊ノ占拠スル処ハ昭和維新ノ聖地タカラ後退セスト　如何テスカ其侭ニ放任」できませんかと、現場の雰囲気から意見具申を行なった。香椎戒厳司令官は、「ソレハ駄目タ」と、一言の下にはねつけたという（「松平紹光聴取書」）。今まで「皇軍相撃」を避けるために、「行動隊」の占拠を容認してきた香椎にとっても、撤退させることが至上命題となっていたのである。

＊　「柴有時第三回聴取書」によれば、山下が出くわしたという場面は、「行動軍ノ兵カ兄ト思ハレル者ト抱合ツテ泣イテヲツタト云フノテアルカラ此ノ場面ヲ先方ニ伝ヘ尚第一兵ハ親族ト逢ヒ将校ニ騙サレテ行動シタカ此レテ賊名ヲ蒙ルト思フト親兄弟ニ対シテ申訳ナイトテ泣イテ居ル」というものだったという。

＊＊　山口は、午前零時過ぎの「奉勅命令」についての打診を聞き、小藤大佐を起こしたとのみ述べているが、おそらく山口は、村中や香田にもこの情報を伝えていたと推定できる。その結果、おそらく陸相官邸に香田、ないし村中、あるいは両者が来ていたのであろう。

＊＊＊　この意図について、柴有時は、「第三回聴取書」で、「之レヲ頼マレテヤツテヤツタ理由ハ此ノ告示ヲ兵ニ知ラセルコトニ依ツテ賊ト思ヒヲル兵ノ気分ヲ和ラケルコトカ出来ルコト次ニ告示第五項ノ之レ以上ハ一ツニ大御心ニ待ツト云フ精神ヲ兵ニ徹底セシムレハ鎮撫工作即チ奉勅命令カ出タ時ハ直ニ之レニ服従シ得ル素地ヲ与ヘ得ルモノト思ヒ又上官ノ命令ニ疑念ヲサシハサマレテハイケナイト考ヘタカラテアリマス」と述べている。そして戒厳司令部に帰って、「其ノ処置ヲ司令官ニ報告シマシタラ司令官ハ『俺ノ意味ハソウテハナカツタカツマリ親兄弟カコンナニ迄心配シテヲルンタト云フコトヲ将校並下士官兵ニ反省ヲ与ヘタカツタノテアル』」と言われたが、「告示ヲ刷ツテ渡シタコ

トニ就テハ何モ言ハレマセンシ又叱ラレモシマセンテシタ」と陳述している。

「奉勅命令」発令阻止・実施延期に向けて

おそらく午前零時と一時の間に、柴から、「奉勅命令」が出そうだと聞かされた山口は、前述した通り、ただちに小藤大佐を起こした。小藤も、「夫レハ大変ダ」と言ってすぐに起きたという。間もなく鈴木貞一大佐もやってくる。山口が、「今更ソンナ奉勅命令ノ様ナ絶対的ナ事ヲシナイデモウマク落《おち》ツク見込デアル、コンナ物ガ出タノデハ折角鎮ツタ若イ者ヲ又亢奮《こうふん》サセルダケデ何ノ利益モ無イ」と述べると、小藤もそれに同意した。そして彼らは、「戒厳司令部へ此意見具申ヲスル為ニ行ク」ことになる（「山口一太郎第四回被告人訊問調書」）。

山口によれば、彼は、戒厳司令部で、三〇分にわたり抗議したという。二八日の午前三時頃のことであろうか（「山口一太郎第四回被告人訊問調書」）。戒厳司令部に引き返してきた松平が、その「聴取書」で、「其処ニハ小藤大佐、山口、鈴木貞一大佐、石原大佐、満井中佐カ居リ」、「山口カ奉勅命令ヲ出サヌ様ニ頼ミマシタカ私カ駄目タト云ヒマシタラ山口ハ非常ニ興奮シ」たと述べるのは、この時のことであろうか。

山口は、さらに香椎司令官に対して、「奉勅命令」について約一時間にわたり、第一師団長への命令で十分ではないかと抗議する。「山口一太郎第四回被告人訊問調書」によれば、その内容は以下の通りだったという。

要スルニ千五百人計リヲ一寸動カサウト云フ事ニ過ギナイ、此様ナ小サイ問題ニ天皇陛下ノ勅ヲ奉ジナケレバナラヌト云フ事ハ私ニハ何ウ考ヘテモ腑ニ落チナイ、コンナケチ臭イ事ニ　陛下ノ勅ヲ頂クナラ、又夫レデ無ケレバ動カセナイト云フナラ参謀総長ハ天皇機関説論者デアリ又誠ニ意気地ガ無イト申サネバナラヌ

しかし何を言われても、香椎もどうしようもなかった。その間、午前五時、「奉勅命令」は発令をみた。もはや発令を阻止することは不可能であった。

おそらく午前五時を過ぎてからのことであろう。山口は、発令阻止から、実施の延期を求めるようになる。彼は、さらに香椎に迫る。

何ト言ツテモ　奉勅命令ハ既ニ頂戴《ちょうだい》シタ、之ハ仕方ガ無イカラ、セメテ其ノ実施ノ時期ダケヲ無期ニ延シテ頂キ度イ

しかし香椎は「ヨク判ツタヨク判ツタ」を繰り返すだけだった。山口は「結局判ツタ丈ケテ何ウニモナラヌト云フ様ナ顔付」だと、香椎の雰囲気を観察する。山口も、戒厳司令官でさえ、どうにもならない強い力が働いていることを認識せざるを得なかった。山口は、『之ダケ私ガ御説明ヲシ閣下モ判ツタト言ハレ乍《なが》ラ何等ノ処置モシテ下サラナイノテスカ』ト言ツテ最後ニ泣イテ了ヒマシタ」（「山口一太郎第四回被告人訊問調書」）という。

香椎に対する説得を断念した山口らは、松平によれば、「柴、山口、私、鈴木大佐、満井中佐、小藤大佐ト一緒ニ午前八時近クニ陸相官邸ニ行」ったという。そして陸相官邸に「誰モ居リマセンノテ行動部隊ヲ現地ニ止メル意見具申ヲスルタメニ更ニ私及満井中佐以外ノ人々ハ第一師団司令部ニ行キマシタ」（「松平聴取書」）。

だが山口の証言は少し違っている。山口によれば、時間は、八時ではなくもっと早かったようである。しかも彼は、「奉勅命令」実施延期運動を断念していたとみられる。香椎の態度をみて、山口は、「何トシテモ彼等ニ納得サセル以外ニ方法ハ無イ」と考え、青年将校たちの睡眠状態を調査し、半数がまだ睡眠中であることを確認し、午前七時少し前に陸相官邸へ行く。すると友人の兵器局課員古谷（金次郎）大尉が、偕行社の軍事参議官に対し、「奉勅命令」の実施延期をお願いすべきだと説く。山口も、最後の努力として偕行社に向かう。古谷の強引さに助けられ、山口は、幸い林・西・真崎の三軍事参議官と会うことができた。山口の話を聞き、林と西は、涙をふいたという。真崎は、「悲シサウナ声テ『モウカウナツタラ仕方ガ無イノダ、此命令ニ従フ外ニ何トモ仕様ハナイ』」と述べたという。*「万事休す」、山口は、次のように答え、青年将校説得へ向かった。**

左様デアリマスカ、夫レデハ此範囲内デ皇軍相撃カ起ラヌ様出来ルダケノ努力ヲ致シマス、然シ努力足ラズシテ皇軍相撃カ起ルカモ知レマセヌ（「山口一太郎第四回被告人訊問調書」）

そして山口は、陸相官邸に着き、小藤と共に、第一線見回りに出たという。「三宅坂―赤坂見附―溜池ノ線ハ何レモ互ニ撃合ヒカ始マリサウニ危険ナ状況テアリマシタノテ聯隊長ト共ニ双方ノ指揮官ニ交渉シテ互ニ後退シテ貰ヒマシタ」（同前）。

緊張は、一触即発の事態に立ちいたっていたのである。すでにこの時点で、青年将校側に激しい敵意を抱いていた近衛師団は、午前七時四〇分、近衛歩兵第三聯隊命令（近三警命第七号）を下し、以下を指令していたのである。

一、戒厳司令官ハ　勅命ヲ奉シ三宅坂附近ヲ占拠シアル将校以下ヲシテ赤阪見附附近ヲ通過シ速ニ

歩兵第一聯隊附近ニ集結セシメラル

二、中橋中尉ハ現在其地ニ於テ指揮シアル下士官以下ヲ指揮シテ速ニ小藤大佐ノ指揮下ニ入ルヘシ

聯隊長 園山大佐 印

しかもこの命令は、直に「首相官邸ニ電話ヲ以テ伝達シ宗形《むなかた》（安）軍曹（中略）ハ之ヲ復唱筆記シタルモノナリ」と、栗原もいる首相官邸へ連絡されていたのである（近衛歩兵第三聯隊長 園山光蔵「被告事件ニ関スル件回答」）。

「奉勅命令」発令から三時間、「皇軍相撃」一歩前の事態が現出したのである。

＊ 「二・二六事件ニ関シ阿部大将ノ陳述ニ関スル件報告」で、阿部は、「二十八日午前七時半偕行社へ行ツタ所カ栗原カ首相官邸ヲ動カス或ハ奉勅命令カ出ルトカ蹶起部隊カ悪化シタトノ情報ヲ知リ驚ク」と述べ、「奉勅命令」への動きなどから全く疎外されていた軍事参議官の立場を述べている。

＊＊ 山口は、この午前七時～八時の時点で青年将校説得へ向かったが駄目だったとして、次のように述べている。「此駄目テアツタ原因ノ一ツニハ『彼等ハ戦サハ勝テアル、状況ハ著シク我々ニ対シ好転シテ来タ、海軍上層部ノ空気モ皇族会議ノ空気モ皆我々ニ同情的テアル』ト云フ事ヲ何所カラ聞タカ固ク信シテ居タト云フ事モアリマス」と述べている。もしこの山口の証言が事実だとすれば、後述する二八日午後の北・西田との電話連絡による青年将校の自決翻意という筋書き自体、再検討が必要になってこよう。

「奉勅命令」実施延期をめぐって

衝突回避に山口が駆け回って、第一師団司令部に到着したのは、二八日午前八時半頃だったという。鈴木貞一も、それに同行する。

小藤の証言はやや異なる。小藤によれば、彼は、山口と共に第一線の整理に行っていないようである。小藤は二八日午前八時頃、第一師団から奉勅命令の伝達を受けたとして、次のように語る。

其ノ時村中外蹶起将校代表者等カ陸相官邸ニ飛ンテ来テ近衛歩兵第三聯隊長ヨリ蹶起将校タル中橋中尉ニ伝達セル　奉勅命令ヲ手ニシ「奉勅命令ハ偽瞞《ぎまん》的命令デアル斯ノ如キ命令ニ依テ昭和維新達成ノ聖地ハ断ジテ撤去スルコトハ出来ナイ」ト申シ喧々囂々《けんけんごうごう》大ニ憤激シテ居リマシタ、(「小藤恵聴取書」)

前項で指摘した近衛歩兵第三聯隊からの中橋への「奉勅命令」伝達と、それが引き起こした青年将校側の憤激が、この聴取書では語られており、この部分のリアリティーは高い。山口が述べる、小藤と第一線整理に駆け回ったというのは、山口の記憶違い(前日は確かにそうだが)ではないか。しかし小藤は、その証言の後段では、以下のように述べる。

斯ノ如キ状態テハ到底　奉勅命令ヲ伝達スルコトハ不可能ト認メマシタカラ私ハ最後ノ解決案ヲ携ヘ師団司令部ニ行キ師団長ニ対シ蹶起将校ノ憤激セル状況ヲ報告シ其ノ下達不能ナル旨ヲ上申シ「従来蹶起将校等ヨリ陸軍上層部当局ニ要望シタ事項ニ付一モ其曙光ヲ見ル結果トナッテ居ラナイカラ此際彼等ヲ鎮静スル為ニ何カ彼等ノ面目《めんぼく》ノ立ツ様ナ事ヲ実現スル様ニ尽力セラレタイ」ト御願ヒシ師団長モ之ニ同意サレ師団長ト共ニ自動車テ戒厳司令部ニ行キ師団長ヨリ右ノ意見ヲ陳《の》ヘラレ戒厳司令官ハ夫レニ付考慮シヤウト云フ意見テアツタ様テアリマシタ(「小藤恵聴取書」)

この引用部の小藤の聴取書前段には、なぜか以下でみる「奉勅命令」の実施延期にふれず、「奉勅命令」を下達できなかった自己への弁護じみた印象が深い。

もう一度、山口一太郎の「第四回被告人訊問調書」に戻ろう。第一師団司令部での情景は、小藤に比べて具体的である。長文だが引用してみよう。

> 或参謀入室「只今戒厳司令部カラ電話カアリマシタ　奉勅命令ヲ頂戴シタガ、今ハ実施ニ適当ナ時期デナイト思フカラ、実施ニ関スル件ハ取消ストノコトデアリマシタ」ト申シマシタ、之テ一同「ホツ」ト安心致シマシタ、参謀長ハ「ア、之デヨカツタ、之デ　奉勅命令ハ無イモノト全ク同ジニナツタ」ト申シテ喜ハレ、私ハ此喜ヒヲ陸相官邸ニ伝ヘル為参謀長室ノ電話ヲ使ハウトシテ扉ヲ開ケルト其処ニハ　香田大尉　村中孝次　外一名（多分対馬中尉）ノ三名カ　鈴木大佐カラ何事カ大声テ叱ラレテ居リマス最中テアリマシタ　「臣子ノ分ヲ弁《わきま》ヘナケレバナラヌ」ト云フ声モ聞ヘマシタ*、私ハ此喜ヒヲ師団長ヨリ直接伝ヘテ貰ハウト思ヒ、右三人ヲ師団長室ニ案内シマシタ、師団長ハ三人ニ向ヒ「奉勅命令実施延期ノ命令ガ来タ、従ツテ　奉勅命令ハ無イノト同ジニ心得、御前達ハ依然小藤大佐ノ部下トシテアノ土地ニ居レバ宜イノダ、安心セヨ」ト言ハレマシタノテ三人トモ涙ヲ流シテ「有難ウ御座イマス」ト述ヘマシタ、

この朗報を知り、山口は、軍事参議官の方を安心させてあげたいと、思ったという。これに対して、聯隊長ハ「ウン夫レハヨイタロウ、俺ハ夫レデハ戒厳司令部へ行ツテ一体誰ガコンナ命令ヲ出シタリ引込メタリスルノカヨク其ノ原因ヲ確カメ二度ト再ヒコンナ事ガ起ラヌ様シツカリ談判シテ来テヤル」と述べたと、山口は、語っている。そして「結局私ハ軍事参議官方面ニ、聯隊長ハ戒厳司令部ニ手分ケシテ出発シマシタ、此時ハ午前九時過テアリマシタ」。松平も、「何処カラカ奉勅命令ハ其ノ時期ニアラスト師団司令部ニ電話カアツタカラトイツテ山口ハ安心シテ陸相官邸ニ帰ツテ来マシタ」と述べており

（「聴取書」）、「奉勅命令」実施延期の情報があったことは間違いない。

緊張は、一時緩んだ。なぜ「奉勅命令」の実施が延期されたのであろうか。二・二六事件の取り調べにあたった検察官の意識をうけて、今日なお根強い、青年将校に同情的な一部将官による「陰謀」だったのか。違う。石原莞爾が述べるように、延期工作はたくさんあったけれども、延期したのは、内部的理由であったとするのが正しいであろう（前掲須崎「二・二六事件と陸軍中央」参照）。鎮圧側の体制が整っていなかったのである。

東京憲兵隊本部で、一九三六年四月二二日行なわれた真崎甚三郎への聴取（「第二回聴取書」）の際、「鎮圧ヲ前提トシテ行動スヘキテアル様ニ思ハレルニ拘ラス時局収拾ヲ主眼トシテ行動シアルカ如ク認メラル、カ其ノ理由如何」という問に対して、真崎は、以下のように反論する。

　一ハ蹶起部隊カ全部死傷スル迄戦闘スルテアリマセウシ又攻撃部隊モ相当ナ死傷者ヲ出ステアリマセウシ陸軍省参謀本部ナトカ兵火ニカ、ル様ナ事ニナレハ収拾シ能ハナイ結果トナリハシナイカト考ヘタカラテアリマス

　二ハ皇軍相撃ノ不祥事ヲ後世ニ残シタクナイト考ヘタカラテアリマス

さらに真崎は、「尚他ノ理由ハ二十七日夜私カ副官ヲ偵察ニヤリマシタカ其ノ報告ニヨルト」として、「攻撃部隊ノ兵ノ中ニハ上官カラ攻撃ヲ命セラレタ場合ニハ止ムヲ得ス射撃シナケレハナラヌカ＊＊戦友ヲ撃ツニ忍ヒナイカラ空ニ向ツテ射撃ヲスル」、「攻撃部隊ノ中隊長大隊長ナトモ皆気乗リ薄テアル」といった事例を上げ、次のように結論づける。

　若シ攻撃部隊ニ攻撃命令カ出タ様ナ場合ニハ八百長的ニナル様ナ事カアツテハ軍ヲ破壊スル事ニ

ナルシ又第一師団ト近衛師団トガ相撃スル様ナ事ニナツテハ不可ト考ヘマシタノテ何トカシテ速カニ収拾シタイト考ヘテ鎮圧スルヨリハ収拾ニ努力シタノテアリマス

そして真崎は、「他ノ人モ亦皆同シ様ナ考ヘテアツタト思ヒマス」と付言するのである。青年将校率いる部隊に対する姿勢に著しい温度差があった第一師団と、近衛師団とが、「相撃スル様ナ事ニナツテハ不可」という真崎の指摘は真実感があるのではないか。事実、第一師団歩兵第三聯隊第五中隊長の小林《こばやしよしふみ》美文中尉は、二月二八日午前六時から七時頃、幸楽で、安藤部隊と接触し、「帰順交渉」を行なうが不成功だったとした上で、以下のやりとりを報告している。

安藤「包囲ヲ突破シテ聯隊ニ帰ル」

小林「デハ弾丸ヲ撃チマセヌカラ私ノ正面ニ来テ下サイ」

と、答え、「其ノ際聯隊ニ於テ収容スルモ一案カト思考」したという。小林は、「安藤、坂井等稍《やや》興奮シ是非善悪ノ判断正鵠《せいこく》ヲ期シ難キヲ認メ」たと述べている(「被告事件ニ関スル件回答」)が、「同じ釜の飯を食った」第一師団の将兵が、真崎が語るように「八百長的ニナル」可能性は極めて高かった。

いやそれだけではない。二八日午後五時三〇分の「戒作命第十一号」(叛乱軍ト外部トノ交通遮断)の時点でも、虎ノ門付近の守備にあたっていた、この小林中隊の状況は、以下の通りだったという。

当方面ノ守備ニ任セシ歩兵第三聯隊第二大隊ハ第六中隊(安藤中隊)第七中隊(野中中隊)ノ二ケ中隊ノ主力叛乱軍ニ加担シ僅カニ第五中隊タル小林中隊ノミ残リアリテ(中略)日没後ニ於ケル交通遮断及警備ノ情況一時期充分ナラサルモノアリ(第一師団司令部「極秘 二月二十六日事件詳報」)

「奉勅命令」を強行しようとしても、その条件が整っていなかったとみるべきであろう。

＊ 鈴木のこの「お説教」は、おそらく小藤が述べている中橋への「奉勅命令」に対する村中らの抗議を叱ったものだとみられる。
＊＊ 事実、二月二九日朝、陸相官邸前で渋川善助は、鎮圧側の「歩四九ノ大隊長及中尉ノ方カ見へ『命令ハ出タカ我々ハトテモ射撃出来ナイ』」と言うのを聞いている（「渋川善助被告人訊問調書」）。

「奉勅命令」の再実施をめぐって

二八日午前八時半過ぎ、「奉勅命令」実施延期の情報が入った。しかしそれは、つかの間のことであった。

山口が、軍事参議官に、実施延期の情報を伝え、香田を陸相官邸で、車から降ろそうとした時であった。別の一台の自動車が停まり、山下奉文《やましたともゆき》少将が「蒼イ顔ヲシテ」降りてきたという。山下は、「『オイ山口、イ、所デ会ツタ、直グ此方ニ来イ、十時半迄ニ後一時間シカナイ』ト言ツテ無理ヤリ官邸ノ角ノ室ニ連レテ行」く。九時半頃のことであった。狐につままれたような山口は、「全ク訳カ判ラナイ」ので、「一体何ウシタノデスカ」と尋ねる。山下は、「愈々《いよいよ》　奉勅命令ガ実施サレ、行動隊全部ハ師団ニ引上ゲナケレバナラナクナルノダ」と伝える。山口は、「笑ツテ『其ノ事ナラ御安心下サイ、今実施ガ延期サレタ計リテアリマス』」答えた。山下は、「延期サレテ午前十時半ニ実施サレルノダ、俺ハ今其ノ総本家本元カラ聞タノデ間違ヒナイ、サア如何ニシテ説得スルカ、夫レヲ定メナケレバナラヌ」と語るのであった。「総本家本元」は、石原莞爾と考えられるが、強硬派が、巻き返したのであろうか。＊鈴木大佐、小藤大佐も、やってきたようである。

山口は苦悩を深める。「相談ト云ツタ所テ陛下ノ御命令ダ、言フ事ヲ肯《き》ケト云フ以外ニ手段モ方法モリマセヌ」という彼の陳述は、「奉勅命令」の重さを物語っていよう。やむを得ず、山口は、「富士ノ間ニ居タ将校ヲ呼ヒ」に行く。その時の情景を、山口は以下のように語っている。

皆陽気ニ話ヲシテ居タ所ヘ私カ蒼イ顔ヲシテ入ツテ行キマスト村中カ「山口様、変ナ顔ヲシテ何デスカ」ト問ヒマスノテ「奉勅命令ガ愈々《いよいよ》実施サレルノダ」ト答ヘマスト「ソンナ事ヲ言ツテ我々ヲ驚カシテハイケマセヌ」ト言ヒ一同大笑ヒヲシマシタ、私ハ此純真ナ者達ニ如何ニシテ此怨《うらめ》シイ命令ヲ伝ヘル事カ出来ルカト思ヒ只「向フノ室デ山下少将ガ呼ンデ居ル、皆ニ用事カアルサウダカラ揃ツテ来イ」トタケ告ケ一同ノ後カラ涙ヲ流シテ共ニ行キマシタ

心中の本心は不明だが、山下も「蒼イ顔ニ涙ヲ浮ヘテ」次のように説いたという。**

二十六日諸子ガ行動ヲ起シテ以来大臣モ軍事参議官モ我々モ死力ヲ尽シテ御前方ノ精神ガ通ル様ニ努力シテ来タノテアルガ我々ノ誠意ガ通ラナイテ遂ニ怨シイ奉勅命令ノ実施ガ午前十時三十分ト云フ事ニ決メラレタノデアル、勅トアラハ日本人ハ謹ンデ承ラナケレバナラヌ、真崎大将ノ言ハレタ　錦ノ御旗デアル、今迄ノ所御前方ハヨク小藤大佐ノ命令ニ従ツテ来タ、此所デ此　奉勅命令ニ背クト総テハ駄目ニナツテ了ウ、ヨクヨク此点ヲ弁ヘテ此　奉勅命令ガ出タ場合其ノ通リニ動ケル様ニ今カラ他ノ者ニ伝ヘテ貰ヒタイ、我々モ何回デモ又何所ヘ行ツテモ説明ヲスルカラ、ソシテ出来ル事ナラ全部ノ将校ヲ此所ヘ集メテ貰ヒタイ、君達カラ言ヒ難カラウカラ俺ガ説明ヲスル

青年将校らは、「此言葉ヲ聞キ一同ハ落胆失望シ、誠ニ見テ居ルニ堪ヘヌ姿」で、山下少将以下も全員泣いたという（この間の記述は、「山口一太郎第四回被告人訊問調書」）。

集合していた青年将校たち「一同ハ集メラレルタケ集メマセウト言ツテ一同呼集メニ掛」ったという(「山口一太郎第四回被告人訊問調書」)。小藤も、午前一〇時二〇分、第一師団司令部に戻る。歩兵第一聯隊の古閑中佐らが師団司令部へ駆けつける。古閑らに、小藤は、以下のように告げたという。

目下状況ハ極メテ急迫シアリ　今ヤ最後ノ危機ニ当面セリ此処ニ最後ノ一案ヲ携ヘテ師団長ニ意見ヲ具申シ僅カニ一縷《いちる》ノ曙光ヲ認ムル(歩兵第一聯隊「秘　二・二六事件経過要綱」)

「今ヤ最後ノ危機ニ当面セリ」、いかにも「皇軍相撃」一歩前の緊迫感が伝わってくる。小藤が言う師団長への「意見具申」の内容は不明であるが、第一師団司令部の「二・二六事件詳報」によれば、「午前十一時頃香田、村中等師団司令部訪問陳情情況」という記事があり、香田・村中・対馬に、小藤・鈴木が付き添って、参謀長・さらに師団長に「陳情」したという。陳情内容は書かれていないが、「奉勅命令」の実施延期だったとみられる。参謀長・師団長は説得に努めたようであるが、「大ナル効果ナク退去セリ」と記されている。だがこの書き方は、事と次第によれば、説得の可能性皆無とはいえないと、第一師団側が判断したとの解釈も可能である。これが、小藤が述べるところの「一縷ノ曙光」だったのかもしれない。事実、歩兵第二旅団司令部「秘　昭和十一年三月二日　二月二十六日事件経過概要」によれば、二月二八日「午前十一時五十二分師団ヨリ左ノ通報アリ」として、次の二点が通達されている。

a、先程下達セラレタル奉勅命令ハ未タ先方ニ伝達シアラス

b、命令ノ効力ハ未タ発生セス　保留セラレアリ

説得の可能性が残る中で、青年将校側に強硬姿勢をとっていた歩兵第二旅団が、攻撃に出ないようにとの色合いを含めた通達だったとみられる。少なくとも第一師団首脳は、説得の可能性にかけようとす

るのである。もちろん小藤の報告を聞いた堀丈夫《ほりたけお》第一師団長は、おそらく正午近く、香椎戒厳司令官に、「説得困難ナル実情ヲ報告」していたが……（前掲「二・二六事件詳報」）。

一方、仲間を集めにいった青年将校たちの方はどうだったのだろうか。山口一太郎によれば、「十人モ集」らなかったという。ことに最も強硬だと山口がみなしていた栗原は、来ない。山口は、「皆ニテ栗原ヲ引張ツテ来イ」といい、「午前十一時頃栗原モ来タ様テアリマス」と証言する。結局集まった青年将校は、栗原を含めて六、七名にとどまったという（「山口一太郎第四回被告人訊問調書」）。

ではなぜ青年将校たちは、集まらなかったのか。「奉勅命令」に反発したからか。いやどうもそうではなさそうである。一つの原因は、包囲側の足並みが揃わず、地点によっては攻撃の可能性が考えられたからではないか。敵意剥《む》き出《だ》しの近衛師団のような攻囲軍も、少なくなかったのである。直接の史料は、現在のところ見あたらないが、すでにこの二八日朝の段階で、衝突が起きても不思議ではなかった点は、この点を傍証する。第一線にいた青年将校たちは、実際、部署を離れることが、困難な緊迫した状況だった可能性は否定できない。

第二には、青年将校側の無統制である。歩兵第一聯隊「秘　二・二六事件経過要綱」が、以下のように述べているのが、決起した青年将校側の実態に近い。

麴町地区警備隊中ニ若干ノ指導者アリタル如キモ合議体ニシテ確然タル統率者ナク将校ノ状態ハ平静ナル時アリタルモ時日ノ経過ト共ニ猜疑心《さいぎしん》ト不安ニ満チ各種ノ問題ニテ屢々議論ノ沸騰ヲ見タルカ如ク其ノ編成ハ区々ニシテ最後迄判明セサリキ

事実、青年将校たちが陸相官邸に集まっていた「二十八日正午」、丹生中尉は「師団参謀長ニ対スル陳情」を行ない、「師団モ国民モ所謂軍民一致シテ昭和維新ニ邁進スル如ク指導セラレタ」しとの陳情をし、「直ニ退去」したという（「二月二十六日事件詳報」）。青年将校側は、とくに中尉以上は、独自の判断で行動していたと考えられる。

＊　阿部信行によれば、「午前十時頃林大将荒木大将ヲ戒厳司令部ニ行ツテ貰ヒ兵力使用ハ注意ヲ要スル旨忠言セシメ他参議官ハ待機ス午前十一時頃林大将荒木大将帰リ来リ戒厳司令部ノ蹶起部隊ニ対スル態度ハナカナカ強硬ニシテ殊ニ石原大佐ノ如キ最モ強硬ナリ戒厳司令官ハ命令ヲ下シタルカ第一師団ハ兵ヲ動カスノハ夕刻迄待ツテ貰ヒ度イトノコトナリ」と、戒厳司令部の雰囲気を伝えている（「二・二六事件ニ関シ阿部大将ノ陳述ニ関スル件報告」）。

＊＊　「二・二六事件ニ関シ阿部大将ノ陳述ニ関スル件報告」によれば、この山下の説得は、「廿八日午前十時半陸軍大臣ハ最後ノ戒告ヲ山下少将ヲシテ行ハシメタ」という陸相の指示に基づくものだったようである。

青年将校の「自決決意」

こうした青年将校全体が集まらない状態の中で、「青年将校六、七人ト山下、小藤、鈴木、私（山口）ノ四名テ色々話ヲ致シ」、青年将校側が自決を決意することになる。＊

山口の陳述で、その場面を再現してみよう。

青年将校ノ中テハ「モウ仕方ガナイ、我々ハ腹ヲ切ラウ、然シ飛行機カ一台落チテモ勅使ガ立ツノテアルカラ、セメテ我々ノ腹ヲ切ル所へ勅使ニ来テ頂イテ其ノ御前デ最後ノ御願ヒヲシテ一同切腹シヤウデハナイカ」ト言フ話迄モ出マシタ、其ノ後栗原カ一ツノ提案ヲ泣キ乍ラ致シマシタ、夫レハ「我々ハ　陛下ノ御命令ニ従ヒマスト云フ事ニセウ《ショウ》、ソシテ　奉勅命令ナトハ天皇機関論ノ一ツノ現ハレデアルカラ、本当ノ御命令ヲ頂クコトニセウ」ト言フノテアリマシテ一同声ヲ立テ、泣キ乍ラ之ニ賛成スル意ヲ表シ、山下少将鈴木大佐小藤大佐等モ感極ツテ青年将校ノ所ヘ飛ンテ行キ何レモ涙ヲ「ポロポロ」流シ乍ラ「ヨク聞分ケテクレタ、御前達ノ其ノ精神ガ通ル様ニ骨ヲ折ルゾ」ト申シ誰彼ノ区別ナク握手ヲシ右栗原ノ提案ニ依リ私ハ大臣私室B室ニ於テ

私達ハ　陛下ノ御命令ニ服従シマス

ト書イテ之ヲ小藤大佐ニ渡シマシタ

北一輝関連の栗原安秀の「証人訊問調書」は、「午前後頃《ひる》陸相官邸テ山下少将、鈴木大佐等カラ　奉勅命令カ出ルノハ最早時期問題テアルトテ陸軍ノ為責任ヲ引受ケル様」説得されたと、山口とややニュアンスが異なる。さらに「一同ハ　奉勅命令カ出タ場合ニハ潔ヨク自決スル事ニ決心シ」、「山下少将等モ感激シ悲壮ナ場面トナ」ったという。そしてその時、栗原は、「奉勅命令カ真ニ　陛下ノ御意図ヨリ出タモノテアルカ否カヲ今一応統帥系統ヲ経テ確メテ貰ヒ総テ　陛下ノ御命令ニ従ツテ行動スヘキモノテアル」と、提議し、「山下少将等ハモ一度宮中ニ行ク」といって出ていったという。栗原は、この時の心境を、「『勝手ニシヤガレ』ト云フ投ケヤリノ気持」と表現している。

なおこの二つは、堀第一師団長の説得にふれていない。そして山下・鈴木の説得が「陸軍ノ為責任ヲ引受ケル様」にというものだったと、栗原が述べている点は、注目される。

これに対して、松平紹光は、「午前十一時山下少将カ来ラレ山口ニ何カ云ハレマシタ又行動将校ヲ全部集メヨト山口ニ申サレルト栗原、香田、磯部、村中外二、三名集リマシタカ安藤ハ見エマセンテシタ」と述べる。集まった青年将校の人数は、山口陳述と同様である。松平のものも、やや雰囲気は異なるが、

以下の通りである。

山下少将カ陸軍大臣ノ訓示ヲ二回読ミマシタ　鈴木大佐モ私モ諭シマシタ　暫ク猶予ヲ乞フト村中カ云ヒマスノテ私達ハ別室ニ行キマシタ其ノ後へ第一師団長カ来ラレ行動将校ノ室ニ入ラレマシタ

そして二〇分くらい後、山口大尉が出て来て、「全員命令ニ服従ス」、「侍従ノ御差遣ヲ願フ」と述べ、第一師団長山下少将が「行動隊将校ノ室ニ入リ」、第一師団長山下少将が帰っていく。そして「山口ハ意志表示ノ発表ヲ書キマシタ　立会人ハ磯部、村中、香田、柴及私テシタ　ソレハ　小藤聯隊長宛　陛下ノ御命令ニ服従致シマス　ト書キ私並柴カ小藤大佐ノ所へ持ツテ行キマシタ」と、これは、堀の説得、柴・松平の介在にふれている。

これらに対し、第一師団「極秘　二月二十六日事件詳報」は、「師団長ノ第一線説得」と特筆して、以下のように述べている。

香田大尉　磯部元主計　村中元大尉　栗原中尉　安藤大尉　等ノ幹部　ハ　山下少将、鈴木大佐等トハ別室ニ在リテ協議中ナリシカ師団長到着後決心確定シ左ノ如ク陳述セリ（栗原代表ス）　我等ハ下士官ヲ兵営ニ帰シマス　我等ハ自決シマス　然レトモ我等ノ最後ヲ飾セテ戴キタシ　為之　勅使御差遣ヲ乞フ

右ニ対シ師団長諭シテ曰ク　良ク決心シテ呉レタ　君等ニ対スル叡慮アリトセハ生前コノ事アルカ或ハ叡慮枯骨《ここつ》ニ及フカ判ラサルモ良ク決心シテ呉レタ難有《ありがたい》ト謂ヒテ各人ト握手ス　皆大声ヲ出シ号泣ス

これら四つの陳述・証言・報告で、共通しているのは、青年将校が自決を決意したこと、皆が感激して泣いて握手したことぐらいである。最後の第一師団のものなどは、集まった青年将校の人数にもふれず、顔を出していない安藤まで来たことになっている。そして山口・栗原の陳述に現れた青年将校側の証言は、条件付き自決のニュアンスが強いのに対し、堀らのうけとめ方は、自決してくれると助かるという雰囲気が濃厚である。そして全く細部が詰められないまま、青年将校の自決決意と、青年将校全員を集めることが、先行していくのである。そして、自決決意自体、翻されることとなるのであった。

＊　高橋太郎の「第二回被告人訊問調書」によれば、「自決決意」へのプロセスは、以下の通りだったという。二八日午前八時頃、高橋は、安藤大尉の命令で、農相官邸へ行き、「野中大尉、栗原、竹島、対馬各中尉等ニ面接シ状況ノ連絡」をしたという。その際、野中から、陸相官邸に集合するよう命ぜられた。そして「同官邸ニ行クト村中、磯部、中島、竹島、対馬、香田等カ居リ、村中ヨリ『奉勅命令カ下ルサウタカラ兵ヲ還シテ自決シヨウ』ト申サレ自決ノ決意」をしたというのである。高橋の記憶では、栗原の名前がないので、栗原が来る午前一一時以前の段階であろうか。

「自決」翻意は、なぜ起こったのか

青年将校たちの自決決意で、二・二六事件は一件落着かとみえた。事件の解決のため、外部から奔走した満井佐吉・柴有時・松平紹光も、引揚げる。柴有時は一九三六年三月一日の陳述で、「最後ノ師団長及山下少将ノ説得ニヨツテ　謹ンテ陛下御命令ニ服従スルト云フコトヲ書面ヲ以テ提出シタルヲ見届ケ其ノ情況ヲ戒厳司令官ニ報告シ午後一時頃戸山学校ニ皈《かえ》リ校長ニ報告シ四時頃迄同僚ニ経過ヲ話シ皈宿シテ安眠致シマシタ」と述べる。松平紹光もその聴取書で、「私ト柴ハ正午ニ戒厳司令官ノ所ニ参リ其ノ状況ヲ報告シマシタ当時司令官室ニハ寺内、植田両大将安井参謀長其他幕僚二人居ラレ司令官ハ私ニ御苦労ト云ハレマシタ　其処テ私ハ司令官ニ任務ノ解除ヲ乞ヒマシタラ司令官ハ許サレタノテ非常ニ疲レテヰタ為メ自宅ニ帰リマシタ」と語っている。事件は解決するかにみえた。

しかし一度、自決を決意して、集合することとなった青年将校たちは、集まって来なかった。自決の約束は、翻されることとなる。ではなぜこうした事態が起こったのか。北・西田の外部からの指示があったからだという説が有力である。「二・二六事件ニ関シ阿部大将ノ陳述ニ関スル件報告」でも、鈴木大佐からの情報として、自決が取り止めになった理由として、「外部カラ手カ廻ハツタ将校丈ケナラハ方法モ有ツタカ此テハ駄目タト言ツテヰタ」と記し、さらに阿部自身も、「当時北一輝カラ『腹ヲ切ルノヲ待テ』トノ通信カ彼等将校ニ有ツタト聞イテコレテハ駄目ト覚ヘタ」と述べている。検察官による北・西田への取り調べも、この点が、一つの重点になっていた。事実、西田税も、「第六回聴取書」で、以下のように述べている。

二月二十八日昼少シ前頃栗原カラ電話カカ、リマシテ　山下少将鈴木大佐カラ自決セヨトノ話カアツテ今皆テ別レノ最中テアル　ト申シ電話カ切レテ了イマシタノテ心配シテ更ニ電話ヲカケ　ソレハ皆ノ意見カ　ト尋ネマスト　二三名ノ者カ相談シテ居ルノタト申シマスノテ　私ハ　「皆テ相談セネハナラヌテハナイカ」ト皆ノ意見ヲ纏メルコトヲ勧メマシタ　其際北カ代ツテ「ヤリカケタ事テアルカラ最后マテヤレ」ト申シテ居ツタ様テアリマス

栗原自身も、こうした連絡があったことは認めている。しかし栗原のニュアンスは、異なっている。「私ハ　奉勅命令ニ抗スル意思ハナク　奉勅命令カ出タラ潔ク自決スル決心テアリマシタカラ西田カ自

決ヲ阻止スルト否トニ拘ラス私ノ決心ハ変ラナカツタノテアリマス」と語る（「栗原安秀証人訊問調書」）。

それでは、なぜ栗原は、自決しなかったのか。先に引いた栗原の「奉勅命令カ真ニ　陛下ノ御意図ヨリ出タモノテアルカ否カヲ今一応統帥系統ヲ経テ確メテ貰ヒ総テ　陛下ノ御命令ニ従ツテ行動スヘキモノテアル」という発言が、栗原の心を伝えていよう。栗原は、何としても天皇の真意を知りたかったのではないか。しかし青年将校の行動に激怒している天皇に、そんなことは期待できるはずもなかった。

「奉勅命令」に抗する意思がなかったのは、高橋太郎も同様である。彼は、「自決ノ決意ヲシテ居ルト今度ハ『奉勅命令ハデマテアル』ト云ハレタリ、状況カ少シモ判明セス、幹部及我々ハ只右往左往スルノミテアリマシタ」と、当時の青年将校側の混乱を伝えている（「高橋太郎第二回被告人訊問調書」）。

他の青年将校は、どうだったのだろうか。山口一太郎の陳述は、北・西田の電話以外に、青年将校たちが、自決を思いとどまった訳があったことを教えてくれる。

山口一太郎は、「私達ハ　陛下ノ御命令ニ服従シマス」と書いた紙を手渡した後の様子を、以下のように述べている。

右ノ趣ヲ小藤大佐ハ師団長ニ、柴大尉ハ戒厳司令官ニ各報告スル為夫レ夫レ出発シ他ノ一同ハ淋シイ気持テ角ノ室テ昼飯ノ親子丼ヲ食ヘマシタ　此ノ時　磯部浅一　カ来マシテ「誰ガ死ヌト言ツテモ俺ハ死ナナイ、悪イ事ヲシタ者ガ自殺スルト言フナラ話ガ判ル、義軍ノ将校ガ腹ヲ切ルナト――ソンナ『トンチンカン』ナ決議ニ全員ガ賛成シテモ俺ハ御免ヲ蒙《こうむ》ル」ト云フ意見ヲ述ヘ、食事中ノ皆ノ者モ亦此方ニ引スラレテ行クカニ見ヘマシタ、

山口は慌てたようである。彼は、磯部に向かって小声で、「サウイフ事ハ言ハナイデクレ」と言った。

すると、磯部は「涙乍ラ」に、山口に対して次のように詰め寄った。

山口様、アナタハ本気デサウイフ事ヲ言フカ、俺ガ死ナナイト云フ意味ガ貴方ニハ御判リニナル筈ト思フガ、我々ノ心ガ御判リニナラナイカ

おそらく異常な緊張と、ショックと感激が交錯する雰囲気の中で、一度自決を決意した青年将校たちは、磯部の言葉を聞き我に帰っていったのではないか。山口は、青年将校たちを集めることを急ぐ。「昼食カ済ムト私ハ先程ノ決議ノ伝達ヲ早クヤル様ニ、ソシテ、ナルヘクナラハ将校ヲ陸相官邸ニ集メル様ニ命シ」、「一同ハ夫レ夫レ手分ケシテ陸相官邸ヲ出テ行キマシタ」。しかし間もなく、幸楽へ行った村中から電話が入る。「幸楽カ大変ダカラ将校全員幸楽ニ集レ」と。そしてその理由は、「下士官以下カ強硬テ止メ切レナイ」とされている。若い将校を幸楽に偵察に出し、そんな雰囲気はないとの報告を聞いた後、山口は、「将校全員幸楽ニ集ツタナラバ直グ陸相官邸ノ方ヘヤツテ来イ」と指示した。

どうもこの幸楽集合が、自決翻意の決め手となったようである。山口は、「後日聞タ事テアリマス」としつつ、「幸楽ニハ　安藤大尉　カ居リ、其ノ安藤カ撤退セヌト云フ事ニ付非常ニ強硬ナ意見テアツタトノ事テアリマスカラ或ハ幸楽ニ将校全部カ集ツタノハ此安藤ニ好意ヲ表シ其ノ意見ヲ聴ク為テアツタトモ思ヒマス」と陳述するのである。磯部に続いて、安藤の強硬論に引きずられ、青年将校側が、自決を翻意した可能性が高い（この間の記述は、「山口一太郎第四回被告人訊問調書」による）。

事実、北一輝関連の「村中孝次証人訊問調書」によると、北・西田から電話で、自刃するのは早いという電話があったが、村中は、自刃論であったという。しかし安藤が来ないので、村中は、討死の他ないと覚悟を決めた。さらに北から電話が来る。北は、次のように述べたという。

君等カ自決スルト云フノハ本当カ、自決ハ最後ノ問題テアル、奉勅命令テ慌テ、居ル様テアルカ自決スル前ニ其ノ真否ヲ確メル必要カアル、又一度蹶起シタ以上ハ徹底的ニ其ノ目的ヲ貫徹スル為メニ上部工作ヲスル必要カアリ未タヤルヘキ余地カアルカラ夫レヲヤツテ見タ上テ愈々イカナケレハ最後ニ自刃スル云フ事ニセネハナラヌテハナイカ

これに対して、村中は「最早討死」を覚悟していたので、「別ニ意見ハ述ヘス」、ただ「最後迄シツカリヤリマス」と答え、警備線に出たという。青年将校の自決決意の翻意に際して、北・西田からそうした示唆があったことは事実であるが、どうも青年将校が、自決の決意を変更していった理由は、磯部、そして続いて安藤輝三の意識と行動が主因であったとみるべきであろう。

「叛乱軍」となる

第一師団司令部「極秘　二月二十六日事件詳報」は、二月二八日午後四時頃、青年将校たち率いる部隊を「叛乱軍ト認定」したという。同資料によれば、午後一時三〇分頃「出動部隊幹部ノ決心変更（自決中止）」が起こったとする。そして、「配兵無カリシ陸軍大臣官邸ハ一小隊ヲ以テ警備ヲ開始セルノ情況」も生じ、小藤は「『奉勅命令』伝達の方法がなくなり、『『奉勅命令ハ下レリ　聯隊長ニ随ヒ帰ルモノハ随テ来イ』ト行ク行ク連呼シ大臣官邸ヲ去ル然ルニ聯隊長ニ従フ者一名モ無カリキ」という状況となった。

山口一太郎によれば、この間の経緯は、次の通りだったという。

何時迄待ツテモ将校カ来マセヌノテ聯隊長ハ「片端カラ部隊ヲ集メテ引率シテ行ク」ト言ハレテ

鉄相官邸ノ方ニ向ヒマスト途中折ヨク香田大尉ニ会ヒマシタノテ聯隊長ハ「今カラ部隊ヲ集メルカラ御前手伝ツテクレ」ト言ハレマシタカ香田大尉ハ何トモ名状シ難イ土ノ様ナ顔色ヲシテ「夫レ計リハ出来ナイ」ト言ツテ断リマシタ

村中と共に最も柔軟な考えをしていたと思われる香田さえ、小藤の命令を拒否するまで、青年将校側は、二時間足らずの間に徹底的に硬化していたのである。青年将校たちが自決を約束した瞬間、表面には表さなかったにせよ、堀師団長らが、「しめた」というような一瞬の表情をし、それが青年将校側に悟られたからであろうか……。あっという間の激変であった。

この状況の中、小藤は「最モ動カシ易サウナ部隊カラ連レテ行カウ」と、山口に相談した。これに対して、山口は「夫レハ危険ダ、裏切者トシテ彼等同志ノ撃合ヒガ始マルカモ知レナイ、連レテ行クナラ一番強硬ナ所ヲ連レテ行キマセウ」と述べたという。そこで小藤もこれに同意し、「先ツ幸楽へ行ク」。

幸楽ニ参リマスト部隊ハ今ニモ飛出シサウナ気勢テ其ノ先頭ニハ　渋川善助　カ居リマスノテ私ハ渋川ニ話シ掛ケテ見マスト渋川ハ「山口様御安心ナサイ、モウ勝戦《かちいく》サデス、ドンドン我々ニ有利ナ様ニ転換シテ来テ居リマス、モウ一踏張リト云フ所デアリマス、誰一体引上ゲロト言フノハ、其ノ人間ヲ教ヘテ頂キタイ」ト云フ非常ニ強硬ナ意見ヲ大声テ述ヘテ居リマシタ（中略）私ハ渋川カ頑張リ出シタナラハ到底翻ス事ノ出来ナイ事ハ予《かね》テヨリヨク知ツテ居リマスノテ聯隊長ニ対シテ「アノ男ガ居ル間ハ到底説得ハ出来マセヌ」ト申上ケ一緒ニ山王ホテルノ方ニ向ヒマシタ、途々純ナ者カ断乎トシテ信シテ居ル程困ル事ハナイト云フ話カアリマシタ

なぜ渋川が――ことによれば安藤も――、ここまで「勝戦サ」と信じきっていたのであろうか。青年

将校たちの先輩格にあたる大蔵栄一《おおくらえいいち》は、その「被告人訊問調書」で、渋川の「信念ノ強固」、その「真面目」さに「感動サセラレタ」と評しているが、なぜそこまでの人物が、現実とは全く異なる情勢観を持ったのか。確かに北一輝と西田税は、栗原に対して以下のような情勢を伝えている。

　軍令部長ノ宮様ハ本朝拝謁シタト云フコトカ加藤（寛治《ひろはる》）大将カラ薩摩《さつま》（雄次《ゆうじ》）カ聞イテ来マシタノテ奉勅命令ニ依ツテ討伐サレル様ナコトハナイダロウ＊　尚私ハ軍事参議官ノ方ハ昨日ノ真崎説ニ就テ返事ハ来ナイカト尋ネルト栗原カ未タ来ナイト云フノテ軍事参議官カ小田原評定《おだわらひょうじょう》ヲシテ居ルノタロウト云ヒマシタ　ソシテ私ハ奉勅命令ヲ以テ討伐スル様ナコトハシナイト思フカ軍事参議官カラ早ク返事ノ来ル様ニ督促《とくそく》セヨト云ヒマシタ

また北は、西田の電話の内容として、「全国各地ヨリ激励電報カ多数来テキルカ警視庁ヤ戒厳司令部テ全部押収シテ居ルト云ツタ」と伝えたと陳述している。しかしそれは、北も、午後四時半だと言い、検察官も、盗聴情報から午後四時半だとしているので、渋川の極めて楽観的な情勢判断の根拠となったとは考えにくい。＊＊

渋川らの楽観論の根拠は、何だったのだろうか。事件当時、朝鮮羅南《ナナム》にいた大蔵栄一の「被告人訊問調書」（第三回・第五回）が、ヒントを与えてくれる。大蔵は、大森一聲《おおもりいっせい》（曹玄《そうげん》、直心道場《じきしんどうじょう》の中心人物）らの『昭和維新第一報』が、決起に海軍が加担している旨記していたと陳述していた。事実、『検察秘録二・二六事件』Ⅰ所収の『昭和維新第一報』には、その旨、記されている。こうした「怪文書」情報を、直心道場関係者の渋川が信じ、持ち込んだ可能性が高い。

ともあれ小藤・山口は幸楽での説得を断念する。しかし、小藤らの後に、従う者は誰もいなかった。

三時半になると、陸相官邸にいた田中（正直）少佐（小藤の、実務的副官を務めた）に、「小藤大佐ハ再ヒ無事帰来シ得ルヤ図リ難シ貴官ハ現在地ヲ引上ケ兵営ニ帰営スヘキ命令ヲ下サレタル旨ノ電話通報」がなされる。第一師団からみれば、小藤第一聯隊長の生命さえ危険視されるにいたるのである。

第一師団司令部の「極秘　二月二十六日事件詳報」は、「第八　叛乱軍ト認定（二月二十八日午後四時頃）」として、「午後二時前後ニ於ケル三宅坂附近出動部隊幹部ノ動向ハ　勅命ヲモ奉セサル実情ニアリキ」とした上で、「陸密第一二三号ノ下達（午後四時受領）」と題して、以下のように記述している。

一般ノ状況前述ノ如キ状態ニシテ威力ヲ以テ制圧スルニ非サレハ彼等ニ恭順ノ意ヲ表セシムルコトハ困難ナル実情ニ鑑ミ陸軍大臣ハ左ノ如キ陸密ヲ下達シ断乎武力ヲ以テ治安ノ恢復《かいふく》ヲ促サル

陸相から第一師団長に宛てた「陸密第一二三号　事件ニ関スル件」の内容は、次の通りである。

三宅坂附近占拠部隊幹部行動ノ動機ハ国体ノ真姿顕現ヲ目的トスル昭和維新ノ断行ニアリト思考スルモ其行動ハ軍紀ヲ紊《みだ》リ国法ヲ侵犯セルモノタルハ論議ノ余地ナシ　当局ハ輦轂《れんこく》ノ下《もと》同胞相撃ツノ不詳（祥）事ヲ可成《なるべく》避ケ為シ得レハ流血ノ惨ヲ見スシテ事件ヲ解決セントシ万般ノ措置ヲ講シタルモ未タ其ノ目的ヲ達セス

痛ク宸襟《しんきん》ヲ悩シ奉リタルハ寔《まこと》ニ恐悚《きょうしょう》恐懼ノ至ニ堪ヘス本職責任ノ極メテ重且大《じゅうかつだい》ナルヲ痛感シアリ

陛下ハ遂ニ戒厳司令官香椎中将ニ対シ最後ノ措置ヲ勅命セラレ戒厳司令官ハ此ノ勅命ニ反スル者ニ対シテハ仮令《たとい》流血ノ惨ヲ見ルモ断乎タル処置ヲ執ルニ決心セリ

事茲《ここ》ニ至ル順逆ハ自ラ明瞭ナリ各団体長ハ此際一刻モ猶予スルコトナク所要ノ者ニ対シ要スレハ

適時断乎タル処置ヲ講シ後害ヲ貽《のこ》ササルニ万違算ナキヲ期セラレ度

「陸軍大臣告示」と矛盾しないかたちで、青年将校たちの「行動ノ動機ハ国体ノ真姿顕現ヲ目的トスル昭和維新ノ断行」にあるとしながら、「奉勅命令」に従わないから「其行動ハ軍紀ヲ紊リ国法ヲ侵犯セルモノ」と断じたものであった。そして四日前までは仲間であった野中・安藤・香田らに対する「断乎タル処置」を躊躇《ちゅうちょ》する雰囲気がある第一師団に対し、天皇の怒りを「痛ク宸襟ヲ悩シ奉リタルハ寔ニ恐悚恐懼ノ至ニ堪ヘス」と伝え、「仮令流血ノ惨ヲ見ルモ断乎タル処置ヲ執ル」決心をした戒厳司令官に従うことを求めたものであった。

そしておそらくこの日午後の時点で、戒厳司令部は、鎮圧兵力増大のため順次動員をかけたとみられる。戒厳司令部「経過概要」は、以下のように述べている。

此日第一師管内ノ諸学校ノ部隊（陸軍歩兵学校、騎兵学校、習志野学校、自動車学校等兵力約千三百五十名）第十四師団ノ主力（歩兵五大隊、騎兵一中隊、工兵大隊約三千二百名）及第二師団ノ一部（歩兵四大隊約二千名）ハ戒厳司令官ノ指揮ニ入ラシメラレ之等部隊ハ概ネ二十八日夜乃至《ないし》二十九日払暁《ふつぎょう》迄ニ亙《わた》リ東京ニ到着ス

そして二八日午後八時四五分から一一時にかけて、水戸・高崎の部隊を主力とする一七〇〇弱の兵力が、翌二九日午前零時二分には、千葉の歩兵学校から千余が、新宿・渋谷・両国に到着するのである。

そして戒厳司令官は、「二十八日午後指揮下部隊ノ主力ヲ以テ叛乱軍ヲ包囲スル部隊ヲ強化シ外部トノ交通ヲ厳ニ遮断」することを命ずる（戒厳司令部「経過概要」）。午後五時三〇分のことであった。しかもそれは、青年将校側への情報漏洩を恐れ、戒厳司令官が、第一師団参謀長を戒厳司令部に招致して「叛

乱軍ト外部トノ交通遮断」（戒作命第十一号）を下達するのであった（第一師団司令部「極秘　二月二十六日事件詳報」）。いよいよ武力鎮圧への態勢が整いだすのであった。

＊　この薩摩雄次の情報は、全くガセネタだったようである。加藤《かとう》寛治《ひろはる》海軍大将の「聴取書」によれば、加藤は、夕方訪れた江藤《えとう》源九郎《げんくろう》代議士（予備役陸軍少将）に対し、「今日ノ問題ハ組閣ノ問題テ兎ヤ角云フ時期ハ既ニ去ツテ居ル彼等ヲ如何ニスルカ、先決問題テアリ夫カ大御心テアルト思フ　夫レハ彼等ヲ切腹サセル事テアル」と説いたという。

＊＊　渋川らが、すでに北・西田、あるいは海軍筋の情報をとっていた薩摩雄次から、すでにこの情報を知っていたとすれば、先に幸楽に青年将校が集まった時、青年将校たちには自明になっていたと考えられる。それなら栗原にとっても、この北の電話は、何ら新しい情報とはならなかったといえよう。

3　武力攻勢の発動と帰順

最後の説得工作——秩父宮の「御言葉」——

午後三時頃、堀第一師団長は、「説得ノ為ノ最後ノ努力トシテ歩兵第三聯隊森田《もりた》（利八《りはち》、第三中隊長）大尉ニ対シ　秩父宮殿下ヨリ賜リタル　御言葉ヲ　奉勅命令ト共ニ彼等ニ伝フヘク両聯隊長ニ命スルト共ニ幕僚ヲ第一線ニ派遣シ説得」を試みる（歩兵第一聯隊「秘　二・二六事件経過要綱」）。

山口一太郎は、「第四回被告人訊問調書」で、次のように陳述する。「歩一歩三聯隊長、私及森田大尉ハ自動車ヲ連ネテ鉄相官邸ニ行キマシタ、其所ニハ村中外将校十名計リカ居リ歩兵第三聯隊長カ先ツ説得シ、森田大尉ハ殿下ノ御言葉ヲ伝へ、山下少将ハ約三十分間ニ亙リ声涙共ニ下ル説得ヲ試ミラレマシタ、之ニ対シ村中カ反駁ヲシマシタカ結局説得効ヲ奏セス、其ノ後一同ハ分散シマシタ」と。村中がどのように反論したか興味深いが、山口は、この点についてふれていない。この説得工作の失敗が、次に述べる鎮圧側の武力攻勢発動準備へつながっていったと考えるのが、自然のようにみえる。

しかしこの説得工作を午後六時頃とする別の史料も存在する。歩兵第二旅団司令部「秘　二月二十六日事件経過概要」である。この史料は、「午後六時前後　森田大尉ハ聯隊長渋谷大佐、山下少将、小藤大佐ト共ニ（中略）秩父宮殿下ノ御言葉ヲ伝達シ」たと述べている。そしてさらに森田大尉と聯隊長は、

「幸楽ニ至リ安藤大尉ニ対シ同様ノ勧告ヲ与ヘ説得」したが、「安藤大尉ハ改心ノ色ナク午後八時稍前両名ハ第一師団司令部ニ皈還《きかん》」することとなったという。この時間帯だとすれば、小藤聯隊長の「皈還」時間が、小藤の証言と一致するのである。

小藤証言の前段は、「偶々《たまたま》午後三時頃歩兵第三聯隊長渋谷大佐同第三中隊森田大尉カ来テ秩父宮殿下ヨリ御言葉ヲ賜シモノヲ師団長ニ報告」したことが発端だと先の「秘　二・二六事件経過要綱」と一致する。ところが小藤は、「私ハ渋谷大佐ト共ニ占拠部隊ノ位置ヲ巡廻シアラユル手段ヲ尽シテ　奉勅命令ト殿下ノ御言葉ノ伝達ニ努力シマシタカ彼等ハ到底之ニ服従スル誠意ヲ示シマセヌテシタ」とし、午後八時頃師団司令部に帰り着いたというのである。三時から廻りはじめて午後八時までかかるというのは、やや不自然なのではないか。「秘　二月二十六日事件経過概要」が述べるように、午後六時頃から説得工作が具体化したとみた方がいいかもしれない。

ともあれ、ここに最後の説得工作は、失敗に帰した。

武力攻勢発動準備

歩兵第一聯隊の「秘　二・二六事件経過要綱」によると、二月二八日午後四時半頃、第一師団参謀から新しい情報として、「行動隊ノ解決ハ困難ナル状況」が、歩兵第一聯隊に伝えられた。さらに旅団を経て、以下の命令が、伝達されたという。

一、全員左胸ニ白布ヲ附スヘシ

二、防毒面ノ支給状態ヲ速カニ報告スヘシ

そして同史料は、「茲《ここ》ニ於テ円満解決ノ望全ク絶エ武力解決ノ準備ニ移レリ」と、特筆するのである。さらにこれに先立ち、「午後四時以降麹町地区警備隊ニ対スル給養」も「断絶」する（後述）。逆にいえば、事件勃発日のお昼以降、青年将校率いる部隊に対して第一師団から食事等が供給されてきたこと自体が、二・二六事件の性格を示唆しているといえよう。

そして第一師団司令部「極秘　二月二十六日事件詳報」によれば、午後五時三〇分戒作命第一一号が出される。「叛乱部隊ハ遂ニ大命ニ従ハス依テ断乎武力ヲ以テ治安ヲ恢復セントス　之カ為先ツ直ニ叛乱部隊ト外部トヲ完全ニ遮断ス」という戒厳司令部の命令に基づき、「叛乱軍ト外部トノ交通遮断」が命ぜられる（前述）。これに基づき、第一師団長は、左記の通りの交通遮断措置をとった。

（イ）右翼（日比谷公園）方面（歩兵第五十七聯隊〔佐倉〕主力方面）
（ロ）虎ノ門附近（歩兵第三聯隊第二大隊）
　　溜池方面（歩兵第三聯隊第三大隊）
（ハ）赤坂見附附近（歩兵第三聯隊第一大隊）

さらに最も、青年将校率いる部隊の脱出が懸念された赤坂見附方面へは、第一師団長の判断で、甲府の歩兵第四十九聯隊第一大隊が進出するのである。

包囲網が、形成されるのである。この状況の中で、歩兵第一聯隊の「秘　二・二六事件経過要綱」は、以下のように述べている。

茲ニ於テ今迄師団命令ニ基キ友軍ト認メ来リシ三宅坂附近占拠部隊ハ之ヲ敵ト認メ決意ヲ新ニシテ愈々作戦行動ニ移ルコトトナリ聯隊ハ警備ヲ至厳ニシ全力ヲ挙ケ攻撃準備ニ著手セリ

二八日午後六時頃、第一師団は、青年将校たち率いる部隊を、それまでの「友軍」から「敵」へと、その認識を変更するのであった。

青年将校側の反発の高まり

「奉勅命令」の延期・実施などの混乱、その真偽への疑い、外部からの事実と異なる情報、連日の疲労による判断力の低下などのため、青年将校たちは、正式の「奉勅命令」伝達をうけなかった＊。しかし青年将校たちの思考に、ご都合主義的一面があったことも否定できない。小藤は、「蹶起将校等ハ或時期カ来タラ指揮下ニ入ルト申シナカラ彼等ニ都合ノヨイトキタケ指揮下ニ入ツタ様ナ行動ヲ為シ彼等ノ意ニ満タサル場合ニハ忽チ態度ヲ豹変シテ命令ニ服従セスト云フ状況テアリマシテ」と、述べるのであった（「小藤恵聴取書」）。事実、先にもみた通り、「奉勅命令」に対し、青年将校側は、都合が悪い命令だと、天皇の真意でない「天皇機関説」だと批判し、休みたい際の宿営命令には従うという二面的態度をとっており、小藤の指摘も、単なる責任逃れとして済ますことはできない。しかも彼らが信じていた陸軍中央が、「維新」に背を向けたことも、青年将校たちの怒りを強めたとみられる。こうして彼らは、強く陸軍上層部に反発していくのである。

幸楽の支配人は、二月二八日の午後三時頃かとして、安藤輝三が、以下のような訓示をしたと証言する。

吾々カ行動シタコトハ国ノ奸賊ヲ除クタメニ行ツタノテアル　然ルニ今ヤ吾々ハ賊軍ノ汚名ヲ受ケントシテヰル　吾々ハ飽迄《あくまで》モ決死ノ覚悟ヲ以テ目的ヲ貫徹シ上御一人ノ御心ヲ安ンシ奉ラナケレ

ハナラヌ故ニ全員決死ノ覚悟セヨ（「小池林右ヱ門《こいけりんうえもん》訊問調書**」）

「我々は正しいことをしたのに弾圧される」という思いが、青年将校たちを頑《かたく》なにさせ、有利な情勢という思い違いと相俟《あいま》って、最後まで抵抗させていくことになる。さらに安藤は、警戒線をくぐって入り込んだ大日本生産党の町田専蔵《まちだせんぞう》（帝国新報社嘱託）に、「正義ハ常ニ犠牲者タルノ常識ヲ破ツテ見セル」と強気の姿勢を示すのであった（「町田専蔵聴取書」一九三六年四月二日）。

夜になってからと考えられるが、大蔵大臣官邸に宿泊した清原少尉も、部下に、「我々ハ昭和維新ヲ断行スル志士テアル　此ノ上ハ単ニ一、二等兵ニ非ス、此ノ機ヲ逸シテハ断シテ昭和維新ハ断行出来ヌ」と訓示した上、さらに次のように述べたという。

現堀師団長ノ如キハ永田（鉄山《てつざん》、殺害時に中将進級）中将ト同ジ穴ノムジナデアリ彼等ノ如キハ財閥ノ走狗《そうく》テアル　明治維新ヲ断行シタ当時ノ志士ハ皆御前達ノ如キ二十歳前後ノ者カ多カツタ　御前達モ斯クナル以上ハ最後ノ一兵ニ至ル迄ヤリ遂ケネハナラヌ（「中邑忠夫《なかむらただお》（大蔵省巡視）証人訊問調書」）

自らの師団長を指して、「永田中将ト同ジ穴ノムジナ」、「財閥ノ走狗」とまで罵《ののし》るのは***、彼らの期待を裏切られた怒りが、いかに強かったかを示していよう。

一方、自決を「約束」したのに、それを反故《ほご》にした青年将校への反発も強かったとみられる。自決の約束後、香椎の許しを得て帰宅した柴有時が、二九日朝、戒厳司令部に駆けつけた時、香椎は、「オ前モ騙サレタ師団長モ騙サレタ俺モ騙サレタ彼等ハ人間テナイ」と、激しい怒りをぶちまけたという（「柴有時陳述」）。こうした怒りが、後述する青年将校に対する自決の強要に拍車をかけたと考えられる。

＊　正式の命令伝達なら、前述した二月二七日夜九時の麹町地区警備隊命令のごとく、命令受領者を出し、あるいは全将

校にきちんと伝達しなければならないであろう。小藤自身も、その聴取書で、「奉勅命令ハ蹶起将校等ニ伝達シタカ」の問に対し、「蹶起将校等ヲ全部集合シテ形式的ニ之ヲ朗読シテ伝達シタコトハアリマセヌカ実質的ニハ伝達シタモ同様ナ状態テアリマシタ」と述べている。

＊＊　この幸楽の支配人によれば、この二八日午後三時頃、「下士官ヨリ酒、勝栗及ヒ『スルメ』ノ注文カアリ」、これを出したところ、玄関先の庭に武装して集合し、乾盃し、軍歌を高唱したという。安藤の訓示は、この際、なされたものと考えられる。さらにその際、大日本生産党の「宇田川」らが、「国旗六本『サラシ』木棉五反、紅木綿五反及国旗附属品」の注文をしたので、これを買ってきて渡したところ、各兵に分け、「タスキ」にし、「国旗ヤ白、紅木綿テ長旗ヲ作ツタノニ『尊皇討奸』ト墨書シタノヲ樹立シ大イニ気勢ヲ挙ケ」たという。「尊皇討奸」の旗がひるがえる写真は、二八日午後三時以降のことであった。そしてその後、坂井直の部隊は、陸相官邸へと出発する。

＊＊＊　なお清原は、「公判調書」では、橋本近衛師団長を批判したのだとするが、中邑の聞いたことが正しいのではないか。

小藤の麹町地区警備隊長任務解除と山口の軟禁

前述した秩父宮の「御言葉」を携えての説得工作が失敗に終わり、小藤は、第一師団司令部に帰った。小藤は、以下のように述べている。

　茲ニ於テ私ハ円満解決スルニ付全ク手段ナキニ至リタルコトヲ確信シ師団司令部ニ至リ師団長ニ対シ微力遂ニ大任ヲ果シ得サリシコトヲ報告シマシタ、師団長モ之ヲ諒トシ結局私ノ麹町地区警備隊長ノ任ヲ解除セラレタノテアリマス、其ノ時ハ恰度《ちょうど》午後八時頃テアツタト記憶シテ居リマス

山口によれば、この後、「聯隊長ト旅団長トカ話ヲシテ居ラレ聯隊長ハ『カウナツタラ仕方ガ無イカ

ラ私ヲ是非三宅坂ニヤツテ頂キ度イ、セメテ彼等ノ最後ヲ見届ケヤルノカ武士ノ情デアル』ト主張サレ旅団長ハ之カ説得ニ努メラレテ居」たという（「山口一太郎第四回被告人訊問調書」）。そして山口は、「此時ハ二月二十八日午後八時頃テアツタト思ヒマス」と述べるのである。

山口は、鉄相官邸での秩父宮の「御言葉」による説得後、「私ハ午後六、七時頃迄単独ニテ諸所ヲ懇談的ニ話ヲシタノテアリマスカ皆状況好転ヲ信シ、モウ一息ノ頑張リダト言ツテ私ノ言葉ニ耳ヲ藉《か》スモノハアリマセヌノテ遂ニ悄然《しょうぜん》トシテ師団司令部ニ帰」ったという。帰ってきた山口に対し、堀師団長は、「既ニ小藤大佐ノ任務ヲ解イタ、御前ハ参謀長室ニ入ツテ居レ、白イ布ヲ左腕ニ着ケテ便所以外ハ一歩モ出テハナラヌ」と厳命した。参謀長室に、こうして山口は、事実上、軟禁されてしまうこととなった。

二月二八日午後、事件が解決するものと考え、青年将校側の部隊と戒厳司令官との連絡にあたっていた柴有時と松平紹光は、帰宅してしまう。青年将校たちの意識を伝える証言が減少した上に、小藤・山口も、午後八時の段階で、青年将校側との接点を失ったのである。青年将校率いる部隊の雰囲気を伝えるのは、幸楽・山王ホテル・官邸関係者の証言、安藤の自決未遂まで彼とほぼ行動を共にした町田専蔵の聴取書、警視庁がつかんだ演説内容などに限られていくこととなる。

青年将校らの演説・訓示にみるその意識

「叛乱軍」とされていく中で、青年将校や下士官たちは、何を思っていたのだろうか。二月二八日夜から二九日早朝にかけての、彼らの市民への訴えなどをみていこう。

安藤隊がいた幸楽の支配人は、二八日晩（時間は不明）幸楽の表門に多数の群集が集まっていたという。

「スルト何時ノ間ニカ　後テ聞キマシタカ　栗原中尉カ来テ『テーブル』ヲ門前ニ持出シ其上ニ登リ群集ニ向ヒ大声ヲ以テ」演説しはじめたという。その内容は、次の通りだったという。

吾々同志カ蹶起シタノハ　天皇ト臣民トノ間ニ居ル特権階級タル重臣財閥官僚政党等カ私心ヲ慾《ほ》シイ侭《まま》ニシ人民ノ意志ヲ陛下ニ有リノ侭ヲ伝ヘテ居ナイ従ツテ日本帝国ヲ危クスル吾々同志ハ已《や》ムナク非常手段ヲ以テ今日彼等ノ中枢ヲ打砕イタノテアル　吾々同志ハ皆今夜死ヌ　諸君ハ吾々同志ノ屍ヲ乗リコエテ飽迄モ吾々ノ意思ヲ貫徹シテ貫イタイ、諸君ハ何レニ組スルヤ

山口の証言と異なり、「討死」覚悟だったようである。そして栗原がこのように問いかけると、野次馬に交じって右翼・ファッショ団体関係者もいたのであろう。以下のような反応があったという。

群集ヨリ「討奸軍万歳」ト云フ者カアリマシタ　「後ハ諸君ト共ニ天皇陛下万歳ヲ三唱シマス」ト云ツテ同中尉ハ　「天皇陛下万歳」ト発声シマシタ処其後テ群集中ニ「尊皇討奸万歳」ト唱ヒタルモノアリ群集ハ之ニ三唱シマシタ

そして安藤も、部下全員を集めて、次のように訓示したという。

今誰カ私ヲ暗殺ニ来ル者カアル故戦闘準備ニ就ク、表門ヲ閉チ庭先ノ電燈ヲ消シ軽機関銃ヲ表門外ト門内ニ備ヘ付ケ待機ノ姿勢ヲ取レ　而シ此方カラハ射撃スルナ　先方カ射撃シタラ射撃セヨ　俺カ一発射ツタラ射撃開始セヨ（前掲「小池林右ヱ門証人訊問調書」）

攻囲側の攻撃に対して、臨戦態勢がとられるのである。二八日午後三時頃、蔵相官邸から一度陸相官邸に赴き、午後五時半頃、再度蔵相官邸に戻り一泊を乞うた清原少尉も、部下に「是カラ如何ナルコトガ起ルカモ知レナイカラ全員室内ニ入ツテハイケヌ」と注意する。蔵相官邸も戦闘の準備を整えるので

ある。

第一師団司令部の「極秘　二月二十六日事件詳報」も、午後六時一五分頃のこととして、「山王神社前ニハ叛乱将校（少尉）二名　群衆ニ対シ街頭演説ヲナシ」、「我等ハ正義ノ為蹶起セルモノナリ　然ルニ上司ハ弾圧ス我等ハ最後ノ一人トナル迄奮闘ス」と、青年将校側の反応を伝えている。「正しいことをしたのに弾圧される不条理」への怒りが、包囲網が狭められる中で、戦意が落ちなかった原因だったことが窺われる。

また警視庁警務部長本間清《ほんままきよし》が、匂坂春平《さきさかしゅんぺい》（東京陸軍軍法会議検察官）に宛てた「反乱被告事件ニ関スル件回答」では、近所に住んでいたと思われる住民が聞いた演説内容を伝えている。「被告人等カ山王ホテル幸楽前ニ於テ宣伝ヲナシタル状況（演説ノ内容、場所、日時、演説者ノ階級人名等）」は、三人の青年将校・二名の下士官の演説内容が伝えられている。

二月二八日午後六時頃から九時頃まで、麹町区永田町二丁目料理店幸楽門前道路及び山王ホテル前空地でなされた演説は、次の通りだったという。

将校（安藤大尉ト認メラル）ハ電車通ニ於テ民衆ヲ集メ数回ニ亙リ野中大尉ノ署名アル蹶起趣意書ヲ声高ニ読上ゲ尚同趣旨ヲ敷衍《ふえん》セルカ如キ演説モナシタルカ群衆ノ多キハ三百尠《すくな》キモ百余名アリタリ

また「隣接明月料理店前ニ於テハ丈五尺五、六寸顔稍青白キ一曹長」は、蹶起趣意書を読み上げ、「自分等ノ起ツタ理由ハ以上ノ通テアルカ只陛下ノ側近ヲ煙幕ヲ張テ上陛下ト民衆ノ間ヲ中断スル奴等ヲヤツツケ困ツテ居ル大衆ヲ救フ為ノ行動テアル皆サンハ是非此ノ昭和維新断行ノ為応援協力シテ貰ヒタイ」と叫ぶ。

さらに「日枝《ひえ》神社鳥居前積雪上ノ高所ヨリハ日本刀ヲ帯セル一伍長」も、「趣意書ヲ読聞カセル前日本刀ヲ抜キ民衆ヲ整理中」、「吾々ハ決シテ諸君ニ危害ヲ加ヘルモノテハナイ陛下ノ近クニ居ル奸賊共ヲ討伐シテ皇道維新ヲ計ルモノダコレヲ妨ケルモノハ何者モヤッツケル鈴木《すずき》（貫太郎《かんたろう》）侍従 長《じじゅうちょう》ニ『ピストル』ヲブッ放シタノハ俺ダ全ク愉快タッタナ」と述べていたという。共に安藤隊の下士官であろう。

また二八日午後八時三〇分頃、山王ホテル入口では、「陸軍少尉（氏名不詳）ナルモ背ノ高キ年齢二十七、八年位《（ママ）》」ハ左記内容ノ演説」を行なう。

　今日ノ政治ハ悪政テアルカラ明治維新ノ如キ政治ニシタイ吾々ハ夫カ為行動ヲ起シタノテアル弾薬ハアルケレ共良民ニ危害ヲ加ヘル様ナコトハシナイ正シキ内閣カ出来タナラ直クニ引揚ケル

丹生中尉かと思われるこの人物は、この期になっても、「正シキ内閣カ出来タナラ直クニ引揚ケル」と述べるのである。栗原などと異なり、山口一太郎が述べていた「皆状況好転ヲ信シ、モウ一息ノ頑張リダト言ツテ私ノ言葉ニ耳ヲ藉《か》スモノハアリマセヌ」という雰囲気も残っていたことを窺わせる。

翌二九日午前五時頃のこととなるが、「山王ホテル前ニ於テ陸軍歩兵大尉（野中元大尉ト認メラル）」は、次のような演説をしたという。

　吾々ハ此度各重臣其ノ他ノ邸内ニ這《はい》リ初メテ彼等ノ日常生活カ如何《いか》ニ贅沢《ぜいたく》ナルカニ驚イタ吾々軍隊ハ一俵ノ炭ニ至ル迄モ節約ヲ為シ居ルニ反シ彼等ノ日常生活ハ全ク言語ニ絶シテ居ル

さらに彼は、「農村中小工業者ノ疲弊《そうへい》惨状」を述べ、「之等ハ要スルニ彼等（重臣）ノ得手勝手ノ自己主義ニ因ルモノナリ」と結ぶ。こんな早朝に聴衆がいたことは驚きだが、「之ヲ聴取セル四、五十名ノ共鳴者ハ割レルバカリノ声援ヲ送」った。野中とおぼしき人物は、さらに、以下のように演説する。

第二段トシテ吾々ニ五ヶ条ノ決意アリトテ
一、ソ聯邦ト即時開戦スヘシ
一、其ノ費用ハ三井、三菱其ノ他財閥ヨリ之ヲ徴収スヘシト叫ビ「三十万以上ノ財産家ハ其ノ残額ヲ全部提出シテモ決シテ無理ナシ」ト附加シタリ
一、国体明徴問題ニ関スル処分ハ全ク手緩シ
一、教育総監更迭ハ大権干犯モ甚シ
一、（判然ト聞取レサリシ由）ヲ挙ケ最後ニ吾々ハ固キ決意ノ下ニ之カ根ヲ断ツコトヲ期スト述ヘタリ

当時赤坂区田町《たまち》に居住していた人物が自宅の二階から聴取したといわれるものである。住民避難直前という追いつめられた時点での、青年将校の怒りと不満が窺われる。同時にそれは、財閥から金を出させ軍事費を増大しソ連と戦いたいという彼らの思いを伝えているかのようである。

もしこうした市民への訴えを、警察力が麻痺していた二月二六日から行なう発想を持っていたら——陸軍上層部に頼るだけではなく——事態はどのように展開したのかと思わざるを得ない。しかし追い詰められた段階での、民衆へのアッピールは、もはや状況を好転させ得るものではなかった。

途絶えた給養

前述した二八日午後四時以降、第一師団からの食糧・木炭などの供給は途絶えた。蔵相官邸の清原少尉は、部下に、「今晩御前達ノ食料ハ欠乏シテ居ルカト思フカ然シ明朝ノ食事ハ幸楽カラ持ツテ来ル其ノ他東京市民ハ我々ノ義挙ヲ知ツテドシドシ食料ヲ提供シテ居ルカラ安心セヨ」と訓示せざるを得な

かった（「中邑忠夫証人訊問調書」）。青年将校たちは、これ以降、食事などを幸楽、そして翌二九日は山王ホテルに依存することになる。

幸楽支配人の小池林右ヱ門は、訊問調書で以下のように陳述している。

> 午后九時頃ニ下士官ヨリ夜食二百四名分及坂井部隊ノ食料二百七名炭十三俵ノ注文ヲ受ケタノテ之ヲ調製シテ坂井部隊ノ分ハ陸相官邸ニ届ケマシタ

幸楽に二〇四名、陸相官邸の守備についていた坂井中尉指揮の部隊が二〇七名いたということになろう。幸楽の支配人は、同じ頃、栗原中尉以下の「首相官邸ニ居ル部隊ヨリ酒四升牛肉二百五十人分支那料理若干ノ注文ヲ受ケ調製シタ処安藤大尉ノ部下ノ兵カ運搬シマシタ」と述べる。「支那料理」は、将校用であろうか*。さらに「新議事堂ニ位置スル部隊ヨリ夕食五百五十人分ノ注文ヲ受ケ注文ニ来タ下士官ヨリ現金八十円ヲ手付トシテ受付ケマシタノテ何レモ之ヲ調整シ午后十二時頃迄ニハ全部『トラック』テ運搬サセマシタ」という。野中らがいたと思われる新議事堂に五五〇の兵力があった。

また山王ホテル支配人小山重右衛門の「訊問調書」によれば、丹生中尉の部隊の歩兵曹長から「宿泊シタ軍人ハ百八十二名テ宿泊料ハ之ヲ後テ区役所ニ持ツテケハ呉レルカラ之ハ二日分タト申サレ、此ノ書類ヲ渡」されたと証言している**。戒厳令で、軍隊に利用されなければ上がった収益も加えて、損害は六〇〇〇円に達したと陳述する（現在の金額だと一〇〇〇万円以上だろうか）。そして食事代の未払分は、「歩兵第一乃至第三聯隊ノ主計ヨリ受領スル様ニト申サレ其儘ニナツテ居リマス」（「小山重右衛門訊問調書」）。総計すると、兵力一三九三ということになる。

ともあれ第一師団からの給養を絶たれた青年将校の部隊は、幸楽や山王ホテルに食事を依存するしかなかった。そしてこれら関係者の避難もはじまれば、食事自体絶望となっていく。補給が続かない部隊の運命は、旦夕《たんせき》に迫っていた。

＊　幸楽の支配人によれば、首相官邸からは、二九日の朝食として四五〇人分の注文があったという。なおこの支払いには、二月二一日、斎藤瀏を経て、石原広一郎から提供された一〇〇〇円（うち一〇〇円は栗原より斎藤へ）のうち約二〇〇円が使われている（他に対馬・湯河原襲撃隊の懐中電灯用など。「斎藤瀏聴取書」、「栗原安秀聴取書」）。

＊＊　この山王ホテルの損害や、これだけの食事を賄った幸楽の損害は、「総計金額ハ金壱千九百九十四円六十四銭ニナリ其内金二百五十円ハ手付トシテ受ケ取リ未払金一千七百七十九円六十四銭」にのぼったという。幸楽の支配人は、この食事代の他、「什器ノ損害ハ三百円位」、「営業ノ収益ハ一日平均二千円アリマス」と述べた（「小池林右ヱ門訊問調書」）。

進む掃蕩準備

二八日午後五時半、交通遮断命令を出した後も、攻囲側の動きは決してスムースではなかった。一つは、避難民の存在である。午後六時五分、第二旅団長の報告によれば、「福吉《ふくよし》町附近ニハ多数ノ避難民アリ」という状況だったという。住民の避難が終わらねば攻勢はかけられないことは明らかである。第二には、とくに第一師団内の、仲間を討ちたくないという雰囲気である。安藤とも親しい歩兵第三聯隊の新井勲《あらいいさお》中尉が、部下九六名を従えての「靖国神社逃避」は、その面で象徴的である。＊「叛乱軍ニ内応スルニ非スヤ」とか、午後八時頃には、「叛乱部隊ハ新井部隊ト協力シ　秩父宮殿下ヲ擁立スル噂アリ」といった疑心暗鬼が生じていたのである（この間の記述は、第一師団司令部「極秘　二月二十六日事件詳報」による）。第三には、柴・松平、さらに山口・小藤らがいなくなったことで、青年将校率いる部隊の内部情報をとれなくなっていたことである。先にみた新井勲をめぐるデマの他、「叛乱軍ハ放送局、中央電話局ヲ占領スル噂アリ（午後八時二十分）」、さらに以下のような噂も飛ぶことになる。

叛乱軍ハ本廿八日夜積極的行動ニ出ル公算大ナリ（午後八時三十五分）

明早朝以後叛軍ハ暴動ヲ惹起セントスルノ企図アリ（同右）

午後十時十分頃山王ホテル及幸楽ニ在リシ叛徒ハ貨物自動車二十台ニ依リ他ニ移動セルカ如シ（戒厳司令部及近衛師団）

叛徒軍ハ　東久邇宮《ひがしくにのみや》（稔彦《なるひこ》）殿下ヲ擁立スル噂アリ

攻囲側は、その対策をとらざるを得なくなる。「情報ニ対スル処置」として、第一師団は、午後八時二五分「放送局ノ守護」を、午後一一時二〇分には「東久邇宮邸ノ守備」をなすことになる。さらに歩兵第二旅団司令部「秘　二月二十六日事件経過概要」によれば、村《むら》田《た》昌《まさ》夫《お》参謀から以下の通報があったという。

戒厳司令部ヨリノ通報ニ依レハ幸楽ノ叛軍カ鳥居坂東久邇宮邸ヲ襲撃シ　殿下ヲ奉戴《ほうたい》スル企図アルヲ以テ警戒線ヲ突破セラレサル様厳重ニ守備スヘシ

かくして第一師団より歩兵一小隊、戦車一小隊が東久邇宮邸に派遣されることになるのであった。

第四には、香椎浩平戒厳司令官の、流血を何とか避けたいとする信念である。香椎は、「証人訊問調書」で、「其命令（「奉勅命令」）ニ係ラス温和ニ解決スル方針ハ一貫シテ居リマシタ」と語る。さらに彼は、「私ハ二十八日夜参内シテ　陛下ニ徹底的ニ叩キツケル準備ノ手ハユルメマセン」と述べた上で、「サレトモ最後ノ一瞬マテ平和ニ解決スル手段」をとると、天皇に「申上マシタ」という。そして香椎は、「私

一般態勢要図　２月28日午後10時半
（第一師団司令部　極秘「二・二六事件詳報」より作成）

カ実力ニ訴ヘテ彼等ヲ一挙ニ打倒ソウト思エハ二十六日カラテモ出来ル訳テアリマシタカ隠忍自重シテ彼等ノ反省スルヲ待ツテ居リマシタカ其反服少々ナラサル為二十八日二時過遂ニ武力行使ニ依テ鎮定ノ決意ヲシタノテアリマス」と付け加えるのである。何とか無血解決をめざして、香椎は、圧倒的兵力――とくに戦車――で、威圧しようとするのであった。

二八日夜から二九日早朝にかけて第一師管内諸学校の部隊（約一三五〇名）、第一四師団主力（約三二〇〇名）、第二師団の一部（約二〇〇〇名）が、次々と到着してくる（戒厳司令部「経過概要」）。午後九時三〇分「戒治第十九号　戒厳命令」で、午前八時までに避難を完了するよう命ぜられる。そして午後一〇時、歩兵第一聯隊「秘　二・二六事件経過要綱」は、以下のように述べるのである。

古閑中佐ハ依然聯隊ヲ指揮スヘキ師団命令ヲ受領シ次テ旅団長ヨリ明朝ノ攻撃ニ方《あた》リ歩兵第一聯隊ハ旅団ノ右第一線トナリ赤坂見附ヨリ平河町附近ニ亙ル間ニ展開シ当面ノ敵ヲ掃蕩《そうとう》スヘキ内示ヲ受ケ全員悲壮ナル決意ヲ以テ市街戦実施ノ為全力ヲ挙ケテ攻撃資材ノ整備其ノ他ノ準備ニ専念セリ

ここに攻囲側の掃蕩準備は、整うのである。二月二八日午後一一時、香椎戒厳司令官は、戒作命第十四号を下達した。「叛乱部隊ハ遂ニ大命ニ服セス　依テ断乎武力ヲ以テ治安ヲ恢復セントス」（戒厳司令部「経過概要」）。

＊　新井は、午後九時、聯隊に帰還するが、禁錮六年に処せられる。

二月二九日早朝

しかし攻囲側の疑心暗鬼はなお続く。二九日午前零時二〇分、歩兵第三聯隊から次の報告が入る。

只今叛軍ノ白襷四名乗合自動車ニテ虎ノ門ヨリ神谷町ニ通スル道路南側諸道路ヲ偵察中ナリ、速ニ戦車ヲ配属セラレ度（歩兵第二旅団司令部「秘　昭和十一年三月二日　二月二十六日事件経過概要」）

不安な心理の中で、戦車を欲しがる前線の気持ちが現れていよう。

午前零時四〇分には、青年将校側が、歩兵第三聯隊正面より突破しようとしているとの情報が伝わる。午前一時、野砲兵が第一線に加入してくるのであった（第一師団司令部「極秘　二月二十六日事件詳報」）。

戦車・砲兵の威力を示しつつ、帰順を求める工作がはじまっていく。午前二時、赤坂見附附近で拡声器による説得が開始される。さらに午前二時過ぎには、歩兵第三聯隊の新井勲中尉の案内で、山王ホテルで青年将校を直接説得しようとする。しかし青年将校たちは出てこない。立哨《りっしょう》中の下士官兵に「奉勅命令」を示し、写を与え、「奉勅命令」を朗読して、帰順を勧告する。安藤は、中隊長命令として、伝令に返答させる。「天皇機関説信奉者ノ捏造《ねつぞう》セシ　奉勅命令ニハ従ハズ」と（同前）。

小藤大佐も、桜井徳太郎参謀と同道して、午前四時過ぎ、喇叭《らっぱ》手を伴い、君ケ代・国ノ鎮・集合喇叭等を吹奏するも、効果はない。逆に栗原中尉・丹生中尉・林少尉などは、電話で、「聯隊将校ノ行動ニ参加セサリシヲ罵倒《ばとう》シ或ハ速ニ蹶起シテ馳セ参スヘキヲ促」してきたという。これに対し、歩兵第一聯隊の将校たちは帰順を勧告する（歩兵第一聯隊「秘　二・二六事件経過要綱」）。

しかしこの二八日深夜から二九日早朝にかけての説得・帰順工作は、何の効果もなかった。二九日午前六時までに帰順したのは、二八日午後一一時二〇分の、曹長一・上等兵一・兵一、二九日午前四時半の「近歩三所属ノ叛軍　三十名　歩三ニ帰順」にとどまっていた（第一師団司令部「極秘　二月二十六日事件詳報」、及び歩兵第二旅団司令部「秘　昭和十一年三月二日　二月二十六日事件経過概要」による）。青年将校側は、依然分散配置をとりながら、結束力を保っていたのである。

軍紀正しき「叛乱軍」

圧倒的軍事力を持つ攻囲側の掃蕩準備が整う中、青年将校と下士官・兵はどうしていたのか。青年将校率いる部隊の軍紀は極めて厳粛であり、混乱の中でも礼儀正しいものであった。彼らが宿営していた幸楽・蔵相官邸・山王ホテルらの関係者の証言・陳述は、それを浮き彫りにする。

安藤輝三の部隊が宿泊した幸楽の支配人は、「軍隊ハ私ノ店ニ居ル間ハ良ク上官ノ命ヲ守リ規律厳粛器物其他ヲ破損サレタモノモ少ク実ニ感心シタ態度テアリマシタ」と絶賛する。そして二九日午前五時頃、「此処ハ守備ニ不利益タカラ又幸楽ニ気ノ毒タト云ツテ家屋ノ東南方ノ柵ヲ破リ立去」った。その際、「生産党ノ宇田川」などが「幸楽ニ火ヲ放ツテ引上ケ様ト云」ったのに対し、「安藤大尉ハ種々世話ニ成リ又女カ多イ処ニ火ヲ付ケルノハ気ノ毒タト云ツテ之ヲ止メタノテ火災ハ免レマシタ」と、安藤のお蔭で炎上を免れたと感謝するのである。一方、火をかけようとした「生産党ト称スル者ノ言動ハ国家ヲ誤ル者タト思ヒマス」と反感をあらわにするのである（「小池林右ヱ門訊問調書」）。

蔵相官邸で清原少尉の部隊と接した中邑忠夫も、その「証人訊問調書」で、清原隊が蔵相官邸を退去したのは午前三時五〇分頃だったとし、「清原少尉ハ私ニ対シ『色々御世話デシタ』ト礼ヲ述ベテ立チマシタカ兵モ至極静粛ニ出発シマシタ」と述べるのである。

山王ホテルでは、二九日午後三時半頃、避難が終わって、ホテルに戻れるようになった時、小山・山王ホテル支配人は、「食堂ニアツタ日本酒ビール洋酒等ハ大部分飲ンデ仕舞ツテアリマシタ」と、アルコールをほとんど飲んでしまったことを批判的に述べる（「小山重右衛門証人訊問調書」）。このアルコールを片付けてしまったことと、二九日の握り飯を作るので、黒龍会売店から置き手紙を残して白米七俵半とタバコを盗んだこと（「黒龍会宿泊所検証調書」）などが、数少ない青年将校側の不軍紀行為だったといえよう。アルコールの件で青年将校率いる部隊を批判した小山は、その一方で、丹生部隊が「規律厳粛」であったことも併せて指摘していた。

二九日、山王ホテルで、青年将校・下士官・兵と最も長時間接していたのは、食堂の給仕を務めていた伊藤葉子《いとうようこ》である。ホテルに起居していた従業員以外出勤しない中、朝五時半出勤した二一歳の彼女は、五〇〇人分の握り飯の炊き出しにあたっていた。彼女は、「午前六時三十分頃兵隊サンヨリ今日ハ危イカラ逃レル様ニト申サレマシタカ握飯ヲ作ル人モ誰モ居ラナクナルノテ其侭握飯ヲ作ツテ居」たという。ホテルの従業員が、全員立退いた後もである。「其コ許ハ兵隊サンカ危イカラ逃ケロト云ツタノニ何故最后迄残ツテ居タカ」という問に対して、彼女は、新聞などで「大臣ヤ其他立派ナ方ヲ殺シタ兵隊」だと知っていたという。しかし彼女は、「其ノ兵隊サン達カ国家ノ為ニ良イコトヲシタノニ」、「御飯ヲ炊イタリ御握ヲ作ツタリスル」人がいないのを「気ノ毒タト思ツタカラ私モ国家ノ為ニナルコトナラト思ツテ女ナカラモ手伝ヒヲシタ」と答えていた。彼女をそこまで思わせたのは、「トテモ規律ハ厳粛テ私達女ニカラカフコトハナク立派ナ軍人サン達テアリマシタ」という兵士たちの質の高さにあったと考えられる（この間の記述は、「伊藤葉子証人訊問調書」による）。

総崩れ

戒厳司令部がまとめた前掲「経過概要」は、「二十九日早朝叛乱軍占拠地附近ノ市民ヲ避難セシムルト共ニ更ニ飛行機、気球、戦車等ヲ利用シ宣伝ビラヲ散布スル等ノ方法ニ依リ叛乱軍下士官以下ノ帰順ヲ促ス」と記す。そして午前九時市民の避難完了と共に「各部隊ニ攻撃前進」が命ぜられた。そして午前一一時の段階で、「下士官以下ノ大部帰順」し、「午後二時遂ニ叛乱軍将校ハ下士官以下全員ヲ解散シ陸相官邸ニ集合」し、事件は解決にいたるのであった。

第一師団司令部「極秘　二月二十六日事件詳報」の「廿九日攻撃前進開始後ノ帰順工作」を中心にみていこう。

「赤坂見附附近歩兵第四十九聯隊ノ行動」は、戦車隊と協力し、その処理は敏速であった。すでに午前八時二〇分の時点で、桑原雄三郎《くわばらゆうさぶろう》特務曹長以下、三二名が帰順した。野中大尉ら新議事堂附近の部隊も、午前九時一五分頃、歩兵第四十九聯隊の手によって「兵ト将校トヲ分離シ将校ニハ自刃ノ為メ陸軍大臣官邸ニ至ルヲ命シ部隊ハ兵営ニ帰還ヲ命シ」られたようである。続いて、一〇時五〇分頃、清原少尉の部隊、坂井中尉・高橋少尉・麦屋少尉らが帰順する。戦車第一聯隊長の報告では、この段階で、平河町・首相官邸附近で、「続々帰順」という総崩れ状態を呈するのであった。

最強硬派と目されていた栗原中尉は、どうであろうか。歩兵第一聯隊「秘　二・二六事件経過要綱」によれば、午前八時の段階で、栗原は、歩兵第五七聯隊を通じて、下士官・兵を助命したいので、「小藤大佐ノ臨場アリタキ旨」連絡してきたという。しかし小藤が、首相官邸に赴いた時は、栗原と会えないで終わったという。栗原は、後述するように午前一一時頃、山王ホテルに行くこととなる。

原隊への帰順を告げるアドバルーン

問題は、二九日早朝、幸楽を撤収し、山王ホテルの丹生中尉の部隊と一緒になった安藤輝三の部隊であった。山王ホテルの伊藤葉子は、午前五時半、出勤した時の様子を以下の通り証言している。

兵隊サン数カ多クナリマシタノテ何処カラ来タノデスカト尋ネマシタ処昨夜幸楽ニ宿ツタ兵隊サンタト申シマシタ

そして、彼女は、「午前六時三十分頃ニハ初メテ兵隊サンハ夫々手分ケシテ一階二階三階四階屋上迄各部屋ニ入リ御覧ノ通リ種々ノ器ヲ設備シテ守ツテ居リマシタ」と述べている。安藤らは、当初は、山王ホテルでの籠城抗戦を策していたようである。九時半頃、聯隊長が、「聯隊ニ皈ル様ニト進メテ居リマシタスルト間モナク何《いず》レカニ段々引上ケテ行クモノカアリ」、そして正午頃までには、朝の段階で約五〇〇人くらいだった兵力は、二〇〇人程度に減少していったという。

そしてこの間に、山王ホテルに村中・磯部・栗原・香田・丹生・竹島・対馬・田中勝らが集まることとなるのである。

村中・磯部・栗原・竹島・対馬・田中勝らが来る前から、香田は、山王ホテルにいたようである。先の町田専蔵は、二九日午前一〇時頃の安藤・香田のやりとりを証言している。* 香田の、自決しようという言葉に対して、安藤は、以下のように反論する。

自決スルナラ今少シ早クナスヘキテアツタ　全部包囲サレテカラオメオメト自決スルコトハ昔ノ武士トシテ恥トスヘキ事タ　自分ハ此レタカラ最初蹶起ニ反対シタノタ

さらに安藤は、激してきたのであろう。町田は、安藤が「『テーブル』ヲ叩イテ香田大尉ヲ難詰」していたとして、安藤の言葉を、次のように伝えている。

今ニナツテ自分丈ケ自決スレハソレテ国民ハ救ハレルト思フカ　吾々カ死ムタラ兵士ハ如何スルカ　叛徒ノ名ヲ蒙ツテ自決スルト云フ事ハ絶対反対タ　自分ハ最后迄殺サレテモ自決シナイ

舌鋒鋭い安藤の反論に、「居合セタ下士卒ハ只黙ツテ両大尉ヲ見詰メテ居ルハカリテシタ」と、町田が述べるように、おそらく凍ったような雰囲気が流れたのであろう。町田は、香田の様子を、「安藤ノ話ヲウタナレテ《（うなだれて）》聞イテ居タ」と描写し、「暫《しばら》クスルト顔ヲ上ケ」た香田の言葉を、次のように伝えている。

俺カ悪カツタ　叛徒ノ名ヲ受ケタ侭自決シタリ兵士ヲ皈ス事ハ誤リテアツタ　最后迄一所ニヤロウ　良ク自分ノ不明ヲ覚サセテ呉レタ

こう言って、安藤と香田は、「手ヲ握リ合ヒマシタ」と、町田は語る。さらに安藤は、山王ホテルの戦備を固める（なお町田によれば、彼は、二月二九日朝、安藤の命令書とおぼしき紙を見たという。それには、「新議事堂へ引上クヘシ　議事堂ハ糧食タニ有ラハ猶一ヶ月ハ持チコタヘル事カ出来ル」と書かれていたという。安藤は、この時点で、徹底抗戦の決意に傾いていたとみてよかろう）。

鎮圧側の戦車の音が聞こえてきた。午前一一時前のことであろうか。安藤をはじめ下士官・兵は、電車通りに出ていった。町田が、ホテルの中で見ていると、「安藤大尉初メ下士卒約三十名ハ一斉ニ電車線路ニ横臥シ」たという。町田も、飛び出す。彼の陳述を引こう。

赤坂見附方面カラ「タンク」カ続イテ進ムテ来マシタ　私ハ「タンク」ノ前面約二十間斗《ばか》リの処

テ見タノテスカ前面ニ 今カラテモ遅クナイ下士兵卒ハ早ク原隊へ皈レ云々 ト書イタ皈順勧告ノ貼紙カ付ケテアリマシタ

町田のところから四〇メートル、安藤らのところからは、さらに近くまで戦車隊が近づいてきたのである。その時、安藤は、兵士らに向って、『タンク』ニ手向ヒスルナ 皆此処テ『タンク』ニ轢《ひ》キ殺サレロ」と横臥の姿勢のまま命じたという。そのためか、戦車隊は、赤坂方面に順次引き返しつつ、謄写版刷りの「皈順勧告ノビラ」を撒いたという。安藤は、それを拾い、将校と下士兵卒を区別するビラの文言に反発し、折から路地から十数名の兵を連れて説得に現れた将官・佐官と斬りあい寸前まで行くこととなったという。町田によれば、その際、安藤は、「全部包囲シ威嚇サレテ窟《(ママ)》服スル訳ニハ行キマセン」と叫んだ上、さらに以下のように、述べたという。破局的場面で、安藤がつかんだ「真相」だった。

私達ハ間違ツテ居リマシタ 聖明ヲ蔽《おお》フ重臣閣僚ヲ仆《たお》ス事ニヨツテ昭和維新カ断行サレル事ダト思ツテ居リマシタ処 国家ヲ毒スルモノハ重臣閣僚ノ中ニ在ルノテハナク軍幕僚軍閥ニアル事ヲ知リマシタ 吾々ハ重臣閣僚ヲ仆ス前ニ軍閥ヲ仆サナケレハナラナカツタノテス

遅きに失したとはいえ、安藤は、最後の段階で、軍部を、ある程度客観化しえたといえよう。その後、安藤は、町田と山王ホテル三階に戻り、町田に「絶対ニ自決シマセン」と述べたという。町田は、独断で、首相官邸などの食事をとれていない兵に、攻囲側の諒解を得て、幸楽で作った握飯などを届ける作業のため、安藤の傍らを離れる。

その間に、山王ホテルには、香田・丹生に加えて、磯部・栗原・田中勝がやってくる。さらに下宿のラジオで情勢緊迫を聞き、駆けつけ、帰順工作にあたった柴有時と共に、安藤を説得しようと村中・対

赤坂山王ホテルに宿営した青年将校率いる部隊

馬・竹島も集まる。

二九日の早朝、部下一二名と「炭酸瓦斯《ガス》中毒」で人事不省に陥り、一〇時過ぎ「蘇生」した田中勝の陳述でも、山王ホテルに集まったメンバーはほぼ同様である。村中・磯部・栗原・香田・丹生・竹島・対馬に、山本又予備少尉が、集合し、「奉勅命令ニ従フ」と話していたという（「田中勝被告人訊問調書」）。そしてこの際に、栗原は、石原莞爾大佐を呼んできてほしいと言い、柴が連絡をとることとなるのであった。

安藤輝三は、柴有時関連の「証人訊問調書」で、以下のように述べている。

私共ノ部隊カ愈々総崩レトナリ混乱シテ居リマシタ時柴大尉カ同ホテルニ来リ私共ニ向ヒモウ如何トモナラヌカラ諦メテ呉レト申シマシタ処其際私共ノ仲間ノ一人カ石原大佐ヲ呼ンテ来レト申マシタ処ヨシトテ電話カ何カカケタ様テアリマシタ併《しか》シ同大佐ハ来ラス戒

厳司令部ノ少佐参謀カ来テ今石原大佐カ来ル事カ出来ヌト申シマシタ

安藤は述べていないが、石原を呼んでほしいと言ったのは栗原であった。彼には、確かめたいことがあった。同じく柴関係の「栗原安秀証人訊問調書」で、柴がもたらした石原「大佐ノ伝言トシテ蹶起者ハ自決カ脱出カノ二途アルノミトノ事テアリマシタノテ私ハ直ニ首相官邸ニ至リ下士官兵ノ処置ヲシマシタ」と、栗原は語るのである。つまり石原の言葉を聞いて、栗原は、最終的に帰順を決意したとみることができよう。田中勝の「被告人訊問調書」は、安藤、さらに栗原がぼかした点にふれている。田中は、柴が伝えた石原の伝言を、以下のように陳述している。

蹶起将校今後ノ処置ハ自決カ脱出ノ二途アルノミテハアルカ此回ノ挙ニヨリ兎《と》ニ角《かく》維新ノ「メド」ハツイタ

田中が述べる石原伝言の後段――維新ノ「メド」ハツイタ――が、栗原の一番聞きたいところだったのではないか。栗原は首相官邸へ戻り帰順する。正午頃のことであった。続いて山王ホテルにいた丹生中尉の部隊も帰順していく。午後零時二〇分のことだったという（「二月二十六日事件詳報」）。総崩れの中で、最後に残ったのは、安藤輝三が率いる山王ホテルの部隊のみとなるのである。

＊　この町田陳述は、一三六年七月、処刑直前の安藤輝三の「証人訊問調書」でも、相違ないと安藤が述べているので、ほぼ正確だといえよう。

安藤輝三の自決未遂と安藤隊の帰順

二月二九日午前一一時、山王ホテルで安藤の率いる中隊を目にした田中勝は、深い感動を込めて以下のように語っている。

私カ特ニ感激シマシタノハ安藤部隊カ中隊長以下生死ヲ同フスルト言フ状勢テ部下ハ中隊長ヲ中隊長ハ部下ノ為ニ一丸トナリ不離一体一緒ニ陛下ノ御為維新ニ奉公スルトイフ状景ヲ目撃シ男泣キヲシマシタ（「田中勝被告人訊問調書」）

安藤率いる中隊の素晴らしさは、第一師団の満州派遣内定の時点でも、安藤自身、自負していたところである（一〇六頁参照）。中隊長への深い信頼感を持った下士官・兵が、安藤の思いを自分の思いとし、頑なになっていった。安藤は、「手記」の附記の中で、「山王ホテル、幸楽ニ於ケル二十八、九日ノ行動ニ就キ」言及し、「最后迄頑強ニ頑張ツタト云フ心裡」を自ら分析して、以下の四点を指摘している。

①当時、我々ハ正シイコトヲヤツテヰルノダ、ト云フコトト、状況ハ有利ニ進展シツツアル、ト云フコトトガ潜在的ニ頭ノ中ニ在ツタコト、
②興奮シテ狂的ナ状態ニ在ツタト云フコト、
③尚ホ幸楽ニ移動シテカラハ全般ノ大勢ガ少シモ分ラナカツタタメニ、現位置ヲタヾ固守スルト云フタ単純ナ考ヘシカナカツタコト、
④又、此ノ様ナ状態ノトキニ戒心スヘキハ第三者ノ飛バス内部撹乱ノ宣伝デアル、大イニ志気ヲ鼓舞シテヰナケレバイケナイ、
ト云フタ様ナ考ガ無意識ノ間ニ働イテ、今尚ホ理解ニ苦シム様ナ言動ヲ取ツタノデハナイカト考ヘテ居リマス、

当初「友軍」とされながら、二八日を境に「叛乱軍」とされていく急転の中で、周囲の状況と自らを

見失ってしまったのであろう。安藤が、「タヾ自分達ハ小藤部隊長ノ直轄デアルカラ、小藤部隊長ノ命令ヲ待ツノデアルト云フ考ダケハ最后迄失ハナカツタ心算デアリマス」「勅命ニ抗スルト云フ意識ハ更ニ無カツタ」という二点を強調している点は、二・二六事件全体を考えていく上でも示唆的ではなかろうか。

そして孤立し、追い詰められた安藤は自決を決意する。「手記」では、本書冒頭の部分で述べた事情との関係で、「一死以テ総テノオ詫ニ代ヘルコト以外全ク私ノ取ルヘキ道ハナカツタノデアリマス」と語る。そして彼は以下のように述べている。

　自決ト云フコトハ蹶起ヲ決意シタトキスデニ覚悟シタ所デアリマスガ、時機ヲアノ場合ニ選ンダノハ部下ト袂(訣)別スルアノ情況ニ於テ最早、死ヲ以テ別レル以外ニ方法ナシト考へ、「今コソ時機ナリ」ト判断シタノデアリマス

青年将校運動の先輩にあたる大蔵栄一は、「『安藤カ自分ノ教ヘタ兵ノ困窮シテ居ルモノヲ　何処何処ノ貧民窟カラ救ヒ出シタ』トカ『教育ヲ受ケル数年次ノ兵カ安藤会ヲ組織シタ』トカ言フ涙クマシイ話」を聞き、「愈々畏敬ノ念ヲ深メ」た。そのように兵を大事にした安藤にとって、下士官・兵との訣別は、特別の意味をもっており、この時点で、「今コソ時機ナリ」と判断するのも、無理はなかったかもしれない。

町田は、午後一時頃、山王ホテルに戻ってきた（なお最後まで一人、山王ホテルに踏みとどまって兵士たちの世話をしようとした伊藤葉子は、安藤の自決実行時間を、「午后零時三十分頃」と証言して、町田とやや異なる）。すると、安藤を取り囲んで、多数の下士官・兵が死なないで下さいと、取りすがっていたという。安藤は、町田

に、「最早ヤコレテ万事オ終《しま》ヒテス、跡ノ事ヲ宜シクオ願ヒシマス」と述べたという。栗原をはじめとする同志が、次々帰順していく中で、安藤が、絶望的な孤立感を抱いたことは想像に難くない。安藤は、兵士たちをホテルの前に整列させ、最後の訓示を行なった。町田によれば、その内容は、次の通りだという。

二十六日以来ヨク之レ迄団結シテヤツテ呉レタ　此ノ団結ヲ持ツテ行ケハ天下無敵テアル　オ前達ハ此際如何ナル事カ在ツテモ早マツタ事ヲシテハナラヌ　オ前達ノ命ハ満州へ行ク迄此ノ安藤カ預ツテ置ク　陛下ノ御為メヨク働イテクレ　中隊ハ之レヨリ靖国神社ヲ参拝シテ原隊へ帰ルノタ

さらに安藤は、「中隊ノ軍歌ヲ唱フ」と言う。そして「全員興奮ノ中ニ暫ク唱ヒ続ケテ居リマシタ」。その間に、安藤は自決を試みる。町田は、その間の模様を、以下のように陳述している。

安藤大尉ハ　其中ニ二間斗リ兵士ノ前ヲ後退シ曲レ右ヲシナカラ取出シタ拳銃テ自分ノ喉《のど》ヲ打チ仰向ケニ倒レマシタ

町田はただちに近寄る。兵士も全員、「大尉ノ名ヲ呼ヒナカラ泣」いたという。安藤の傷は、「右アゴカラコメカミへ抜ケテ居」た。倒れた安藤は、「右手テ何カ字ヲ書ク様ナ手付」をする。兵士が便箋と色鉛筆を渡すと、彼は、大きな字で、次のようなことを書いたという。

天皇陛下ノタメニ尽シテクレ　皇道維新、天下無敵　未練ハ無イ　モウ一発ヤツテクレ

安藤は、とどめの一発を求めた。しかし伊藤葉子によれば、「其内ニ赤十字ノ自動車カ表《おもて》テ将校ノ身ヲ何レカニ運ビ去リマシタ　ソレニ続イテ兵隊サンハ全部引揚ケテ行」くことになる。かくして安藤の自決未遂によって、下士官・兵は帰順し、事件は「皇軍相撃」なしにここに終結した。

自決の強要と反発

二月二六日、二・二六事件が勃発した際、局面転換に強い期待を示した加藤寛治海軍大将は、二月二八日になると、「彼等ヲ如何ニスルカ、先決問題テアリ夫カ大御心テアルト思フ夫レハ彼等ヲ切腹サセル事テアル」と江藤源九郎に語った。江藤は、青年将校から話を聞き、加藤のところへ相談に訪れたのであった。しかし加藤の場合には、「若シ夫レヲ勧メニ行ク者ハ大西郷ノ腹カ必要テアル」と、よほどの大人物でなければ切腹勧告はできないと釘をさす。江藤は、辞去した後、電話で「切腹ヲ勧告スル人カ無イ」と、加藤に伝えたという（「加藤寛治聴取書」）。

西田税も、その「手記」で、二八日の栗原との電話にふれて、以下のように述懐する。

道理上ハ自決スル方ガ妥当デアリマセウシ、徹底的ニ反抗スルコトノ宜シカラザルコトハ固《もと》ヨリ明カデアリマスカラ反抗スル方ガ好イトハ勧告ハ出来ナイガ、然シ人情トシテ自決セヨトハ私ニハ言ヒ切レナイノデアリマシタ。（真実ハ言ヒ切ッタ方ガ正シイデセウガ、修行未熟デアリマセウ）。

青年将校の行動を利用しようとしたり、それに同情を持っていた人々にとって、「自決勧告」は、普通の人間的感情を持っている人間には不可能に近いことであった。責任逃れの感もある加藤でさえ、西《さい》郷隆盛《ごうたかもり》のような「大人物」でないと困難であることは認識していた。

しかしこれを平然とやった人々がいた。山下奉文・鈴木貞一、さらには野中四郎大尉を「強制自決」させたと思われる井出宣時《いでのぶとき》らの陸軍のエリート幕僚たちであった。

二月二六日朝、陸相官邸で片倉衷《かたくらただし》が磯部に射たれた際、片倉と共にいた他の七名の参謀将校は、「一斉ニ皆逃ケ」たという（前述「田中勝被告人訊問調書」）。柴有時も、痛憤する勇気なきエリートたち（前述）、彼らは立場が変わると声高に、陸軍という「組織の論理」を楯に青年将校たちに自決を迫るのであった。

高橋太郎少尉は、「第二回被告人訊問調書」で、帰順勧告をうけ「同志将校ハ協議ノ上逐次陸相官邸ニ集合シ下士官兵ヲ帰隊セシメ、自決ノ決意ヲシタ」という。若い将校たちの自決決意を止めたのは、野中大尉らであった。高橋は語る。

　野中大尉等幹部ノ発意ニヨリ「我々カ討伐ヲ受ケルノハ我々ノ精神カ大御心ニ達セラレテ居ラヌカラテアル故ニ我々ノ精神ヲ明カニスル為生キテ大御心ノ侭ニ裁カレヨウ」トノ議カ纏《まとま》リ一同自決ヲ思ヒ止マリ、同日夕刻憲兵ニ逮捕サレ東京衛戍刑務所ニ収容サレタノテアリマス

言い換えれば青年将校たちが決起した真意を天皇に伝えるためには、裁きの場で主張しようというわけである。このようなことを主張した野中が、自決することはあり得ないといってよかろう。

清原康平少尉も、「被告人訊問調書」で、「野中大尉、常盤少尉、鈴木少尉等カ来マシテ自決スル要ハナイコツチヘ来イト云ハレテ別室ヘ行キマシタノテ私ハ皆カ生存シテ居タノカ夫レテハ自決スル必要ハナイト思ヒ野中大尉ニ従ツテ行キマシタ」と述べる。そして前聯隊長井出宣時大佐がやって来て、「歩兵第三聯隊ノモノニ対シテ自決ヲ勧メ安藤大尉モ自決シタソ」と、自決を強要する。そして本書冒頭の「二・二六事件とは」の部分でみた通り、「野中大尉ハ遂ニ井出大佐ニ引キ出サレテ自決サレマシタ其時銃声カシテウント唸声《うなりごえ》カシタノテ皆ハ野中大尉カ井出大佐ニ強制的ニ自決サセラレタト感シマ

野中四郎

シタ」と、清原は陳述するのである。そして彼は、「コレハ幕僚カ自己ノ非ヲ蔽《おお》フ為ニ野中大尉ニ自決サセタモノト思」ったという。

自決しない青年将校に対して、上層部は怒りを強めていたのであろうか。その上層部に、青年将校たちも反発していったとみられる。歩兵第一聯隊「秘　二・二六事件経過要綱」は、「聯隊ニ収容セル叛徒ハ極メテ興奮シアリテ夜間ノ輸送ハ考慮ヲ要スルモノアリタルヲ以テ当夜ハ警戒ヲ至厳ニシテ隊内ニ留置シ鎮撫ヲ図リ三月一日午前中別命ノ部隊ニ引渡シヲ完了セリ」と記している。青年将校たちが怒りを強め、「極メテ興奮」した可能性が高い。

事件が解決した二月二九日、青年将校に対して強硬な態度をとり続けた天皇は、「今度の内閣の組織は中々難しいだらう、軍部の喜ぶ様なものでは財界が困るだらうし、そうかと云つて財界許《ばか》りも考へて居られないから」と語った(『木戸幸一日記』)。天皇が、事件前自ら抱いていた陸軍への不満を押さえ、陸軍の言うことをある程度聞こうという姿勢をとり出したのである。

青年将校運動は、陸軍の「抜かない宝刀」として、天皇・宮中、財界、既成政党に圧力をかける上で有効な武器であった。しかし陸軍の主張が、天皇らによって認められていくならば、青年将校運動の必要性は大きく弱まる。またそれを温存することは、陸軍にとって、他の政治勢力に陸軍攻撃の口実を与えかねない。青年将校たちの徹底的処断と、「粛軍」によって、陸軍の地歩を高めていく方策がとられていくのであった。そして二・二六事件の裁判をも通じて、青年将校運動は根こそぎにされていくのである。二・二六事件によって石原莞爾が述べたように、「維新ノ『メド』ハツイタ」以上、陸軍にとって青年将校運動は、もはや必要ないものとなったのである。

青年将校運動の性格をめぐって——まとめにかえて——

以上、本書を執筆して、次のことが明らかになった。北一輝らの影響をうけた純朴な皇道派の青年将校が農村の窮乏を憤って決起した云々といった、二・二六事件について一般的に抱かれがちなイメージが、事実と異なることである。「二・二六事件神話」とでも言っていいであろうが、こうした「神話」がなぜ形成されたのかは、今後の課題とせざるをえない。しかしその課題に迫るうえで、最後にさしあたり気になった三つの点を確認しておこう。

一つは、死刑に処せられた水上源一《みずかみげんいち》をはじめ、黒田昶《くろだきよし》・宮田晃《みやたあきら》など民間人に大きな影響を与えた栗原《くりはら》安秀《やすひで》中尉についてである。山口一太郎《やまぐちいちたろう》のみならず、大蔵栄一《おおくらえいいち》からも、「常ニ直接行動ヲ口走ツテ」おり「彼ノ言動ニ対シテハ気ニ止メマセンテシタ」(「被告人訊問調書」)と、青年将校仲間からも「軽視」されていた傾向がある栗原が、ここまでなぜ民間人に影響を与えられたのか。

牧野伸顕《まきののぶあき》前内大臣襲撃に加わった黒田昶は、一九三一年一月歩兵第一聯隊に入隊した時の初年兵係教官であった栗原から、「我カ外交問題等ヲ聞カサレ」、「其ノ熱ト意気ニ感動共鳴致シマシテ爾来《じらい》自分等ノ最モ信頼スヘキ人トシテ在郷ニアツテモ常ニ敬慕シテ居リマシタ」という(「黒田昶被告人訊問調書」)。

水上源一も、三二年一二月、歩兵第一聯隊に入隊した友人から「中隊ニ君ノヤウナ気持ヲ持ツテヰ《い》ル将

栗原安秀

校カ居ル会ツテ見タラドウカ」といわれ、栗原と会い、「互ヒニ信念ヲ語リ合ヒ大イニ共鳴スル処カアリマシタノテ爾来今日迄《まで》同志トシテ交際シテ」きたという（「水上源一被告人訊問調書」）。しかしこの二人の陳述からだけでは、なぜことによれば命をかけるような行動を共にしたのか、栗原が与えたインパクトの強さはよく分からない。

一方、宮田晃（予備役《よびえき》歩兵曹長・禁錮一五年）は、その「訊問調書」で、栗原安秀中尉との関係にふれて、一九三三年九月、習志野戦車第二聯隊在隊中、同隊の軍曹に紹介されて、栗原中尉に面会し、「同中尉ト意気投合シ私ハ其ノ立派ナル人格者ナルニ感動シ」たという。理由は、栗原が、「熱心ニ五・一五事件ノ精神ヲ実行シナケレハイケナイト云フ事ヲ信条トシテ力説シテ居リ」、「其ノ精神ニ共鳴」したからであったという。しかし彼が、栗原に深く共鳴したのは、それだけの理由ではなかった。宮田は、次のように語っている。

私ハ戦車第二聯隊ニ在隊中同聯隊ハ創設日浅ク隊長以下訓示等立派ナルモ農村窮乏其ノ他ニ依ル兵ノ苦境等ニ付キ申告スルモ之レヲ取リ上ケテ呉《く》レス尚《なお》除隊后ノ就職斡旋《あっせん》等ニハ何等　省《かえりみ》テ呉レルモノカアリマセンテシタ

栗原は、こうした将校たちとは全く違ったのであろう。そうした栗原のスタンスが、前章でみた安藤《あんどう》輝三《てるぞう》同様、入営してきた兵士や下士官に、新鮮な印象を与えたのではないか。言い換えれば、軍人でありながら、ある程度、庶民の目線にたてたことが、その強い影響力の源泉となったとみなすべきであろうか。*逆にいえば、他の青年将校にこうした事例が、ほとんどみられないのは、彼らの大半が、職業軍人として凝《こ》り固まり、庶民との関わりを栗原らほど持ち得なかったといえよう。その結果、民衆との関係で例外的存在であった栗原・安藤が青年将校を代表してしまい、青年将校運動全体がその後美化される傾向を生んだのではないか。

＊この影響力の源泉として、石原広一郎が栗原に提供した総額一万二五〇〇円（他に橋本欣五郎に約五〇〇〇円をはじめ、田中隆吉・馬奈木敬信・天野勇らにも栗原分を含め二万一〇〇〇円提供したという）の資金があったと思われるが不明である（「石原広一郎第二回聴取書」）。ただ栗原も、石原に「直接指導シテ居ル民間ノ者」が約一五〇〇人いると豪語しており（「栗原安秀第二回証人訊問調書」）、青年の指導に使われたことは確かであろう。

第二は、青年将校運動と、テロ・決起の関係である。本書では、従来の青年将校運動、即テロ・決起という見方を否定してきた。ここで、二・二六事件が、青年将校にとって、異例なもの、ないしはことによれば逸脱であったことを、再確認しておきたい。

まず青年将校運動とは、どういうものだったかという点である。本書では、「抜かない宝刀」と、それを表現してきた。実は、西田税《にしだみつぎ》が、同様なことを当時、言っていたというのである。北一輝《きたいっき》・西田関連の「証人訊問調書」で、渋川善助《しぶかわぜんすけ》は、「殊ニ西田ハ平素カラ　抜カヌ仭《かたな》ノ威力ト申シテ維新運動ヲ促進スル為直接行動ニ出ツルコトハナルヘク避ケネハナラナイト云フ主義方針テアリマシタ」と証言するのである。「抜カヌ仭ノ威力」こそ、青年将校運動の本質だったとみるべきであろう。

大蔵栄一も、「被告人訊問調書」で、以下のように陳述する。

　我々トシテハ先ツ自分ノ周囲ノ魂ヲ覚醒シナケレハナラヌ　ソレカ御維新テアル　武力ノ行使ハ愈々《いよいよ》最後ノ手段テアツテ之カ唯一最上ノ方途テハナイ　ソレ迄ニ為スヘキ事ハ充分為サネハナラヌ

「武力ノ行使ハ愈々最後ノ手段」であり、それは、「唯一最上ノ方途テハナイ」とする見方は、本論の部分でみた安藤や香田清貞《こうだきよさだ》の姿勢であった。大蔵も、「急進的ナ考ヘモ懐《いだ》イタ事モアリマス」とした上で、渋谷《しぶや》（伊之彦《いのひこ》）戸山学校長から世の中は「オ前ノ考ヘテ居ル様ニ急変スルモノテハナイ」と注意され、以後、「自身ヲ深メル事ニ努力シ常ニ自重論ヲ唱ヘテ来」たと補足するのである（「大蔵栄一第三回被告人訊問調書*」）。

こうした認識は、別に大蔵だけではない。急進派とみなされる磯部浅一《いそべあさいち》も、「圧迫カ下ツタ時ニハ波《は》瀾《らん》ヲ生シマシタカ平和ナ時ハ上下左右一体ノ精神連絡ヲ為シツツ之ヲ方針トシテ進ミマシタ」と陳述する。軍内の「上下左右一体」を希求するのが、青年将校運動だというわけである。さらに彼は、「今迄ニ同志カ最モ活動シタ時期ハ」という問に対して、「ソレハ前述ノ聯合同期生会ヲ催シタ時、粛軍ノ意見書ヲ出シタ時期**トカ最モ活動シタ時期ト思ヒマス」と答えるのであった（「磯部浅一証人訊問調書」）。青年将校たちが、最も活動したのは、テロや決起ではなかったのである。

青年将校運動の本質が、以上のようであったとすれば、二・二六事件は、なぜ起こったのかということになる。先程の磯部浅一の証言に戻ってみよう。「圧迫カ下ツタ時ニハ波瀾ヲ生シマシタカ平和ナ時ハ上下左右一体ノ精神連絡ヲ為シツツ之ヲ方針トシテ進ミマシタ」。これに対して、安藤輝三は、「川島《かわしま》（義之《よしゆき》）陸相時代ニナリ割合平和テシタ」と語る。本来なら、「平和」な川島陸相時代に、決起など起こるはずはなかったのである。それでは、なぜ二・二六事件は、勃発したのか。安藤は、その「証人訊問調書」の後段で、「我々同志ハ第一師団ノ渡満問題カ発生シタノテ突如トシテ今回ノ事件ヲ計画セシ次第テアリマス」と述べるのである。本来、圧迫がほとんどなかった川島陸相の時期に、空前の決起が起こったのは、第一師団の満州派遣決定のためだったのである。それ自体「圧迫」であったことは、まちがいないが……。

北一輝も、「第五回聴取書」（於警視庁）で、自分に罪を着せようとする取り調べ側に反発するかのように、以下のように陳述している。

要スルニ行動隊ノ青年将校ノ一部ニ改造法案ノ信奉者ガアリマシタトシテモ此ノ事件ノ発生原因ハ相澤《あいざわ》公判及満州派遣ト云フ特殊ナ事情ガアリマシテ急激ニ国内改造即チ昭和維新断行ト云フ事ニナツタノテアリマス

北からみても、青年将校たちの決起の主要原因は、第一師団の渡満の決定だったのである。＊＊＊

渡満を契機とする決起であったがために、各地の青年将校同志の二・二六事件への反応は、双手を上げて賛成は少ない。

菅波三郎《すがなみさぶろう》は、「第四回被告人訊問調書」で、鹿児島にいた彼は、「最初号外テ知リ之ハ五・一五事件ノ二ノ舞ト思ヒ一部青年将校トアリマシタノテ迷ツタナアト云フ感カヒラメキアノ連中テハナイカト思ヒ家内ニ話シマシタ」と述べている。菅波は、五・一五事件を、血盟団《けつめいだん》事件で追い詰められた海軍青年将校がやった事件と認識しているので、「迷ツタナア」という言葉の通りプラス評価ではないことは明らかであろう。

若松満則《わかまつみつのり》も、その「聴取書」で、「早マツタ事ヲヤツタナートト云フ感シヲ起シマシタ」と述べる。江藤《えとう》五郎《ごろう》は、二・二六事件の報を聞いた時「シマツタアセリ過キタ具合カ悪イ」と思ったという（「聴取書」）。＊＊＊＊

そして、決起前、安藤・栗原・村中・磯部に、「賛成モ出来ナイカ打チ壊ス事モオソイ　自分トシテハモウトウニモナラナイカラ成リ行ニ委《まか》セルヨリ外《ほか》ハナイ　君達ハ参加シテ貫イ度《た》クナイシ良ク考ヘテ貫イタイ」と、自分の気持を伝えた西田は、事件後の絶望感を、以下のように陳述するのであった。

　私ハ本事件ノ経過ニ鑑《かんが》ミマシテ私カ従来考ヘテ居ツタ通リニ立証サレタノタト考ヘテ居リマス私ノ従来ノ考ヘトハ不可《いか》ヌ不可ヌト思ツテ居ツタコトカ現実ニイケナイ結果ヲ齎《もたら》シタノミテナク其ノ結果カ余リニ予想以上ノ大キナ結果ヲ見ル様ニナツタ事テアリマス（「西田税第六回聴取書」）

＊この陳述で、大蔵は、大尉になれば、普通は中隊長として原隊に戻るのに、「渋谷校長閣下ハ『オ前ハ東京ニ残ツテ若イ者ヲ間違ハナイ様ニセヨ』ト言ハレテ無理ニ学校附トシテ残シテ戴《いただ》イタノテアリマス」と述べている。大蔵は、青年将校の過激化を押さえる役目をおって、東京に残っていたのである。その大蔵を、戸山学校から追う運動をしたのが、本書にしばしば登場した柴有時《しばありとき》である。この押さえ役・大蔵が、三五年一二月、朝鮮羅南に転勤した後、二・二六事件が計画されるのである。

＊＊「粛軍ニ関スル意見書」を出した時期に関係した陳述類は、今までのところ、私は目にしていない。

＊＊＊なお「二・二六事件裁判記録」から浮かび上がってくる二・二六事件勃発の原因は、他に二つある。一つは、十一月事件・「粛軍ニ関スル意見書」での村中孝次《むらなかたかじ》・磯部の恨みである。磯部浅一は、「証人訊問調書」で、免官となったことに対して、「其ノ時私ハ真面目ニヤツテ居ルト信シ切ツテ居ツタノニ斯《か》ル結果トナツタノヲ意外ニ思ヒ又私ニ対スル処置ニ大ナル不満ヲ抱キ国家革新ノ為一身ヲ犠牲ニスルト云フ堅イ決心ヲ抱クニ至リマシタ」と陳述する。第二には、決起自体には、批判的だった大蔵栄一が、次のように言う不都合な情勢である。「五・一五事件以来一度ハ自由主義思想カ没落ノ運命ヲ辿リツ、アリマシタカ今度ノ総選挙ニヨツテ再ヒ台頭シ始メ茲《ここ》ニ現状維持的ナ空気ト現状打破的ナ空気トカ実ニ陰惨ナ対立ヲ為サントスル時代ノ現出シ様トシテ居ル時今度ノ一挙ハ其ノ状態ヲ打破スルニ実ニ好時期ヲ看破シ得タモノデアルト思ヒマシタ『ヨクヤツテ呉レタ　コレデ日本モ正シイ方ニ変ツテ行クダラウ』ト云フ様ナ悲壮ナ喜ヒニ浸ツタノテアリマス」（「大蔵栄一第三回被告人訊問調書」）。

＊＊＊＊　若松らの発言には、もちろん事件に連座させられることへの恐れがあったことは想定しなければいけないが、陳述自体は、かなり正直な印象をうける。

第三の点に移ろう。この西田の言及とも関係して、二・二六事件と青年将校運動の壊滅がもたらした結果である。陸軍青年将校運動の草分けの一人であった菅波三郎は、その手記（「陳述補遺」）で、一九二八年五月の済南《さいなん》事件の際、右往左往する陸大出のエリート幕僚の姿をみて、次のように記している。

余は国軍に大いなる欠陥を発見したり　陸大は陸軍の登龍門なるが故に名利に趨《はし》りて栄達の道を急ぐ者是天保銭《てんぽうせん》なり、利を求むるか故に勇を欠《か》き、机上の智に偏するが故に実戦の断を忘る、洵《まこと》に憂ふべき哉、余は陸大に赴くことを断念したり、天保銭国軍を毒す、真に慨すべき哉

しかし二・二六事件で決起した青年将校たちは、磯部、最後の段階での安藤ら一部を除き、エリート幕僚層への反発は、希薄であった。栗原安秀も、その手記「昭和維新論」で以下のように述べている。

将校至上ハ軍部至上ニシテ、コレカ一歩過《あや》マレル時ハ即チ軍部独裁ノ危険アリ。軍ハモトヨリ国家ノ枢軸《すうじく》タリ。サレト軍ハ国家ニ殉スヘク、国家ヲシテ軍ニ殉セシムル能《あた》ハサルナリ。コレ吾人ノ軍部至上、将校至上ノ排スル所以《ゆえん》ナリ

しかしそれにもかかわらず、栗原は、実際上軍事費の増大しか考えていなかった。他の大部分の将校も、少なくとも決起時までは同様であった。

しかも二・二六事件の解決が、川島陸相・香椎浩平《かしいこうへい》戒厳司令官・軍事参議官の線でなされず、参謀本部幕僚の手になる「奉勅命令」と、それに従わなかったことを理由とする「叛乱」によって処理されたことは、陸軍内での幕僚層の勢力を一層強めた。しかも二・二六事件の結果、十月事件期から幕僚層

チェックの機能をある程度果たしてきた陸軍青年将校運動は、崩壊した。

その結果は、明らかである。栗原が心配した「国家ヲシテ軍ニ殉セシムル」事態が、愈々現実のものとなるのである。菅波が反発した「名利に趨りて栄達の道を急ぐ者」「利を求むるか故に勇を欠き、机上の智に偏するが故に実戦の断を忘る」者が、日中全面戦争以降の日本陸軍を牛耳《ぎゅうじ》っていったといっても過言ではなかろう。二・二六事件は、兵士のみならず、非エリートの生命を徹底的に無視する日本陸軍の新たな出発点となったのである。前掲拙著『二・二六事件』でふれた通り、新任の歩兵第三聯隊長湯浅政雄《ゆあさまさお》は、「お前たちは事件に参加したのだから渡満後は汚名挽回を目標に軍務に精励し、白骨となつて帰還せよ」と訓示し、事実、日中全面戦争が開始されると、出動当時一五〇〇名であった聯隊の兵力は、七〇〇～八〇〇名に減少したという。とくに悲惨を極めたのは、安藤輝三が中隊長を務めていた第六中隊であった。分隊長として重傷を負った岩崎英作《いわさきえいさく》は、次のように語っている。

　思えば、二・二六事件参加の初年兵は、その後の軍務においてきびしい取りあつかいを受けた。中でも私たちのように安藤中隊にあった者は、陽高攻略のごとく危険な場所に引きだされ、真っ先に突入を命ぜられる場合が多かったのである（埼玉県編『二・二六事件と郷土兵』一九八一年）。

同じく大熊米吉《おおくまよねきち》も、二・二六事件の「思い出」は、「北支で消耗品のように死んでいった戦友たちの悲しい姿」であったと回想する（同前）。二・二六事件参加兵のその後の運命*は、玉砕や、人間生命の犠牲を正規作戦とする特攻隊への序曲といったら言い過ぎであろうか。

最後に繰り返しておこう。青年将校たちが求めていたものは、あくまでも「上長《じょうちょう》ヲ推進シテ維新へ」、「上下一貫左右一体」であった。** 彼らは、主観的にも、客観的にも、軍部が、日本政治の推進力となる上で大きな役割を果たしたのであった。派閥対立史観にとらわれるのでなく、この点を二・二六事件について考える場合、直視しなければならないのである。こうした青年将校運動の構造があるからこそ、栗原安秀は、その遺書で、「昭和十一年七月初夏ノ候、余輩青年将校十数士、怨《うらみ》ヲ呑《の》ミテ銃殺セラル」として、以下のようにその遺書を結んだのである。

古ヨリ狡兎死而走狗煮烹、吾人ハ即走狗歟（『二・二六事件　獄中手記遺書』）

ずる賢い兎（陸軍にとっての敵）が弱まれば、それを追いかけた猟犬（青年将校運動）は、必要なくなり、煮て食べられる運命となったのであった。「上長ヲ推進シテ維新へ」は、暗転したのである。

＊　事件関係者への残虐な態度は、取調べなどにも現れる。たとえば、亀川哲也は、五月一一日付の「上申書」で、「私ハ一体ドンナ不正ナ事ヲシタデアリマセウ又ドンナ法律ヲ犯シタノデアリマセウ　如何ニ考ヘマシテモ私ニハワカリマセヌ」とした上で、次のように述べている。「身ハ牢獄ニ繋カレ妻ハ乳飲子ヲ抱ヘ四人ノ子供ヲ擁シテ主人ヲ奪ハレタノミカ今ハ唯一ツノ生活資料タル銀行預金帳（二千五百円）モ無法ニモ憲兵隊ニ押収セラレ餓死セヨ一家心中セヨト言ハンバカリノ残虐ナル処置ヲ受ケマシタ」と訴える。町田専蔵が、五月二五日、大量の喀血《かっけつ》をし、肺結核と診断されるのも、取調べと無関係ではあるまい。

＊＊　青年将校の動きが、なぜ「農村の窮乏を憤った純真な青年将校」像として定着していくのかは、皇道派と「統制派」対立の図式の「自明化」ともども、陸軍のイメージを低下させないため、二・二六事件直後から始まる情報操作の所産だったと考えられるが、細かい実証は、今後の課題としたい。

主要人物紹介（カッコ内は二・二六事件時の年齢）

あ行

相澤三郎　あいざわ　さぶろう　陸軍歩兵中佐。台湾歩兵第一聯隊附（台北高商配属将校）転任発令後、永田軍務局長を殺害。三六年七月、刑死。（四六歳）

朝山小二郎　あさやま　こじろう　陸軍砲兵大尉。野戦砲第二五聯隊中隊長。決起将校との関係で、取り調べをうけ、起訴されるも無罪。のち、中佐・独立山砲兵第二〇聯隊長。（三三歳）

阿部信行　あべ　のぶゆき　陸軍大将。軍事参議官。事件時、橋本欣五郎と相談。三月、予備役編入。三九年八月、内閣総理大臣。井上成美海軍大将・木戸幸一内大臣と縁戚。（五八歳）

荒木貞夫　あらき　さだお　陸軍大将。軍事参議官。男爵。真崎と共に皇道派の中心。青年将校を優遇するも、事件では、撤退を迫る。三月、予備役編入。近衛内閣で文部大臣。（五八歳）

安藤輝三　あんどう　てるぞう　歩兵大尉。第一師団歩兵第三聯隊中隊長。直接行動の止め役を果たしてきたが、野中の決意に負け決起する。軍法会議で、叛乱罪・首魁として死刑。（三一歳）

池田俊彦　いけだ　としひこ　歩兵少尉。歩兵第一聯隊。首相官邸・朝日新聞社を襲撃。陸士本科の折には、安岡正篤の文献を愛読していたという。叛乱などの罪名で無期禁錮。（二一歳）

石原莞爾　いしはら　かんじ　陸軍大佐。参謀本部作戦課長。満州事変「演出者」。参謀本部第一部長時に日中戦争の拡大阻止に動き、天皇らの不興を買う。のち、中将、予備役編入。（四八歳）

石原広一郎《いしはら　こういちろう》　石原産業海運株式会社社長。「北守南進政策」の実現のため、大川周明の神武会や明倫会を財政的に支える。栗原安秀にも一万二〇〇〇円以上の資金を提供。（四六歳）

磯部浅一《いそべ　あさいち》　元陸軍一等主計。村中と共に十一月事件・「粛軍に関する意見書」で免官。「陸軍大臣告示」に反発。撤退・自決に反対する最強硬派。叛乱罪・首魁として死刑。（三〇歳）

板垣　徹《いたがき　とおる》　歩兵中尉。豊橋教導学校学生隊附。対馬らと共に西園寺公望襲撃をするよう求められたが、兵の動員に反対。不起訴。陸大卒。のち、中佐・第一二方面軍参謀。（二八歳）

井出宣時《いで　のぶとき》　陸軍大佐。参謀本部演習課長。前歩兵第三聯隊長。のち、少将・歩兵第一八旅団長、中将・旅順要塞司令官。（四九歳）

今井　清《いまい　きよし》　陸軍中将。軍務局長。川島陸相からの陸相官邸に来るようにとの命令を無視し、憲兵司令部にこもり、「陸軍大臣告示」に反発。のち、参謀次長・陸大校長。（五三歳）

宇垣一成《うがき　かずしげ》　事件時、朝鮮総督。予備役陸軍大将。陸相時、三月事件と関わる。広田内閣総辞職後、首相の大命が降下するも、陸軍の妨害により「拝辞」。のち、外相。（六八歳）

宇治野時参《うじの　ときよし》　陸軍歩兵軍曹。牧野襲撃に関する取調べで現在の心境を問われ、「国民トシテ成サネハナラヌ事」をした「感淑ト喜」を語る天皇親政論者。栗原の影響はない。（二六歳）

江藤源九郎《えとう　げんくろう》　予備役陸軍少将。奈良県選出衆議院議員。国体明徴運動などで活躍。事件時、陸相官邸で、青年将校を激励。（五七歳）

江藤五郎《えとう　ごろう》　善通寺の歩兵第一二聯隊中尉。小川三郎の影響により三三年七月以降、国家改造に関心。二月二六日公務出張途上、事件を知り、松浦姫路師団長を訪う。（二五歳）

大川周明《おおかわ　しゅうめい》　北一輝らと猶存社結成、

のち、疎隔。三月事件・十月事件の中心人物。石原広一郎によれば、満鉄から年間六～一〇万円の収入を得ていたという。（五一歳）

大岸頼好《おおぎし よりよし》　歩兵大尉。歩兵第六一聯隊附。青年将校運動の草分けの一人。事件で拘留され、三六年一二月予備役編入。不起訴・出獄。のち、昭和通商広東支店長。（三四歳）

大蔵栄一《おおくら えいいち》　歩兵大尉。歩兵第七三聯隊中隊長。青年将校運動の直接行動へのブレーキ役。羅南の聯隊で事件支援の動きをしたとして叛乱者を利す罪で、禁錮五年。（三三歳）

小川三郎《おがわ さぶろう》　善通寺の歩兵第一二聯隊大尉。二六年以来、西田の影響をうける。大岸頼好と近く、「直接行動ハ絶対ニ執ラサル処」と陳述。（三二歳）

小笠原長生《おがさわら ながなり》　一九一八年、海軍中将。子爵。宮中顧問官。西田税が事件勃発後、上部工作を依頼。（六八歳）

岡田啓介《おかだ けいすけ》　首相。海軍大将。田中内閣・斎藤内閣海相。襲撃されたが、栗原が松尾伝蔵大佐を首相と誤認して殺害。難を逃れる。（六八歳）

小原重孝《おはら しげたか》　陸軍少佐。参謀本部附。十月事件計画で、橋本から、菅波に「豪傑」として紹介される。のち、大佐・第二五師団参謀長、歩兵第二九聯隊長など歴任。（四〇歳）

か行

香椎浩平《かしい こうへい》　陸軍中将。東京警備司令官。戒厳司令官。「皇軍相撃」を避ける方針で一貫。三月、横井則輔からの不敬罪告発により聴取される。七月、予備役編入。（五四歳）

片岡太郎《かたおか たろう》　歩兵中尉。陸士予科生徒隊附。十一月事件で検挙され停職。三五年九月復職。のち、中佐・歩兵第五二四聯隊長。（二七歳）

片倉衷《かたくら ただし》　陸軍少佐。軍務局附。十一月事件などで、磯部らの恨みを買い、軍閥的行動の中心として罷免要求。二月二六日、磯部から銃撃。のち、少将・第二〇二師団長。（三八歳）

加藤寛治《かとう ひろはる》 後備役海軍大将。伏見宮(事件時の海軍軍令部総長)随員としてイギリス出張(一九〇七年)。ロンドン海軍軍縮条約の際の軍令部長。(六五歳)

亀川哲也《かめかわ てつや》 著述業。荒木陸相の知遇を得て、農道会創設。林陸相にも接近。相澤三郎弁護の中心人物の一人。久原房之助からも金銭的援助。叛乱罪で無期禁錮。(四六歳)

川島義之《かわしま よしゆき》 陸軍大将。陸軍大臣。磯部と長時間会談するなど青年将校と親しい関係。参内後、二度と青年将校の前に姿を現さなかった。三六年三月、予備役編入。(五七歳)

北 一輝《きた いっき》 『日本改造法案大綱』で、一部の青年将校らに大きな影響を与える。事件への陸軍の責任を糊塗するスケープゴートとして、叛乱罪・首魁として死刑。(五二歳)

清原康平《きよはら こうへい》 歩兵少尉。歩兵第三聯隊附。安藤に心服し、決起に加わるが、陳述などで、最も決起への違和感を語っている。叛乱などの罪名で無期禁錮。(二二歳)

工藤義雄《くどう よしお》 陸軍少将。歩兵第二旅団長。軍事調査部長時、青年将校への監視を強める。七月、予備役編入。のち、召集、歩兵一〇二旅団長。満州赤十字社理事長。(五一歳)

栗原安秀《くりはら やすひで》 歩兵中尉。歩兵第一聯隊機関銃中隊。首相官邸を襲撃。叛乱罪・首魁として死刑。石原広一郎から多額の資金を得る。民間人に大きな影響。(二七歳)

黒田 昶《くろだ きよし》 予備役歩兵上等兵。自分の村での政争に反発。歩兵第一聯隊で栗原の影響をうける。牧野に「天誅」を加えようと上京、栗原を訪い、牧野元内大臣襲撃に参加。禁錮一五年。(二五歳)

小磯国昭《こいそ くにあき》 軍務局長の折、三月事件を計画。二・二六事件時、朝鮮軍司令官。青年将校側から「軍の統帥を破壊」したとして逮捕要求。のち、総理大臣。(五五歳)

香田清貞《こうだ きよさだ》 歩兵大尉。歩兵第一聯隊

第一旅団副官。直接行動への止め役。陸相官邸で陸相などとの交渉の中心。早期撤退を主張。叛乱罪・首魁として死刑。(三二歳)

河野《こうの》　寿《ひさし》　航空大尉。所沢飛行学校操縦学生。湯河原に牧野を襲撃するも負傷。陸軍第一衛戍病院熱海分院で、折りたたみ式ナイフで自決。(二八歳)

古賀《こが》清志《きよし》　海軍中尉。練習航空隊飛行学生の折、五・一五事件を計画・実行。叛乱罪で禁錮一五年。(五・一五事件時、二四歳)

古閑《こが》　健《たけし》　陸軍中佐。歩兵第一聯隊附。小藤が麹町地区警備隊長になるに伴い、歩兵第一聯隊を指揮。のち、東部防衛参謀等を経て中将・第八一師団長。(三八歳)

小藤《こふじ》　恵《さとし》　陸軍大佐。歩兵第一聯隊聯隊長。補任課長時、青年将校を人事面で優遇。麹町地区警備隊長。七月、予備役編入。のち、召集、第一八師団参謀長。少将。(四七歳)

さ行

斎藤《さいとう》　実《まこと》　内大臣。海軍大将・海相・朝鮮総督・首相など歴任。子爵。内大臣という次期内閣選定にも深く関わる地位が殺害目標とされる一因。(七七歳)

斎藤《さいとう》　瀏《りゅう》　予備役陸軍少将。在郷軍人政治組織・明倫会幹部。アララギ派歌人。栗原の連絡をうけ、陸相官邸で青年将校側を激励。叛乱者を利す罪で禁錮五年。(五六歳)

坂井《さかい》　直《なおし》　歩兵中尉。歩兵第三聯隊。斎藤内大臣殺害部隊の指揮者。五・一五事件に、同輩が多く関与したことから急進化。叛乱罪・群集指揮で死刑。(二五歳)

佐藤《さとう》正三郎《しょうざぶろう》　陸軍少将。歩兵第一旅団長。相澤公判の判士長。山口一太郎の決起の危険性を伝える警告を聞き流す。七月、予備役編入。のち、召集、旅団長を務め、中将。(四九歳)

真田《さなだ》穣一郎《じょういちろう》　陸軍少佐。軍務局

課員（軍事課）兼整備局課員兼参謀本部部員。事件当初から武力鎮圧を主張。のち支那派遣軍参謀、作戦課長・軍務局長等を歴任、少将。（三九歳）

柴　有時《しば　ありとき》　歩兵大尉。戸山学校教官。「別格」として青年将校運動の外延に位置。香椎司令官の命をうけ解決に奔走。禁錮五年を求刑されるも無罪。のち、湖北省で戦傷死、中佐。（三五歳）

渋川善助《しぶかわ　ぜんすけ》　元陸士生徒。真崎校長により陸士を退校となる。直心道場のメンバー。磯部に事件への参加を止められるも、途中から加わり、叛乱罪・謀議参与で死刑。（三〇歳）

渋谷三郎《しぶや　さぶろう》　陸軍大佐。歩兵第三聯隊長。陸相官邸での発言が、青年将校の反発を招く。七月、予備役編入。のち、「満州国」治安部次長。ハルピン学院長。（四八歳）

末松太平《すえまつ　たへい》　歩兵大尉。歩兵第五聯隊中隊長。菅波らと共に十月事件の中心人物の一人。青森での、二・二六事件支援活動の罪を問われ、叛乱者を利す罪で禁錮四年。（三〇歳）

菅波三郎《すがなみ　さぶろう》　歩兵大尉。歩兵第四五聯隊中隊長。陸軍青年将校運動の草分け。鹿児島で、財閥に軍備充実経費を負担させよと訓示。叛乱者を利す罪で、禁錮五年。（三一歳）

杉山　元《すぎやま　はじめ》　陸軍中将。参謀次長。二六日、「皇軍相撃」を避ける指示をする。のち、大将・陸相・参謀総長・教育総監等を歴任。元帥。四五年九月、自決。（五六歳）

鈴木貫太郎《すずき　かんたろう》　海軍大将。一九二九年から侍従長。安藤隊の襲撃をうけ、重傷を負うも、生命を保ち、のちに枢密院副議長。敗戦時には首相を務める。（六八歳）

鈴木金次郎《すずき　きんじろう》　歩兵少尉。歩兵第三聯隊。警視庁・内相官邸占拠。最後まで、決起参加をためらう。叛乱などの罪名で無期禁錮。（二一歳）

鈴木貞一《すずき　ていいち》　陸軍大佐。内閣調査局調査官。満井と共に青年将校の動きと関わり続けるも聴取にとどまる。のち、中将。近衛・東条内閣で企画院総裁・貴族院議員。（四八歳）

高橋是清　たかはし　これきよ　蔵相。首相・蔵相を歴任。軍需インフレ政策をとるも、これ以上の公債増発は、悪性インフレを招くとの発言が、軍部・青年将校の怒りを招き、殺害される。（七一歳）

高橋太郎　たかはし　たろう　歩兵少尉。歩兵第三聯隊。斎藤邸・渡辺邸を襲撃。「温厚篤実」な野中が決起する時は共に決起しようと思っていたという。叛乱罪・群集指揮で死刑。（二二歳）

竹島継夫　たけしま　つぎお　歩兵中尉。豊橋陸軍教導学校。会津若松聯隊で、松平紹光中隊長の「国体観念」に感激し、皇道維新塾設置。対馬と共に上京。叛乱罪・謀議参与で死刑。（二八歳）

建川美次　たてかわ　よしつぐ　陸軍中将。第四師団長。十月事件時の参謀本部第一部長。三六年八月、予備役。のち、駐ソ連大使・翼賛政治会総務などを歴任。（五五歳）

田中　勝　たなか　かつ　砲兵中尉。野戦重砲兵第七聯隊附。渡辺教育総監への二次攻撃の輸送等、部下の下士官・兵と輸送業務にあたる。叛乱罪・群集指揮で死刑。（二五歳）

田中　弥　たなか　わたる　歩兵大尉。陸大教官。十月事件後、青年将校と対立するも、事件の精神を活かし、昭和維新への旨を長勇らに打電。叛乱者を利す罪に問われ、自決。（三五歳）

長　勇　ちょう　いさむ　陸軍中佐。参謀本部部員（支那課）・陸大教官。十月事件の中心人物の一人。のち、第三二軍参謀長・中将。沖縄で戦死。（四一歳）

辻　政信　つじ　まさのぶ　陸軍大尉。歩兵第二聯隊附。十一月事件の際、陸士本科生徒隊中隊長。のち、関東軍参謀等を歴任し、大佐。戦後、衆議院・参議院議員。ラオスで行方不明となる。（三四歳）

対馬勝雄　つしま　かつお　歩兵中尉。豊橋陸軍教導学校。西園寺襲撃を、板垣徹から「兵ヲロボツト的ニ使用スル」として反対され、急遽上京、参加。叛乱罪・謀議参与で死刑。（二七歳）

寺内寿一　てらうち　ひさいち　陸軍大将。軍事参議官。

寺内正毅元帥の長男。事件後、広田内閣の陸相・教育総監を歴任。のち、北支那方面軍司令官、南方軍総司令官。元帥。(五六歳)

常盤　稔《ときわ　みのる》　歩兵少尉。歩兵第三聯隊附。警視庁を占拠し、その後は野中の連絡将校の役割を果たした。叛乱などの罪名で無期禁錮。(二一歳)

（な行）

中島莞爾《なかじま　かんじ》　砲兵少尉。陸軍砲工学校学生。高橋蔵相を襲撃。安田優と共に決起の際、西田税を殺害しようと考えていた。叛乱罪・群集指揮で死刑。(二三歳)

中橋基明《なかはし　もとあき》　歩兵中尉。近衛歩兵第三聯隊。高橋蔵相を殺害したのち、皇居警備に紛れ込むも露見。朝日新聞社襲撃にも参加。叛乱罪・群集指揮で死刑。(二八歳)

西田　税《にしだ　みつぎ》　十月事件後、直接行動の止め役。「青年将校ノ純真性」を強調する軍上層部を、青年将校を「無礼侮辱スルモノ」と痛論。叛乱罪・首魁として死刑。(四四歳)

丹生誠忠《にふ　よしただ》　歩兵中尉。歩兵第一聯隊。陸相官邸へ向かう部隊を指揮。遺書では、「お釈迦様方　無位無官ノ帝王」を名乗る。叛乱罪・群集指揮で死刑。(二七歳)

根本　博《ねもと　ひろし》　十月事件の中心人物の一人。陸軍省新聞班長として政治的策動をしたとして、青年将校から罷免要求。のち、北支那方面軍司令官。(四四歳)

野田又雄《のだ　またお》　陸軍大尉。独立守備歩兵第六大隊中隊長。近衛歩兵四三聯隊附時代に十月事件の中心人物の一人となる。ノモンハンで戦傷死、中佐進級。(三四歳)

野中四郎《のなか　しろう》　歩兵大尉。第一師団歩兵第三聯隊中隊長。安藤の決起に決定的影響を与える。警視庁を襲撃するも、のちに撤退を主張。元上官に、強制的に自決させられる。(三三歳)

は行

橋本欣五郎《はしもと　きんごろう》　陸軍大佐。野戦重砲兵第二聯隊長。陸軍桜会・十月事件の指導者。予備役編入後、再び召集、聯隊長。のち、大日本青年党統領・衆議院議員、A級戦犯。（四六歳）

橋本虎之助《はしもと　とらのすけ》　陸軍中将。近衛師団長。前陸軍次官。青年将校側に厳しい態度を取る。三六年三月待命、七月、予備役。のち、「満州国」協和会中央本部長。（五二歳）

林銑十郎《はやし　せんじゅうろう》　陸軍大将。軍事参議官。前陸相。磯部らの暗殺目標。満州事変で、天皇の命なしに朝鮮軍を越境させる。三月、予備役編入。のち、大日本興亜同盟総裁。（五九歳）

林　八郎《はやし　はちろう》　歩兵少尉。歩兵第一聯隊機関銃中隊。首相官邸を襲撃。遺書で、「幕僚中心権力至上主義」を糾弾。叛乱罪・群集指揮で死刑。（二一歳）

藤井　斉《ふじい　ひとし》　海軍青年将校運動の草分け。三二年二月、上海事変で偵察飛行中戦死し、少佐に進級。西田は、自分が決起を止めたことへの絶望からの死と理解。

古荘幹郎《ふるしょう　もとお》　陸軍中将。陸軍次官。「下士官兵ヲ連出シタ事ハ予想外」と感じ、陸相官邸行きは危険だとの連絡を無視し、陸相官邸で折衝。のち、台湾軍司令官・大将。（五三歳）

堀　丈夫《ほり　たけお》　陸軍中将。第一師団長。青年将校側を撤退させるため、命令を随時変えてもよいと、小藤に指示。七月、予備役。翌年召集、留守航空兵団長。（五四歳）

本庄　繁《ほんじょう　しげる》　陸軍大将。侍従武官長。男爵。山口一太郎の義父。四月、予備役編入。のち、軍事保護院総裁、枢密顧問官。四五年一一月、自決。（六〇歳）

ま行

牧野伸顕《まきの　のぶあき》　大久保利通次男。宮内大臣・内大臣を歴任。伯爵。「君側の奸」として、青年

将校等の憎しみを買い襲撃されるも、難を逃れる。吉田茂の義父。（六四歳）

真崎甚三郎　まさき　じんざぶろう　陸軍大将。軍事参議官。青年将校の行動を利用し、強力内閣実現に動くも、結局断念し、撤退を説得。叛乱者を利す罪に問われるも弁明に終始、無罪。（五九歳）

町田専蔵　まちだ　せんぞう　帝国新報社嘱託。三一年、大日本生産党入党。神兵隊事件関係者。青年将校の決起の内情を知るために安藤と会見し、その「決起趣意ニ感泣」し、「挺身」。（三〇歳）

松浦淳六郎　まつうら　じゅんろくろう　陸軍中将。第一〇師団長。人事局長時代に青年将校を優遇。事件を聞き、参邸した江藤五郎をたしなめる。予備役編入。のち、召集、第一〇六師団長。（五一歳）

松平紹光　まつだいら　つきみつ　陸軍歩兵大尉。近衛歩兵第二聯隊附（中央大学配属将校）。会津若松聯隊中隊長時代に、皇道維新塾設置に尽力。香椎の元部下として、柴と同様の行動。（三八歳）

馬奈木敬信　まなき　たかのぶ　陸軍中佐。参謀本部部員。青年将校に反発。だが田中弥によれば、「事件ヲ機会ニ国家革新ニ進」む意思を持っていたという。のち、中将、第二師団長。（四一歳）

水上源一　みずかみ　げんいち　弁理士。日本大学学生時代に左翼学生に反発して、右翼学生運動を組織。栗原と意気投合。牧野襲撃に参加。叛乱罪・謀議参与・群集指揮で死刑。（二七歳）

満井佐吉　みつい　さきち　歩兵中佐。陸大教官。久留米聯隊時代に三井財閥排撃運動を展開。古荘次官の依頼をうけ、解決に努力。叛乱者を利す罪で禁錮三年。のち、衆議院議員。（四二歳）

宮田　晃　みやた　あきら　予備役歩兵曹長。日本特殊鋼会社員。習志野戦車第二聯隊時代に栗原の影響をうけ、二五日栗原からの連絡で牧野襲撃に参加し負傷。禁錮一五年。（二七歳）

麦屋清済　むぎや　きよすみ　歩兵少尉。歩兵第三聯隊附。熊谷農学校卒業。特別士官志願で入隊。斎藤内大臣邸襲撃。叛乱などの罪名で無期禁錮。（二五歳）

武藤　章　むとう　あきら　陸軍中佐。軍務局課員（軍事課）。大本教と関係し、軍閥的行動をしたとして、青年将校側から罷免要求。対米英開戦時の軍務局長。敗戦後、A級戦犯として処刑。（四三歳）

村上啓作　むらかみ　けいさく　陸軍大佐。軍事課長。山下と共に、「陸軍大臣告示」に関わり、「維新ノ大詔」云々など灰色の人物。のち、中将・総力戦研究所長・第三軍司令官。（四七歳）

村中孝次　むらなか　たかじ　元歩兵大尉。十一月事件・「粛軍に関する意見書」で免官。早期撤退を主張するも磯部らの反対にあう。叛乱罪・首魁として死刑。（三三歳）

や行

安井藤治　やすい　とうじ　陸軍少将。東京警備司令部参謀長・戒厳司令部参謀長。のち、中将・第二師団長を経て第六軍司令官。東京市翼賛壮年団長。国務大臣。（五〇歳）

安岡正篤　やすおか　まさひろ　『日本精神の研究』『王陽明研究』などを通じて、影響力を広げる。二七年、金鶏学院創設。二九年には国維会結成。戦後、全国師友協会設立。（三七歳）

安田　優　やすだ　ゆたか　砲兵少尉。陸軍砲工学校学生。斎藤内大臣邸襲撃後、渡辺教育総監邸を襲い、「拳銃の名手」渡辺総監の弾丸により負傷。叛乱罪・群集指揮で死刑。（二四歳）

柳川平助　やながわ　へいすけ　陸軍中将。陸軍次官・第一師団長を経て、事件時は台湾軍司令官。皇道派の重鎮。三六年九月に予備役。のち召集され、第十軍司令官。法相・国務相を歴任。（五六歳）

山岡重厚　やまおか　しげあつ　陸軍中将。歩兵第一旅団長・軍務局長・整備局長を経て、事件時、第九師団長。三七年三月、予備役。のち召集され、第一〇九師団長。善通寺師管区司令官。（五三歳）

山口一太郎　やまぐち　いちたろう　歩兵大尉。本庄侍従武官長の娘婿。「別格」として、青年将校運動の外延部に位置。当日の週番司令。小藤部隊副官。叛乱者を利す罪で、無期禁錮。（三五歳）

山下奉文　やました　ともゆき　陸軍少将。軍事調査委員長。青年将校の決起を煽動した疑いが強いが、聴取にとどまる。以後栄達し、四三年二月、大将。終戦後、マニラで戦犯として刑死。（五〇歳）

山田清一《やまだ せいいち》　陸軍砲兵中佐。整備局課員（動員課）。二月二六日の宮中の模様を証言。のち、整備課長・整備局長を歴任後、中将・第五師団長。四五年八月、自決。（四二歳）

わ行

若松満則《わかまつ みつのり》　陸軍大尉。久留米歩兵四八聯隊中隊長。藤井斉らと共に北を訪問。『日本改造法案大綱』を「直接日本ニアテハメル事」は出来ないと認識。（三〇歳）

渡辺錠太郎《わたなべ じょうたろう》　陸軍大将。教育総監。真崎更迭後、教育総監になったことと、その発言が「天皇機関説」的だとし、青年将校らの反発を買い、二六日殺害される。（六一歳）

「二・二六事件裁判記録」・『国史大辞典』・『陸海軍総合事典』・『日本近現代史辞典』・『二・二六事件獄中手記遺書』・『高松宮日記』などから著者作成。なお、年次は西暦一九〇〇年代である。

主要襲撃事項一覧

目標	襲撃地・時刻	指揮官・兵員	装備	被害者
内閣総理大臣 岡田啓介 ＊1	総理大臣官邸 （麹町区永田町二丁目一） 午前五時頃	歩一　栗原安秀中尉 〃　林　八郎少尉 〃　池田俊彦少尉 豊橋陸軍教導学校 対馬勝雄中尉 下士官・兵　二六七名 見習医官　二名	重機関銃七 実弾二二〇〇〇発 空包六〇〇〇発 軽機関銃四・小銃約二〇〇 実弾一万六〇〇〇発 銃剣約二六〇 拳銃約二〇 実弾二五〇〇発 緑筒二〇 防毒面約一五〇 まかさり二 梯子二 代用発煙筒約三〇	予備役陸軍大佐 松尾伝蔵（即死） 巡査部長　村上嘉茂左衛門（同） 巡査　小館喜代松（同） 〃　土井清松（同） 〃　清水与四郎（同）
内大臣 斎藤　実	内大臣私邸 （四谷区仲町三丁目四四） 午前五時五分頃	歩三　坂井　直中尉 〃　高橋太郎少尉 〃　麦屋清済少尉 野砲七（砲工学校学生） 安田　優少尉 下士官・兵　約二一〇名	重機関銃四 実弾二五〇〇〇発 軽機関銃八 実弾二八八〇発 小銃一三〇 実弾七二〇〇〇発 銃剣一三〇 拳銃一〇余	斎藤　実（即死） 斎藤実夫人（軽傷）

			実弾四八〇発 緑筒六 代用発煙筒五	
大蔵大臣 高橋是清	大蔵大臣私邸 （赤坂区表町三丁目一〇） 午前五時頃	近歩三　中橋基明中尉 鉄道第二連隊（砲工学校学生） 中島莞爾少尉 下士官・兵　一二一名 近歩三　今泉義道少尉 （邸内に入らず控兵として街路を警備）	軽機関銃四・小銃一〇〇 実弾一四四〇発 銃剣一〇〇 拳銃五 実弾一〇〇発 緑筒二 代用発煙筒五 梯子一	高橋是清（即死） 巡査　玉置英男（負傷）
教育総監 渡辺錠太郎	教育総監私邸*2 （杉並区上荻窪二丁目一二） 午前六時	歩三　高橋太郎少尉 砲七　安田　優少尉 下士官・兵　三〇名	軽機関銃二・小銃約二〇 実弾相当 銃剣約二〇	渡辺錠太郎（即死）
侍従長 鈴木貫太郎	侍従長官邸 （麴町区三番町二） 午前四時五〇分	歩三　安藤輝三大尉 下士官・兵　約二〇四名	重機関銃四 実弾二二〇〇発 軽機関銃五 実弾一四〇〇発 小銃約一三〇 実弾七二〇〇発 拳銃一八 実弾五〇〇発 銃剣二〇〇	鈴木貫太郎（重傷） 巡査　平田立己（負傷） 〃　飯田哲治（同）

警視庁 ＊3	麹町区外桜田町 午前五時頃	歩三 野中四郎大尉 〃 常盤 稔少尉 〃 鈴木金次郎少尉 〃 清原康平少尉 准士官 一名 下士官 三五名 兵 約四九〇名	重機関銃八 実弾四三二〇発 軽機関銃一四 実弾一万一〇〇〇発 小銃四〇〇 実弾二万三〇〇〇発 拳銃五四 実弾一三五〇発 銃剣四〇〇	
前内大臣 牧野伸顕 ＊4	伊藤屋旅館別館 （神奈川県足柄下郡湯河原町上町六二〇） 午前五時三五分頃 ＊5	所沢陸軍飛行学校付 河野 寿大尉 歩一 宇治野時参軍曹 〃 黒沢鶴一一等兵 水上源一 宮田 晃 中島清治 黒田 昶 綿引正三	軽機関銃二・小銃二 実弾九六八発 拳銃二 実弾六六発 日本刀四 発煙筒一〇 緑筒一〇	巡査 皆川義孝（即死） 看護婦 森江すず江（負傷） 旅館業 岩本亀三（同）
陸軍大臣官邸 ＊6	（麹町区永田町一丁目一） 午前五時三〇分	歩一旅団 香田清貞大尉 歩一 丹生誠忠中尉 豊橋陸軍教導学校 竹島継夫中尉 元大尉 村中孝次 元一等主計 磯部浅一	重機関銃二 実弾約一一〇〇発 軽機関銃四・小銃一五〇 実弾一万二〇〇〇発 拳銃一二 実弾二〇〇〇発	

予備役少尉　山本　又	
下士官・兵　一九二名	

注＊1　岡田首相は即死と二六日発表されたが、官邸内の一室に避難、二七日午後、松尾大佐の遺体搬出にまぎれ、秘書官・憲兵の協力で脱出、栗原中尉らは松尾大佐を岡田首相と誤認する。

＊2　斎藤実を襲撃した一隊から、野重砲七の田中勝中尉指揮の軍用トラックに乗り渡辺邸に向かう。

＊3　警視庁を占拠。

＊4　牧野伸顕は旅館の裏山に避難し、無事。

＊5　旅館一棟焼失。

＊6　川島義之陸軍大臣に「蹶起趣意書」「陸軍大臣への要望事項」を読み上げ、事態収拾のため善処方を要請する。

右記を襲撃後、栗原中尉・田中中尉・中橋中尉・池田少尉は兵六〇名を率い、機関銃二挺を持ち、軍用トラック三台に分乗して朝日新聞社に乱入、活字ケース・輪転機に損傷を与え（午前八時五五分）、ついで日本電報通信社・国民新聞社・時事新報社に行き、「蹶起趣意書」を渡して印刷を強要する。

（『国史大辞典』一一巻より）

主要受刑者一覧

被告名	地位	生年月	罪名	求刑	判決	刑執行
香田清貞	歩兵大尉(歩一第一旅団副官)	一九〇三・九	叛乱罪・首魁	一九三六・六・四 死刑	一九三六・七・五 死刑	一九三六・七・一二
安藤輝三	歩兵大尉(歩三第六中隊長)	一九〇五・二	〃	〃	〃	〃
栗原安秀	歩兵中尉(歩一機関銃中隊)	一九〇八・一一	〃	〃	〃	〃
村中孝次	元陸軍大尉(常人)	一九〇三・一〇	〃	〃	〃	一九三七・八・一九
磯部浅一	元一等主計(常人)	一九〇五・四	〃	〃	〃	〃
竹島継夫	歩兵中尉(豊橋陸軍教導学校)	一九〇七・五	叛乱罪・謀議参与	〃	〃	一九三六・七・一二
対馬勝雄	〃	一九〇八・一一	〃	〃	〃	〃
中橋基明	歩兵中尉(近歩三第七中隊)	一九〇七・九	叛乱罪・群衆指揮	〃	〃	〃
丹生誠忠	歩兵中尉(歩一第一一中隊)	一九〇八・一〇	〃	〃	〃	〃
坂井直	歩兵中尉(歩三第一中隊)	一九一〇・八	〃	〃	〃	〃
田中勝	砲兵中尉(野重砲七第四中隊)	一九一一・一	〃	〃	〃	〃
中島莞爾	工兵少尉(陸軍砲工学校学生)	一九一三・一〇	〃	〃	〃	〃
安田優	〃	一九一三・二	〃	〃	〃	〃
高橋太郎	歩兵少尉(歩三第一中隊)	一九一三・一	〃	〃	〃	〃
林八郎	歩兵少尉(歩一機関銃中隊)	一九一四・九	〃	〃	〃	〃
渋川善助	元陸士生徒(常人・直心道場)	一九〇五・一二	叛乱罪・謀議参与	〃	〃	〃
水上源一	常人・弁理士	一九〇八・九	叛乱罪・謀議参与・群衆指揮	一九三六・五・一〇 禁錮一五年	〃	〃

池田俊彦	歩兵少尉(歩一第一中隊)	一九一四・二	叛乱・謀議参与又は群衆指揮	一九三六・六・四 死刑	一九三六・七・五 無期禁錮	
麦屋清済	歩兵少尉(歩三第一中隊)	一九一〇・六	〃	〃	〃	
常盤稔	歩兵少尉(歩三第七中隊)	一九一四・六	〃	〃	〃	
鈴木金次郎	歩兵少尉(歩三第一〇中隊)	一九一四・五	〃	〃	〃	
清原康平	歩兵少尉(歩三第三中隊)	一九一四・一	〃	〃	〃	
今泉義道	歩兵少尉(近歩三第七中隊)	一九一四・五	叛乱、その他の職務に従事	一九三六・六・四 禁錮七年	一九三六・七・五 禁錮四年	
山本又	予備役陸軍少尉	一八九五・九	〃	一九三六・六・四 禁錮一五年	一九三六・七・五 禁錮一〇年	
宇治野時参	歩兵軍曹(歩一第六中隊)	一九一一・四	〃	一九三六・五・一〇 禁錮一五年	一九三六・七・五 禁錮一五年	
黒沢鶴一	歩兵一等兵(歩一歩兵砲中隊)	一九一五・八	〃	一九三六・五・一〇 禁錮一〇年	〃	
宮田晃	予備役歩兵曹長(会社員)	一九〇八・一〇	〃	一九三六・五・一〇 禁錮一五年	〃	
中島清治	〃	一九〇八・二	〃	一九三六・五・一〇 禁錮一三年	〃	
黒田昶	予備役歩兵上等兵	一九一〇・四	〃	一九三六・五・一〇 禁錮一五年	〃	
綿引正三	常人	一九一四・二	〃	一九三六・五・一〇 禁錮一三年	〃	
山口一太郎	歩兵大尉(歩一第七中隊長)	一九〇〇・九	叛乱者を利す	一九三六・七・六 無期禁錮	一九三六・七・二九 無期禁錮	
新井勲	歩兵中尉(歩三第一〇中隊)	一九一一・二	司令官軍隊を率い、故なく配置を離れる	一九三六・七・六 禁錮一五年	一九三六・七・二九 禁錮六年	

柳下良二	歩兵中尉(歩三機関銃中隊)	一九一一・六	叛乱者を利す	一九三六・七・一六 禁錮五年	一九三六・七・二九 禁錮四年	
斎藤瀏	予備役陸軍少将	一八七九・四	〃	一九三六・一一・二 禁錮一五年	一九三七・一・一八 禁錮五年	
満井佐吉	歩兵中佐(陸大教官)	一八九三・五	〃	一九三六・一一・三 禁錮一〇年	一九三七・一・一八 禁錮三年	
田中弥	歩兵大尉(陸大教官)	一九〇〇・一〇	〃	(一九三六・一〇・八 自宅にて自殺)		
真崎甚三郎	陸軍大将・軍事参議官	一八七六・一一	〃	(一九三七・九・二五 無罪判決)		
柴有時	歩兵大尉(戸山学校教官)	一九〇〇・一〇	〃	一九三六・一一・二七 禁錮五年	一九三七・一・一八 無罪	
菅波三郎	歩兵大尉(歩四五〔鹿児島〕中隊長)	一九〇四・一一	〃	一九三六・一二・一三 禁錮八年	一九三七・一・一八 禁錮五年	
大蔵栄一	歩兵大尉(歩七三〔羅南〕第二中隊長)	一九〇三・九	〃	一九三六・一一・一七 禁錮八年	〃	
末松太平	歩兵大尉(歩五〔青森〕歩兵砲中隊長)	一九〇五・九	〃	一九三六・一〇・一九 禁錮七年	一九三七・一・一八 禁錮四年	
北一輝	常人	一八八三・四	叛乱罪・首魁	一九三六・一〇・三 死刑	一九三七・八・一四 死刑	一九三七・八・一九
西田税	〃	一九〇一・一〇	〃	〃	〃	〃
亀川哲也	〃	一八九一・一二	叛乱幇助	一九三六・一〇・三 禁錮一五年	一九三七・八・一四 無期禁錮	

(『国史大辞典』一一巻より)

あとがき

本書は、「二・二六事件裁判記録」に基づいて、青年将校の意識や心理に着目し、事実に即した事件像を描こうとした試みである。本書を読まれて、二・二六事件にある種の「ロマン」を求めようする方は、失望なさったかもしれない。しかし「二・二六事件裁判記録」の史料は、この事件が、今日の企業小説に描かれるような側面を持つ事件だったことを示している。

一九三〇年、危機に陥った企業（大日本帝国）と、その主要なセクションの一つ（陸軍）。そのセクションが不正行為（謀略による満州事変）で力を回復し、企業自体も巻き返す。その中で、セクションの指導権を握った新興勢力（皇道派）は、自己の意図を貫徹するため、若い非エリート（青年将校）を登用し、彼らを企業の絶対者（天皇）や旧来の重役（元老・重臣）を脅す武器とした。企業の絶対者や旧来の重役は、この新興勢力に反発を強めていく。セクション内のエリート（幕僚層）も、新興勢力・非エリートに反感を高める。三五年、このセクション自体、企業内での自己主張がしにくくなる。非エリートたちにも出向・左遷の危機が迫る（第一師団の渡満）。企業と自己のセクションを愛していた彼らは、激しい行動で抗議する。きっと自分たちを引き立ててくれた人々が味方してくれるだろうと。セクション自体も、彼らの行動を利用して、自己の苦境を打開しようとする。しかし企業の絶対者は激怒する。その中でセクション自体も、自己保全のため、非エリートを切り捨てる。そしてセクション自身の正しさを主張するために、非エリートを煽動した外部者（北・西田）と、非エリートを助ける謀略を働いた者（真崎・満井ら）を、周囲にイメージさせると共に、切り捨てた非エリートの「純真性」をアピールしようとする。その中で、このセクションは、企業内で極めて大きな力を獲得する。こうした情報操作によって、事件の実像と異なる二・二六事件イメージが流布しはじめることとなったといえよう。たとえとしては必ずしも適切でないかもしれないが、私は、二・二六事件は、このような側面をもった事件だったと考える。

一九九四年、この本の執筆を依頼されながら、一〇年近くが経ってしまった。最大の原因は、私の他の原稿が片付かなかったことによる。しかし弁解めくが、一般教育の改善が全くなされないまま、過重な授業負担で、研究に割ける時間が限られてしまった影響は深刻だった。東京地検に通う時間も確保できなかったのである。四ヶ月余りで書き上げた仕事のため、不十分な点もあるかもしれない。

長期間お待ちいただき、しかも二五〇枚の約束の二倍半も書いてしまったものをお許しいただいた吉川弘文館と、永滝稔氏、ならびに岡庭由佳氏に深く感謝する次第である。同時に本書で利用した新史料が公刊され、研究者・市民の共通の財産となる日が、一日も早いことを期待してやまない。なお、本書を二〇〇三年二月二六日永眠された恩師・藤原彰先生の霊前に捧げる。

二〇〇三年三月

須崎慎一

索　　引

事項索引の**太字**は，「二・二六事件裁判記録」に使用されているものを示す。また人物索引の**太字**は，同記録で，発言が出てくる場合を示す（野中四郎・永田鉄山などの場合のように，他の人物が，野中発言・永田発言として述べている場合を含む)。なお紙数の関係で，陸海軍青年将校，「別格」の山口・柴，北・西田については，発言のある頁数のみ示した。

ア　行

タ　行

ナ　行

ヤ　行

ラ　行

ワ　行

著者略歴

一九四六年　東京生まれ
一九七八年　一橋大学社会学研究科博士課程単位取得満期退学
一九八〇〜二〇一〇年　神戸大学教員
国際文化学部教授退職後、
現在　神戸大学名誉教授　博士（文学）

〔主要著書など〕
『二・二六事件』（岩波書店、一九八八年）
『日本ファシズムとその時代―天皇制・軍部・戦争・民衆―』（大月書店、一九九八年）
『戦後日本の意識構造―歴史的アプローチ―』（編著、梓出版社、二〇〇五年）

二・二六事件
――青年将校の意識と心理――

二〇〇三年（平成十五）十月十日　第一刷発行
二〇一七年（平成二十九）五月十日　第五刷発行

著　者　須《す》崎《ざき》慎《しん》一《いち》
発行者　吉川道郎
発行所　株式会社　吉川弘文館
東京都文京区本郷七丁目二番八号
郵便番号一一三―〇〇三三
電話〇三―三八一三―九一五一〈代表〉
振替口座〇〇一〇〇―五―二四四
http://www.yoshikawa-k.co.jp/
印刷＝株式会社 ディグ
製本＝ナショナル製本協同組合
装幀＝右澤康之

ISBN978-4-642-07921-1